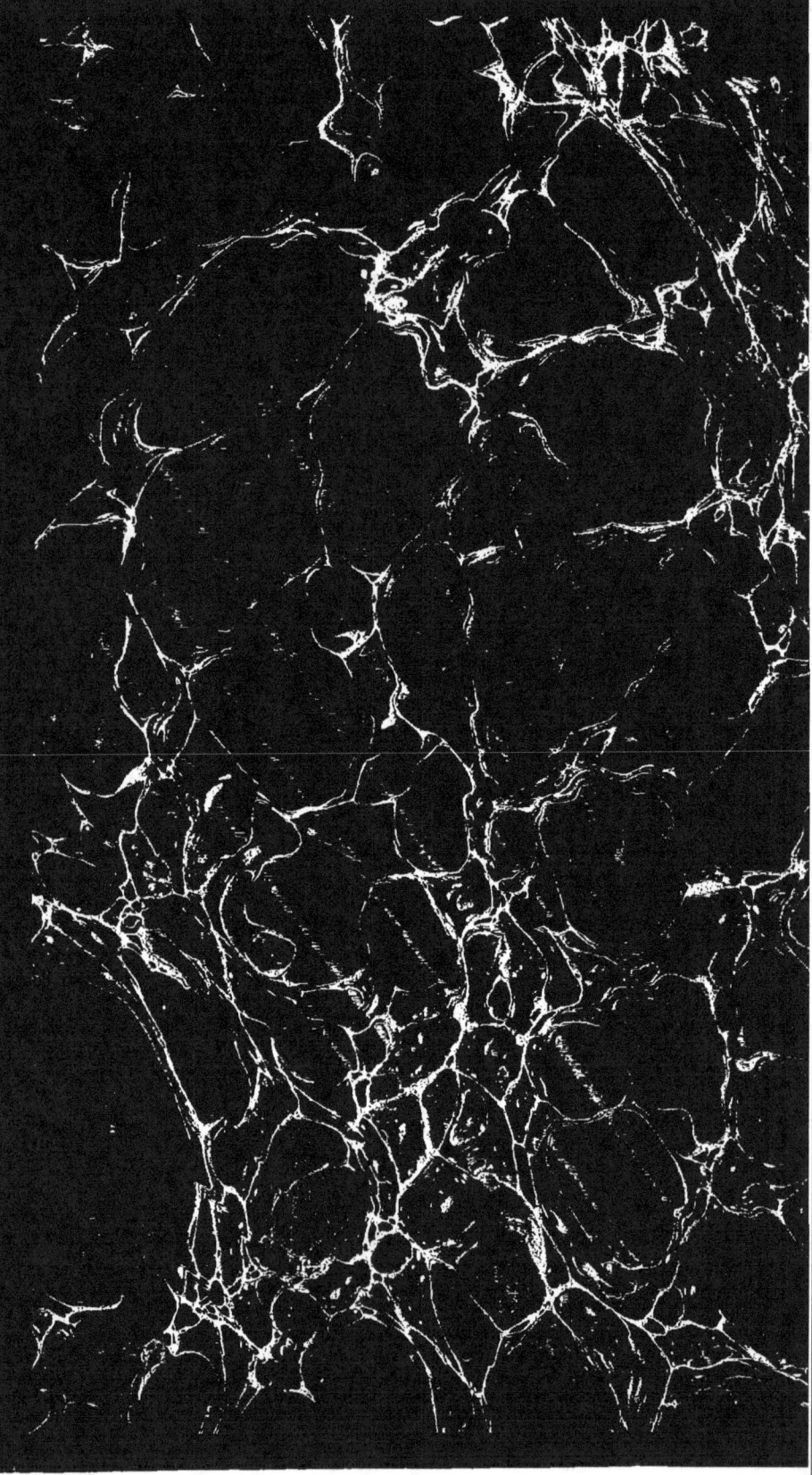

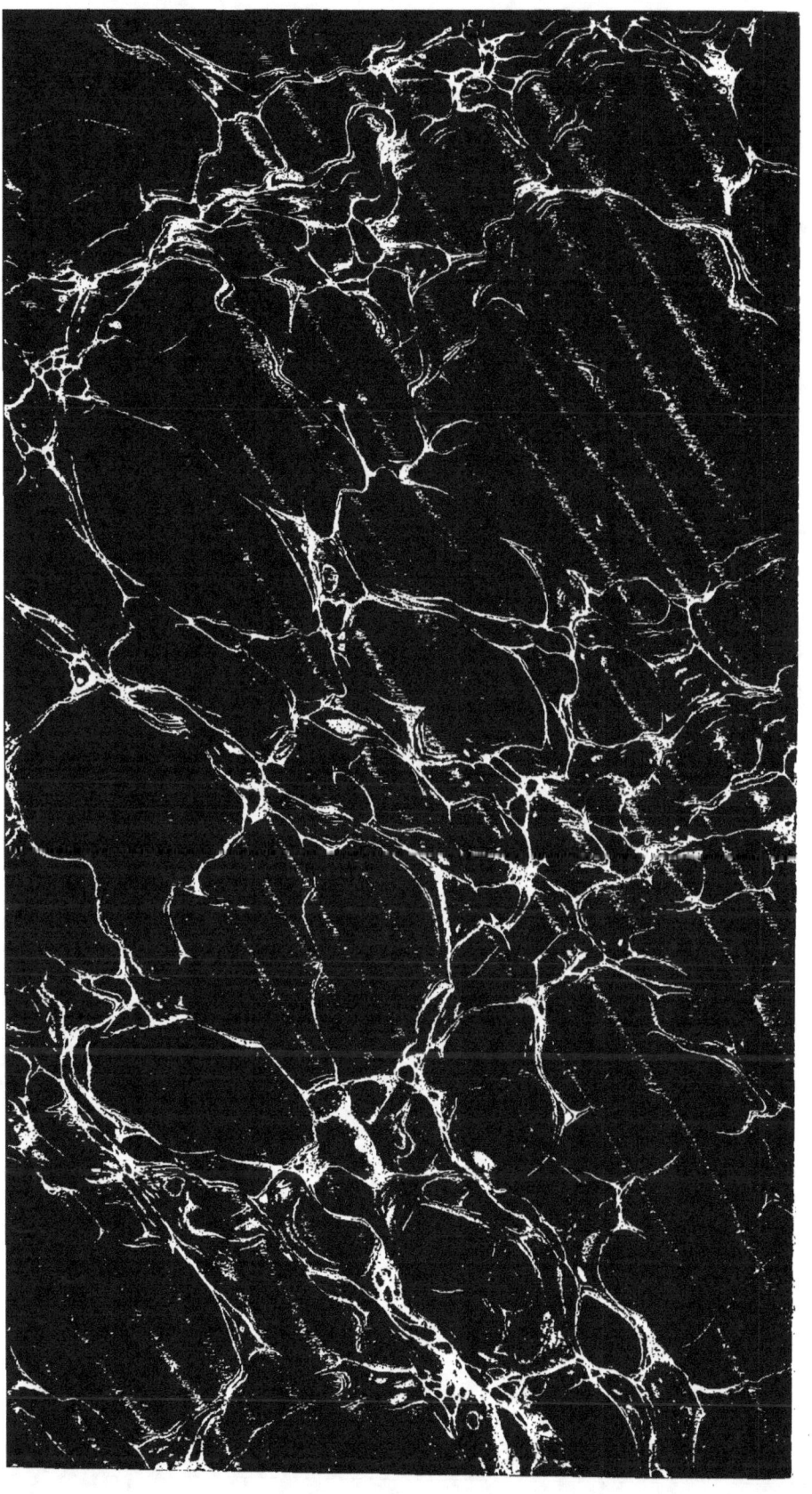

CAMPAGNE D'ÉGYPTE.

I.

Imprimé chez Paul Renouard,
rue Garancière, n. 5

GUERRE D'ORIENT.

CAMPAGNES
D'ÉGYPTE ET DE SYRIE

1798-1799.

MÉMOIRES POUR SERVIR A L'HISTOIRE

DE

NAPOLÉON

DICTÉS PAR LUI-MÊME A SAINTE-HÉLÈNE, ET PUBLIÉS

PAR LE GÉNÉRAL BERTRAND.

AVEC UN ATLAS DE 18 CARTES.

I.

A PARIS,
AU COMPTOIR DES IMPRIMEURS - UNIS,
COMON ET Cie
QUAI MALAQUAIS, N. 15.

1847.

AVERTISSEMENT.

Les vies les plus pures, les plus beaux caractères n'ont jamais été à l'abri de la calomnie. Le général Bertrand devait à cet égard partager le sort commun; et l'un des plus fidèles lieutenans de Napoléon a été accusé dans sa fidélité même.

Le général Bertrand dédaigna ces attaques. Sa vie tout entière répondait pour lui. Cependant, pressé par ses enfans, il avait rédigé quelques pages qui faisaient justice de toutes les faussetés.

Parmi ces écrits, se lisait un avant-propos pour les campagnes d'Égypte et de Syrie. On en a retrouvé le manuscrit dans les papiers du général, avec cette indication : « *Avant-propos pour la campagne d'Égypte, que je me suis décidé à ne point imprimer, au moins quant à présent* (1).

Le noble silence gardé par le général Bertrand a pu induire en erreur ceux qui ne le connaissaient pas; en effet, quelques assertions erronées ou calomnieuses ont été reproduites dans des ouvrages sérieux. Mais si le général pouvait se taire, il n'en est pas de même de ses fils; ils ont un devoir à remplir : ils doivent empêcher les auteurs de bonne foi de propager des calomnies; ils doivent paralyser les

---

(1) Pour remplacer cet Avant-Propos, le général Bertrand en avait préparé un en cinq ou six pages seulement.

efforts de ceux qui, de mauvaise foi, voudraient les répandre. Pour atteindre ce but, ils croient devoir publier l'avant-propos *écrit* par leur père en y ajoutant quelques-uns des autres documens également *écrits par lui;* le lecteur pourra trouver que ces documens manquent quelquefois de liaison entre eux, mais on a préféré les laisser tels qu'ils ont été écrits, sans y rien ajouter.

Nous n'avons pas cru devoir engager la lutte dans les journaux. Nous avons voulu rétablir, en tête de l'ouvrage publié par le général Bertrand, la vérité des faits dénaturés; nous nous abstiendrons de rechercher quel était le but de ceux qui ont ainsi calomnié; en parcourant les lignes tracées par le général Bertrand, le lecteur jugera entre lui et ses détracteurs.

Mais déjà l'opinion publique ne s'est-elle pas prononcée? Le nom du général Bertrand n'est-il pas irrévocablement associé au grand nom de Napoléon? Et cette association n'a-t-elle pas été consacrée par le vote législatif qui a fait placer, près des cendres du héros, le tombeau de son dévoué compagnon!

En présence de ces solennels hommages rendus à la mémoire de leur père, il ne reste plus aux fils du général Bertrand qu'à témoigner hautement leur reconnaissance à la nation qui accorde à la fidélité de si dignes récompenses : pour eux, c'est une obligation de plus envers une patrie qu'ils ont appris à tant aimer; et si jamais la France avait à leur demander des sacrifices, ils n'oublieront pas qu'avec l'héritage paternel il leur a été transmis de nobles leçons de dévouement.

Les fils du général BERTRAND.

AU PEUPLE FRANÇAIS.

Napoléon, dans les instructions qu'il a laissées à ses exécuteurs testamentaires, leur a dit : « En « imprimant mes campagnes d'Italie et d'Égypte « et ceux de mes manuscrits qu'on imprimera, « on les dédiera à mon fils. » Ne pouvant plus me conformer aux intentions de l'Empereur, je dédie ses *Mémoires sur les Campagnes d'É-gypte et de Syrie* au peuple français, à ce peuple français qu'il a tant aimé, à ce peuple intelligent et brave qui a eu si grande part au succès de nos armes.

BERTRAND.

AVANT-PROPOS

DU GÉNÉRAL BERTRAND.

Les *Mémoires sur les campagnes d'Égypte et de Syrie* auraient pu être imprimés au retour de Sainte-Hélène. Mais il s'agissait de faits déjà éloignés de près d'un quart de siècle, et dont le récit ne devait pas avoir moins d'intérêt en paraissant quelques années plus tard. A mesure que le temps marche les préventions diminuent, et l'histoire se lit avec plus d'impartialité.

Comme le manuscrit contenait beaucoup de corrections au crayon de la main de l'Empereur, il a été confié à M. le baron Méneval, son ancien secrétaire, qui s'est chargé de les mettre à l'encre. L'habitude qu'avait M. Méneval de lire l'écriture de Napoléon, le respect qu'il porte à sa mémoire sont les garans de l'exactitude de son travail.

Le livre est imprimé d'après une copie du manuscrit qui sera remis à la ville de Châteauroux dès que l'ouvrage aura paru.

Dans les seize années qui se sont écoulées de 1805 à 1821, l'éditeur a souvent écrit sous la dictée de Napoléon (1). Le style du héros est connu. Il est concis, clair, énergique, ordinairement rapide, quelquefois pittoresque. C'est celui de ses proclamations, de la plupart de ses lettres, de ses bulletins.

On lit page 427, volume IIe : « C'est un principe « de guerre, que lorsqu'on peut se servir de la foudre « il la faut préférer au canon. » Ces deux lignes semblent une des phrases qui peignent le mieux Napoléon, son génie pour la guerre, ce qu'il a pratiqué dans tant de circonstances, ces coups inattendus qui frappaient l'ennemi de terreur, l'Europe d'admiration. Napoléon était véritablement un foudre de guerre. Il en avait l'éclat, la rapidité, le choc irrésistible. De cette phrase on peut dire avec Buffon : « Le « style c'est l'homme. »

---

(1) On a retrouvé dans les papiers du général Bertrand les feuilles des *Campagnes d'Égypte et de Syrie* écrites par lui sous la dictée de l'Empereur.

Si Napoléon n'avait eu à revoir que des écrits de quelques pages, partout on eût retrouvé son style. Mais à Sainte-Hélène il a dicté des volumes, recopiés en écriture fine, en lignes serrées avec de petites marges et par cela même difficiles à corriger, ce que néanmoins il a souvent fait avec patience.

Les *Mémoires* sont accompagnés d'un atlas sans lequel l'ouvrage eût été incomplet. Le général Pelet, directeur du dépôt de la guerre, a bien voulu concourir à la confection de l'atlas, avec cet intérêt qu'il met à tout ce qui se rattache à la gloire de la France, à celle de l'Empereur. Le colonel Lapie, si connu par ses travaux géographiques, s'est chargé de diriger les dessins des diverses cartes. M. Jomard, membre de l'Institut et de la commission des sciences et des arts d'Égypte, a pris la peine de vérifier l'orthographe des noms arabes.

L'éditeur devant partir prochainement pour les Antilles, et la publication des *Campagnes d'Égypte et de Syrie* ayant été retardée, le comte Emmanuel de Las Cases lui a offert de donner ses soins à l'impression des mémoires et à la gravure des cartes. Ses offres ont été acceptées avec empressement (1).

---

(1) Cet Avant-Propos fut écrit par le général Bertrand en 1842. La mort l'ayant frappé à son retour en 1844, avant que l'impression de l'ouvrage

Par une de ces restrictions si désagréables et si dures imposées au prisonnier de Sainte-Hélène, il lui était interdit de recevoir ou d'envoyer aucune lettre, aucun papier, aucun livre, quoi que ce fût, qui ne fût visité à Londres ou dans l'île. Las Cases paya cher la lettre qu'il avait écrite au prince Lucien.

Une évasion n'était pas possible dans une île hérissée de rochers escarpés, abordable seulement par deux ou trois plages que fermaient des fortifications faciles à garder, dans une île où les vents alisés soufflent tous les jours de l'année dans la même direction, et dont les approches étaient surveillées par des bricks de guerre qui croisaient constamment au vent et sous le vent. Avec des précautions prises à l'extérieur et sur le rivage, il était sans inconvénient de laisser à l'Empereur plus de liberté dans l'intérieur de l'île, et on eût évité ces vexations journalières auxquelles il était en butte, et qui lui ont fait dire avec raison qu'il avait été tué à coups d'épingle.

L'Empereur n'a jamais formé aucun projet d'évasion, mais malgré les précautions odieuses ou ignobles prises par le gouverneur, il a reçu quelquefois

---

fût terminée, M. de Las Cases a bien voulu continuer d'y donner tous ses soins. Les enfans du général Bertrand le prient d'en recevoir ici leurs remercimens.

des lettres ou des journaux d'Europe et y a envoyé quelques écrits, notamment : des observations sur la conduite des Bourbons en 1814; des lettres datées du cap de Bonne-Espérance qui contiennent quelques anecdotes intéressantes sur l'empire; enfin la campagne de 1815.

Afin que ces écrits fussent plus aisément soustraits à l'inquisition du gouverneur, Napoléon les fit copier en petits caractères et avec peu de marge par Saint-Denis, un de ses valets de chambre, qui lui servait de bibliothécaire à Longwood. L'écriture de Saint-Denis, assez belle, était, quoique serrée, très lisible et d'ailleurs correcte et bien orthographiée. Depuis, l'Empereur lui fit également copier ses campagnes d'Italie et d'Égypte, et la plupart des autres écrits qu'il dicta à Sainte-Hélène. C'est sur les manuscrits copiés par Saint-Denis que le général Montholon a fait imprimer à notre retour la campagne d'Italie et les autres mémoires qu'il a livrés au public. C'est aussi d'après un de ces manuscrits qu'est publiée à présent la campagne d'Égypte.

L'Empereur dictait avec une si grande rapidité, que la main la plus exercée, la plus habituée aux abréviations avait peine à suivre sa parole. A Sainte-Hélène, n'ayant plus de secrétaire accoutumé à ce travail, et aussi n'étant plus pressé par ses occupations, ses dictées étaient moins rapides. Ce qu'il écrivait était aussi beaucoup plus lisible.

César dictait, dit-on, à quatre secrétaires à-la-fois. Je doute que dans une journée ces quatre secrétaires écrivissent plus de pages que n'en expédiait l'unique secrétaire de Napoléon. Si on en avait conservé les minutes et qu'on pût imprimer les lettres écrites par Napoléon dans les vingt-quatre heures à ses ministres du trésor, des finances, de la guerre, de la marine, de la justice, au directeur des travaux publics, à ses maréchaux, à ses généraux, on serait étonné de l'immensité du travail qui sortait chaque jour de son cabinet, et ce serait un des meilleurs moyens de faire connaître l'homme extraordinaire qui pendant quinze ans a dirigé, avec tant d'éclat, les affaires de la France. Les faits disent plus que les éloges ou les critiques.

Si l'Empereur n'était pas satisfait d'un morceau de quelque étendue, il aimait mieux le dicter de nouveau que le corriger (1). Il arrivait alors parfois que

(1) On peut en avoir facilement un exemple en comparant quelques passages des campagnes d'Égypte et de Syrie, avec quelques fragmens qui ont paru dans les six volumes des *Mémoires pour servir à l'Histoire de Napoléon*, publiés par les généraux Gourgaud et Montholon ; ces fragmens traitent les mêmes sujets, mais d'après des dictées évidemment différentes. La campagne de Championnet à Naples, seule, a dû être imprimée dans les deux ouvrages d'après la même dictée.

le premier écrit comprenait quelques idées assez saillantes, qui ne se trouvaient pas dans le second, et qu'il devenait difficile d'y intercaler, parce qu'en général, il y avait beaucoup d'ordre, de suite et d'enchaînement dans les dictées de Napoléon.

Je citerai deux circonstances qui ont quelque rapport avec ce qui vient d'être dit.

L'Empereur était aux Tuileries. Après une discussion d'environ une demi-heure sur un objet de mon métier, discussion dans laquelle il m'était difficile d'adopter toutes ses idées, et il ne les abandonnait pas aisément, Napoléon un peu impatienté peut-être, me dit : « Asseyez-vous et écrivez. » Et il dicta une vingtaine de pages avec volubilité, se promenant à pas vifs et rapides, selon son usage, en pareil cas. Animé qu'il était, ma plume suivait avec peine l'expression de sa pensée. De conséquence en conséquence il arriva à une conclusion inadmissible. Il s'arrête et me jette un regard. Mais les yeux fixés sur le papier, étendant seulement le bras pour me reposer le poignet, j'attends quelques instans. « Déchirez cela et écrivez. » Il me dicta alors à-peu-près le contraire de ce que je venais d'écrire.

Tel était l'Empereur. On pouvait tout lui dire, en s'exprimant d'une manière convenable, sans cela le disputeur eût été bientôt mis à sa place. Il laissait aller la discussion jusqu'à sa dernière limite, puis il se rendait souvent à un avis fort opposé à celui qu'il avait émis.

Voici le second fait analogue à celui que je viens de raconter :

Par le traité de 1805, l'Autriche avait cédé à la France les États vénitiens. Les provinces de la Dalmatie et des Bouches de Cattaro étaient séparées du royaume d'Italie par le territoire autrichien. En cas de guerre avec l'Autriche, les troupes qui occuperaient ces provinces devaient être aisément bloquées. Si elles ne pouvaient prendre part aux opérations de la guerre, il fallait, pour qu'il n'en résultât point d'affaiblissement pour l'armée française, qu'elles pussent paralyser un corps ennemi équivalent à leur propre force. La ville de Zara fortifiée par les Vénitiens, et située sur le rivage de l'Adriatique, était facile à approvisionner par mer. Elle était à proximité de la frontière autrichienne, elle en facilitait l'invasion et au besoin offrait une retraite facile. L'Empereur la choisit pour la place de sûreté et de dépôt de ces provinces. Il était à Saint-Cloud, lorsqu'il me dicta une note dans laquelle il développait ces considérations avec force et lucidité.

Le lendemain soir, ces observations étant mises au net, je les porte à la signature de l'Empereur. Il lit la première page, l'efface presqu'en entier et tourne le feuillet. Il avait barré les trois quarts de la seconde page, lorsque Méneval entre et présente à l'Empereur cinq à six lettres à signer. Napoléon efface dans chacune plusieurs lignes, les remplace par quelques mots, reprend mon travail, et de même qu'il avait tiré des traits sur les deux premières pages, il continue à le faire sur les deux qui suivent. Le chambellan de service annonce le ministre de la marine : « Qu'il entre, dit l'Empereur ; et à son aide-de-camp : — Reprenez vos papiers. — Votre Majesté me semble bien difficile, dis-je à Napoléon. Vous avez effacé presque tout ce que vous avez lu de la note dictée hier, et je m'en étonne. Vous y aviez développé des considérations importantes et cette note m'avait paru fort belle. — Vous le trouvez. — C'est l'impression que j'ai reçue. — Eh bien ! nous reverrons cela. »

Le ministre entré, je sortis, et demandai à Méneval ce qu'avait l'Empereur, car il m'avait paru que ses lettres n'avaient pas été mieux traitées que la mienne au ministre de la guerre. « Le télégraphe, répondit Méneval, a annoncé que le vaisseau commandé par le prince Jérôme, est entré dans la baie de Concarneau. On croit qu'il y a eu un combat, l'Empereur attend avec impatience des nouvelles. » Il n'y avait pas eu de combat ; mais un coup de vent avait dispersé la flotte. Le lendemain l'Empereur déchira sa première note, et la dicta de nouveau en entier.

Un prince auquel aboutissaient presque toutes les affaires de l'Europe, dont l'empire s'étendait des rivages de la Baltique aux bords du Tibre, avait fréquemment des motifs d'inquiétude, de mécontentement. En de telles circonstances, l'Empereur avait la figure sévère; il était difficile qu'il n'en fût pas ainsi; ordinairement sa physionomie était sérieuse, c'était celle d'un homme occupé. Mais son travail fini, dans les momens de loisir, le soir, il causait volontiers. C'était une de ses distractions les plus agréables.

Il parlait de tout avec esprit, avec intérêt, d'histoire, de littérature, de tragédies, de sciences, de choses sérieuses ou même quelquefois futiles, mais de guerre surtout. C'était le sujet qu'il préférait sur le trône, comme dans l'exil. Habituellement sa discussion était simple, calme, son ton de voix peu élevé. Quelquefois aussi elle était vive, animée, selon les circonstances, la contradiction qu'il éprouvait, ou par l'effet d'une politique étudiée; mais c'était l'exception.

Pendant le séjour à l'île d'Elbe, plusieurs Anglais sont venus voir l'Empereur. Ils ont été généralement frappés de la netteté, de la simplicité de sa discussion. « Ce n'est pas là un général, ai-je ouï-dire quelquefois; c'est plutôt un philosophe. »

Ce que l'Empereur reprochait à la statue colossale que Canova avait faite de sa personne, c'étaient ses formes athlétiques, « comme si le gain de mes batailles tenait à la vigueur de mon bras, disait Napoléon, et non à la force, aux combinaisons de ma tête. »

Dans les vingt ans qui se sont écoulés de 1796 à 1815, les campagnes de Napoléon, comme général d'armée, sont au nombre de dix-neuf et même de vingt, si on veut les compter, moins par le temps qu'elles ont duré, que par les armées qu'il a vaincues et détruites, ou que du moins il a mis hors d'état de combattre pendant quelques mois. En voici l'énumération :

1796 et 1797. En Italie, quatre campagnes . . 4
    La première contre l'armée austro-sarde, commandée par le général Beaulieu.
    La seconde contre le maréchal Wurmser.
    La troisième contre le maréchal Alvinsi.
    La quatrième contre l'archiduc Charles.
1798 et 1799. En Orient, trois campagnes. . . . 3
    La première dans l'été de 1798 : conquête de Malte et de la Basse Égypte.
    La seconde dans les premiers mois et 1799 : expédition de Syrie.
    La troisième dans l'été de 1799 : destruction de l'armée turque à Aboukir.

A reporter. 7

Report.	7
1800. Campagne en Italie contre le général Mélas.	1
1805. Deux campagnes	2
La première en Allemagne contre le général Mack.	
La seconde en Moravie contre les Austro-Russes.	
1806 et 1807. Trois campagnes.	3
Celle de l'automne 1806 en Prusse.	
Celle de l'hiver 1806-1807 en Pologne.	
Celle de l'été 1807 sur le Niémen.	
1808. En Espagne.	1
1809. En Autriche	1
1812. En Russie.	1
1813. En Saxe; on doit compter, ce me semble, deux campagnes	2
La première au printemps, contre les Prussiens et les Russes, jusqu'à l'armistice du mois de juin.	
La deuxième en automne, lorsque les armées d'Autriche, de Bavière et de Suède se furent réunies à celles de Prusse et de Russie, et eurent, par cette formidable ligue, changé la face de la guerre.	
A reporter.	18

Report.	18
1814. Campagne en France	1
1815. Campagne contre les armées d'Angleterre, de Hollande et de Prusse.	1
TOTAL.	20

De ces vingt campagnes, dix ont été écrites par l'Empereur : celles d'Italie et d'Orient à Sainte-Hélène.. 7

Les deux campagnes de 1805 m'ont été dictées par Napoléon quand il était sur le trône. Elles sont au dépôt de la guerre. 2

La campagne de 1815 a été écrite à Sainte-Hélène et imprimée à Paris en 1820. 1

TOTAL. 10

Mon projet serait de réunir ces dix campagnes dans une même édition, de jeter un coup-d'œil sur les autres, et d'y joindre quelques observations que j'ai eu occasion de recueillir de la bouche de l'Empereur soit à l'armée, soit dans ses conversations (1).

---

(1) Le temps n'a pas permis au général Bertrand d'accomplir ce dessein; mais il a laissé à ses enfans une très grande quantité de pièces, de documens, et de matériaux curieux sur tout ce qui se rapporte à l'histoire des vingt premières années de ce siècle où la grande figure de Napoléon occupe et remplit un si vaste espace.

Napoléon possédait à fond l'art de la guerre; il en connaissait la théorie et la pratique, l'ensemble et les détails. Surtout il en avait l'instinct, si on peut s'exprimer ainsi. Comme il jugeait bien ce que son ennemi avait à faire, il devinait souvent ce qu'il avait fait, ce qu'il ferait. Il *sentait* pour ainsi dire où était l'ennemi, où il n'était pas. J'emploie cette expression parce qu'il s'en est servi quelquefois pour répondre à des questions, à des pourquoi. En un mot, Dieu l'avait doué du génie de la guerre. « Comment pouvez-vous savoir tant de langues? disait Napoléon à un homme dont l'érudition en ce genre l'étonnait. — C'est un don que je tiens de Dieu, répondit dans sa naïveté l'homme aux langues, comme vous celui des batailles; » comparaison qui peut-être ne fut pas goûtée du héros.

Napoléon savait que ses actions de guerre étaient son titre principal et incontestable à l'estime de la postérité; aussi a-t-il toujours désiré pouvoir en écrire lui-même l'histoire. D'autres feraient connaître son gouvernement, sa politique; mais personne ne pouvait le remplacer dans la relation de ses campagnes. Personne ne connaissait comme lui les secrets de son art, les combinaisons diverses qu'il avait méditées, les motifs qui l'avaient fait agir, les nouvelles reçues de ses avant-postes qui avaient décidé ses mouvemens.

Aux Tuileries, à Saint-Cloud, l'Empereur m'a dicté plusieurs de ses batailles d'Italie. Il en faisait dessiner les plans et aussi ceux d'Égypte. De toutes ses occupations c'était celle qui lui plaisait davantage. Quand il avait du temps de libre, il me faisait appeler pour ce travail qui était par lui-même du plus grand intérêt et l'Empereur en augmentait encore le prix par sa gaîté, par l'humeur la plus agréable. Il causait d'abord, puis il dictait, ordinairement avec une grande vivacité. Le feu de la guerre l'animait. Excité qu'il était par des souvenirs glorieux, il se présentait dans ses nobles récits, au temps à venir, avec ce cortége brillant de victoires, de succès inouïs, qui l'accompagneront à l'immortalité.

Ce que l'Empereur m'a dicté sur ses batailles a perdu de son importance depuis qu'il a écrit sa guerre d'Italie tout entière. Cependant il pourrait s'y trouver quelques détails intéressans, qui ne seraient pas dans les *Mémoires de Sainte-Hélène*. Voici une anecdote de cette époque que je tiens de Napoléon.

On sait que peu de temps après son entrée à Milan, ayant reçu du Directoire l'ordre de partager son armée en deux corps, de marcher avec la moitié sur Rome et Naples et de laisser au général Kellermann le commandement des troupes sur l'Adige, il offrit sa démission si le gouvernement persistait dans la résolution qui lui était annoncée.

En recevant la lettre du Directoire, Napoléon fut quelque temps absorbé par les réflexions qui se présentèrent à son esprit, par les conséquences d'une mesure qui lui paraissait peu sage. Le Directoire jugeait mal la situation difficile de l'armée française, les ressources de l'Autriche, les efforts qu'elle allait faire pour conserver sa domination au-delà des Alpes. L'armée française morcelée devait être battue et l'Italie perdue pour la France. Cette lettre donna au général en chef une idée défavorable de l'habileté du Directoire, et de sa capacité pour diriger les opérations de la guerre. Au milieu des idées dont il fut assailli, il jugea pour la première fois de la supériorité de son propre esprit, et entrevit qu'il était destiné à diriger les affaires de la France, sa politique et ses armées. Cette lettre du Directoire lui arriva vers la fin de mai, il était alors à Lodi. Depuis il a voulu revoir la chambre où le présage de ses hautes destinées lui était apparu. Il n'a pu la retrouver. Il se rappelait qu'il y avait une cheminée dans l'angle de la chambre. C'était à la chute du jour. Cette heure de la journée, où l'on respire le frais, est des plus agréables pour les habitans des pays chauds. Napoléon avait conservé ce souvenir et ce goût de ses premières années. Peu pressé le soir d'avoir de la lumière, il en aimait le demi-jour, et s'abandonnait alors volontiers à ses rêveries.

La campagne d'Ulm et d'Austerlitz écrite par Napoléon, est au dépôt de la guerre. Le manuscrit est authentique. Il contient quelques corrections de ma main dictées par l'Empereur. Il était pour lui-même quelquefois un censeur sévère. Pendant un voyage de Saint-Cloud, il me fait appeler : il était assis dans son cabinet, causant avec M. de Talleyrand, et me dit de lire la campagne d'Austerlitz. Au milieu de la lecture il m'interrompt. « Quelles bêtises nous lisez-vous là? » Un peu étonné de l'apostrophe, je regarde l'Empereur, puis M. de Talleyrand, et, sans rien répondre, je reprends ma lecture.

L'Empereur avait fait relier sa correspondance avec ses généraux ainsi que celle de Berthier, c'était ce qu'il appelait ses livres rouges. Il les consultait en écrivant ses campagnes. Je l'ai vu passer une heure debout, la tête appuyée contre la tapisserie de son petit salon à Saint-Cloud, cherchant à se rappeler comment à l'époque des mouvemens rapides qui précédèrent la bataille de Castiglione, il s'était trouvé, tel jour, à telle ville d'où il avait écrit une lettre qui était sous ses yeux, tandis qu'il lui semblait que ce même jour il devait être ailleurs. On comprend aisément quel embarras il devait éprouver lorsqu'il n'avait aucun de ses papiers pour aider sa mémoire et qu'il était privé même de ces livres que chacun peut si aisément se procurer à Paris. Le manque de documens a beaucoup contribué à empêcher l'Empereur de compléter pendant qu'il était dans l'exil, l'histoire de ses guerres.

Lorsqu'à Sainte-Hélène, j'appris la mort de mon père, l'Empereur voulant me distraire de la peine que j'éprouvais, m'envoya un billet au crayon par lequel il m'annonçait son projet de me dicter la campagne de Russie. Il me demandait en conséquence de lui apporter la situation de l'armée quand elle quitta ses cantonnemens, puis lorsqu'elle arriva sur le Niémen, et ensuite à Smolensk. Je fis des recherches dans les moniteurs, dans les livres de la bibliothèque, sans pouvoir réunir les élémens nécessaires pour établir ces diverses situations. La campagne de Russie était la seule guerre de l'empire que je n'eusse pas faite (1). C'était un inconvénient. J'avais quelquefois rappelé à l'Empereur des circonstances qui s'étaient effacées de son souvenir. Le général Gourgaud était le seul de nous qui eût été en Russie ; il a publié sur cette campagne des pages intéressantes.

L'Empereur ne me dicta donc point cette campagne, ce qui est d'autant plus fâcheux qu'elle était importante et difficile à écrire ; non pas la retraite, dont les circonstances et les événemens désastreux

---

(1) Le général Bertrand était alors gouverneur-général de l'Illyrie.

n'ont donné lieu qu'à des combinaisons ordinaires, mais le mouvement offensif par lequel l'Empereur s'est porté sur Moscou, à une si grande distance, et avec les forces les plus considérables qu'il ait jamais dirigées.

Ayant demandé un jour à Napoléon quelle était sa plus grande bataille : « C'est, sans contredit, celle de « la Moskowa, me répondit-il ; c'est le combat des « géans. Si, l'avant-veille, avec ce coup-d'œil qui « m'est naturel à la guerre, je n'eusse pas fait en- « lever, à mon arrivée, et aussitôt après les avoir « reconnus, le mamelon et la redoute qui étaient à « douze cents toises en avant de la gauche de l'en- « nemi, je perdais la bataille le surlendemain.

« Je devais pour ma gloire, ajouta l'Empereur, « mourir ce jour-là. Si un boulet m'eût emporté à « la Moskowa, mon nom eût été environné dans la « postérité d'un éclat sans pareil. L'imagination n'eût « pas su fixer la limite où se fût arrêtée ma car- « rière. »

Si les mémoires sur la guerre d'Orient, ainsi qu'on l'avait d'abord projeté, avaient été précédés seulement d'une dédicace, cela eût été plus conforme à la bienséance. Mais quelques explications sur le manuscrit ayant paru nécessaires, elles ont été entremêlées d'anecdotes qui peuvent aider à faire connaître l'Empereur sous les rapports qui se rattachent à cette publication, c'est-à-dire ses écrits et la guerre.

Il semble que le public doit être disposé à lire avec intérêt cette sorte d'anecdotes, quand il peut croire à leur vérité, surtout dans un temps où se débitent tant de fables concernant l'homme extraordinaire, qui pendant vingt ans a exercé une si grande influence sur le monde entier. Un narrateur de bonne foi en parlant de ce qu'il a vu, inspire plus de confiance qu'en rapportant ce qu'il n'a appris que par ouï-dire. Puisse cette considération servir d'excuse à l'éditeur pour avoir mêlé son nom à quelques circonstances qu'il a rapportées et aux deux autres qui vont suivre, celles où il a vu Napoléon pour la première fois, d'abord dans son cabinet, puis dans une action de guerre sur le champ de bataille.

En 1796, le Directoire de la République envoya le général Aubert Dubayet comme ambassadeur à Constantinople dans l'espoir qu'il déciderait la Porte à opérer une diversion utile à la France en déclarant la guerre à l'Autriche. A cet effet on attacha à cette ambassade quelques officiers de toutes armes ; j'étais du nombre. Mais la Porte ne voulant point faire la guerre, nous demandâmes à revenir à l'armée. Après avoir traversé Andrinople, Philippopoli, Sophia, nous apprîmes en Bosnie que les préliminaires de paix avaient été signés à Leoben. Nous arrivâmes à Raguse et de là en Italie. Le général Bonaparte nous accueillit avec bienveillance. Nous eûmes l'honneur de dîner deux fois avec lui. Il nous parut aussi simple dans son intérieur que nous le savions grand sur le champ de bataille.

Chargé des travaux de la forteresse d'Ozeppo, ayant besoin pour leur exécution d'une assez grande quantité de bois qui était dans le voisinage et dont je jugeais ne pouvoir disposer sans un ordre direct du général en chef, je me rendis à Passeriano où le général Bonaparte négociait la paix de Campo-Formio. Introduit dans son cabinet, j'exposai le motif qui m'amenait. Pendant que son secrétaire écrivait l'ordre que j'avais demandé, le général en chef me questionna sur la situation des travaux de la forteresse. Il voulait établir sous sa protection, et appuyé au Tagliamento, un camp retranché qui pût être gardé par la garnison du fort. Il demanda si je pourrais exécuter un ouvrage qu'il indiquait, je répondis que non. « Pourquoi ? » Je donnai mes raisons. « Pour-
« riez-vous exécuter tel autre ouvrage, » et il l'indiqua comme le premier. « Non, général. — Pour-
« quoi ? » Je m'expliquai. Enfin il choisit une autre position, et cette fois je répondis que cela se pouvait.

« Eh bien, faites ; mon but sera également atteint. »
Il signa l'ordre et je partis.

Pour la première fois simple capitaine, j'avais eu occasion de discuter avec le conquérant de l'Italie. Je fus frappé de cette facilité de remplacer son projet par un autre, pour trouver le moyen d'arriver à son but qu'il ne perdait jamais de vue, ce que plus tard j'ai eu tant d'occasions de remarquer. Depuis cet entretien, avant de répondre aux questions de Napoléon, je prenais autant que possible le temps de réfléchir, ce qui n'était pas toujours facile. L'Empereur questionnait beaucoup et voulait une réponse nette et prompte. Si elle n'était pas exacte quelquefois, il n'en savait pas mauvais gré; car il jugeait bien ce qu'il fallait attribuer à ses pressantes questions. Ses habitudes, son génie le portaient à la guerre, il aimait les hommes décidés, qui n'hésitaient point, ces Gascons, le nez au vent, qui ne doutent de rien. Nous nous étonnions quelquefois de voir l'Empereur préférer tel officier à tel autre qui avait à plusieurs égards des qualités supérieures. Mais l'Empereur avait de l'entraînement pour les hommes hasardeux. *Le feu sacré* était à ses yeux la première qualité, il la récompensait noblement.

Lors de l'expédition d'Égypte, aussitôt que l'escadre eut mouillé dans la rade d'Alexandrie, l'ordre fut donné de débarquer. Les chaloupes furent immédiatement mises à la mer, débarquèrent les premières troupes et revinrent en prendre de nouvelles. Sur le soir, la mer était grosse. Le canot sur lequel j'étais ne pouvant aborder la côte accosta une frégate mouillée près du rivage. A la pointe du jour, le canot nous conduisit à terre, mais déjà le général en chef était parti avec les troupes débarquées la veille. Dès qu'il y eut assez de soldats réunis pour former un bataillon, nous nous mîmes en marche, escortés par des Arabes dont le costume, la figure maigre et noire nous parurent aussi tristes que le désert qui nous environnait. Ils étaient montés sur des haridelles qui ne nous donnèrent pas une grande idée des chevaux arabes. Quelques coups de fusil les obligèrent de se tenir à distance. Nous suivions le bord de la mer, apercevant la colonne de Pompée. Lorsque nous arrivâmes près d'Alexandrie, l'enceinte, dite des Arabes, avait été enlevée. La fusillade était engagée dans diverses directions. Aucun de nous ne sachant où combattait le corps dont il faisait partie, nous nous dirigeâmes vers un mamelon où nous aperçûmes un état-major qui était probablement celui du général en chef. C'est sur ce monticule qu'a été construit le fort dit de l'Observation, appelé depuis fort Caffarelli.

Mon impatience était extrême de voir sur un champ de bataille, ce grand capitaine qui avait rempli l'Europe de son nom, et qui agissait si profondément sur les imaginations. Je gravis la hauteur, haletant, empressé que j'étais d'observer cet illustre général. Il était assis par terre, le dos tourné aux attaques, faisant sauter avec sa cravache de ces débris de poterie qui forment en partie les monticules dont sont environnés Alexandrie, le Caire et les villages de l'Égypte.

L'état-major était rangé en cercle, gardant le silence. Un officier arrive de la gauche : « Général, le « fort triangulaire vient de capituler. » Pas de réponse. Bientôt un autre officier annonce que la droite s'est emparée des premières maisons, et que l'ennemi les dispute pied à pied. Pas de réponse. Un troisième officier se présente : « Le général Murat m'a « chargé de venir vous dire qu'il est arrivé sur la place, « et que l'ennemi se retire sur le Phare. — Qu'il « m'envoie les cheykhs avec les clefs de la ville. »

Le général en chef se lève alors et descend le monticule. Je venais d'apprendre où combattait ma division. Je la rejoignis très désappointé : « Le voilà « donc ce général qui prend des villes, gagne des « batailles et détruit autant d'armées qu'il en com- « bat; mais s'il ne fallait pour cela que faire sauter « de petites pierres avec sa cravache, ne pas même « regarder ce qui se passe, écouter les rapports de ses

« généraux, et n'y rien répondre, il me semble en vé-
« rité que j'en pourrais faire autant. »

Dans les diverses circonstances de sa vie, mais surtout à la guerre, il y avait dans l'Empereur deux hommes différens pour ne pas dire opposés. Ici, tête calme, il écoute, examine, calcule tout avec sang-froid, ou même c'est un être qui semble impassible, quand le tonnerre gronde et renverse tout autour de lui; tel je l'ai vu les jours de ses plus grandes batailles. Là, c'est un lion, ses regards sont de feu, son cheval court ventre à terre et n'a pas assez de jambes, il n'écoute personne, il entraîne tout, il lui faut une aile de l'armée, il ne donnerait pas sa journée pour vingt mille hommes, la renommée est là, prête à proclamer sa victoire, et à redire aux races futures son nom rayonnant d'une gloire immortelle.

Il n'est guère de faits importans dans l'histoire qui n'aient été altérés par l'ignorance, par la malignité ou par l'esprit de parti. Il n'est point de particularités si simples, si naturelles qu'elles soient, qui ne puissent être produites sous un jour défavorable.

Cédant à la fortune et au nombre des ennemis, Napoléon avait succombé à Waterloo. Il se rendit à Rochefort, avec le projet d'aller aux États-Unis. Deux frégates devaient l'y porter, *la Saal* et *la Méduse*.

Le lieutenant de vaisseau Besson, devenu depuis amiral de Mehemet-Ali, offrit à l'Empereur de le conduire en Amérique sur un petit bâtiment danois appartenant à son beau-père, et dans lequel Napoléon pourrait s'embarquer avec deux autres personnes. Ce bâtiment n'était monté que par quatre matelots. M. Besson en eût pris le commandement. Il espérait n'être pas aperçu de la croisière anglaise, et au besoin se faisait fort de soustraire trois personnes à la curiosité des visiteurs. Le général Bertrand alla, à la nuit, examiner ce bâtiment dans le port, et d'après l'ordre qu'il reçut, il y fit ensuite porter des vivres.

De jeunes officiers de marine, MM. Genty, Doret, Pettier, Salis et Châteauneuf proposèrent aussi de mener l'Empereur aux États-Unis, sur deux chasse-marées. La petitesse des bâtimens les eût obligés à relâcher pour faire de l'eau et des vivres.

D'un autre côté, plusieurs navires américains avaient descendu la rivière de Bordeaux, ils étaient bons voiliers, et avaient toutes chances d'échapper à la croisière anglaise, qu'ils ne craignaient pas. Le capitaine Baudin commandait dans ces parages, et là, comme ailleurs, Napoléon était sûr de trouver des hommes qui se dévoueraient à le servir, et se disputeraient l'honneur de le conduire aux États-Unis. Pour arriver à Bordeaux par mer, il fallait passer par le pertuis de Maumusson où, chaque matin, les vigies signalaient, disait-on, quelques voiles anglaises. S'il voulait aller par terre, Napoléon ne pouvait s'y rendre qu'à cheval, et presque seul, disait-on encore.

Chaque projet avait ses inconvéniens, et chacun avait son avis.

Après s'être embarqué à bord de la frégate *la Saal*, l'Empereur descendit à l'île d'Aix, y passa deux jours, et parut décidé à traverser l'Atlantique sur le bateau danois, avec le duc de Rovigo, le grand maréchal et Marchand. Le soir leurs effets furent portés à bord. A trois heures du matin les partans devaient être avertis. L'Empereur changea d'avis. En nous rendant le lendemain matin chez lui, nous vîmes sur une table du salon un projet de lettre minuté de la main de l'Empereur, lettre par laquelle il annonçait au prince régent d'Angleterre son désir d'aller s'asseoir au foyer britannique. Bientôt l'Empereur entra et demanda l'avis de ceux qui étaient près de lui. Sa détermination était prise ; le général Lallemant fut le seul qui la combattit.

Les officiers des frégates se présentèrent dans la matinée, et furent unanimes pour détourner l'Empereur de ce funeste projet. « Comment, disaient-ils ; « l'Empereur qui disait si bien connaître les Anglais, « pouvait-il se fier à leur générosité. »

Jamais le général Bertrand n'a conseillé à l'Empereur de se rendre à l'Angleterre. La comtesse Bertrand, il est vrai, le désirait et le disait. Mais son mari a plutôt cherché à détourner l'Empereur de ce projet, qu'à l'y encourager. Dans une conversation où l'Empereur, voulant appuyer l'opinion qui a fâcheusement prévalu, demandait au grand-maréchal, s'il pensait que le gouvernement anglais le laisserait libre en Angleterre; celui-ci répondit que ce serait s'abuser que de se flatter d'un pareil espoir; qu'après les événemens qui avaient suivi le retour de l'île d'Elbe, on ne lui laisserait pas la faculté de les recommencer. Le grand-maréchal, il est vrai, n'avait pas prévu Sainte-Hélène.

L'Empereur n'a jamais dit, que l'on sache, que son grand-maréchal lui eût donné un tel conseil (1); mais il a dit qu'il ne savait pas jusqu'à quel point il avait pu être décidé dans la détermination qu'il avait prise, par le plaisir qu'il ferait à la comtesse Bertrand de la rapprocher de sa famille. Cela n'étonnera pas ceux qui ont connu Napoléon dans son intimité, et la bonté de son cœur.

Des conversations que j'ai eues à Rochefort ou à l'île d'Aix avec l'Empereur sur cette matière, je suis

---

(1) Dans un ouvrage intitulé *Souvenirs sur Napoléon*, par la veuve du général Durand, le même fait se trouve rapporté, l'Empereur lisant à Sainte-Hélène cette calomnie écrivit à côté *faux*. Ce livre est dans la bibliothèque de M. Marchand.

(*Note communiquée par M. Marchand.*)

porté à penser qu'un des motifs déterminans de la résolution qu'il a adoptée, a été le conseil qui lui fut donné à Paris par trois personnes d'esprit et de sens, qui toutes les trois ont cessé de vivre et dont deux lui étaient sincèrement attachées. Je citerai seulement l'abbé Siéyès. Les deux autres personnes sont aussi très connues du public.

Voilà ce qui m'a paru de plus probable sur cette détermination qui a si malheureusement terminé les destinées du héros. Je ne pense pas que qui que ce soit puisse rien dire de positif à cet égard.

Tout citoyen doit consulter uniquement le bien de la patrie et être toujours prêt à lui sacrifier son intérêt personnel, celui de sa famille; là est la pierre de touche de l'homme d'état. Mais il est des circonstances, où, comme époux ou comme père, l'homme a des devoirs à remplir, devoirs dont il ne lui est pas permis de s'écarter, et qu'il doit concilier avec ses autres devoirs.

Après les événemens de 1814 et de 1815, si malheureux tout à-la-fois pour la France et pour l'Empereur, ma position a été souvent embarrassante. Il fallait concilier ce que me commandait ma reconnaissance et mon attachement pour l'Empereur qui m'avait comblé de bienfaits, avec mes devoirs de père de famille.

Dans les occasions qui exigeaient de la réflexion, la droiture, la raison et l'honneur ont été les guides de ma conduite, et si j'ai fait des fautes, ce dont assurément je ne prétends pas avoir été exempt, la sincérité avec laquelle j'ai cherché la meilleure marche à suivre sera mon excuse.

Lorsque l'Empereur eut abdiqué, mon parti fut pris de passer près de lui le reste de mes jours; dèslors je dus réfléchir aux circonstances qui pouvaient se présenter, aux difficultés qui pouvaient naître, aux moyens de les éviter ou de les faire disparaître. D'un côté il fallait que je ne fusse pas un embarras pour l'Empereur, cela m'était facile. La fortune qui me restait de ses bienfaits était modeste, mais elle me suffisait. D'un autre côté, il fallait s'arranger de manière à n'être pas constamment dans une dépendance qui pourrait devenir une occasion de petites contrariétés. Les femmes ont comme nous leurs qualités et leurs défauts. Un long exil avait bien des inconvéniens, il fallait penser à ne pas les aggraver pour une femme destinée à partager notre sort, à en adoucir l'amertume pendant un temps probablement long et dont on ne pouvait prévoir le terme.

En réfléchissant à cette situation un homme attentif trouverait l'explication de quelques incidens qui se sont présentés dans un laps de six années de l'exil de Sainte-Hélène.

A son arrivée à Longwood, l'Empereur dînait avec les personnes qui l'avaient accompagné à Sainte-Hélène. Le général Bertrand occupait alors le cottage *d'Hutsgate* à une demi-lieue de Longwood : lorsqu'il fut établi dans la maison qui avait été construite pour sa famille, l'Empereur eût voulu que le grand-maréchal et sa femme dînassent tous les jours avec lui. On pourrait s'étonner qu'ils aient eu des motifs de ne point accepter cet honneur (1).

La comtesse Bertrand, parmi ses bonnes qualités, ne comptait pas l'exactitude. Il lui était difficile d'être habillée et prête à une heure fixe. A l'île d'Elbe elle arriva un jour quand l'Empereur était à table. L'Empereur dit avec raison qu'il n'était pas poli de se faire attendre. Dîner tous les jours avec l'Empereur eût été une occasion de scènes désagréables et méritées. Il était sage de les éviter.

A la fin de 1820 mon fils aîné était dans sa douzième année, ma fille dans sa onzième. Il devenait nécessaire de s'occuper de leur éducation. Un sergent anglais apprenait à mes enfans à écrire, et l'abbé Vignale,

---

(1) A l'île d'Elbe, le général ayant avec lui sa femme et plusieurs enfans, ne put loger dans le bâtiment habité par l'Empereur, qui l'engagea à s'établir à l'Hôtel-de-Ville. Le grand-maréchal mangeait avec sa famille, et le général Drouot dînait avec l'Empereur.

jeune prêtre corse qui parlait le français peu correctement, leur donnait quelques leçons de langue latine.

La comtesse Bertrand n'avait pas l'exactitude et la patience nécessaires pour instruire elle-même ses enfans, le général ne les avait pas non plus. Pour une jeune fille, le séjour de Longwood n'était pas d'ailleurs sans inconvéniens. Ces considérations déterminèrent le général à demander à l'Empereur qu'il voulût bien consentir à ce que la comtesse Bertrand conduisît ses enfans soit en Angleterre, soit en France, afin de leur procurer une éducation convenable : l'Empereur y consentit ; un passage fut demandé au gouverneur et accordé.

Mais lorsque le bâtiment sur lequel le départ devait avoir lieu fut dans le port, l'Empereur y trouva de grandes difficultés. « La comtesse Bertrand serait
« fort embarrassée en France; elle y serait dans une
« fausse position vis-à-vis du gouvernement, il en
« résulterait les inconvéniens les plus graves; que si
« le général voulait absolument envoyer sa femme
« et ses enfans en Europe, il fallait qu'il les conduisît
« lui-même, et alors qu'il lui donnât le temps de faire
« venir un de ses anciens serviteurs pour le remplacer
« pendant son absence (1). »

(1) Voici ce que l'Empereur, étant au bain, dit à M. Marchand à cette époque : « C'est moi qui engage Bertrand à accompagner sa femme en Europe,

Des inconvéniens, il y en a à tout. Ceux qui étaient présentés ne paraissaient pas aussi graves au grand-maréchal qu'à l'Empereur. Mais le véritable motif n'était pas difficile à pénétrer. Le comte de Las Cases et son fils avaient été enlevés violemment d'auprès de l'Empereur : le général Gourgaud, madame de Montholon et ses enfans, avaient quitté Sainte-Hélène, il était bien naturel que l'Empereur voulût garder le petit nombre de personnes qui restaient auprès de lui.

Le général acquiesça aux désirs de l'Empereur. Il fit rester sa femme, et demanda, ce qui fut consenti, que si dans une année il n'y avait pas de changement dans la situation des choses, l'Empereur lui accordât un congé de neuf mois, temps qui lui paraissait suffisant pour aller en Angleterre, pourvoir à l'éducation de ses enfans, et revenir : le général priait Sa Majesté de se rappeler que s'il s'éloignait de Sainte-Hélène, c'était contre son gré, et sur l'indication de l'Empereur lui-même.

Le général Montholon écrivit en Europe au mois de janvier pour demander qu'un des officiers attachés à l'Empereur se rendît à Sainte-Hélène. Qu'elles qu'aient été les expressions de cette lettre, dite offi-

« pour aller mettre ordre à ses affaires, qui, s'il n'y allait pas, pourraient bien
« en souffrir. »

(*Note communiquée par M. Marchand.*)

cielle, elles ne peuvent changer la vérité des faits, qui sont tels qu'on vient de les raconter.

Le jour arrivé de se séparer de son grand-maréchal, même momentanément, l'Empereur eut vraisemblablement cessé d'apercevoir les inconvéniens qu'il avait d'abord trouvés au départ de la comtesse Bertrand; elle fût partie avec ses enfans, et le général fût resté. Il est probable que les choses se seraient arrangées de la sorte.

Le général peut dire avec sincérité que jamais il n'a eu l'intention d'abandonner l'Empereur, que jamais il ne l'a dit, qu'il n'a été question que d'un congé de neuf mois.

On a prétendu que le ministère anglais se serait opposé au retour du général, ainsi qu'il l'avait fait pour d'autres personnes. Le général doit cette justice et aussi ce remercîment au gouvernement britannique, qu'alors même qu'il interdisait le passage à Sainte-Hélène aux généraux Lallemant et Savary, comme inscrits dans les ordonnances de Louis XVIII, du mois de juillet 1815, il autorisait le général Bertrand, compris dans ces mêmes ordonnances à accompagner l'Empereur; la conduite de ce général qui avait suivi la fortune de Napoléon à l'île d'Elbe ayant paru toute simple en 1815 à lord Liverpool et à ses collègues. Le général avait été condamné à mort par contumace, les cinq années pour revenir sur ce jugement étaient écoulées; il ne se rendait en Angleterre que pour remplir un devoir, il n'avait point à craindre pour son retour un refus du gouvernement britannique.

A son arrivée sir Hudson Lowe exigea que chacun de nous signât une pièce dont il envoya le modèle. Se soumettre aux restrictions imposées à l'Empereur était tout simple. Signer l'engagement de ne sortir de Sainte-Hélène qu'avec la permission du gouvernement anglais demandait quelque réflexion. Le gouverneur déclara qu'il fallait signer ou partir : le général Bertrand signa.

Après le départ de l'amiral Cockburn, le général Bertrand continua à être chargé des relations avec le nouveau gouverneur. Sir Hudson Lowe, dans les rapports fort désagréables qu'il avait avec Longwood, ne trouvant pas dans le général la complaisance qu'il désirait, s'adressa au général Montholon, dont il espérait plus de condescendance à ses vues.

Comme l'Empereur dirigeait effectivement la correspondance avec le gouverneur, les résultats furent les mêmes. Celui-ci en revint alors à préférer ses relations avec le grand-maréchal et s'adressa de nouveau à lui.

Quelque temps après, par suite de discussions qui

eurent lieu, le grand-maréchal fut réduit à envoyer un cartel au gouverneur et depuis cette dernière époque toutes relations entre eux furent complétement rompues.

Cependant l'Empereur éprouvant de la difficulté à savoir ce qui avait été réellement dit dans les conversations avec le gouverneur, voulut déterminer le général Bertrand à les reprendre. Ce ne fut pas sans quelques peines que le général fit comprendre à l'Empereur, qui jugeait tout de la hauteur de sa position, qu'il y avait entre les hommes, placés dans une situation si inférieure à la sienne, des rapports établis par la société et les usages, qui ne permettaient pas de rapprochemens dans de certaines circonstances, et le général persista à ne point renouer sa correspondance.

A la mort de l'Empereur, l'amiral Lambert, officier fort estimable, fit accepter ses bons offices pour arranger le différend qui existait entre le grand-maréchal et le gouverneur; différend dont en réalité et malheureusement la cause avait disparu, par la funeste catastrophe qui mettait fin à la captivité de Longwood.

Pendant les cinq à six ans du second exil de l'Empereur, il était difficile qu'il n'y eût pas de temps à autres quelques froissemens entre des personnes placées dans une situation peu heureuse, et très sensibles aux moindres préférences de l'Empereur. Mais jamais le grand-maréchal n'a eu avec aucun de ses compagnons d'exil la plus légère discussion, et il a fait ce qui dépendait de lui pour entretenir parmi eux la bonne harmonie, ce qu'il considérait comme un devoir.

Au premier et au second retour de Sainte-Hélène, beaucoup de personnes m'ont adressé des questions sur les derniers momens de l'Empereur; j'en rapporterai ici quelques circonstances.

Pendant les six dernières semaines de sa longue maladie, depuis la fin de mars jusqu'au 5 mai 1821, l'Empereur ne s'est guère levé que pour changer de lit. Il a montré dans ses souffrances beaucoup de patience, et cette tranquillité d'âme qui a été l'habitude de sa vie, au milieu de ses grandes occupations, et de tant de vicissitudes.

Le général Montholon et M. Marchand ont veillé l'Empereur toutes les nuits pendant qu'il a été alité. Il a reçu jusqu'à son dernier soupir, de tous ceux qui l'approchaient, les marques de respect et d'attachement qu'il avait droit d'en attendre.

Dans les premiers jours d'avril, l'Empereur m'ayant fait appeler vers les trois heures du soir, me dit : « Bertrand, je suis bien malade. » Je répondis à l'Empereur que son refus, pendant plusieurs années, de voir un médecin anglais, après que le gouverneur lui eût enlevé le sien avait été plein de dignité, mais que, dans ses nouvelles souffrances, il me paraîtrait parfaitement convenable de consulter quelque médecin de l'île ; que le docteur Arnott, du régiment campé près de nous, était un homme de droiture, d'expérience, et qui pourrait donner un bon conseil.— « Eh bien, répliqua l'Empereur, faites-le venir, et dites « à votre femme de lui expliquer ma maladie. » Je sortis ; le docteur vint, il parlait peu français, mais la comtesse Bertrand s'exprimait en anglais avec facilité. Après l'avoir écoutée, le docteur répondit qu'un médecin, quand il avait questionné un malade, tâté son pouls, examiné sa langue, était souvent embarrassé pour juger une maladie, et que, sur l'exposé qu'il venait d'entendre, il n'oserait donner un avis surtout à un malade tel que Napoléon, sans l'avoir vu, écouté, et examiné avec attention. Je portai à l'instant même cette réponse. L'Empereur laissa écouler vingt-quatre heures, et fit appeler M. Arnott. Dans les visites qui ont suivi, quoique parlant fort mal anglais, j'ai servi d'interprète.

Avant d'être alité l'Empereur vomissait depuis quelque temps, par intervalle, des matières noirâtres. Voici une de ses conversations avec M. Arnott :

« Docteur, combien y a-t-il de trous dans l'esto-
« mac ? — Deux. L'un sert à faire entrer les alimens,
« et ils sortent par l'autre. — Comment le sang

« passe-t-il de l'estomac au cœur? Y a-t-il un trou
« par lequel l'estomac communique avec le cœur?
« — Non. » Le docteur expliqua la formation du sang
et par quelle voie il arrivait au cœur. « Comment
« la bile passe-t-elle de l'estomac au foie? y a-t-il
« un trou de ce côté? — Non ; » et le docteur fit comprendre la sécrétion de la bile dans le foie. « Ainsi
« il n'y a que deux trous dans l'estomac? — Deux,
« seulement. — Comment appelez-vous celui par
« lequel les alimens entrent? — Le *cardia*. — Celui-
« là n'est pas malade, car les alimens entrent et
« même souvent sortent par là. Comment appelez-
« vous l'autre? — le *pylore*. — Je meurs de la
« même maladie que mon père. » Charles Bonaparte, père de Napoléon, était mort d'une maladie
au pylore.

Cette conversation peut faire connaître la manière
de questionner de l'Empereur, qui ne craignait point
d'employer par fois des expressions vulgaires pour
arriver à découvrir ce qu'il voulait savoir. Il a eu
plus d'une conversation analogue.

Après la mort de Napoléon son corps fut ouvert
par le docteur Antomarchi selon les ordres qu'il en
avait reçu de l'Empereur lui-même. L'estomac était
couvert de squirres, percé d'un trou, et adhérent au
foie qui était très gonflé.

Depuis deux ans et plus, l'Empereur avait répété

souvent en mettant la main droite sur son foie : « Les
« médecins diront tout ce qui leur plaira, mais j'ai là
« un coup de poignard. Je le sens. »

L'ouverture du corps sembla confirmer la conjecture de Napoléon. En écrivant à Madame, mère de l'Empereur, pour lui donner la triste nouvelle de la mort de son fils (nous n'écrivions que des lettres ouvertes); je lui mandais que l'Empereur avait deviné son mal, et dit qu'il mourait de la même maladie que son père.

Le gouvernement anglais ne manqua pas de le faire annoncer dans toute l'Europe. « Mais de ce « qu'à deux pouces du pylore, l'estomac a été percé, « on ne peut en conclure que l'Empereur ait suc- « combé à une maladie du pylore, » m'a dit depuis le docteur Antomarchi.

Beaucoup de personnes sont persuadées que Napoléon a été empoisonné et en rejettent l'odieux sur le gouvernement anglais. Il est loin de ma pensée de vouloir accréditer un tel reproche. Je n'ai aucune raison de le croire fondé.

Vers le milieu d'avril, l'Empereur s'est occupé avec le général Montholon pendant plusieurs jours de ses dispositions testamentaires, qu'il a toutes écrites de sa main et de la manière la plus lisible, quoique son écriture fût ordinairement indéchiffrable.

Le 22 et le 24 avril au soir, l'Empereur m'entretint

de ses dispositions testamentaires, de sa parenté, de diverses particularités de son règne et de quelques personnes.

Le 25, au matin, il me demanda si j'avais écrit ses conversations des jours précédens, je répondis par l'affirmative. Il ajouta qu'il fallait réunir les vues des champs de bataille dessinées par Denon, et les plans des champs de bataille levés par Dassa, en faire un bel atlas pour les campagnes.

Le 26 avril, à sept heures du soir, l'Empereur passa de sa chambre dans son salon, et s'étant couché, il me dit :... « qu'en demandant à être enterré sur les
« rives de la Seine, il entendait par là un lieu quel-
« conque de la France, que si les Bourbons avaient de
« l'esprit, ils le mettraient à Saint-Denis, mais que
« son désir était d'être enterré au cimetière du père
« Lachaise entre Lefebvre et Masséna; qu'on lui fît
« élever un petit monument, une colonne, qu'il pré-
« férait cela à être enterré à Saint-Denis; sinon qu'on
« l'enterrât à Rueil, auprès de l'impératrice José-
« phine; s'il y avait des difficultés, qu'on l'ensevelît
« au confluent du Rhône et de la Saône, dans une
« île près de Lyon; et si enfin on ne le pouvait pas,
« qu'on le déposât à Ajaccio en Corse, car là c'était
« encore la France, qu'on le mît dans la cathédrale
« où étaient ses ancêtres, que du moins il serait au
« milieu de ses pères.

« Mais, ajouta-t-il, le gouvernement anglais a prévu
« ma mort, et aura donné des instructions; j'ai cru
« m'apercevoir que ce cas avait été prévu. Je ne
« pense pas qu'on laisse mon corps dans cette île; si
« cependant il en était ainsi, faites-moi enterrer au
« bord de cette fontaine où tous les jours j'envoyais
« chercher de l'eau, près de ces saules à l'ombre des-
« quels je me suis assis quelquefois, quand j'allais
« vous voir, lorsque vous étiez à *Hutsgate* (1). »

L'Empereur pensait que son frère Lucien devrait écrire l'histoire de la Révolution et de l'Empire.

Dans sa conversation du 25 avril, il demanda si Regnault de Saint-Jean-d'Angély vivait encore. Les circonstances de sa mort nous étaient connues, mais avaient échappé à la mémoire de Napoléon.

Le duc de Bassano, dis-je alors, doit savoir beaucoup de choses, et il est en état d'écrire. « — Oui,

---

(1) Peu de jours avant le message qui l'annonça aux Chambres, le roi Louis-Philippe m'ayant fait l'honneur de m'entretenir de la résolution qu'il avait prise de rendre à la France les restes mortels de l'Empereur : « Je les
« ferai placer, me dit-il, au lieu qu'on jugera le plus convenable, à Saint-
« Denis, si l'on veut ; mais je les crois mieux, plus convenablement aux Invalides, et pour moi, je préférerais les Invalides à Saint-Denis. »

Cette résolution généreuse, si conforme aux derniers désirs de l'Empereur, fut exprimée avec une noble simplicité.

L'opinion de la France entière a sanctionné cette inspiration patriotique. En se livrant à de généreux sentimens, en marchant dans les intérêts de la patrie, on est sûr, en France, de remuer la fibre populaire.

(*Note du général Bertrand.*)

« mais il est paresseux, puis il fera ses mémoires.
« Daru a été long-temps secrétaire d'État; il écrit
« avec facilité. Ségur est probablement celui qui
« écrira davantage. — Bignon, ajoutai-je, est à pré-
« sent intéressé à écrire l'histoire de la diplomatie.
« — Oui. — D'Hauterive a aussi du talent, il pourra
« écrire. — Oui, mais il est bien ami de Talleyrand.
« — Qui fera l'histoire militaire, s'écria l'Empe-
« reur? — La France a un si grand intérêt, répon-
« dis-je, à perpétuer le souvenir de faits d'armes si
« glorieux pour elle, que, tôt ou tard, quelque
« homme de talent se chargera d'en transmettre le
« récit à la postérité. — Jomini a montré du talent,
« continua Napoléon, mais il est vendu à la Russie. »

Le grand maréchal demanda à l'Empereur quelle conduite devaient tenir ses amis, quel but ils devaient se proposer : « L'intérêt de la France, et la gloire de la « patrie, je n'en vois pas d'autre, » répondit l'Empereur.

Napoléon finit par recommander au grand-maréchal d'écrire la conversation qu'il avait eue la veille avec lui, pendant qu'il était près de son lit.

Ce même jour, il réitéra ce qu'il avait dit dans ses instructions de tâcher de se procurer sa correspondance avec les souverains, que son frère Joseph devait l'avoir; qu'il fallait la faire imprimer soit en France, soit en Amérique, que la gloire de la France y était intéressée.

Dans le cours de son règne, l'Empereur ne s'occupait point de ses papiers, n'en portait aucun avec lui. Il se reposait sur son secrétaire du soin de les tenir en ordre. Napoléon avait cependant à l'île d'Elbe les lettres des souverains; elles étaient reliées en un petit tome, format de papier à lettre. Le traité de Fontainebleau, ratifié par les puissances, lui fut apporté par la comtesse Bertrand, lorsqu'elle vint nous rejoindre à Porto-Ferrajo. Le volume des lettres des souverains, et ce traité étaient, autant qu'il m'en souvienne, les seuls papiers que l'Empereur eût à l'île d'Elbe, et le dernier fut jeté au feu lorsqu'il quitta l'île pour rentrer en France.

Sous le titre de *Conversations religieuses de Napoléon*, il a été publié un libelle dirigé en apparence uniquement contre la comtesse Bertrand et son mari, mais réellement aussi contre la mémoire de l'Empereur. On lui fait dire que sur le trône environné de généraux, il était retenu par le respect humain et par beaucoup trop de timidité, qu'il n'eût pas osé dire : « Je crois. » Ceux qui ont approché l'Empereur savent qu'en diverses occurrences, il a dit et répété : « Je « crois tout ce que croit mon curé. » Expression simple et concise, très propre dans sa bouche à arrêter ces discussions de controverses non moins contraires au véritable esprit du christianisme que funestes au repos de l'État.

Dans cet écrit on a osé présenter au public, comme recueillies à Sainte-Hélène, deux prétendues conversations entre l'Empereur et son grand-maréchal, l'une sur la divinité de Jésus-Christ, et n'ayant guère moins de cinquante pages; l'autre sur l'existence de Dieu. Ces deux conversations guillemetées sont une pure invention; elles ne renferment pas un seul mot de vrai, UN SEUL.

En diverses circonstances, où il s'adressait soit au clergé de Paris ou des départemens, soit à des évêques ou à des cardinaux, j'ai fréquemment entendu Napoléon combattre les prétentions ultramontaines, ainsi que l'ont fait tant de rois de France, avant et depuis saint Louis, dans leurs démêlés avec la cour de Rome; mais ni en France, ni à l'armée, ni à l'île d'Elbe, ni à Sainte-Hélène, je n'ai entendu Napoléon disserter sur l'existence de Dieu, ou sur la divinité de Jésus-Christ.

J'ajouterai en toute vérité que jamais dans aucune des quatre parties du monde, où m'ont porté successivement nos armes ou les événemens, je n'ai entendu de conversation dans laquelle un de ceux qui y prenaient part ait nié l'existence de la divinité, non jamais, en aucun temps, en aucun lieu.

d.

Si après avoir dédaigné de répondre à ce libelle, et à quelques autres, j'ai repoussé ici cette dernière calomnie, c'est uniquement parce qu'elle a été l'occasion de beaucoup de niaiseries mises dans la bouche de l'Empereur.

Voici quelques éclaircissemens sur un fait qui a été cité.

Deux prêtres arrivent à Sainte-Hélène : l'un et l'autre doivent dire leur messe. L'Empereur charge le plus âgé des deux, le respectable abbé Buonavita, de célébrer la messe le dimanche, vers neuf ou dix heures, dans une pièce de sa maison qu'il fait disposer à cet effet. Il charge le plus jeune, l'abbé Vignale, de la célébrer à midi, chez le grand-maréchal, pour la comtesse Bertrand, ses enfans, et les autres habitans de Longwood, ce qui aurait encore eu l'avantage de donner aux officiers irlandais, dont le camp était près de nous, la facilité d'assister à la messe, si le gouverneur leur en eût accordé la permission.

Ce fait fort simple a été accompagné d'assertions mensongères et d'insinuations perfides contre la comtesse Bertrand.

Dans ses derniers momens, comme pendant le reste de sa vie, tout occupé qu'il était du temps présent, l'Empereur n'a jamais perdu de vue la postérité; son testament le prouve, et ceux qui ont été près de lui, qui l'ont approché, savent qu'elle fut toujours présente à sa pensée aux époques importantes de sa vie. Du rivage de la mer, il écrivait à Kléber, en lui envoyant ses dernières instructions sur l'Égypte : « Ac-« coutumé à ne voir la récompense des peines et des « travaux de la vie que dans l'opinion de la postérité, « j'abandonne l'Égypte avec le plus grand regret. »

Si dans le cours de sa glorieuse carrière il n'a pu se défendre en certaines circonstances de quelques vivacités, il conservait dans les événemens les plus difficiles le calme qui est le caractère d'une âme forte, le calme qui était sur sa physionomie et dans ses discours au terme de sa vie, ce calme qui parfois le faisait paraître impassible dans la crise d'une grande bataille, et qu'il a constamment montré dans les cruelles vicissitudes où il a été jeté par la fortune qui semble s'être fait un jeu de l'élever au plus haut degré de gloire et de puissance, pour le précipiter ensuite dans la plus terrible position où l'homme puisse descendre, la captivité : captivité où il n'avait à opposer à des coups souvent ignobles que l'indignation ou une tranquillité stoïque, à l'épreuve des événemens. Ayant eu l'honneur de l'approcher sur les champs de bataille, à l'apogée de sa fortune, j'ai pu juger en des circonstances bien diverses de la dignité, de la fermeté de ce caractère, tout à-la-fois si simple et si fier, de ce caractère digne des temps antiques. Il était bien jeune encore lorsque Paoli lui disait : « *Tu sei* « *un uomo di Plutarco, un uomo dei tempi antichi*. « Tu es un homme de Plutarque, un homme des « temps antiques. »

Lorsqu'il approchait du terme fatal, l'Empereur nous dit qu'il avait relevé les autels en France, et rétabli la religion, expression qui lui était familière pendant qu'il était sur le trône; que dans ses palais, comme à Sainte-Hélène il avait entendu la messe le dimanche, que ses derniers jours devaient être conformes au reste de sa vie, que l'abbé Vignale devait dire la messe dans le lieu accoutumé, et réciter les prières des quarante heures; qu'il faudrait, quand il le dirait, faire entrer l'abbé Vignale, et le laisser seul avec lui. Tout ce que l'Empereur a prescrit a été exactement suivi. Nul de nous, pas plus à Sainte-Hélène qu'aux Tuileries ou à Compiègne, n'avait à se mêler de ce qui se passait entre l'Empereur et son aumônier

L'Empereur a manifesté à Sainte-Hélène les sentimens religieux qu'il avait publiquement professés quand il était sur le trône. Je puis donner cette assurance aux hommes sincères de toutes les opinions, comme aux amis de l'Empereur, et cette marque de respect, je la dois à sa mémoire, je la dois à la vérité.

Dans les derniers jours de sa maladie, l'Empereur dit au grand-maréchal : « Bertrand, quand je ne serai « plus, vous me fermerez les yeux. Car vous savez « qu'après la mort les yeux restent naturellement « ouverts. » J'ignorais cette particularité, bien que j'eusse assisté à tant de batailles; mais je n'avais encore fermé les yeux d'aucun de mes proches ni de mes amis. Depuis, hélas! l'occasion ne s'en est que trop souvent présentée !

Lorsque l'Empereur eut exhalé son dernier soupir, je mis un genou en terre, et je fermai avec respect et recueillement les paupières du grand capitaine, selon le désir qu'il m'en avait exprimé.

BERTRAND.

MÉMOIRES

POUR SERVIR

A L'HISTOIRE DE NAPOLÉON.

GUERRE D'ORIENT.

CAMPAGNE DE 1798.

CHAPITRE PREMIER.

MALTE.

I. Projet de guerre contre l'Angleterre pour la campagne de 1798. — II. Préparatifs et composition de l'armée d'Orient. — III. Départ de la flotte de Toulon (19 mai). — IV. De l'île de Malte et de l'ordre de Saint-Jean de Jérusalem. — V. Moyens de défense de Malte. — VI. Perplexité du grand maître et de son conseil. — VII. Hostilités; combats; suspension d'armes (11 juin). — VIII. Négociation et capitulation (12 juin). — IX. Entrée de l'armée à Malte; organisation de Malte. — X. Départ de l'île (10 juin).

I. Le traité de Campo-Formio avait rétabli la paix sur le continent. L'empereur d'Allemagne était satisfait des conditions qui lui avaient été accordées. La France était rentrée dans l'héritage des Gaulois. Elle avait reconquis ses limites naturelles. La première coalition qui avait menacé d'étouffer la République à son berceau était vaincue et dissoute. L'Angleterre restait seule armée. Elle avait profité des calamités du continent pour s'emparer des deux Indes et s'arroger la tyrannie sur les mers. Le Directoire avait rompu les négociations de Lille, convaincu que l'on ne pouvait espérer le rétablissement de l'équilibre aux Indes et la liberté des mers, qu'en faisant une campagne heureuse sur mer et dans les colonies.

Plusieurs projets de campagne furent discutés pour l'année 1798. On parla de descente en Angleterre avec des bateaux plats partant de Calais et sous la protection d'un mouvement combiné des escadres françaises et espagnoles. Mais il fallait pour les préparatifs une centaine de millions que l'état dérangé des finances ne permettait pas d'espérer. D'ailleurs une invasion en Angleterre exigeait l'emploi des principales forces de la France, ce qui était prématuré dans l'état d'agitation où se trouvait encore le continent. Le gouvernement adopta le plan de tenir dans des camps, sur les côtes de la Manche, cent cinquante mille hommes, menaçant l'Angleterre d'une invasion imminente, mais en effet prêts à se porter sur le Rhin si cela devenait nécessaire, pendant que deux petites armées, chacune de trente mille hommes, agiraient offensivement. L'une serait embarquée sur l'escadre de Brest et opérerait une descente en Irlande où cent mille insurgés l'attendaient; l'autre opérerait dans l'Orient, traversant la Méditerranée où dominait l'escadre de Toulon. Les établissemens anglais aux Indes en seraient ébranlés. Tippoo-Saïb, les Mahrattes, les Seïkhs n'attendaient qu'un signal. Napoléon parut nécessaire à l'armée d'Orient. L'Egypte, la Syrie, l'Arabie, l'Irack attendaient un homme. Le gouvernement turc était tombé en décrépitude. Les suites de cette expédition pouvaient être aussi étendues que la fortune et le génie du chef qui la dirigerait.

Une ambassade solennelle, avec les moyens nécessaires pour réussir, devait être rendue à Constantinople en même temps que l'armée aborderait en Orient. En 1775, les Mamelouks avaient conclu un traité de commerce avec la compagnie des Indes anglaises. Depuis ce moment les maisons françaises avaient été insultées et couvertes d'avanies. Sur les plaintes de la cour de Versailles, la Porte avait envoyé, en 1786, le capitan-pacha Hassan, contre les beys; mais depuis la révolution, le commerce français était maltraité de nouveau. La Porte avait déclaré qu'elle ne pouvait rien, que les beys étaient *gens avides, irreligieux et rebelles*, et laissa entrevoir qu'elle tolérerait une expédition contre l'Egypte, comme elle avait toléré celles contre Alger, Tunis et Tripoli.

II. Les escadres anglaises avaient évacué la Méditerranée à la fin de 1796, après que le roi de Naples eut fait sa paix. Depuis ce temps, le drapeau tricolore dominait dans l'Adriatique, dans le Levant et jusqu'au détroit de Gibraltar. Le succès de la marche de l'armée d'Orient dépendait du secret avec lequel seraient faits les préparatifs. Napoléon, comme général en chef de l'armée d'Angleterre, visita d'abord les camps de la Manche, paraissant s'en occuper uniquement, mais ne s'occupant effectivement que de l'armée d'Orient. Des villes de la Flandre et de la Belgique où il séjourna, il expédia des courriers pour porter ses ordres sur les côtes de la Méditerranée. Il s'était chargé de diriger tous les préparatifs de terre et de mer. La flotte, les convois, l'armée, tout fut prêt en peu de semaines. Il correspondait avec les généraux Caffarelli, à Toulon; Reynier, à Marseille; Baraguey-d'Hilliers, à Gênes; Desaix, à Civita-Vecchia; Vaubois, en Corse. Ces cinq commissaires firent confectionner les vivres, réunir et armer les bâtimens avec une telle activité, que le 15 avril les troupes étaient embarquées dans ces cinq ports. Les commandans n'attendaient plus que les ordres de mouvement. L'état de situation de ces expéditions était le suivant.

PORTS D'EMBARQUEMENT.	VAISSEAUX de ligne.	FRÉGATES.	CORVETTES et AVISOS.	FLUTES.	HOMMES à bord.	CHEVAUX à bord.
Toulon	13	7	6	106	20,500	470
Marseille	»	»	2	30	3,200	60
Corse	»	»	1	20	1,200	»
Gênes	»	1	1	35	3,100	70
Civita-Vecchia	»	1	1	41	4,300	80
	13	9	11	232	32,300	680

Sur les treize vaisseaux de ligne qui composaient l'escadre, *l'Amiral* était de cent vingt canons, trois étaient de quatre-vingts et neuf de soixante-quatorze. Parmi ceux-ci, *le Guerrier* et *le Conquérant* étaient vieux et mauvais; ils n'étaient armés que de pièces de dix-huit. Parmi les flûtes du convoi il y avait deux vaisseaux vénitiens de soixante-quatre, quatre frégates de quarante canons, et dix corvettes avisos qui lui servaient d'escorte. Le vice-amiral Brueys, officier de l'ancienne marine, qui avait commandé l'année précédente dans l'Adriatique, passait pour un des meilleurs marins de la République. Les deux tiers des vaisseaux étaient bien commandés, mais l'autre tiers l'était par des officiers incapables. L'escadre et l'armée étaient approvisionnées pour cent jours en vivres et quarante jours d'eau.

L'armée de terre était composée de quinze demi-brigades d'infanterie, de sept régimens de cavalerie et de vingt-huit compagnies d'artillerie, d'ouvriers, de sapeurs, de mineurs, savoir : des 2e, 4e, 21e, 22e demi-brigades d'infanterie légère; des 9e, 18e, 19e, 25e, 32e, 61e, 69e, 71e, 80e, 85e, 88e demi-brigades d'infanterie de ligne, chacune de trois bataillons, chaque bataillon de neuf compagnies; des 7e de hussards, 22e de chasseurs, 3e, 14e, 15e, 18e, 20e de dragons; de seize compagnies d'artillerie; huit compagnies d'ouvriers, de sapeurs, de mineurs; quatre compagnies du train d'artillerie. La cavalerie avait ses selles et brides, et seulement trois cents chevaux; l'artillerie avait triple approvisionnement, beaucoup de boulets, de poudre, d'outils, un équipage de siége et tout ce qui est propre à l'armement d'une grande côte, douze mille fusils de rechange, des équipemens, des harnais pour six mille chevaux. La commission des sciences et arts avait des ouvriers, des bibliothèques, des imprimeries française et arabe, turque, grecque, et des interprètes de toutes ces langues. Infanterie, vingt-quatre mille trois cents. Cavalerie, quatre mille. Artillerie, trois mille. Non-combattans, mille. Total, trente-deux mille trois cents hommes.

Le général Berthier était chef de l'état-major de l'armée. Le général Caffarelli du Falga commandait le génie et avait sous ses ordres un bon nombre d'officiers les plus distingués de cette arme. Le général Dommartin commandait l'artillerie, sous lui les généraux Songis et Faultrier. Les généraux Desaix, Kléber, Menou, Reynier, Bon, Dugua, étaient les lieutenans-généraux. Parmi les maréchaux-de-camp, on citait les généraux Murat, Lannes, Lanusse, Vial, Vaux, Rampon, Junot, Marmont, Davoust, Friant, Belliard, Leclerc, Verdier, Andréossy.

Desaix était l'officier le plus distingué de l'armée; actif, éclairé, aimant la gloire pour elle-même. Il était d'une petite taille, d'un extérieur peu prévenant, mais capable à-la-fois de combiner une opération et de la conduire dans les détails d'exécution. Il pouvait commander une armée comme une avant-garde. La nature lui avait assigné un rôle distingué, soit dans la guerre, soit dans l'état civil. Il eût su gouverner une province aussi bien que la conquérir ou la défendre.

Kléber était le plus bel homme de l'armée. Il en était le Nestor. Il était âgé de cinquante ans. Il avait l'accent et les mœurs allemandes. Il avait servi huit ans dans l'armée autrichienne en qualité d'officier d'infanterie. En 1790, il avait été nommé chef d'un bataillon de volontaires de l'Alsace, sa patrie. Il se distingua au siége de Mayence, passa avec la garnison de cette place dans la Vendée où il servit un an, fit les campagnes de 1794, 1795, 1796 à l'armée de Sambre-et-Meuse. Il en commandait la principale division, s'y distingua, y rendit des services importans, y acquit la réputation d'un général habile. Mais son esprit caustique lui fit des ennemis. Il quitta l'armée pour cause d'insubordination. Il fut mis à la demi-paie. Il demeurait à Chaillot pendant les années 1796 et 1797. Il était fort gêné dans ses affaires lorsqu'en novembre 1797 Napoléon arriva à Paris. Il se jeta dans ses bras. Il fut accueilli avec distinction. Le Directoire avait une grande aversion pour lui, et celui-ci le lui rendait complétement. Kléber avait dans le caractère on ne sait quoi de nonchalant qui le rendait facilement dupe des intrigans. Il avait des favoris. Il aimait la gloire comme le chemin des jouissances. Il était homme d'esprit, de courage, savait la guerre, était capable de grandes choses, mais seulement lorsqu'il y était forcé par la nécessité des circonstances; alors les conseils de la nonchalance et des favoris n'étaient plus de saison.

Le général Bon était de Valence, en Dauphiné. Il

avait servi à l'armée des Pyrénées-Orientales où il avait acquis tous ses grades. C'était un intrépide soldat. Il s'était distingué à l'armée d'Italie dans les campagnes précédentes. Il commandait la gauche de l'armée à la bataille de Saint-Georges.

Le général Caffarelli était d'une activité qui ne permettait pas de s'apercevoir qu'il eût une jambe de moins. Il entendait parfaitement les détails de son arme. Mais il excellait par les qualités morales et par l'étendue de ses connaissances dans toutes les parties de l'administration publique. C'était un homme de bien, brave soldat, fidèle ami, bon citoyen. Il périt glorieusement au siége de Saint-Jean-d'Acre, en prononçant un très éloquent discours sur l'instruction publique. Il était chargé de la direction de la commission des savans et artistes qui étaient à la suite de l'armée. Il était plus propre que personne à les contenir, diriger, utiliser et à les faire concourir au but du chef. Cette commission était composée des académiciens Monge et Berthollet, Dolomieu, Denon; des ingénieurs en chef des ponts-et-chaussées, Lepère, Girard; des mathématiciens Fourier, Costaz, Corancez; des astronomes Nouet, Beauchamp et Méchain; des naturalistes Geoffroy, Savigny; des chimistes Descostils, Champy et Delile; des dessinateurs Dutertre, Redouté; du musicien Villoteau; du poète Parseval; des architectes Lepère, Protain, Norry; enfin de Conté qui était à la tête des aéronautes, homme universel, ayant le goût, la connaissance et le génie des arts, précieux dans un pays éloigné, bon à tout, capable de créer les arts de la France au milieu des déserts de l'Arabie. A la suite de cette commission étaient une vingtaine d'élèves de l'Ecole polytechnique ou de celle des Mines, parmi lesquels se sont fait remarquer Jomard, Dubois aîné, Lancret, Chabrol, Rozière, Cordier, Regnault, etc.

III. Comme tous les préparatifs étaient achevés, arriva l'événement de Bernadotte à Vienne, qui fit craindre le renouvellement de la guerre continentale. Le départ de l'armée fut retardé de vingt jours, ce qui devait la compromettre. Le secret s'était divulgué et tous les préparatifs faits en Italie avaient eu le temps d'être connus à Londres. Cependant, ce ne fut que le 16 mai que l'amirauté fit partir une escadre de la Tamise pour la Méditerranée. Elle arriva le 12 juin devant Toulon. La flotte française en était partie le 19 mai. Elle avait une avance de vingt-cinq jours. Cette avance eût été de quarante-cinq jours sans l'incartade si folle de Bernadotte.

Napoléon arriva à Toulon le 9 mai. Il passa la revue de l'armée. Il lui dit en substance par l'ordre du jour : « Soldats, vous êtes une des ailes de l'armée « d'Angleterre..... Les légions romaines, que vous « avez imitées mais pas encore égalées, combattaient « Carthage tour-à-tour sur cette même mer et aux « plaines de Zama.... L'Europe a les yeux sur vous....

« Vous avez de grandes destinées à remplir..... Sol-
« dats, matelots, la plus grande sollicitude de la
« République est pour vous..... Vous serez dignes de
« l'armée dont vous faites partie!..... » Le convoi de
Marseille appareilla sous la protection de deux frégates. Il mouilla le 15 dans la rade de Toulon. Napoléon monta sur *l'Orient*, de cent vingt canons. C'était un des plus beaux vaisseaux, ayant toutes les qualités qu'on pouvait souhaiter. Le 18, la croix des Sablettes signala des vaisseaux anglais. C'était la division légère de Nelson, de trois vaisseaux. Le 19, la flotte mit à la voile. Dans la nuit du 20 au 21, elle doubla le cap Corse et y essuya un coup de vent. Le convoi de Gênes rallia le lendemain, celui de Corse le 26, par le travers du détroit de Bonifacio. Le 2 juin elle reconnut le cap Carbonara, à l'extrémité de la Sardaigne. Une corvette envoyée à Cagliari y apprit que la division légère de trois vaisseaux anglais, commandée par Nelson, avait eu des avaries; qu'elle était à les réparer dans la rade de Saint-Pierre. L'amiral aurait été l'y attaquer, mais un brick anglais, poursuivi par l'aviso *le Corcyre*, fut obligé de se jeter à la côte de Sardaigne. L'équipage fut fait prisonnier. Il donna la nouvelle que Nelson attendait dix vaisseaux d'Angleterre. La flotte croisa trois jours pour attendre le convoi de Civita-Vecchia qui avait manqué le premier rendez-vous. Le 4, elle continua sa route, reconnut l'île de Maretimo. Le 5, un aviso communiqua avec la Sicile et rassura le gou-

verneur qui était fort alarmé. Une frégate fut expédiée à Naples, une à Tunis, une à Tripoli et une devant Messine.

L'escadre naviguait dans le plus bel ordre, sur trois colonnes, deux de quatre vaisseaux, celle du centre de cinq vaisseaux. Le capitaine de vaisseau Decrès éclairait la marche avec une escadre légère composée de frégates et de corvettes bonnes marcheuses. Le convoi, escorté par les deux vaisseaux vénitiens de soixante-quatre, par les quatre frégates et un grand nombre de petits bâtimens, s'éclairait de son côté dans tous les sens. Il avait ordre, si l'escadre était attaquée par une flotte ennemie, de gagner un port ami. Des troupes d'élite étaient distribuées sur tous les vaisseaux de guerre. Elles étaient exercées trois fois par jour aux manœuvres du canon. Napoléon avait le commandement de l'armée de terre et de mer. Il ne se faisait rien que par son ordre. Il dirigeait la marche. Il se plaignait souvent que les vaisseaux de guerre se tinssent trop éloignés les uns des autres, mais il ne se mêla jamais d'aucun détail qui eût supposé des connaissances et l'expérience de la mer. A la hauteur du cap Carbonara, l'amiral Brueys soumit, le 3 juin, à son approbation, un ordre pour détacher quatre vaisseaux et trois frégates à la rencontre du convoi de Civita-Vecchia; il écrivit en marge : « Si, vingt-« quatre heures après cette séparation, on signalait « dix vaisseaux anglais, je n'en aurais que neuf au « lieu de treize. » L'amiral n'eut rien à répliquer.

Le 9 juin, à la pointe du jour, on signala Gozzo et le convoi de Civita-Vecchia. L'armée se trouva ainsi toute réunie.

IV. Sur sept langues qui composaient l'Ordre de Saint-Jean de Jérusalem, trois étaient françaises. La République ne pouvant reconnaître chez elle un Ordre fondé sur les distinctions de naissance, l'avait supprimé, assimilé ses biens à ceux des autres Ordres religieux, et admis à la pension les chevaliers. Le grand maître Rohan, en représailles, avait refusé de recevoir un chargé d'affaires de France. Les bâtimens marchands français n'étaient reçus dans le port qu'en masquant le pavillon tricolore. Aucune relation diplomatique n'existait entre la République et l'Ordre. Les Anglais y étaient reçus et favorisés; les secours leur étaient prodigués; les autorités constituées veillaient au recrutement et à l'approvisionnement de leurs escadres. Vingt milliers de poudre avaient été fournis des magasins du grand maître au vice-roi de Corse Elliot. Mais ce qui décida du sort de cet Ordre, c'est qu'il s'était mis sous la protection de l'empereur Paul, ennemi de la France. Un prieuré grec avait été créé, ce qui blessait la religion et les puissances du rit romain. La Russie visait à la domination de cette île si importante par sa situation, la bonté et la sûreté de son port, la force de ses remparts. En cherchant une protection dans le nord, l'Ordre avait méconnu et compromis les intérêts des puissances du midi.

Napoléon était résolu de s'emparer de l'île, si toutefois il pouvait le faire sans compromettre son objet principal.

Malte est située à vingt lieues de la Sicile et à soixante des côtes d'Afrique. Cette île a six à sept lieues de long, quatre de large et vingt de circonférence. Les côtes ouest et sud sont escarpées, mais celles du nord et de l'est ont un très grand nombre de cales et de très bons mouillages. L'île de Comino, qui a trois cents toises de circuit, est située entre Malte et Gozzo. Gozzo a quatre lieues de longueur, deux de largeur, dix de circonférence. La population des trois îles était de cent mille âmes. Le sol de Malte est un rocher couvert de huit à dix pouces de terre végétale. La principale production est le coton qui est le meilleur du Levant. L'ancienne capitale de Malte était la ville noble, ou Citta-Vecchia, qui est au centre de l'île. La ville de La Valette, bâtie en 1566, a été assiégée plusieurs fois par les Turcs. Elle possède le meilleur port de la Méditerranée, a trente mille habitans, de jolies maisons, de beaux quais, de superbes magasins de blé, de belles fontaines. Les fortifications sont bien entendues, construites en pierres de taille, tous les magasins à l'abri de la bombe. Les ouvrages, les batteries et les forts sont nombreux et entassés les uns sur les autres. Le général Caffarelli dit plaisamment, en les visitant le lendemain de la reddition : « Il est heu-
« reux qu'il y ait eu du monde dedans, pour nous
« ouvrir les portes. » Il faisait allusion au grand

nombre de fossés, d'escarpes, de contre-escarpes qu'il eût fallu franchir si les portes fussent restées fermées.

L'Ordre jouissait, en 1789, de dix-huit à vingt millions de rente dans les divers pays de la chrétienté; de sept millions de rente en France. Il avait hérité dans le quatorzième siècle des biens des Templiers. Après son expulsion de Rhodes, Charles-Quint lui céda les trois îles de Malte, Comino et Gozzo. Ce fut avec la condition qu'il protégerait les côtes d'Espagne et d'Italie contre les pirateries des Barbaresques. Cela lui eût été facile. Il pouvait avoir six à sept vaisseaux de guerre de soixante-quatorze, autant de frégates et le double de petits bâtimens, en tenir constamment le tiers à la mer en croisière devant Alger, Tunis et Tripoli. Il aurait fait cesser les pirateries des Barbaresques qui auraient été contraints de vivre en paix. L'Ordre aurait alors bien mérité de toute la chrétienté. La moitié de ses revenus eût été suffisante pour remplir ce grand et bienfaisant résultat. Mais les chevaliers, à l'exemple des autres moines, s'étaient approprié les biens qui leur avaient été donnés pour l'utilité publique et le service de la chrétienté. Le luxe des prieurs, des baillis, des commandeurs, scandalisait toute l'Europe. Les moines au moins, disait-on, administrent les sacremens, ils sont utiles au spirituel; mais ces chevaliers ne sont bons à rien, ne font rien, ne rendent aucun service. Ils étaient obligés de faire leurs caravanes. A cet effet, quatre ou cinq galères se promenaient tous les ans dans la Méditerranée, et allaient recevoir des fêtes dans les ports d'Italie, d'Espagne ou de France, évitant soigneusement les Barbaresques. Ils avaient raison; ils montaient des bâtimens qui n'étaient pas propres à lutter contre les frégates algériennes. Les Barbaresques insultaient impunément la Sicile, la Sardaigne et les côtes d'Italie. Ils ravageaient les plages vis-à-vis de Rome. L'Ordre s'était rendu inutile. Lorsque les Templiers, institués pour la garde du Temple de Jérusalem et pour escorter les pèlerins sur les routes d'Antioche, de Ptolémaïs, de Joppé au Saint-Sépulcre, furent transportés en Europe, l'Ordre n'eut plus de but, tomba et dut tomber.

V. Le grand maître Hompesch avait succédé depuis peu de mois au grand maître Rohan. C'était un homme âgé, malade, irrésolu. Les baillis, commandeurs, sénéchaux, officiers de l'Ordre, étaient des vieillards qui n'avaient point fait la guerre, de vieux garçons ayant passé leur vie dans les sociétés les plus aimables. Se trouvant à Malte comme dans un lieu d'exil, ils désiraient mourir dans le pays où ils avaient pris naissance. Ils n'étaient animés par aucun des motifs qui portent les hommes à courir de grands dangers. Qui pouvait les porter à exposer leur vie pour la conservation d'un rocher stérile au milieu des mers? Les sentimens de religion? Ils en avaient peu. La conscience de leur utilité? Ce sentiment d'orgueil qui porte l'homme à faire des sacrifices parce qu'il protége sa patrie et son semblable? Ils ne faisaient rien et n'étaient utiles à personne. Malte avait, pour sa défense : huit ou neuf cents chevaliers peu propres à faire la guerre, divisés entre eux comme les mœurs et les intérêts des nations auxquelles ils appartenaient ; quinze à dix-huit cents hommes de mauvaises troupes, Italiens, Allemands, Français, Espagnols, la plupart déserteurs ou aventuriers qui voyaient avec une secrète joie l'occasion d'attacher leur destinée au plus grand nom militaire de l'Europe; et huit à neuf cents hommes de milice. Ces miliciens, fiers comme tous les insulaires, étaient depuis long-temps blessés de l'arrogance et de la supériorité qu'affectaient les nobles chevaliers. Ils se plaignaient d'être étrangers dans leur pays, éloignés de toutes les places honorifiques et lucratives. Ils n'étaient point affectionnés à l'Ordre. Ils voyaient dans les Français les défenseurs de leurs droits. Le service des milices même était depuis long-temps négligé parce que depuis long-temps l'Ordre ne craignait plus l'invasion des Turcs et qu'il redoutait au contraire la prépondérance des naturels. Si les fortifications, les moyens matériels de résistance étaient immenses, les ressorts moraux les rendaient nuls. La capitulation de Mantoue, le traitement honorable qu'avait reçu Wurmser, était présent à tous les esprits. Si l'heure de capituler était arrivée, on préférait se rendre à un guerrier qui avait donné une grande idée de la générosité de son caractère. La ville de Malte ne pouvait, ne voulait, ne devait pas se défendre. Elle ne pouvait résister à vingt-quatre heures de bombardement. Napoléon s'assura qu'il pouvait oser, et il osa!!!

VI. Le 8 juin, lorsque le convoi de Civita-Vecchia parut devant Gozzo, le grand maître pressentit les dangers qui menaçaient l'Ordre, et rassembla le grand conseil pour délibérer sur des circonstances aussi importantes. « L'escadre française se rallie à la vue de « nos côtes. Si elle demande à entrer dans le port, « quel parti devons-nous prendre? » Les opinions furent partagées. Les uns pensèrent : « qu'il fallait don-
« ner le signal d'alarme, tendre la chaîne, courir aux
« armes, déclarer l'île en état de guerre; que cet ap-
« pareil en imposerait au général français; qu'il crain-
« drait de se compromettre contre la plus forte place
« de l'Europe; qu'il fallait en même temps ne
« rien épargner de tout ce qui pouvait rendre fa-
« vorables à l'Ordre le général et ses premiers offi-
« ciers; que c'était le seul moyen pour conjurer cet
« orage. » D'autres au contraire dirent : « que la
« destination de l'Ordre était de faire la guerre aux
« Turcs; qu'ils ne devaient montrer aucune défiance
« à l'approche d'une flotte chrétienne; que donner à
« sa vue le signal de l'alarme que l'on n'était accou-
« tumé de donner qu'à la vue du Croissant, c'était pro-
« voquer et faire éclater sur la cité cet orage qu'on
« voulait conjurer; le général français n'a peut-être
« aucune intention hostile; si nous ne lui montrons
« aucune méfiance, peut-être continuera-t-il sa

« route sans nous inquiéter!! » Pendant ces délibérations toute la flotte arriva. Le 9, à midi, elle se présenta à l'entrée du port, à portée de canon. Un aide-de-camp français demanda l'entrée pour faire de l'eau. Les membres du conseil qui étaient d'opinion qu'il fallait se défendre, représentèrent alors avec une nouvelle chaleur: « l'imprudence qu'il y aurait à se
« livrer, les poings et les mains liés, à la disposition
« d'une force étrangère dont on ignorait les inten-
« tions; il ne pouvait rien leur arriver de pis; qu'on
« serait toujours à temps de se rendre à discrétion;
« qu'on n'avait aucune relation diplomatique avec
« la République; qu'on ne savait même pas si l'on
« était en guerre ou en paix; et qu'enfin, s'il fallait
« périr, il valait mieux périr les armes à la main que
« par une lâcheté. » Le parti opposé représentait :
« qu'on n'avait pas les moyens de se défendre;
« que c'était donc une extrême imprudence que de
« provoquer cette redoutable armée, qui déjà était
« à portée de canon; qu'en peu d'heures, après
« les hostilités déclarées, elle serait maîtresse des
« campagnes de Malte et de Gozzo; qu'on n'aurait
« d'autre ressource que de fermer les portes de la
« capitale; et que la capitale bloquée par terre et
« par mer ne pourrait pas se défendre par défaut de
« vivres; qu'on avait, il est vrai, du blé, mais qu'on
« manquait de tous les autres objets de consomma-
« tion ; qu'il fallait moins de vingt-quatre heures
« aux Français pour construire plusieurs batteries de

« mortiers et bombarder la place par terre et par
« mer; qu'il fallait s'attendre alors à la révolte des
« milices qui, déjà mal disposées, ne resteraient pas
« témoins indifférens de l'incendie de leurs foyers;
« que les hostilités mettraient en évidence l'extrême
« faiblesse de l'Ordre, et qu'on perdrait tout; au
« lieu qu'on était en position, s'il le fallait absolu-
« ment, de négocier avec avantage et de stipuler des
« conditions honorables pour l'Ordre et avantageuses
« pour les individus!! » Les débats furent vifs. La
majorité du Conseil adopta le parti des armes. Le
grand maître fit appeler le sieur Carusson, négociant
de la ville, qui faisait les affaires des Français. Il le
chargea de faire connaître cette volonté au général
en chef. En même temps il donna le signal d'alarme.
Les portes furent fermées, les grils à boulets rouges
allumés, les commandans distribués. Toutes les milices prirent les armes, se portèrent aux batteries. Le
commandeur Boisredon de Ransuyet, de la langue
d'Auvergne, protesta contre ces mesures. Il déclara
que, Français, il ne porterait jamais les armes contre
la France. Plusieurs chevaliers se rangèrent de son
opinion. Ils furent arrêtés et mis en prison. Le
prince Camille de Rohan prit le commandement des
milices de l'île, ayant sous ses ordres le bailli de
Cluny. Le commandeur de Mesgrigny se porta dans
l'île de Gozzo. Le chevalier Valin dans l'île de Comino. Les chevaliers se distribuèrent dans les diverses batteries et tours qui environnaient l'île,

Toute la journée et toute la nuit, l'agitation fut extrême.

Le 9, à dix heures du soir, le sieur Carusson rendit compte au général en chef de sa mission. Il reçut l'ordre de répondre au grand maître dans les termes suivans : « Le général en chef a été indigné de ce que
« vous ne vouliez accorder la permission de faire de
« l'eau qu'à quatre bâtimens à-la-fois; et en effet,
« quel temps ne faudrait-il pas à quatre ou cinq cents
« voiles pour se procurer de cette manière l'eau et
« d'autres choses dont elles ont un pressant besoin? Ce
« refus a d'autant plus surpris le général, qu'il n'ignore
« pas la préférence accordée aux Anglais et la pro-
« clamation faite par votre prédécesseur. Le général
« est résolu à se procurer de force ce qu'on aurait
« dû lui accorder, en suivant les principes de l'hos-
« pitalité qui sont la base de votre Ordre; j'ai vu les
« forces considérables qui sont à ses ordres et je pré-
« vois l'impossibilité où se trouve l'île de résister...
« Le général n'a pas voulu que je retournasse dans
« une ville qu'il se croit obligé désormais de traiter
« en ennemie... Il a donné des ordres pour que la
« religion, les mœurs et les propriétés des Maltais
« fussent respectées. » Le vaisseau *l'Orient* donna en même temps le signal des hostilités. Le général Reynier se mit en mouvement avec le convoi de Marseille, pour débarquer au point du jour à l'île de Gozzo. Le général Desaix, avec le convoi de Civita-Vecchia, sous l'escorte du contre-amiral Blanquet-du-Chayla,

mouilla dans la cale de Marsa-Siroco. Le convoi de Gênes mouilla dans la cale de Saint-Paul.

On attendit à Malte, toute la nuit, l'arrivée du consul avec la plus grande impatience. Quand on connut qu'il était resté à bord, que les hostilités étaient commencées, la consternation et le mécontentement fut général. Un seul sentiment domina tous les esprits, l'impossibilité et les dangers de la défense.

VII. Le 10, à la pointe du jour, *l'Orient* donna le signal de débarquement. Napoléon débarqua avec trois mille hommes, entre la ville et la cale de Saint-Paul. Le capitaine de frégate Mutard commanda les chaloupes de débarquement. Aussitôt que l'on fut à portée des tours et des batteries, elles commencèrent le feu. Quelques canonnières armées de vingt-quatre y répondirent. Les chaloupes continuèrent à s'avancer dans le plus bel ordre. La mer était calme, cela était nécessaire, car le débarquement s'opéra sur des rochers. L'infanterie ennemie s'opposa à la descente. Les tirailleurs s'engagèrent. En une heure de temps les batteries, les tours furent prises et l'ennemi chassé dans la ville. Le général Baraguey-d'Hilliers s'empara des cales de Saint-Paul et de Malte. Après une légère résistance, il se rendit maître des batteries, des tours et de tout le midi de l'île; il fit cent cinquante prisonniers et eut trois hommes tués. Le général Desaix fit débarquer le général Belliard avec la 21° légère. Il s'empara de toutes les batteries de Marsa-Siroco. A midi, Malte était cerné de tous côtés. Les troupes françaises étaient sous ses formidables remparts, à mi-portée de canon. La place tirait contre les tirailleurs qui s'approchaient trop. Le général Vaubois se porta à la ville noble qui a une enceinte et s'en rendit maître sans résistance. Le général Reynier s'empara de toute l'île de Gozzo qui était défendue par deux mille cinq cents hommes, la plupart naturels du pays, et fit prisonniers tous les chevaliers qui la défendaient. A une heure, les chaloupes commencèrent à débarquer douze bouches à feu et tout ce qui était nécessaire pour l'établissement de trois plates-formes de mortiers, six bombardes, douze canonnières ou tartanes armées de vingt-quatre. Plusieurs frégates prirent position devant le port. Le 11 au soir, la ville aurait été bombardée avec vingt-quatre mortiers par cinq côtés à-la-fois. Le général en chef, accompagné du général du génie Caffarelli, alla reconnaître l'emplacement des batteries qu'il fit tracer sous ses yeux. Entre quatre et cinq heures, les assiégés firent une sortie. L'aide-de-camp Marmont les repoussa et leur fit quelques prisonniers. Il fut fait, en cette occasion, général de brigade. A sept heures du soir, un peu avant la nuit, un nombreux essaim de peuple se présenta pour sortir. Le cas avait été prévu, le passage lui fut refusé. Au signal du canon d'alarme, une grande partie des habitans de l'île étaient accourus se réfugier avec leurs familles et leurs bestiaux dans les remparts de la capitale, ce qui avait augmenté le désordre. Le général en chef retourna le

soir à bord de *l'Orient*. Une heure après, il reçut la lettre suivante du consul Batave. «... Le grand maître
« et son Conseil m'ont chargé de vous marquer, ci-
« toyen général, que lorsqu'ils vous ont refusé l'en-
« trée des ports..., ils avaient prétendu seulement
« savoir en quoi vous désiriez qu'ils dérogeassent aux
« lois que leur neutralité leur impose... Le grand
« maître et son Conseil demandent donc, la suspen-
« sion des hostilités et que vous donniez à connaître
« quelles sont vos intentions qui seront sans doute
« conformes à la générosité de la nation française et
« aux sentimens connus du célèbre général qui la
« représente. » Le général Junot, son premier aide-
de-camp, partit à l'heure même pour Malte et signa, à deux heures du matin, la suspension d'armes suivante : « Il est accordé pour vingt-quatre heures, à
« compter depuis six heures du soir d'aujourd'hui
« 11 juin 1798, jusqu'à six heures du soir demain
« 12 du même mois, une suspension d'armes entre
« l'armée de la République française, commandée
« par le général Bonaparte, représenté par le chef de
« brigade Junot, premier aide-de-camp dudit géné-
« ral, et entre le grand maître de Saint-Jean de Jéru-
« salem. »

Signé JUNOT, HOMPESCH.

VIII. Le 11, à la pointe du jour, les plénipotentiaires du grand maître se présentèrent à bord de *l'Orient* avec les pouvoirs nécessaires pour traiter de la reddition de la place. Ils avaient à leur tête le commandeur Boisredon de Ransuyet qui avait été tiré des prisons, porté en triomphe par le peuple et accueilli par le grand maître. Pendant toute la journée du 10, le désordre avait été croissant dans Malte. A chaque nouvelle que l'on recevait de la prise des tours et batteries, des progrès des assiégeans, les habitans se livraient au plus grand désordre. Les préparatifs du bombardement excitaient le mécontentement des milices. Plusieurs chevaliers furent tués dans les rues, et ce levain de haine qui fermentait depuis long-temps dans le cœur des habitans, éclata sans contrainte. Les membres du Conseil qui avaient le plus provoqué à la résistance, furent ceux qui sollicitèrent davantage la protection du général français, parce qu'ils étaient le plus en butte à l'indignation du peuple. La capitulation fut signée à bord de *l'Orient*, le 12 juin, à deux heures du matin.

« ARTICLE I. Les chevaliers de l'Ordre de Saint-
« Jean de Jérusalem remettront à l'armée française la
« ville et les forts de Malte. Ils renoncent, en faveur
« de la République française, aux droits de souverai-
« neté et de propriété qu'ils ont, tant sur cette ville
« que sur les îles de Malte, de Gozzo et de Comino.

« ART. II. La République emploiera son influence
« au congrès de Rastadt pour faire avoir au grand
« maître, sa vie durant, une principauté équivalente
« à celle qu'il perd, et en attendant elle s'engage à

« lui faire une pension de trois cent mille francs. Il
« lui sera donné, en outre, la valeur de deux années
« de ladite pension à titre d'indemnité pour son
« mobilier. Il conservera, pendant le temps qu'il
« restera à Malte, les honneurs militaires dont il
« jouissait.

« Art. iii. Les chevaliers de l'Ordre de Saint-Jean de
« Jérusalem qui sont Français, actuellement à Malte,
« et dont l'état sera arrêté par le général en chef,
« pourront rentrer dans leur patrie; et leur résidence
« à Malte leur sera comptée comme une résidence en
« France.

« La République française emploiera ses bons
« offices auprès des Républiques cisalpine, ligu-
« rienne, romaine et helvétique, pour que le pré-
« sent article soit déclaré commun aux chevaliers de
« ces différentes nations.

« Art. iv. La République française fera une pen-
« sion de sept cents francs aux chevaliers français
« actuellement à Malte, leur vie durant. Cette pen-
« sion sera de mille francs pour les chevaliers sexagé-
« naires et au-dessus.

« La République française emploiera ses bons
« offices auprès des Républiques cisalpine, ligu-
« rienne, romaine et helvétique, pour qu'elles ac-
« cordent la même pension aux chevaliers de ces
« différentes nations.

« Art. v. La République française emploiera ses
« bons offices auprès des autres puissances de l'Eu-

« rope pour qu'elles conservent aux chevaliers de
« leur nation l'exercice de leurs droits sur les biens
« de l'ordre de Malte situés dans leurs États.

« Art. vi. Les chevaliers conserveront les propriétés
« qu'ils possèdent dans les îles de Malte et de Gozzo,
« à titre de propriété particulière.

« Art. vii. Les habitans des îles de Malte et de Gozzo
« continueront à jouir, comme par le passé, du libre
« exercice de la religion catholique, apostolique et
« romaine; ils conserveront les priviléges qu'ils pos-
« sèdent; il ne sera mis aucune contribution extraor-
« dinaire.

« Art. viii. Tous les actes civils passés sous le gou-
« vernement de l'Ordre seront valables et auront leur
« exécution. »

En exécution des articles conclus le 12 juin (24 prairial) entre la République française et l'Ordre de Malte, ont été arrêtées les dispositions suivantes :

« Article i. Aujourd'hui 12 juin, le fort Manoël,
« le fort Tigni, le château Saint-Ange, les ouvrages
« de la Bormola, de la Cottonara et de la Cité-Victo-
« rieuse, seront remis à midi aux troupes françaises.

« Art. ii. Demain 13 juin, le fort de Riccazoli, le
« château Saint-Elme, les ouvrages de la Cité-Valette,
« ceux de la Florianne et tous les autres, seront re-
« mis à midi aux troupes françaises.

« Art. iii. Des officiers français se rendront aujour-
« d'hui, à 10 heures du matin, chez le grand maî-
« tre, afin d'y prendre les ordres pour les gouver-

« neurs qui commandent dans les différens ports
« et ouvrages qui doivent être mis au pouvoir des
« Français. Il seront accompagnés d'un officier mal-
« tais. Il y aura autant d'officiers qu'il sera remis de
« forts.

« Art. iv. Il sera fait les mêmes dispositions que
« ci-dessus pour les forts et ouvrages qui doivent être
« mis au pouvoir des Français demain 13 juin.

« Art. v. En même temps que l'on consignera les
« ouvrages de fortifications, l'on consignera l'artil-
« lerie, les magasins et les papiers du génie.

« Art. vi. Les troupes de l'île de l'Ordre de Malte
« pourront rester dans les casernes qu'elles occupent
« jusqu'à ce qu'il y soit autrement pourvu.

« Art. vii. L'amiral commandant la flotte française
« nommera un officier pour prendre possession au-
« jourd'hui des vaisseaux, galères, bâtimens, maga-
« sins et autres effets de marine appartenant à l'Ordre
« de Malte. »

La publication de cette capitulation rassura les esprits, calma l'insurrection et rétablit l'ordre. Napoléon écrivit à l'évêque de Malte pour tranquilliser les prêtres qui étaient fort alarmés. Il lui disait : « J'ai
« appris avec un véritable plaisir, Monsieur l'évêque,
« la bonne conduite que vous avez tenue et l'accueil
« que vous avez fait aux troupes françaises à leur
« entrée à Civita-Noble. Vous pouvez assurer vos dio-
« césains que la religion catholique, apostolique et
« romaine sera non-seulement respectée, mais que

« ses ministres seront spécialement protégés... Je ne
« connais pas de caractère plus respectable et plus
« digne de la vénération des hommes qu'un prêtre
« qui, plein du véritable esprit de l'Évangile, est
« persuadé que ses devoirs lui ordonnent de prêter
« obéissance au pouvoir temporel et de maintenir
« la paix, la tranquillité et l'union parmi ses ouailles...
« Je désire, Monsieur l'évêque, que vous vous ren-
« diez sur-le-champ dans la ville de La Valette et que,
« par votre influence, vous mainteniez le calme et la
« tranquillité parmi le peuple. Je m'y rendrai moi-
« même ce soir. Dès mon arrivée, vous me présen-
« terez tous les curés et les chefs des ordres religieux...
« Soyez persuadé, Monsieur l'évêque, du désir que
« j'ai de vous donner des preuves de l'estime et de la
« considération que j'ai pour votre personne. »

IX. A huit heures du matin, le 12, les ports et les forts de Malte furent remis aux troupes françaises. L'entrée du général en chef fut annoncée pour le lendemain. Mais à une heure après midi, il débarqua incognito, fit le tour des remparts, visita tous les forts, et se rendit chez le grand maître pour lui faire une visite, à la grande surprise de celui-ci. Le 13, à la pointe du jour, l'escadre entra. Ce fut un superbe coup-d'œil. Ces trois cents voiles se placèrent sans confusion. Il en aurait tenu le triple dans ce beau port. Les magasins de Malte étaient abondamment fournis. L'Ordre avait un vaisseau de guerre de soixante-quatre dans la rade, un sur le chantier. L'amiral prit, pour augmenter les bâtimens légers de la flotte, deux demi-galères et deux chebecs. Il fit embarquer à bord de ses vaisseaux les matelots qui étaient au service de l'Ordre. Huit cents Turcs, qui étaient esclaves au bagne, furent habillés et répartis entre les vaisseaux de ligne. Une légion des bataillons dits Maltais, suivit l'armée. Elle fut formée par les soldats qui étaient au service de l'Ordre. Les grenadiers de la garde du grand maître, plusieurs chevaliers, prirent du service. Des habitans parlant arabe, s'attachèrent aux généraux et aux administrations. Trois compagnies de vétérans, composées de tous les vieux soldats de l'Ordre, furent envoyées à Corfou et en Corse. Il y avait dans la place douze cents pièces de canon, quarante mille fusils, un million de poudre. L'artillerie fit embarquer, de ces objets, tout ce qu'elle jugea lui être nécessaire pour compléter et augmenter son matériel. L'escadre fit son eau et ses vivres. Les magasins de blé étaient très considérables, il y en avait pour nourrir la ville pendant trois ans. La frégate *la Sensible* porta en France les trophées et plusieurs objets rares que le général en chef envoya au gouvernement. Le général Baraguey-d'Hilliers, par inconstance de caractère, ayant désiré retourner à Paris, en reçut la permission et fut chargé de porter le grand drapeau de l'Ordre. Tous les chevaliers de Malte, Français et Italiens, reçurent des passeports pour se rendre en France et en Italie. Conformément à la capitulation, tous les autres évacuèrent l'île.

Le 18 juin, il n'y avait plus un chevalier dans Malte. Le grand maître partit le 17 pour Trieste. Un million d'argenterie trouvé dans le trésor, servit à alimenter la monnaie du Caire.

Le général Vaubois prit le commandement de l'île avec quatre mille hommes de garnison. Il en fallait huit mille pour la défendre. Le général Berthier donna des ordres pour que six mille hommes des dépôts de l'armée qui étaient à Toulon, s'y rendissent; que mille hommes y fussent envoyés de Corse; mille cinq cents de Civita-Vecchia; mille cinq cents de Gênes. Pour compléter les vivres, il manquait des viandes salées et des médicamens. Il le fit connaître à l'administration de la marine, à Toulon. Napoléon fit sentir au Directoire la nécessité de faire passer à Malte ces renforts et les approvisionnemens qui manquaient, afin d'assurer le service de cette place importante. Huit mille hommes pourraient se maintenir maîtres de l'île, et se trouveraient alors en position de recevoir des rafraîchissemens. La mer fut libre pendant juin, juillet, août, septembre. Mais, selon sa coutume, le Directoire ne pourvut à rien. Vaubois fut abandonné à ses propres forces.

X. La conquête de Malte excita le plus vif enthousiasme en France et beaucoup de surprise en Europe. L'armée s'affaiblit de quatre mille hommes, mais elle se renforça de deux mille de la légion maltaise. Le vaisseau-amiral donna le signal du départ le 19 juin, juste un mois après avoir quitté la rade de Toulon. La prise de Malte ne retarda la marche de l'armée que de dix jours. Il fut connu qu'on se dirigeait d'abord sur Candie. Les opinions se partagèrent sur la destination ultérieure. Allait-on relever Athènes ou Sparte! Le drapeau tricolore allait-il flotter sur le sérail ou sur les Pyramides et les ruines de l'antique Thèbes! Ou allait-on d'Alep se diriger sur l'Inde!!! Ces incertitudes entretinrent celles de Nelson.

CHAPITRE II.

DESCRIPTION DE L'ÉGYPTE.

I. L'Égypte.—II. Vallée du Nil.—III. Inondation.—IV. Oasis.—V. Déserts de l'Égypte : 1° *du Baheirèh;* 2° *de la petite Oasis;* 3° *de la grande Oasis;* 4° *de la Thébaïde;* 5° *des Ermites;* 6° *de l'isthme de Suez, Arabes, Cultivateurs, Marabouts, Bédouins.*—VI. Côtes de la Méditerranée; Alexandrie; canal d'Alexandrie.— VII. Mer Rouge; canal des deux mers.— VIII. Capitales, Thèbes, Memphis, Alexandrie, le Caire. — IX. Nations voisines au sud, Sennaar, Abyssinie, Darfour; à l'ouest, Tripoli, Fezzan, Bournou; à l'est, Syrie, Arabie. — X. Population ancienne, moderne; race d'hommes, Cophtes, Arabes, Mamelouks, Osmanlis, Syriens, Grecs, etc. — XI. Agriculture. — XII. Commerce. — XIII. Propriétés, finances. — XIV. Ce que serait l'Égypte sous la France. — XV. Marche d'une armée aux Indes.

I. L'Égypte fait partie de l'Afrique. Placée au centre de l'ancien continent, entre la Méditerranée et l'Océan indien, elle est l'entrepôt naturel du commerce des Indes. C'est une grande Oasis environnée de tous côtés par le désert et la mer. Située entre le 24° et le 32° degré de latitude nord, et le 26° et le 32° degré de longitude orientale de Paris, elle est bornée au nord par la Méditerranée, à l'ouest par le désert de Libye, au sud par celui de Nubie, à l'est par la mer Rouge et par l'isthme de Suez qui la sépare de la Syrie. L'Égypte n'a pas besoin pour la défense de ses frontières d'un système de places fortes. Le désert lui en tient lieu. Elle ne peut être attaquée que par mer ou par l'isthme de Suez.

Il pleut rarement en Égypte, plus sur les côtes qu'au Caire, plus au Caire que dans la Haute-Égypte. En 1798, il a plu au Caire une fois pendant une demi-heure. Les rosées sont fort abondantes. L'hiver, le thermomètre descend, dans la Basse-Égypte, à deux degrés Réaumur au-dessus de zéro, et s'élève à dix degrés au-dessus de zéro, dans la Haute. En été, il monte à vingt-six et vingt-huit degrés dans la Basse-Égypte, et à trente-cinq et trente-six dans la Haute. Les eaux croupissantes, les marais, n'exhalent aucun miasme malsain, ne donnent naissance à aucune maladie, ce qui provient de l'extrême sécheresse de l'air. La viande exposée au soleil se dessèche plutôt que de se corrompre. Pendant les mois de juin, juillet et août, il souffle des vents réguliers du nord et du nord-ouest. Dans cette saison, les bâtimens mettent dix à douze jours pour se rendre de Marseille à Alexandrie; soixante à soixante-dix pour se rendre de Suez aux Indes. Dans les mois de janvier, février et mars, il règne des vents de sud-est. C'est la saison pour le retour des Indes et les traversées d'Alexandrie en Europe. Le khamsyn est un vent d'est ou de sud. C'est le siroc du pays. Il est partout incommode et fatigant; dans quelques parties du désert, il est dangereux; il nuit aux récoltes et aux productions de la terre.

L'Égypte est un des plus beaux, des plus productifs et des plus intéressans pays du monde. C'est le berceau des arts et des sciences. On y voit les plus grands et les plus anciens monumens qui soient sortis de la main des hommes. Si l'on avait la clef des hiéroglyphes dont ils sont couverts, on apprendrait des choses qui nous sont inconnues sur les premiers âges de la société. L'Égypte se compose : 1° de la vallée du Nil; 2° de trois Oasis; 3° de six déserts. La vallée du Nil est la seule partie qui ait de la valeur. Si le Nil était détourné dans la mer Rouge ou la Libye, avant la cataracte de Syène, l'Égypte ne serait plus qu'un désert inhabitable; car ce fleuve lui tient lieu de pluie et de neige. C'est le Dieu de ces contrées, le génie du bien, et le régulateur de toute espèce de productions; c'est Osiris, comme Typhon est le désert.

Les anciens divisaient l'Égypte en cinquante-trois provinces ou nomes; savoir : quatorze dans la Thébaïde, sept dans l'Heptanomide, vingt-neuf dans le Delta, trois dans les Oasis. Aujourd'hui on y compte seize provinces; deux dans le Saïd ou la Thébaïde, savoir : les provinces de Thèbes et de Girgéh; quatre dans le Vostanich, savoir : Siout, Miniéh, Beni-Soueif et le Faïoum; dix dans le Baheiréh ou Basse-Égypte, savoir : Atfih, Gizéh, Kelioub, Charkiéh, Mansourah, Menouf, Gharbiéh, Damiette, Rosette et Baheiréh. Les limites de l'Égypte, avant et sous Sésostris, s'étendaient jusqu'à la grande cataracte de Gianadel. Auguste borna les limites de l'empire à la cataracte de Syène. Sous les califes fatimites, la frontière de l'Égypte fut reportée à la grande cataracte. Elle fut remise à celle de Syène par Selim qui, en même temps, étendit les bornes à l'ouest jusqu'à El-Baretoun et à l'est jusqu'à Khan-Iounès. Les Ptolémées ont possédé outre l'Égypte, la Cyrénaïque jusqu'à la grande Syrte, la Palestine et la Syrie creuse. Les sultans akoubates possédaient les trois Syries; leurs limites à l'est étaient au Taurus et au-delà de l'Euphrate.

II. Le Nil est formé par la réunion de la rivière Bleue et de la rivière Blanche. La première prend sa source dans le lac Dembea; elle traverse, au 11e degré, une chaîne de montagnes où elle forme plusieurs cataractes; elle reçoit, au 14e degré, la rivière de Dender, qui sépare la Nubie de l'Abyssinie. La rivière Blanche prend sa source au 8e degré, à l'ouest de la rivière Bleue; elle traverse la même chaîne de montagnes, mais on ne connaît pas le nombre de ses cataractes. Ces deux rivières se joignent au 16e degré. Elles en reçoivent, au 18e degré, une troisième qui s'appelle Tacazza. De là, le Nil coule jusqu'au 31e degré et demi, où il se jette dans la mer sans recevoir ni rivière ni torrent. Le Nil a donc vingt-trois degrés et demi de cours, ce qui fait environ six cents lieues; il en a neuf cents en suivant les sinuosités de ses eaux. On connaît sept à huit cataractes. Six sont au-dessous de la rivière Bleue : celle de Gianadel ou la grande cataracte, est au 22e degré, elle a trente-deux pieds de chute; enfin, celle de Syène, au 24e degré, a six pieds de chute. Depuis cette cataracte, le Nil coule entre deux chaînes de montagnes. Celle dite l'Arabique suit la rive droite jusqu'au Caire; la Libyque suit la rive gauche jusqu'aux Pyramides. Cette vallée, de plus de deux cents lieues de longueur, a moins de six lieues de largeur. Elle est couverte par les débordemens du Nil. Elle se divise en six zones.

Le Nil, en Égypte, court parallèlement à la mer Rouge. Ses points, les plus près de cette mer en sont à vingt-deux lieues, les plus éloignés à cinquante. A l'ouest, au-delà de la colline Libyque, sont les trois Oasis, éloignées du Nil depuis cinq jusqu'à quinze journées, et dans la direction du sud au nord-ouest. La ville de Syène est située à 24°5′23″ de latitude, et 30°34′49″ de longitude de Paris. Elle est à quatorze lieues du tropique. Son méridien traverse la mer Rouge, laisse Suez sur la gauche, et coupe la côte de la Méditerranée huit lieues à l'est d'Omfareg, à cent soixante-dix-huit lieues de Syène, distance astronomique. Damiette est à 31°25′ de latitude, et à 29°29′45″ de longitude, à cent quatre-vingt-cinq lieues de Syène, distance astronomique; mais en suivant les sinuosités du Nil, il y a deux cent soixante lieues. La ligne droite, entre ces deux points, passe au milieu du désert de Suez au Caire. Rosette est à 31°24′34″ de latitude, et 28°8′35″ de longitude, à cent quatre-vingt-onze lieues de Syène, distance astronomique, deux cent soixante-et-une en suivant le fleuve; la ligne droite passe entre le Nil et le lac Natroun. Cette partie de la circonférence du grand cercle a servi aux astronomes d'Alexandrie à mesurer un degré du méridien.

La première zone est toute granitique. Elle s'étend de Syène au lieu appelé les ***Deux-Montagnes***. Sa longueur est de quarante lieues, sur une de largeur, et sa surface de quarante lieues carrées. Aux ***Deux-Montagnes***, les chaînes Libyque et Arabique s'avancent comme deux promontoires, l'une à la rencontre de l'autre, jusqu'à la distance de deux cent cinquante toises. On voit à la montagne dite de *la Chaîne*, à seize lieues de Syène, les grottes et les carrières d'où a été tirée la pierre qui a servi à bâtir Thèbes. Edfou et Esné sont les principales villes de cette zone. La vallée s'élargit en descendant. Elle est très productive. Deux gorges interrompent la chaîne Libyque vis-à-vis ces deux villes et donnent passage aux chemins qui mènent dans l'intérieur de la Libye. Deux autres gorges, sur la rive droite, interrompent la chaîne Arabique. Dans la gorge de Redeciéh passe un des chemins du Nil à Cosseir. Esné était la résidence des beys disgraciés; c'est une espèce de capitale. Les antiquités de cette première zone sont celles de l'île de Philæ, d'Éléphantine, d'Ombos, d'Apollinopolis-Magna, d'Elethyia, d'Hieraconpolis et de Latopolis.

La deuxième zone a trente-quatre lieues de longueur, des ***Deux-Montagnes*** à Farchout, sur deux de largeur, et soixante-huit lieues carrées de surface. Le Nil fait un coude qui le rapproche de la mer Rouge; c'est ce qu'on appelle l'isthme de Coptos. Thèbes aux cent portes, Coptos, Kous, ont été l'entrepôt du commerce de la mer Rouge et du Nil; aujourd'hui c'est la ville de Kénéh qui jouit de cet avantage. L'isthme de Coptos a vingt-huit à trente lieues de large du Nil à la mer. Thèbes, Dendérah renferment des ruines qui, depuis bien des siècles, excitent l'admiration des hommes. Cette zone et les quatre autres sont calcaires.

La troisième zone a cinquante-huit lieues de long, sur cinq de large, et deux cent quatre-vingt-dix lieues carrées. Elle commence à Farchout et se termine à Daroût-el-Chérif. A Farchout, un canal dérive les eaux du Nil au pied de la chaîne Libyque. Ce canal coule parallèlement au Nil jusque dans le Baheiréh, ce qui agrandit la vallée. Il n'y a rien de pareil sur la rive droite. Girgéh et Siout sont deux belles villes; la première est la capitale du Saïd, la deuxième est la ville la plus populeuse de la Haute-Egypte; ce pays est celui de l'abondance. De cette ville, part le chemin qui va à la grande Oasis. Sur la rive droite est une gorge qui conduit à la mer Rouge.

La quatrième zone, de Daroût-el-Chérif jusqu'à Beni-Soueif, a quarante-huit lieues, sur six de large, et deux cent quatre-vingt-huit lieues carrées. A Daroût-el-Chérif, est la prise d'eau du canal de Joseph qui porte le Nil dans le Faïoum. C'est là que commence le système si célèbre du lac Mœris. Miniéh, Abougirgéh et Beni-Soueif sont de grandes villes.

Mais, sur les rives du Nil comme sur les bords du canal, les gros bourgs, les riches villages sont prodigués. A cinq lieues sur la gauche de Beni-Soueif, est le Faïoum. Sur la rive droite du Nil est une gorge qui conduit à la mer Rouge, au monastère Saint-Antoine, au désert du Chariot, etc. De Beni-Soueif on voit le mont Sinaï, situé sur l'autre rive de la mer Rouge, mais éloigné de soixante lieues.

La cinquième zone est le Faïoum. Vis-à-vis et à quatre lieues de Beni-Soueif, la chaîne Libyque s'ouvre de droite et de gauche. Elle cerne un pays d'environ cent lieues carrées. C'est une extension de la vallée du Nil. Là était le lac Mœris. Au Faïoum aboutit une vallée appelée la Vallée du Fleuve sans eau, qui débouche dans la mer à l'ouest d'Alexandrie.

La sixième zone, de Beni-Soueif au Caire, a trente-deux lieues, sur cinq, et cent soixante lieues carrées de surface. Memphis était à trois lieues au sud de la grande Pyramide, près de la montagne Libyque. Ces six premières zones, de Syène au Caire et de Syène à la grande Pyramide, ont de longueur, cent cinquante-quatre lieues (distance astronomique), en suivant le Nil deux cent douze lieues, et environ mille lieues carrées de surface.

La Basse-Egypte commence au Caire et à la grande Pyramide. Le Nil ne coule plus dans une vallée étroite, mais arrose une vaste plaine qui a la forme d'un trapèze, dont la base supérieure a vingt-six lieues, de la grande Pyramide aux lacs Amers. La base inférieure a cent lieues, depuis la descente de la colline Libyque, située à vingt-cinq lieues ouest d'Alexandrie, jusqu'au mont Casius, distant de quatorze lieues est de Peluse. La hauteur de ce trapèze est de quarante-deux lieues, du Caire à Burlos. Le niveau de toute cette plaine permettait au Nil de s'y répandre. C'est une surface de deux mille six cent quarante lieues carrées. La vallée du Nil a donc trois mille six cent quarante lieues carrées. La moitié seulement est aujourd'hui couverte par les inondations.

A quatre lieues nord du Caire, ce fleuve se divise en deux branches : celle de l'ouest se jette dans la mer à Rosette, à quarante-et-une lieues (distance astronomique) de la Pyramide, et à soixante lieues en suivant les sinuosités du Nil; celle de l'Est se jette à Damiette, à trente lieues Est de la première. On prétend que, avant les temps historiques, le Nil a coulé du Faïoum dans le Fleuve sans eau et s'est jeté dans la mer, traversant le désert de Libye, entre Alexandrie et El-Baretoun. Du temps des Ptolémées, le Nil se divisait au-dessous du Caire en sept branches par lesquelles il s'écoulait dans la mer, savoir : La branche Canopique, la plus à l'ouest; elle se jetait à Canope, située au bord de la rade d'Aboukir, d'où un canal portait les eaux à Alexandrie. On trouve encore des vestiges de cette branche. Au-dessus de Rahmaniéh on voit un grand canal qui porte le nom de Markas. Il passe au midi du village de Sychéh. On le retrouve près du village de Birket, dans la direction

de Rosette, et on le suit par la sonde dans le lac Madiéh. La deuxième branche, la Bolbitine, est celle qui
passe à présent par Rosette. Elle n'était qu'un canal
creusé de main d'homme qui a absorbé la branche
Canopique et la branche Sébennytique. La troisième
branche, la Sébennytique, était le lit naturel du fleuve.
Elle se jetait, comme on en voit encore les traces,
dans le lac de Burlos. La quatrième, la Phatnitique,
est celle de Damiette. Elle n'était qu'un canal creusé
par la main des hommes. La cinquième, la Mende-
sienne, est le canal actuel d'Achmoun. Elle se jetait
dans la mer à la bouche de Dibéh. La sixième, la Ta-
nitique ou Saïtique, est le canal actuel de Moûeis. Elle
se jette dans la mer à la bouche d'Omfareg. La septième,
la Pelusiaque ou Bubastique, se jetait à la mer à
Peluse. Celle-ci était navigable du temps d'Alexandre.
Ces trois dernières branches se jettent aujourd'hui
dans le lac Menzaléh, d'où on a peine à en suivre les
traces avec la sonde.

Le lac Madiéh, le lac Burlos et le lac Menzaléh
sont modernes. La mauvaise administration qui a régi
l'Égypte ayant fait négliger les canaux et les digues,
le Nil a afflué moins abondamment dans plusieurs
branches, ce qui a rompu l'équilibre; la mer s'y est
introduite. L'eau de ces lacs est salée, mais beaucoup
moins que celle de la mer, qui entre dans les lacs dans
les basses eaux, mais avec très peu de rapidité. L'eau
des lacs coule dans la mer, dans le temps d'inondation, avec une beaucoup plus grande vitesse. Le lac

Menzaléh a quarante-trois mille toises de long de Damiette à Peluse, et neuf mille toises de large. La ville de Damiette a deux mille habitans. L'île Matariéh est très peuplée. Le lac est couvert de ruines d'anciennes villes. La hauteur des eaux moyennes est de trois pieds. Il est couvert de bateaux pêcheurs. L'isthme qui le sépare de la mer est étroit, inculte, et interrompu par les trois bouches de Dibéh, Omfareg et Peluse. Peluse veut dire marais. La navigation du Nil est facile et rapide. Dans la saison des vents du nord, on ne met pas plus de trente-six heures pour se rendre de Damiette ou de Rosette au Caire, et huit ou dix jours pour remonter jusqu'à Syène.

III. Le Nil croît régulièrement tous les ans en juillet, août, septembre et octobre; il décroît en novembre, décembre, janvier et février; il est rentré dans son lit et très bas en mars, avril, mai et juin. Lorsque les eaux sont élevées au mekias de l'île de Roudah de quatorze coudées (ou de vingt-trois pieds quatre pouces, ce qui fait une crue au-dessus des basses eaux de dix-sept pieds huit pouces), le terrain de la Basse-Égypte commence à se couvrir, et l'on coupe la digue du canal du Prince des Fidèles pour y introduire l'eau. C'est une grande fête. La coudée est de vingt pouces; elle se divise en vingt-quatre doigts. En 1798, cette digue a été coupée le 18 août. Le mekias marquait quatorze coudées. Le 7 octobre, le Nil était à son apogée, il marquait dix-sept coudées et dix doigts (vingt-neuf pieds sept lignes); et comme les basses eaux étaient à trois coudées dix doigts (ou cinq pieds huit pouces), le Nil avait donc crû de vingt-trois pieds quatre pouces. En 1799, la digue du canal du Prince des Fidèles a été rompue le 21 août. Le mekias marquait treize coudées et demie. Le Nil était à son apogée le 23 septembre, il marquait seize coudées deux doigts (vingt-six pieds neuf pouces huit lignes). Les eaux avaient crû de vingt-et-un pieds un pouce quatre lignes. En 1800, la digue du canal du Prince des Fidèles a été rompue le 16 août. Le mekias marquait seize coudées. Son apogée a eu lieu le 3 octobre. Le mekias marquait dix-huit coudées et trois doigts (trente pieds deux pouces six lignes). La crue a été de vingt-quatre pieds six pouces six lignes.

La vallée va en pente du sud au nord. Dans la première, deuxième et troisième zone, le Nil, dans ses basses eaux, est de trente à trente-cinq pieds au-dessous du niveau du terrain. Il faut donc qu'il s'élève à vingt et vingt-et-une coudées au-dessus (trente-quatre à trente-six pieds) pour sortir de son lit. Il faut qu'à son apogée il marque vingt-quatre à vingt-six coudées (quarante ou quarante-quatre pieds) pour procurer une inondation raisonnable. Dans la sixième zone il est, dans ses basses eaux, de vingt à vingt-cinq pieds au-dessous du niveau du terrain. Il faut qu'il marque au mekias du Caire quatorze coudées (vingt-trois pieds quatre pouces) pour qu'il sorte de son lit; mais il doit marquer dix-sept à dix-huit coudées (vingt-huit à trente pieds) à son apogée pour former une bonne inondation. Dans le bas Delta, ses basses eaux ne sont au-dessous du terrain que de trois ou quatre coudées (cinq à sept pieds). Le terrain des bords du Nil est plus haut que le terrain des extrémités de la vallée, de sorte que les champs voisins du désert, et au pied des chaînes Arabique et Libyque, sont arrosés avant ceux qui sont près du lit du fleuve.

Le Nil, pendant les basses eaux, a une pente d'environ un pouce six lignes par mille toises. La distance du Caire au Bogaz de Rosette est de cent trente-cinq mille toises. Le Nil, près du Caire, est de seize pieds dix pouces au-dessus de la mer Méditerranée; à Syène, de soixante-et-dix pieds; à Sennaar, de deux cents pieds, en comptant trente-deux pieds pour les cascades de la grande cataracte, et huit pieds pour celle de Syène.

En 1798, la crue ayant été de vingt-trois pieds quatre pouces, le Nil a eu du mekias à la mer, une pente de trente-neuf pieds sept pouces, ou trois pouces six lignes pour mille toises. Le Nil dépense huit à dix millions de toises cubes d'eau par vingt-quatre heures dans ses basses eaux, soixante-dix à quatre-vingt millions dans ses hautes eaux. Il perd dans la mer, chaque année, près de huit à dix milliards de toises cubes d'eau par ses embouchures. Il y avait un nilomètre à l'île d'Éléphantine, vis-à-vis de Syène (on l'a découvert en 1798). Il marquait pour maximum vingt-quatre coudées. Mais on avait surajouté au-dessus trois coudées tracées irrégulièrement.

Le mekias du Caire est situé au sud de l'île de Roudah, à une lieue du Caire. C'est une colonne de marbre qui marque dix-huit coudées sept doigts avec le dé du chapiteau. C'est le seul nilomètre qui soit aujourd'hui en activité, et qui règle l'état du Nil. Il en faudrait avoir cinq : 1° à Syène, 2° à Beni-Soueif, 3° à Roudah, 4° à Rahmaniéh, 5° à Mansourah. Du temps du roi Mœris, huit coudées suffisaient pour fertiliser le pays ; du temps d'Hérodote, neuf cents ans après, il fallait quinze coudées ; il en fallait seize sous les Romains ; dix-sept sous les Arabes. Lorsque le Nil est haut, il y a beaucoup de pays inondés, beaucoup de terres en culture ; quand l'inondation est peu forte, une moindre quantité de pays est inondée, l'année est médiocre ou mauvaise. Cependant, lorsque les inondations sont très fortes, l'eau séjourne trop long-temps sur le terrain, la saison favorable se trouve écoulée, on n'a pas le temps de semer, l'atmosphère est trop humide ; il peut y avoir disette et famine.

Dans aucun pays l'administration n'a autant d'influence sur la prospérité publique. Si l'administration est bonne, les canaux sont bien creusés, bien entretenus, les réglemens pour l'irrigation sont exécutés avec justice, l'inondation plus étendue. Si l'administration est mauvaise, vicieuse ou faible, les canaux sont obstrués de vase, les digues mal entretenues, les réglemens de l'irrigation transgressés, les principes du système d'inondation contrariés par la sédition et les intérêts particuliers des individus ou des localités. Le gouvernement n'a aucune influence sur la pluie ou la neige qui tombe dans la Beauce ou dans la Brie. Mais, en Égypte, le gouvernement a une influence immédiate sur l'étendue de l'inondation qui en tient lieu. C'est ce qui fait la différence de l'Égypte administrée sous les Ptolémées, et de l'Égypte déjà en décadence sous les Romains, et ruinée sous les Turcs. Ainsi, pour que la récolte soit bonne, il faut que l'inondation ne soit ni trop basse ni trop haute.

Le roi Mœris avait remédié à ces grands inconvéniens. Le lac qu'il fit construire était un grand réservoir où il faisait écouler le Nil lorsque l'inondation était trop forte. Il ouvrait le lac et venait au secours du Nil dans les années où son inondation était trop faible. Ainsi, tantôt le Nil coulait par le canal Joseph dans le lac Mœris, et tantôt les eaux du lac Mœris coulaient dans le Nil par le même canal. Il ne reste que de légères traces de ce beau et immense système. On se servait de ce réservoir pour fournir de l'eau, pendant les basses eaux, aux pays qui en avaient besoin, et dans une proportion calculée; ce qui a fait dire à Hérodote que les eaux du Nil coulent six mois par le canal de Joseph dans le lac de Mœris, et six mois du lac dans le Nil par le même canal.

Cet historien dit aussi, que le terrain de l'Égypte s'élève d'un pied par siècle, que le Delta a été conquis par le Nil sur la mer. On a calculé, par les données que l'on a obtenues au mekias de l'île d'Éléphantine, qu'il s'est haussé en seize cents ans de six pieds deux pouces; ce qui donne pour élévation du terrain, par siècle, quatre pouces huit lignes. Depuis trois mille ans, on ne trouve aucune différence sensible dans l'accroissement du Delta. Toutes ces questions ont fort occupé les antiquaires et les géomètres. Le pays a tellement changé depuis quatre mille ans, qu'on ne peut asseoir aucun raisonnement. La construction du lac Mœris, les ouvrages qui ont ramené le Nil dans la vallée actuelle, l'existence des sept branches par où il s'écoulait dans la mer, réduites aujourd'hui à deux, la formation des lacs Madiéh, Burlos, Menzaléh, tout cela multiplie les élémens du calcul et complique la question à l'infini. Les anciens se sont fort agités pour assigner la cause de ces inondations périodiques qui proviennent des pluies périodiques du tropique. Ces inondations sont productives et fécondes, parce qu'elles descendent des montagnes et parcourent les forêts de l'Abyssinie, les plaines de Sennaar, de la Nubie, et entraînent un limon qu'elles déposent et qui sert d'engrais aux terres.

L'analyse de ses eaux a fait connaître qu'elles sont légères, agréables au goût, extrêmement pures. Elles contiennent moins d'objets étrangers que l'eau de la Seine. Elles sont excellentes pour préparer les alimens comme pour les arts chimiques. Elles remplacent avec avantage l'eau de pluie et l'eau distillée.

IV. Une Oasis est une terre végétale située au milieu

du désert, comme une île l'est au milieu de la mer. Il y a trois grandes Oasis qui dépendent de l'Égypte, savoir : la grande, la petite, et celle d'Ammon. Toutes les trois sont situées dans le désert de la Libye, à l'ouest du Nil. Ces trois Oasis sont sur une même ligne qui court du sud-est au nord-ouest. La plus au sud, est la grande Oasis, située à cinq journées de Siout. On suit une gorge qui traverse le désert pendant trente lieues sans trouver d'eau. Avant d'arriver au premier village de l'Oasis, appelé Ainé-Disé, on descend pendant une heure. On croit que le niveau de cette Oasis est au-dessous de celui du Nil. La grande Oasis a cinquante lieues de long. C'est une réunion d'un grand nombre de petites Oasis. Il y a des jardins bien arrosés, des forêts de palmiers, huit ou dix villages, un château avec une petite garnison. Elle formait une province de l'ancienne Égypte. Dans le cinquième siècle on y comptait un clergé nombreux. Elle a eu des souverains particuliers dans le dixième siècle. Un cheykh y régnait, qui avait plusieurs milliers de cavaliers à ses ordres. On y trouve du riz, du blé, du fourrage. Les caravanes de Darfour s'y rafraîchissent.

La petite Oasis est au nord-ouest de la grande. Elle est à la hauteur du Faïoum, à cinq journées de cette province, à sept de l'Oasis d'Ammon. Au septième siècle, le deuxième régiment d'Arménie y était cantonné. Il y a une grande quantité de palmiers. Les dattes, le riz, les roseaux, sont un objet de commerce assez étendu. Il y a de l'herbe et de la paille. La petite Oasis est plus étendue que la grande. Elle est au même niveau. Elles se joignent et forment une vallée qui va à Behnécé.

La troisième Oasis est appelée Syouah. C'est là qu'était le fameux temple de Jupiter Ammon. Elle est au nord-ouest de la petite, éloignée de douze journées du Caire, à six journées d'El-Baretoun, à douze d'Alexandrie, à quatorze de Derne port de mer, à quarante du royaume de Fezzân. Elle a une cinquantaine de lieues de tour et possède des ruines. Les Grecs qui allaient consulter l'oracle de Jupiter Ammon débarquaient à El-Baretoun, d'où ils n'avaient que soixante-douze lieues à traverser pour arriver au temple. La population de cette Oasis est de dix à douze mille âmes. Elle n'est point arabe. Elle est gouvernée par un conseil de douze cheykhs. Le pays a du blé, de l'orge, de la paille, des olives, du riz, des dattes, des pommes, des pêches. Les dattes y sont excellentes. L'eau y est abondante et courante. Elle formait une province de l'ancienne Égypte. El-Baretoun qui s'appelait Parætonium, était une grande ville. Antoine y séjourna après la bataille d'Actium. Il espérait y être joint par quatre légions qu'il avait dans la Cyrénaïque.

Ces trois Oasis ont joui de quelque prospérité. Elles sont aujourd'hui dans un état misérable. Elles ne servent qu'aux caravanes, ou de refuge aux proscrits et aux exilés. De 1798 à 1799, elles ont été fort utiles à Mourad-Bey, à Elfi-Bey et aux Mamelouks dans leur malheur. La décadence de ces Oasis doit s'attribuer aux incursions des barbares de l'intérieur de l'Afrique. L'histoire nous conserve quelques traces de ces incursions de peuplades venues du centre de l'Afrique. Elles ont renouvelé leurs ravages plusieurs fois. Elles ont détruit les maisons, la culture, massacré les habitans, ou les ont emmenés en esclavage. Indépendamment de ces Oasis, il y en a un grand nombre de beaucoup plus petites dans les déserts qui appartiennent à l'Égypte; car partout où il y a un puits d'eau, soit douce soit saumâtre, partout où il croît quelques palmiers, où quelques grains d'orge peuvent être semés, il y a une Oasis. Nous en parlerons en décrivant les déserts dont elles font partie.

V. On trouve de l'eau, de l'herbe et des arbres dans les déserts de l'Amérique; on trouve de l'eau et de l'herbe dans les déserts de la Tartarie; on ne trouve ni eau, ni herbe, ni arbres dans les déserts de l'Afrique et de l'Arabie. Ces déserts sont arides et nus. Les déserts d'Égypte ne sont séparés par aucune ligne naturelle, des grands déserts de l'Arabie, de la Nubie et de la Libye. Ils sont la partie de ces déserts compris dans les limites de l'Égypte, possédés par des tribus qui vivent des inondations du Nil. Leur étendue est de quarante à quarante-deux mille lieues carrées. La population, de cent cinquante à cent soixante mille âmes, ce qui fait quatre habitans par lieue carrée. Les déserts de l'Afrique seraient inhabitables pour l'homme, s'ils ne produisaient le chameau.

Le chameau est l'image du désert, grand, maigre, difforme, monotone, patient, mais d'un caractère sauvage et méchant quand il est poussé à bout. Il se nourrit d'absinthe et de plantes épineuses. Une livre de cette nourriture par jour, ou autant de fèves, d'orge ou de noyaux de dattes, et une livre d'eau, lui suffisent. Il reste quatre ou cinq jours sans boire, quelquefois jusqu'à six et sept, mais alors il souffre. Il passe plusieurs jours sans manger. Son lait, son fromage, sa chair, nourrissent l'Arabe; son crin, sa peau, l'habillent et forment ses tentes. Le chameau est une bête de somme; il n'est pas bâti pour traîner; il porte autant que trois chevaux; c'est le navire du désert. Chargé et à son pas naturel, il fait mille huit cent cinquante toises par heure; il marche dix-huit heures avec le repos d'une heure. Lorsqu'il le faut, il fait seize lieues de vingt-cinq au degré par jour, mais il en fait facilement douze. L'Arabe le loue au commerce et à l'agriculture. Il en vend, car il en élève beaucoup plus qu'il ne lui en faut. Né pour le désert, cet animal y prospère et s'y accroît en grand nombre. Avec le gain du travail du chameau, l'Arabe se procure les blés, l'orge, les habits et les armes dont il a besoin. Une tribu de quinze cents à deux mille personnes, a souvent six à sept cents jumens, poulains ou chevaux, quinze à vingt mille chameaux grands ou petits, mâles ou femelles.

L'autruche a tous les caractères d'un enfant du désert. Elle est grande, disproportionnée, décharnée,

Elle a dans son espèce quelque ressemblance avec le chameau. La gazelle est petite, jolie, aimable, vive, bien proportionnée et agréable dans toutes ses formes. Elle serait l'ornement des bosquets d'Idalie. Tout en elle contraste avec le désert. Cependant elle s'y plaît et y prospère.

Il y a six déserts dépendant de l'Égypte. Trois font partie de la Libye, un de la Nubie, deux de l'Arabie, savoir : le désert de Baheiréh qui s'étend d'Alexandrie à El-Baretoun et à l'Oasis d'Ammon. Il a plusieurs milliers de lieues carrées de surface. Il s'y trouve plusieurs petites Oasis. Les principales sont celle du lac Natroun et celle de Mariout. Mariout et le lac Natroun ont été couverts par l'inondation et fertilisés par son limon bienfaisant. Dans le cinquième siècle, plusieurs milliers de moines habitaient ces Oasis. Il y avait au lac Natroun quatre couvens grecs. Il reste quatre petites forteresses habitées par soixante-dix à quatre-vingts moines fanatiques et ignorans. Mariout est sur le bord du lac Maréotis. Toute l'Oasis est couverte de ruines qui indiquent la nombreuse population qu'elle a nourrie jadis. Ce désert est habité par six à sept tribus d'Arabes qui forment une population de quinze à vingt mille âmes. Ils peuvent mettre à cheval deux mille cinq cents hommes. Ce sont : 1° les Henâdy, Bédouins errans et méchans; 2° les Jaumates; 3° les Troutes; 4° les Oualad-A'ly; 5° les Géouâbyt Marabou; 6° les Sammâlou Marabou; 7° les Beny-Aounous. Ces tribus font, par le désert, les voyages d'Alexandrie au

Caire, au Faïoum, à la Haute Égypte, à l'Oasis d'Ammon. Elles transportent le sel natroun à Terranéh et vendent dans le Delta des joncs, des roseaux, qu'elles trouvent dans des vallées du désert à quatre ou cinq journées du Nil.

Le désert de la petite Oasis est borné par les Pyramides de Gizéh, le Faïoum, la petite Oasis, le canal de Joseph. Il est habité par quinze ou vingt tribus, savoir : 1° Forgân, Bédouins; 2° Taraounéh; 3° Faouâyd ; 4° Abou-el-Hor ; 5° El-Badraman ; 6° Gahméh; 7° Mahareb; 8° Gabar; 9° Ghazayeb; 10° Durabséh; 11° Chaouâdy; 12° Tahouy; 13° Aboukoraym; 14° Ebn-Ouafy; 15° El-Atayât. La population de ces tribus se monte de vingt-cinq à trente mille âmes. La culture, le produit de la petite Oasis, le transport de ses dattes au Caire, le transport des joncs, des voyages dans la Haute Égypte, quelquefois jusque dans le pays de Fezzân, sont les moyens d'existence de ces tribus. Elles cultivent la lisière du Faïoum.

Le troisième désert, celui de la grande Oasis, commence à la hauteur de Syène. Il comprend cette partie de la Libye, entre le Nil et la grande Oasis. Les Arabes de ce désert cultivent la grande Oasis. Ils s'y approvisionnent et en transportent les produits dans l'Égypte. Ils font des voyages du Faïoum dans différentes parties de la Haute Égypte à travers le désert. Les principales de ces tribus sont : 1° Tarféh; 2° Beny-Ouâsel; 3° Sohârat; 4° Mehaz; 5° Houâtat; 6° Nefahât; 7° Hanâger; 8° Beni-Wasel. Cette tribu occupe tout le désert en remontant la rive gauche du Nil au-dessus de Syène, l'Oasis et le désert de Séméla, où les caravanes se reposent dans leurs voyages de Dârfour.

Le quatrième désert, de la Thébaïde, fait partie de la Nubie. Il s'étend sur la rive droite du fleuve, de la presqu'île de Coptos à la mer Rouge, de Cosseir à Kénéh. Il y a dans ce désert un grand nombre de gorges, plusieurs Oasis, qui servent de communications du Nil avec la mer Rouge. Les Ababdéh, tribu très nombreuse, ayant peu de chevaux mais beaucoup de dromadaires, font non-seulement les transports de Cosseir à Kénéh, mais ils envoient des caravanes jusqu'à Sennaar. Les Bicharis errent aussi dans ces déserts.

Le cinquième désert, celui des Ermites, est situé entre le Nil et la mer Rouge. Il est borné au nord par la vallée de l'Égarement. On y rencontre plusieurs Oasis. On y trouve des citernes, des ruines de monastères, de couvens et même de villes; la plaine de la Vache, celle du Chat, celle du Chariot. Il a été habité par des ermites. On y trouve les ruines des monastères de saint Antoine, de saint Paul, de saint Climaque. Les Antony, les Azâyzy, sont les puissantes tribus d'Arabes qui y errent.

Le sixième désert est celui de l'isthme de Suez. Il fait partie de l'Arabie. Il s'étend du Caire à Suez, et de Suez à mi-chemin du mont Sinaï, de Jérusalem, de Gaza. On y trouve l'Oasis de Tomylat et l'Oasis de

Saba-Biar, celles de Katiéh et d'El-Arisch. L'Oasis de Saba-Biar, celle de Tomylat, ont été couvertes par le Nil. C'est là qu'était la capitale des rois pasteurs. C'est le pays de Gessen où a habité Jacob et sa famille. En 1800, l'inondation du Nil a couvert cette Oasis jusqu'aux Lacs Amers. Il y a des ruines de grandes villes, de l'herbe, de l'eau, des bois. Les Arabes y cultivent un peu d'orge. Indépendamment du produit de cette Oasis, les Arabes de ce désert s'emploient aux transports du Caire à Suez. Ce commerce, qui est un objet de trente-cinq à quarante millions pour l'allée et le retour, produit beaucoup aux tribus qui fournissent les escortes et louent les chameaux pour les transports. Les Arabes de ce désert fournissent aussi aux caravanes de Jérusalem, de Damas, de Gaza, et quelquefois de la Mecque et de Bagdad. Les caravanes de Jérusalem, de Damas, de Gaza sont peu nombreuses, mais leur passage est presque journalier. Les principales tribus sont : 1° Bily; 2° Terrabins; 3° petits Terrabins; 4° Houaytat; 5° Houâtat; 6° Touiglat; 7° El-Ataya; 8° Ayaydéh; 9° Taha; 10° Hanâger; 11° Nefahât; 12° les trois tribus des Arabes de Tor.

Les Arabes d'Égypte sont cultivateurs, Bédouins ou Marabouts. Le cultivateur habite des villages qui lui ont été donnés ou qu'il a achetés; mais il y conserve long-temps une physionomie sauvage. On n'y voit pas de mosquées, de maisons distinguées, mais seulement des cabanes égales, sans arbres. Tout y sent le désert et l'esprit farouche du Bédouin. Les hommes y sont guerriers. Ils entretiennent des chevaux. Ils sont indociles, supportent le joug de l'autorité avec impatience, paient difficilement le tribut, se battent quelquefois contre les Arabes-Bédouins. Ils se croient d'une espèce supérieure aux autres Fellahs qu'ils vexent souvent. Ils sont du reste industrieux, laborieux. Les Mamelouks ne séjournent jamais parmi eux. Dans l'opinion des Arabes, soit cultivateurs, soit Bédouins, les Fellahs sont leurs sujets; les Mamelouks et les Turcs, des usurpateurs.

Les Arabes-Marabouts ne sont pas armés, n'ont pas de chevaux, sont obligés de loger les Bédouins et de fournir à leurs besoins. Les tribus errantes ou Bédouins, cultivent presque toutes, plus ou moins; mais elles sont constamment sous des tentes, ne logent jamais dans une maison ni dans une cabane, changent fréquemment de séjour et parcourent tout le désert qui leur appartient, pour faire paître leurs chameaux et profiter de l'eau des puits.

Les Arabes-Bédouins sont la plaie la plus grande de l'Égypte. Il ne faut pas en conclure qu'on doive les détruire; ils sont au contraire nécessaires. Sans eux, ce beau pays ne pourrait entretenir aucune communication avec la Syrie, l'Arabie, les Oasis, le royaume de Sennaar, de Dârfour, d'Abyssinie, Tripoli, et le royaume de Fezzân. Sans eux les transports du Nil à la mer Rouge, de Kénéh à Cosseir, du Caire à Suez, seraient impossibles. La perte que le pays en éprouverait serait très considérable. Les

Bédouins entretiennent une grande quantité de chameaux, de chevaux, d'ânes, de moutons, de bœufs, etc., qui entrent dans la balance des richesses de l'Égypte. Le natroun, le séné, la gomme, les roseaux, les joncs, qui sont à plusieurs journées dans le désert, seraient perdus. Il serait possible de les détruire ; mais de nombreuses tribus arriveraient de l'intérieur de l'Afrique, de l'Arabie, pour s'emparer de leurs pays qui sont l'objet de l'ambition de toutes ces tribus errantes. Lorsque le Nil s'élève et produit de fortes inondations, comme en 1800, la nouvelle s'en répand de proche en proche jusqu'au centre de l'Afrique, et des tribus nombreuses viennent de cinq cents lieues se camper, pendant plusieurs mois, sur cette partie du désert, extraordinairement inondée, pour y semer et vivre. Les tribus des Arabes d'Égypte s'opposent à ce que ces étrangers viennent vivre dans leur domaine. Souvent il faut se battre. Cette résistance contient les tribus du grand désert. Détruire les Bédouins, ce serait, pour une île, détruire tous les vaisseaux, parce qu'un grand nombre sert à la course des pirates. Lorsque l'Égypte a été gouvernée avec fermeté et justice, les Arabes ont été soumis ; chaque tribu a été obligée de répondre de son désert et de la partie de la frontière qui lui est contiguë. Ce règne de la justice a fait cesser les abus, et ces tribus, comme de petits vassaux, ont garanti la tranquillité du pays au lieu de la troubler.

La soumission des Arabes importe à la prospérité

de l'Égypte. C'est un préliminaire indispensable à toute amélioration. Pour soumettre les Arabes, il faut : 1° occuper les Oasis et les puits; 2° organiser des régimens de dromadaires, les habituer à séjourner dans le désert, pendant des mois entiers, sans qu'ils rentrent dans la vallée; 3° créer une grande magistrature, un tribunal pour juger, punir, surveiller les tribus errantes. On posa les principes de cette organisation en 1799. On adopta d'abord deux modèles de tours. La première ayant vingt-quatre pieds de haut, à deux étages, portant deux pièces de canon sur la plate-forme, ayant un logement pour quarante hommes de garnison, fossé, contrescarpe, chemin couvert, places d'armes et un avant-fossé, avec muraille crénelée formant une enceinte de deux cents toises de côté dominée par la mitraille de la tour. Elle contenait un magasin de vivres pour la garnison pendant cent jours, et un magasin de réserve pour un régiment de dromadaires pour dix jours. Elle avait dans une de ses places d'armes des puits bien maçonnés, bien entretenus et une citerne pour conserver l'eau pluviale. La tour de deuxième espèce avait quinze pieds de haut, un seul étage, portant deux pièces de canon sur la plate-forme, quinze hommes de garnison, des vivres pour quinze hommes pendant cent jours, un magasin de réserve pour une compagnie de dromadaires pour dix jours, un ou plusieurs puits, une citerne et un avant-fossé de cent toises de côté. Vingt tours de première espèce et quarante de la seconde devaient être construites en 1800 et 1801, savoir : huit dans le désert de Baheiréh; huit dans le désert de la petite Oasis, aux Pyramides, au Faïoum; deux dans l'Oasis même; dix dans le désert de la grande Oasis; cinq dans l'Oasis même; cinq aux puits sur les routes d'Esné, de Siout; huit tours pour les quatrième et cinquième déserts, sur les cinq routes de Cosseir; douze dans le désert de Suez, indépendamment des forts de Suez, d'El-Arisch, de Tinéh. Ces tours occuperaient douze principaux puits : Katiéh, Mansourah, Zawi, Raphia, l'Oasis de Tomylat, celle de Saba-Biar, etc., etc. La garnison de ces tours devait être composée : d'un maître canonnier sergent et neuf canonniers, dix hommes pour les petites tours; un maître canonnier sergent, un caporal et treize canonniers, quinze hommes, pour les tours de première espèce, total : sept cent soixante canonniers. Les régimens de dromadaires devaient fournir cinq hommes à chaque petite tour et vingt-cinq à chaque grande. Ces tours devaient servir de centre et de point de protection à autant de villages qui, sous le canon et dans l'enceinte, seraient à l'abri des insultes des Bédouins. Les paysans, ainsi protégés, pourraient cultiver, héberger, nourrir les caravanes à leur passage et commercer avec elles.

On arrêta de créer six régimens de dromadaires, un pour chaque désert, nourri et payé par les provinces limitrophes. Chaque régiment de neuf cents hommes, sept cent cinquante dromadaires et deux cent cinquante chevaux, portant des vivres pour cinquante jours. Un dromadaire porte quatre quintaux.

	QUINTAUX.	
750 dromadaires	3,000	3,500
250 chevaux à 2 quintaux	500	
Un homme pèse 180 livres, 900 hommes.	1,620	
Vivres pour cinquante jours pour 900 hommes	450	
Vivres pour 250 chevaux pour vingt-cinq jours, à 10 liv. par jour	625	3,340
Vivres pour 750 dromadaires pour vingt-cinq jours, à 2 livres par jour	375	
Eau pour 900 hommes pour cinq jours, à 4 liv. par jour.	180	
Eau pour 250 chevaux pour trois jours, à 12 liv. par jour.	90	

Chaque soldat était armé d'une lance, d'un fusil avec sa baïonnette, portait une giberne, cent cartouches, un sac. Chaque régiment commandé par un bey colonel, un kiaya major, deux adjudans, quatre capitaines kiachefs, quatre lieutenans et quatre sous-lieutenans, ce qui formait trois officiers par compagnie, un tambour, deux trompettes, deux cent vingt-cinq hommes, chaque régiment ayant deux pièces de canon traînées par six dromadaires. Il faudrait donc cinq mille quatre cents hommes pour contenir les déserts, ou une dépense de quatre millions. Ce n'est pas le dixième de ce que coûtent au pays les avanies des Bédouins. Les six régimens seraient commandés par le grand cheykh des déserts (général de division), deux kiayas (généraux de brigade), six beys (colonels), vingt-quatre kiachefs (lieutenans-colonels), un kiachef de l'artillerie, un du génie.

Le grand cheykh des déserts devait avoir près de lui

un divan composé d'un kiaya, de quatre ulémas et d'un écrivain, qui aurait jugé les affaires contentieuses des Arabes avec les Fellahs, et des tribus entre elles. On avait levé une brigade de soldats français montés sur mille cinq cents dromadaires. On avait dit :

1° Les tribus qui errent dans les six déserts d'Egypte seront tenues de prêter le serment par l'intermédiaire de leur cheykh et de six notables, entre les mains du grand cheykh des déserts.

2° Les tribus en recevront un firman d'investiture, qui constatera l'étendue du désert qui leur appartient, fixera le nombre d'hommes à cheval, le nombre de chameaux qu'elles devront fournir au sultan de l'Égypte. L'état qui avait été dressé de ces contingens se montait à cinq mille hommes à cheval, deux mille sur dromadaires, et sept cents chameaux, un conducteur pour trois chameaux.

3° A la mort du cheykh, son héritier lui succédera, mais dans les trois mois, il se rendra près du grand cheykh pour prêter son serment et recevoir son firman. Il sera revêtu de la pelisse d'honneur.

4° Un des dix principaux de la tribu demeurera au Caire avec sa famille pour servir de répondant, et correspondre avec le divan du désert. Six enfans, âgés de dix à dix-huit ans, seront élevés dans la mosquée de Gama-el-Azhar, dans les principes du Coran, et apprendront à écrire en arabe, en français et à compter.

5° Le grand cheykh des déserts marchera au secours

de la tribu dont le pays sera envahi par les tribus des grands déserts. Toute querelle entre deux tribus sera jugée par le divan et la sentence est remise au député des tribus, qui l'enverra à son chef, le bey du désert, pour la faire exécuter.

6° Toute querelle entre les tribus et les Fellahs est jugée par le divan. Toute insulte faite dans le désert aux Egyptiens, est censée être faite par les Arabes de la tribu; toute insulte faite sur la frontière par un Arabe, est censée être faite par un de la tribu.

7° L'escorte des caravanes des voyageurs dans l'étendue de chaque désert, la fourniture des chameaux appartiennent à la tribu. Toute difficulté est jugée par le divan.

8° Le grand cheykh, après la délibération du divan, condamne une tribu à payer, en chevaux, chameaux, bœufs, moutons, une amende conforme au tarif, pour les hommes tués ou blessés. Les torts faits à la propriété des Fellahs sont payés par la tribu, qui, en sus, est condamnée à une amende de rétribution et de dommages.

9° Dans le cas où un uléma, moultezin, iman, cheykh-el-beled, ou un Européen, serait tué ou blessé, la tribu est tenue de livrer au divan le criminel, ou à sa place un des cinquante principaux de la tribu, qui sera traduit devant le divan et condamné, soit à mort, soit à la bastonnade, soit à la prison, selon la nature du délit dont se sera rendu coupable l'habitant de la tribu.

10° Quand une tribu est désobéissante, elle est

déclarée suspecte. Cette déclaration est signifiée à son député, qui en instruit son chef, et un mois après, elle doit avoir livré, pour otages de sa fidélité, douze de ses principaux cheykhs. Si elle est déclarée rebelle, cette sentence est envoyée à tous les beys, et enfin à toutes les tours; l'eau et le pâturage lui sont interdits; des colonnes de dromadaires se mettent à sa suite et la détruisent. Son désert est donné à une autre tribu.

11° Il est défendu aux Arabes d'avoir du canon, des fusils avec baïonnettes, des fusils de rempart, d'élever aucune fortification, de faire aucun créneau aux santons ni aux maisons.

12° Tous les ans le grand cheykh visitera ou fera visiter par ses kiayas les divers déserts. Les tours et autres forts seront approvisionnés par des convois réguliers, escortés par des détachemens de dromadaires, par les soins du grand cheykh et des beys des déserts. Les caravanes de pèlerins et du commerce seront escortées, depuis leur entrée dans les déserts d'Égypte, par un détachement du régiment de dromadaires, et paieront un droit d'escorte conformément au tarif.

VI. La Méditerranée borne l'Égypte au nord depuis El-Baretoun jusqu'à Raphia. L'établissement d'une colonie à El-Baretoun est une chose importante. Au préalable, il faut y bâtir un fort. Ce sera le dépôt du commerce de l'Oasis d'Ammon avec Alexandrie. D'El-Baretoun à Alexandrie, on trouve, tous les jours, de l'eau et des pâturages. Toute la côte d'Afrique jusqu'à Tripoli est déserte. Jadis elle était couverte de villes et de villages.

D'Alexandrie à Rosette il y a quatorze lieues de côtes. La rade d'Aboukir n'est pas tenable l'hiver. Elle peut donner refuge à une escadre de vaisseaux de guerre pendant l'été. Dans la rade d'Aboukir est la bouche du lac Madiéh, qui a cent toises de large. Ce lac existe depuis soixante ans. Il est important de fermer cette bouche et de restituer un si beau terrain à la culture. La bouche du Nil dite Bogaz de Rosette est à quatre milles de la terre. C'est la plus dangereuse du Nil. Il y arrive souvent des accidens. Il n'y a que quatre ou cinq pieds d'eau dans les basses eaux, cinq ou six dans les hautes. Mais une fois entrés dans le Nil, les bâtimens trouvent de l'eau. A quatorze lieues du Bogaz de Rosette, se trouve la barre du lac de Bourlos, sur laquelle il y a huit à neuf pieds d'eau. Là était jadis l'embouchure du principal bras du Nil. Les chaloupes seraient en sûreté dans ce lac, pourvu qu'elles ne tirassent pas plus de quatre pieds d'eau. De la barre de Bourlos au Bogaz de Damiette il y a vingt lieues. Ce Bogaz est moins dangereux que celui de Rosette. Il y a six à sept pieds d'eau dans les basses eaux, huit ou neuf dans les hautes. Les bâtimens qui servent à la navigation de Damiette au Caire sont plus gros que ceux de Rosette. La rade de Damiette est à deux lieues du cap Bouyau, dans l'est; elle n'est pas sûre; les vaisseaux sont obligés souvent de dérader et de se réfugier en Chypre. Une fois le Bogaz passé, le Nil est très profond. Du Bogaz de Damiette à la barre de Dibéh, il y a six lieues; de celle de Dibéh à celle d'Omfareg, dix; de celle d'Omfareg à celle de Peluse, quatre; de Peluse au mont Casius, il y a onze lieues (*Casius* veut dire, en hébreu, *terme, bout, limite*, on l'appelle aujourd'hui le cap El-Kas); de là à Raphia, vingt-cinq lieues. Raphia a été une grande ville, ainsi qu'El-Arisch et Katiéh.

Les barres ne sont point des Bogaz. Les trois barres des bouches du lac Menzaléh permettent à des bateaux tirant cinq pieds d'eau d'entrer; mais le lac Menzaléh n'a communément que trois pieds d'eau. Les djermes, qui font le commerce de la Syrie, ont la coutume de se réfugier, lors du mauvais temps, au-dedans de la barre de Peluse. Les villes d'Alexandrie, de Rosette, de Damiette, le village de Bourlos, ceux situés dans le lac et autour du lac Menzaléh, forment une population maritime d'une centaine de mille habitans. Mais toute l'Égypte est une population maritime. Sur soixante-dix lieues d'étendue de côtes, il n'y a qu'Alexandrie, Aboukir, le lac Bourlos, Damiette, le lac Menzaléh, où il y ait possibilité physique d'opérer un débarquement. Alexandrie est le seul mouillage où une escadre soit en sûreté contre les vents de nord-ouest et contre les attaques d'une force supérieure.

Alexandrie est située au $31°13'5''$ de latitude nord, $27°35'30''$ de longitude, à cent quatre-vingt-dix lieues de Syène. La ligne droite qui joint ces deux points traverse le Faïoum et la petite Oasis. Il y a, du mékias du Caire à Alexandrie, quarante-et-une lieues en droite ligne passant par le lac Natroun; cinquante-et-une lieues en suivant le chemin de la rive gauche du Nil jusqu'à Rahmaniéh, et de là par Damanhour; soixante-six en suivant les eaux du Nil jusqu'à Rahmaniéh, et de là les eaux du canal de Rahmaniéh. Alexandrie n'a point de rade foraine. Celle d'Aboukir, située à onze mille toises, lui en tient lieu. Mais elle a une rade intérieure immense qui a tous les avantages d'un port. Cette rade peut contenir les escadres les plus nombreuses. Elle s'étend depuis le Phare jusqu'au Marabout. Elle a une lieue de corde et trois lieues d'arc. Le long de cette corde règne un banc de rocher presque à fleur d'eau, où il n'existe que trois passes peu larges, mais qui permettent l'entrée aux bâtimens de guerre de toute grandeur. Dans l'intérieur de cette rade on est à l'abri des vents et des insultes des escadres ennemies; car, indépendamment des batteries de côte, un seul vaisseau, s'embossant près des passes, les défendrait suffisamment. Cette rade s'appelle le *port vieux*. Le port neuf est à l'est de la ville. Il est séparé du port vieux par l'isthme qui joint l'île du Phare au continent. On ne regarderait point comme des ouvrages extraordinaires et hors de proportion avec leur utilité, la construction d'un môle à la principale passe du port vieux, pour en faciliter l'entrée et pour y placer des batteries qui croiseraient leur feu avec le fort Marabout et le fort du Phare; et aussi, une coupure à l'isthme qui sépare le port vieux du port neuf, de manière à établir une communication entre les deux ports, ce qui rendrait la sortie praticable par tous les vents.

Sur quatre ou cinq cents lieues de côtes d'Afrique et de Syrie, le port d'Alexandrie est le seul qui soit propre à contenir un établissement maritime. Cette ville a existé, de temps immémorial, sous le nom de No-Dennachezib (*la ruinée*). Comment comprendre, en effet, que du temps de Sésostris, des Pharaons, et jusqu'à quatre siècles avant l'ère chrétienne, les Égyptiens aient méconnu le seul port qui existât sur leurs côtes et n'en aient pas profité? Alexandre-le-Grand la rebâtit. Sous les Ptolémées, ses successeurs, cette ville arriva au plus haut degré de prospérité. Elle contenait un million d'habitans. Sous l'empire romain, elle était la seconde ville du monde par sa population, son commerce, ses écoles, les sciences et les arts. Dans les premières années de l'hégire, Amrou la prit après un siége de quatorze mois, et écrivit au calife Omar que l'enceinte avait douze mille toises de tour, qu'elle renfermait quatre mille palais, quatre mille bains, quatre mille théâtres, douze mille boutiques, cinquante mille Juifs. Pendant la guerre qui dura long-temps entre l'empire romain de Constantinople et les Arabes, Alexandrie fut prise et reprise plusieurs fois. Elle souffrit beaucoup en 875; ses murailles furent rasées; sur ses ruines les Arabes bâtirent une autre enceinte de trois mille toises, elle existe encore; elle s'appelle *la muraille des Arabes.* Cette nouvelle ville, ainsi appelée, s'éleva à une assez grande prospérité. Elle a été détruite comme la première. La ville actuelle est bâtie sur un terrain d'alluvion qui forme l'isthme qui joint l'île du Phare au continent.

Sur l'emplacement de l'ancienne ville des Arabes, on trouve l'aiguille de Cléopâtre, et trois cents citernes qui reçoivent l'eau du Nil et peuvent abreuver les habitans pendant dix-huit mois. La colonne dite de Pompée, qui était au centre de la ville, est à trois cents toises en dehors des murailles de la ville des Arabes. Cette colonne a quatre-vingt-huit pieds six pouces de haut, huit pieds deux pouces deux lignes de diamètre en bas, sept pieds deux pouces huit lignes en haut; le piédestal a dix pieds de haut; la base cinq pieds six pouces trois lignes; le fût, soixante-trois pieds un pouce trois lignes; le chapiteau, neuf pieds dix pouces six lignes. Elle est de granit de la Thébaïde. L'ordre est corinthien. Alexandrie fait encore un commerce de quelque importance. Elle renferme plusieurs beaux bazars et plusieurs belles mosquées.

Le lac Maréotis couvrait jadis Alexandrie du côté du sud. Il avait quinze lieues de long et deux lieues environ de largeur, quatre ou cinq pieds d'eau. Ses bords et ses îles étaient couverts de villages, de jolies maisons de campagne. L'eau était douce. Il ne communiquait avec la mer que par un petit canal de trois cents toises de long qui servait à passer dans le port vieux. En 1798, ce lac était desséché depuis plusieurs siècles. On en reconnaissait l'emplacement aux bas-fonds et à l'humidité du terrain. Les Anglais, en 1801, coupèrent la digue du lac Madiéh et reformèrent ce lac. En deux mois de temps, les eaux de la mer couvrirent l'ancien emplacement. Ces eaux s'étendirent jusqu'à la tour des Arabes, de sorte qu'Alexandrie et Aboukir formaient une presqu'île de trente-six mille toises de longueur. Depuis, en 1803, un ingénieur venu de Constantinople, parvint, après de grands travaux et de fortes dépenses, à rétablir la digue du lac Madiéh. En peu de mois le lac Maréotis se sécha et laissa un pied de sel sur le terrain. Mais en 1807 les Anglais coupèrent de nouveau cette digue et reformèrent le lac.

Le canal de la Haute Égypte, qui coule au pied de la chaîne Libyque, apportait le Nil dans le lac Maréotis. On voit les traces d'un canal d'irrigation qui prend les eaux près d'Al-Kam, et arrose quelquefois la province de Mariout. Le canal de navigation d'Alexandrie prenait les eaux du Nil à quatre lieues de Canope. Il était navigable toute l'année. Ses bords étaient couverts de jardins, de maisons de campagne. Mais la branche de Rosette ayant appauvri et desséché celle de Canope, il fallait établir la prise d'eau de ce canal à-peu-près à la hauteur de Rahmaniéh. Ce canal a été plusieurs fois comblé et envasé, de sorte que les eaux du Nil n'y entraient qu'au moment des hautes eaux. Trois fois il a été rétabli et rendu navigable toute l'année. Un sultan du Caire le fit rétablir en 1310. Il fertilisait cent mille feddans de terre où s'élevaient de belles maisons de campagne. Ce beau travail rendit la vie à Alexandrie et coûta un million de francs. Soixante ans après, en 1368, les eaux du Nil avaient cessé d'arriver dans les basses eaux. Mais en 1423, il fut de nouveau rendu navigable toute l'année.

Depuis sa prise d'eau à partir de Rahmaniéh, le canal actuel a plus de cinquante mille toises de développement, quoique la distance directe de Rahmaniéh à Alexandrie ne soit que de trente-huit mille toises. La crue du Nil commence à Rahmaniéh dix jours après qu'elle s'est fait sentir au mékias du Caire. La digue du canal d'Alexandrie à Rahmaniéh se rompt lorsque le Nil y a crû de neuf pieds. Le fond du canal d'Alexandrie est de huit pieds sept pouces au-dessus des basses eaux de Rahmaniéh. En 1798, cette digue a été rompue le 27 août, l'eau est arrivée dans l'aiguade du vieux port le 27 septembre; elle a mis trente-six jours à parcourir cet espace. En 1800, la digue du canal a été rompue le 10 août; le 22, l'eau est arrivée dans l'aiguade d'Alexandrie; cette année les eaux n'ont mis que douze jours à parcourir le même espace, parce que la crue a été très forte. Dans les basses eaux, la pente de Rahmaniéh au Bogaz de Rosette est de quatre pieds; la distance de Rahmaniéh au Bogaz est de trente-quatre mille six cents toises. En 1798, le Nil est monté de douze pieds trois pouces sept lignes à Rahmaniéh, ce qui fait seize pieds trois pouces neuf lignes pour la pente pendant les hautes eaux. Mais l'eau ayant monté de deux pieds sur le Bogaz de Rosette, la différence du niveau n'a été que de quatorze pieds trois pouces neuf lignes; la pente a été de cinq pouces par mille toises. Les hautes eaux du Nil n'ayant aucune influence sur le niveau de la mer, la pente a été, dans le canal de Rahmaniéh à Alexandrie, de cinq pouces deux tiers par mille toises. La navigation de ce canal est de peu d'importance, ne pouvant recevoir que de petites djermes, parce que, dans les plus hautes eaux du Nil, il n'y entre que trois pieds six pouces d'eau, et seulement pendant un mois. Lorsque l'eau du Nil est arrivée à Alexandrie, et que toutes les citernes sont pleines, on permet aux cultivateurs riverains de s'emparer de l'eau pour inonder leurs terres.

Le projet d'un canal qui serait navigable toute l'année, et pour toute espèce de djermes, a été étudié; les nivellemens faits avec soin. L'ingénieur Chabrol a proposé de le diviser en trois biefs. Le premier bief, de Rahmaniéh à Birket, distance vingt-deux mille cinq cents toises; là il entrerait dans le lac Madiéh, ce qui donnerait un débouché et une communication avec la rade d'Aboukir. Le deuxième bief, de Birket au lac Maréotis, douze mille cinq cents toises, où il entrerait dans le lac. Le troisième bief, en aqueduc, pour porter les eaux au travers du lac Maréotis, six mille toises. Le canal d'Alexandrie est le travail hydraulique de l'Égypte le plus important sous le point de vue de commerce, comme sous le point de vue militaire. L'objet de l'administration doit être de faire passer par Alexandrie le plus gros bras du Nil, pour fertiliser tout le territoire et donner un nouveau degré d'utilité au port d'Alexandrie.

VII. La mer Rouge a six cents lieues de long. Elle communique avec l'Océan Indien par le détroit de Bab-el-Mandeb. Le détroit de Bab-el-Mandeb a six à sept lieues de large. L'île Périm le divise en deux passes, l'une de deux lieues où il y a dix-sept à vingt brasses, l'autre de trois lieues où il y en a une trentaine. L'Arabie borne à l'est la mer Rouge. Les déserts d'Ethiopie la bornent à l'ouest. Cette mer ne reçoit aucune rivière. Les ports de Moka, de Djeddah, d'Iambo, sont sur la côte arabique. La rade d'Iambo peut contenir des escadres de guerre très nombreuses. Du côté de l'Égypte sont le port de Massouah, qui sert au commerce de l'Abyssinie; le port de Souakem, où s'embarquent les pélerins de la caravane du soudan pour aller à la Mecque; le port de Cosseir, qui sert aux communications de l'Arabie avec l'Égypte; la rade Myos-Hormos, située à vingt-six lieues nord-nord-ouest de Cosseir, d'où les expéditions romaines partaient pour l'Arabie Heureuse et l'Inde. Elle peut contenir les plus grandes escadres. Elle est couverte par trois îles. Il y a partout huit brasses d'eau. Au bord de la mer est une plaine de deux lieues qui pourrait être fertilisée. Myos-Hormos manque d'eau, il serait possible de s'en procurer. C'est le port de mer de la mer Rouge qui doit contenir les escadres égyptiennes. Le petit port de Cosseir est mauvais. La rade de Tor est mauvaise. La rade de Suez est bonne, les bâtimens y mouillent par six brasses, elle est à une lieue et demie de la ville, l'ancrage y est bon.

Le commerce de cette mer se fait avec une centaine de bâtimens appelés *zaims* et *caravelles*. Les *zaims* sont des bâtimens de quatre cents tonneaux, les *caravelles*, de douze cents. Sésostris a eu jusqu'à quatre cents bâtimens armés sur la mer Rouge. Salomon y avait des flottes plus ou moins considérables. En 1538, les Vénitiens y avaient quarante-et-une galères. En 1783, la flotte de Djeddah était de trente-huit bâtimens de cinq cents tonneaux, et de quatre vaisseaux ou caravelles percés de soixante canons.

Pendant quatre mois de l'année, de mai en octobre, les vents varient du nord à l'ouest. C'est le temps favorable pour aller aux Indes. Des bâtimens partis de Suez dans cette saison ont été, en quinze jours, au détroit de Bab-el-Mandeb; en cinquante-cinq, à Madras. En janvier, février et mars, les vents sont favorables pour remonter la mer Rouge. Les bâtimens des Indes arrivent à Suez en soixante jours. Des courriers partis de Madras sont arrivés, en quatre-vingt-trois jours, à Londres par cette voie. Cette mer est peu connue. Suez, en 1798, faisait encore un commerce de vingt millions d'exportation, et autant d'importation. L'aiguade de Suez est à la fontaine de Moïse, située à trois lieues de Suez, sur la côte arabique.

Ptolémée Evergète, pour éviter la navigation du

fond de la mer Rouge, fit bâtir Bérénice sur un point de la côte où il n'y avait pas de port, mais le plus voisin de l'isthme de Coptos, où était Thèbes. Les magasins qu'il y construisit étaient très considérables. Les bâtimens à peine chargés ou déchargés, étaient obligés d'aller dans le port de Myos-Hormos, pour être en sûreté et s'y réunir pour partir en flotte. D'Anville et les géographes modernes ont placé Bérénice au 24e degré de latitude, à la hauteur de Syène. Ils se sont trompés. Bérénice était placée au vieux Cosseir. On a trouvé les ruines des douze mansions que Ptolémée a fait construire de Coptos à Bérénice, sur la route de Coptos au vieux Cosseir. La rade de Myos-Hormos est au nord de Cosseir. Ptolémée a dû placer Bérénice au point de la mer Rouge le plus près de l'isthme de Coptos.

Héroopolis était située au fond du sinus de Suez, et lui a donné son nom. Arsinoë a été bâtie au confluent du canal des deux mers, à trois quarts de lieue au nord de Suez. Cléopatris faisait partie de la ville. Clysma, depuis Kolzoum, était à l'emplacement même de Suez. Suez est située au 29° 58′ 37″ de latitude, 30° 15′ 37″ de longitude. De Suez à Peluse, il y a vingt-sept lieues. De Suez au Caire, il y en a vingt-neuf. A Suez, la mer Rouge s'élève dans les vives eaux, de cinq pieds six pouces. Les vives eaux de cette mer sont plus hautes de trente pieds six pouces que les eaux de la Méditerranée à Peluse. Pendant la crue de 1798, les hautes eaux du Nil se sont élevées au mékias à neuf pieds un pouce trois lignes au-dessus des vives eaux de la mer Rouge, et à quatorze pieds sept pouces trois lignes au-dessus des basses eaux de cette mer. Les hautes eaux de la mer Rouge ont quatorze pieds deux pouces neuf lignes au-dessus des basses eaux du Nil au mékias du Caire.

Le canal des rois, qui porte les eaux du Nil dans l'isthme de Suez, a servi de moyen de communication entre les deux mers. Il prenait les eaux du Nil à Bubaste, sur la branche Pelusiaque, traversait le pays de Gessen, les Lacs Amers et arrivait dans la mer Rouge sous les murs d'Arsinoë. La navigation de ce canal se faisait en quatre jours. Il était large et profond. Sésostris, les anciens rois d'Egypte, les Perses après leurs conquêtes, les Ptolémées, Trajan et Adrien, ont perfectionné, réparé ce canal, et s'en sont servi. Après la conquête des Arabes, au commencement de l'hégire, Amrou rétablit la communication du Nil à la mer Rouge par le canal du *Prince des Fidèles.* Ce canal prenait ses eaux vis-à-vis de l'île de Roudah, au-dessus du Caire, disposition plus avantageuse que la première, puisque la prise d'eau était à un point du Nil plus haut. Ce canal a servi long-temps à transporter les denrées nécessaires à l'approvisionnement des villes de Médine et de la Mecque.

Les ingénieurs français ont étudié deux projets de canal pour communiquer du Nil à la mer Rouge. Le premier se composerait de quatre biefs. Le premier bief, de dix mille toises, irait de Bubaste à la digue de

Senéka, où il recevrait le canal du *Prince des Fidèles*. Le deuxième bief commencerait à la digue de Senéka, traverserait l'Oasis jusqu'aux ruines de Serapeum, ce qui comprend trente-sept mille toises. Le troisième bief traverserait les Lacs Amers, vingt mille cinq cents toises; il serait maintenu à la hauteur des basses eaux de la mer Rouge. Le quatrième bief, entre les Lacs Amers et la mer Rouge, onze mille toises; il recevrait six pieds d'eau de la mer Rouge qui serviraient à des écluses de chasse pour creuser le port de Suez. Le canal n'aurait ainsi que quatre écluses. Son étendue serait de soixante-dix-huit mille cinq cents toises. Il serait navigable huit mois de l'année, depuis août jusqu'en mars. Le Nil lui-même n'est bien navigable que dans cette saison. Le second projet de communication des deux mers est de Suez à Peluse. Le quatrième et le troisième biefs seraient les mêmes, mais des Lacs Amers, un bief conduirait à Peluse, en côtoyant le lac Menzaléh. Les Lacs Amers étant un grand réservoir fort élevé sur la Méditerranée, serviraient de chasse pour l'établissement du port de Peluse.

Ce second canal aurait de grands avantages sur le premier. 1° Il serait navigable toute l'année; 2° la navigation serait beaucoup plus courte, puisque, par le premier canal, il faut d'Alexandrie remonter le Nil jusqu'à Nadir, entrer dans le canal de Pharaon, déboucher dans celui de Bubaste; ce qui exige dix jours de navigation intérieure, et soumet à bien des accidens. Ce deuxième canal va droit de la Méditerranée à Suez. Il serait moins coûteux. Il ne faudrait que quatre jours pour passer de la Méditerranée dans le Nil. En 1800, l'inondation est arrivée jusqu'au commencement du troisième bief, aux ruines de Serapeum. Sans quelques légers obstacles, elle serait arrivée jusqu'au commencement du quatrième bief. Le fond des Lacs Amers est à cinquante pieds au-dessous du niveau de la mer Rouge. Ainsi le Nil arrive naturellement jusqu'à onze mille toises de la mer Rouge. Dans la même année, les eaux du Nil sont arrivées jusqu'à quatre lieues du lac Menzaléh, à Ras-el-Mayé. La route de Salhéyéh en était interceptée. Le long du canal, on creuserait des canaux d'irrigation qui porteraient la culture à plusieurs lieues de droite et de gauche, ce qui seul rembourserait la dépense de la construction du canal. La ville de Suez, sa marine, seraient abondamment pourvues d'eau par une de ces rigoles.

D'autres ingénieurs ont proposé de faire passer la mer Rouge dans l'isthme, de créer un détroit. La différence du niveau de la mer Rouge à la Méditerranée, à Peluse, est de trente pieds aux vives eaux, et seulement de vingt-quatre aux basses eaux, ce qui fait moins d'un pied par lieue. Il n'y aurait donc qu'à ouvrir le contrefort qui forme le quatrième bief, ce qui serait un travail de très peu d'importance. Mais alors la vallée du Nil en serait inondée. Ils proposaient de diriger ce bras de la mer Rouge dans les lacs du roi Baudouin. L'Égypte serait garantie de ces eaux par les collines qui règnent de Suez à la mer, un peu à l'est de Peluse. Il n'y aurait que quelques trouées à diguer. Les bâtimens alors, sans rompre charge, iraient de Marseille aux Indes; et comme ce canal irait du nord au sud, ils le franchiraient avec le vent en poupe. Ces trois moyens de communication sont praticables, d'une facile exécution, ils peuvent exister à-la-fois. En créant un détroit, on mettrait le pays à l'abri des attaques de la Syrie.

VIII. Thèbes a été la capitale de l'Égypte. Sa fondation se perd dans la nuit des temps. Sous Sésostris, elle était au plus haut point de prospérité. Homère parle de ses richesses, de ses merveilles et de ses cent portes, par chacune desquelles il pouvait sortir dix mille hommes armés. Ses ruines excitent l'admiration. Elles sont éparses sur une surface de plus de trois mille toises de diamètre. Elle avait dix mille toises de tour. Elle était située à trois cent mille toises de la bouche d'Omfareg sur la Méditerranée, et à quatre-vingt-dix mille toises des cataractes de Syène, par le 25° 48′ 59″ de latitude, et par le 30° 19′ 38″ de longitude. Elle a été prise, pillée et dépouillée par les Perses, sous Cambyse, cinq cents ans avant J.-C. De là, date sa décadence. Elle était déjà bien déchue sous Auguste.

Memphis, située près des pyramides de Saqqarah, sur la rive gauche du Nil, à trois ou quatre lieues au sud de la grande pyramide, a succédé à Thèbes. Il n'en reste presque aucun vestige. Elle avait huit mille toises de circonférence. Lorsque les Perses conquirent l'Égypte sous Cambyse, ils bâtirent une forteresse en face de l'île de Roudah, à laquelle ils donnèrent le nom de Babylone. Cette forteresse avait des ouvrages sur la rive droite du canal de Roudah pour assurer les communications avec la Perse. Elle était pour ainsi dire un des faubourgs de Memphis.

Les Ptolémées portèrent la capitale de l'Égypte à Alexandrie. Alexandrie a surpassé en prospérité et Memphis et Thèbes. L'étendue de son enceinte était de douze mille toises. Amrou, après sa conquête, bâtit une ville au lieu où avait été sa tente pendant le siége de Babylone. C'est aujourd'hui le vieux Caire. Quatre-vingts des compagnons du prophète qui s'étaient trouvés au combat de Bendir, assistèrent à la pose de la première pierre de la grande mosquée. La nouvelle ville devint la capitale de l'Égypte. Elle s'appela Fostat, mot qui veut dire tente.

Thèbes a dû sa prospérité au commerce des Indes, étant située sur l'isthme de Coptos, et aux idées religieuses du temps. C'était un lieu saint de pélerinage comme la Mecque. On s'y rendait de tous les points de l'Afrique, de l'Arabie et de la Syrie. Les souverains de l'Égypte l'étaient de la Nubie, d'une partie plus ou moins grande de l'Éthiopie. Les Éthiopiens ont été à leur tour maîtres de l'Égypte. Entre les montagnes de Gianadel et celles de la Lune, il y a d'immenses plaines qui sont arrosées par le Nil et par ses affluens. Ces plaines ont nourri de grandes nations qui cultivaient les arts, puisqu'elles ont bâti des monumens dont il reste des ruines, spécialement à l'île de Méroë. Au sud du désert de la Nubie, sur les bords de la rivière du Tonnerre, existent les restes d'un peuple. Ce sont les *Nubiens*, sur les bords du Nil. Entre les déserts de Nubie et de Libye, sont les *Barâbras,* autres débris d'une nation détruite par les féroces habitans de l'intérieur de l'Afrique.

Memphis a succédé à Thèbes. Dans le même temps que les peuples éthiopiens étaient détruits par les invasions des peuples de l'intérieur, ceux de la Grèce, de l'Italie, de l'Asie, se civilisaient. Le Delta se couvrait de villes et de villages, et les travaux faits à Memphis faisaient couler les eaux du Nil entre les chaînes Libyque et Arabique. Les Ptolémées ont placé leur capitale à Alexandrie, parce qu'elle était là le plus en sûreté contre les invasions de la Syrie et de l'Arabie, plus près de la Grèce et de la Macédoine, où ils avaient leurs relations politiques. Amrou a dû placer sa capitale sur la rive droite du Nil. C'était le point le plus à portée de l'Arabie. Loin de craindre les invasions par la frontière de l'est, c'était là qu'était son point de retraite, celui d'où il pouvait attendre du secours. Il dut quitter Alexandrie, exposé aux attaques, par mer, de l'empire romain de Constantinople, et d'ailleurs sans communication avec l'Arabie. Il quitta Memphis, où il pouvait être enveloppé par la population de l'Égypte, puisqu'il était, là, séparé de l'Arabie par la barrière du Nil. Il se plaça sur les bords du désert, sur le point le plus près de la

Mecque et de la mer Rouge. Le désert était son élément.

Le Caire est par le 30° 2′ 21″ de latitude, 28°58′30″ de longitude, à six mille deux cents toises de la grande pyramide, à quarante-deux lieues de la Méditerranée, à vingt-sept lieues et demie de la mer Rouge. Les murailles du Caire sont assises sur la lisière du désert. Des sables arides vont de là à la Mecque, à Jérusalem et à Bassora, sans discontinuation. Cette ville a été bâtie en 970 par les califes Fatimites. Les colonnes qui servaient à l'embellissement de Memphis avaient été transportées, partie à Alexandrie, partie à la ville de Fostat; elles le furent au Caire. Quarante mille de ces colonnes de granit servirent à bâtir les trois cents mosquées et à décorer les principaux palais qui embellissent cette ville. Parmi les mosquées, la plus considérable est celle de Gama-el-Azhar (la Fleurie). Elle a une école fréquentée par quatorze mille étudians, où l'on montre la littérature, la philosophie d'Aristote et le Coran. Elle est l'auberge des pélerins. Elle peut en loger trois mille sans nuire en rien aux cérémonies du culte. Les autres mosquées, fort belles quoique inférieures à Gama-el-Azhar, sont celle de El-Hassanein où l'on conserve la tête du fameux Sidi-Hassan; celle de Sitna-Zeineb, ainsi appelée du nom de la sœur de Sidi-Hassan; celle de Soultân-Hassan sous la citadelle; celle de Soultân-Calaoun où se fait le tapis pour la sainte Kaaba, appelée *Kissouéh*. Le Caire est environné de monticules provenant des ruines de l'ancienne ville et des décombres journaliers. Le bien de l'agriculture ne permettant pas qu'on jetât ces décombres dans le Nil, ils ont été amoncelés autour de la ville, et c'est un des plus grands désagrémens de toutes les villes d'Égypte. Le sultan Sélim fixa un revenu de trente mille francs pour être employé à transporter les décombres jusqu'au-delà du Bogaz de Rosette. Cela ne s'est pratiqué que pendant quelques années.

La citadelle du Caire, qui domine la ville, est elle-même dominée à trois cents toises par le plateau du Mokattam, dont elle est séparée par un ravin. Ce n'était pas un grand inconvénient du temps de Saladin. Aujourd'hui, cela rend l'établissement d'un fort nécessaire sur cette hauteur. Saladin a fait bâtir la citadelle sur un des mamelons du Mokattam qui domine la vallée du Nil. Accoutumé aux sites pittoresques de la Syrie, il y a fait bâtir son palais. De ses fenêtres, il avait la perspective des Pyramides. Il a fait creuser le puits de Joseph, qui a deux cent soixante-douze pieds de profondeur.

Le Caire a deux ports sur le Nil. Celui de Boulac, situé à une demi-lieue au nord-ouest, est le port pour tout ce qui s'expédie pour la Basse Égypte, ou en arrive; le port du vieux Caire, situé une demi-lieue au sud de Boulac, est le port pour tout ce qui s'expédie pour la Haute Égypte, ou de tout ce qui en arrive pour la consommation du Caire. Au vieux Caire est la prise d'eau de l'aqueduc qui a mille cinq cents toises d'étendue et porte l'eau à la citadelle. Cette ville communique au Nil par le canal du Prince des Fidèles, qui traverse la ville pendant l'espace de mille neuf cents toises. On avait projeté de le rendre navigable, mais il eût fallu démolir trop de maisons. Les ingénieurs présentèrent le projet d'un canal prenant ses eaux à Boulac, et les conduisant à la place Ezbekiéh qui deviendrait un bassin et le port de commerce de cette capitale. Dans les hautes eaux, toutes les places du Caire sont des lacs. Les lumières des maisons qui se réfléchissent dans les eaux, le grand nombre de barques qui s'y promènent, la beauté des nuits d'août, de septembre et d'octobre forment un spectacle intéressant.

Les rues sont extrêmement étroites. Les maisons sont élevées. L'architecture approche plus de l'indienne que de l'européenne. Toutes les fenêtres sont grillées. Les toits sont en terrasse. On s'y promène, on y dort et on s'y baigne. Les maisons des beys, celles des grands cheykhs, sont belles et uniformes dans leur construction. Il y a aussi beaucoup de grands okels appartenant à toute une corporation de marchands qui y ont leurs magasins. Ces okels n'ont point de fenêtres sur la rue. Les marchands y occupent de très petites loges de dix ou douze pieds de côté, où ils se tiennent accroupis toute la journée, ayant autour d'eux des échantillons des diverses marchandises qu'ils ont à vendre. Les bains de vapeur et les cafés sont nombreux. Les rues sont éclairées par des verres de couleurs. Les Orientaux en font un grand usage. Les illuminations et les feux d'artifice sont un objet de divertissement, et nécessaires pour solenniser les fêtes.

A une demi-lieue du Caire, dans le désert, est la ville des Morts. Cette ville a une quantité de mosquées, de maisons, de pavillons, de kiosques, formant une masse de bâtisses aussi considérable que la ville. Beaucoup de familles entretiennent la surveillance des lampes allumées dans ces tombeaux. Des fontaines y ont été construites. Il est commun de voir en Egypte, sur des monticules de sable ou de décombres, une espèce de chapelle ou de rotonde blanche. C'est un santon ou tombeau de derviche. Il y a au Caire des églises coptes, syriennes, grecques, des couvens coptes, arméniens et catholiques.

Le Caire était naturellement la capitale de l'empire des Fatimites qui s'étendait sur la Syrie. Alexandrie serait la capitale des Français par la même raison qu'elle l'a été des rois grecs. D'Alexandrie à Toulon il n'y a que la mer à traverser. Alexandrie est susceptible d'être rendue très forte. Ce doit être à-la-fois la capitale, le centre de la défense, la retraite, le port et le dépôt de toute domination européenne.

IX. Au-dessus de la cataracte de Syène, limite actuelle de l'Egypte, on trouve le peuple des Barâbras, qui habite les deux bords du Nil. Le pays se divise en trois parties. La première, de Syène à la grande cataracte, soixante lieues; Ibrim et Derr sont les deux principaux bourgs, il y a cent villages. La seconde a pour chef-lieu Dongola, grande ville, sur les deux rives, située à quinze journées de Syène. La troisième partie va jusqu'à Barbar, vis-à-vis de l'île de Méroë. Les deux rives du Nil sont couvertes de ruines, de monumens. A Dongola il y a beaucoup de bêtes à cornes. Les habitans sont noirs. Il y a des ruines grecques et égyptiennes. Les Barâbras seraient riches s'ils n'étaient ravagés par les Arabes de la Nubie et de la Libye. Les Barâbras ne sont pas noirs. Ils ne sont pas Arabes. Ils n'en parlent pas la langue. Ils ne sont pas guerriers. On en voit un grand nombre au Caire. Ils s'y distinguent par leur fidélité, leur travail, leur amour pour leur pays, où ils retournent toujours après avoir acquis un peu d'aisance. Sur la rive droite du Nil, vis-à-vis le pays des Barâbras jusqu'à l'Abyssinie, est placée la solitude de la Nubie, qui a trois cents lieues de long. L'île de Méroë est au midi. Les Arabes font cultiver par les Nubiens la partie méridionale de cette solitude; pendant la saison des pluies, ils ne peuvent l'habiter à cause de la grande quantité de mouches et d'insectes. Ils passent le Nil et vont dans les déserts de la Libye. Comme ils empruntent le territoire au roi de Sennaar, ils lui paient un octroi par chameau qui passe la rivière. Il est de ces tribus qui ont jusqu'à deux cent mille chameaux, grands et petits, mâles ou femelles. Ces Arabes sont les Ababdéh, Bicharis, Haddowend, Ouled-Mut, Ouled-Amzam, Cohala, Shakorm. Sur la rive gauche du Nil, vis-à-vis le pays des Barâbras, se trouvent les déserts de Bahiouda et de Senula qui font partie du désert de la Libye. Les Arabes qui y habitent sont les Cubbabish, Beni-Gezar, Beni-Faïzoura, Schaika qui sont d'Angola.

Le royaume de Sennaar est au sud du pays des Barâbras. Il a une population de trois à quatre cent mille habitans. Le roi a une armée soldée de dix mille hommes, dont la cavalerie est belle. Il n'a ni artillerie ni armes à feu. La plupart de ses troupes sont des Nubiens qui paraissent originaires de ces contrées. Le Sennaar envoie par an plusieurs caravanes en Égypte. Ces caravanes se réunissent à Barbar, d'où elles partent pour l'Égypte.

Barbar est à dix-huit journées de Sennaar, et à dix-huit journées ouest de Souakem, port de la mer Rouge. Cette dernière ville est sous la domination du schérif de la Mecque. Elle a de l'eau douce, du dourah, des melons d'eau, des cannes à sucre, des mouches à miel, des fruits, des gommes, des bœufs, des girafes, des civettes, des éléphans, des chameaux, des sauterelles bonnes à manger, des huîtres où l'on trouve des perles. La ville est située, en partie, dans une île. Elle est dominée par quatre forts. Des négocians du Caire y ont des comptoirs. Elle est le centre d'un assez grand commerce. Les pélerins du Dârfour, du Sennaar, du Soudan, s'y embarquent et y débarquent, en allant en pélerinage à la Mecque, ou en en revenant. On y vend des esclaves du Dârfour, du Sennaar, de la Nubie et de l'Arabie, des plumes d'autruche, du musc, des coraux, des ivoires, des cornes, des noirs, des peaux de bœuf, des étoffes de l'Inde, des cotons, du fer, des armes et du tabac. Il y a trois mosquées. C'est un des points par où l'on peut pénétrer dans l'intérieur de l'Afrique. Les compagnies savantes qui s'intéressent à la civilisation de cette partie du monde devraient y tenir des agens.

A cent lieues de Sennaar est Gondar, capitale de l'Abyssinie. De Barbar à Syène, les caravanes mettent vingt-cinq jours à traverser le désert de la Nubie. L'Abyssinie est contiguë au royaume de Sennaar. Le territoire est montagneux. Le Dârfour est à l'ouest, et à vingt-six jours du Sennaar. Le désert qui sépare ces deux royaumes est peu considérable. Les deux princes sont souvent en guerre. Le Dârfour a une population de deux cent mille âmes. Il commerce avec l'Égypte par une caravane de douze à quinze mille chameaux, et sept à huit mille esclaves. Elle va du dernier village du Dârfour, en dix jours à Zaghaoua où elle trouve beaucoup d'eau, et se charge de sel marin et de natroun. De Zaghaoua elle se rend à Leghea en huit jours de marche. Elle y trouve abondamment de l'eau. Elle est souvent inquiétée par des partis de trois ou quatre cents Arabes. De Leghea, elle va à Selima en six jours. Elle y trouve de l'eau, de la végétation. Selima n'est pas loin de la grande cataracte. Elle est à-peu-près par la même latitude. On rencontre là des ruines et les restes d'un palais fort ancien. De Selima la caravane va en trois jours à Ayn-Cheb, où elle trouve une grande quantité d'eau; puis d'Ayn-Cheb elle se rend en Égypte par la grande Oasis. Ainsi, cette caravane a marché vingt-sept jours dans le grand désert de la Libye avant d'entrer dans l'Oasis. Elle fait annoncer son arrivée au cheykh de Siout. De Ayn-Cheb, elle arrive à Moughes en huit jours. C'est un village habité de la grande Oasis. Les dattes et les limons y sont excellens. De Moughes à Beiris, il y a quatre heures de marche. Elle y séjourne trente jours. Elle continue pendant cinq jours à parcourir les différentes stations de l'Oasis. Elle y trouve tous les jours de l'eau. Elle séjourne ordinairement vingt jours à Khargéh. Enfin elle sort de la grande Oasis et arrive en cinq jours à Siout sans trouver d'eau. Elle a traversé des déserts de quarante-deux jours de marche, mais elle y a mis plus de cent jours. Pour être maître de la route du Dârfour au Nil, il faudrait, indépendamment des tours placées dans l'Oasis et dans les déserts d'Égypte, en construire une à Zaghaoua, une à Leghea, une à Selima. Trois gros villages se formeraient dans ces trois points importans. Les caravanes iraient alors s'y rafraîchir très fréquemment, et ce désert se civiliserait. Les pélerins du Dârfour qui vont à la Mecque passent le Nil à Dongola.

Si les trois rois d'Abyssinie, du Sennaar et du Dârfour réunissaient leurs armées avec les Arabes qui dépendent d'eux, ils pourraient réunir quatre-vingt mille hommes. Leur point de rassemblement aurait lieu à Barbar, sur le Nil. Ils n'auraient encore traversé aucun désert, et ils se trouveraient éloignés de cent cinquante lieues de l'Égypte à vol d'oiseau. Ils auraient trois routes pour se rendre en Égypte. Par celle du désert de la Nubie, il leur faudrait quarante jours, cent mille chameaux pour porter leurs vivres et leur eau, car les puits de ce désert ne seraient d'aucun secours pour une armée aussi forte. La route par la rive gauche, en traversant le désert de la Libye, serait beaucoup trop longue, puisqu'il faudrait décrire le cercle que décrit le Nil. Celle qui suivrait les rives du Nil serait de deux cents lieues. Les magasins, les vivres, pourraient descendre dans des bateaux et arriver jusqu'à la grande cataracte. En peu de jours, les bateaux les franchiraient à force de bras. Mais ces peuples demi-barbares sont bien loin d'exécuter un pareil projet. Il leur faudrait de l'artillerie, une administration; ils n'ont rien. Il est probable qu'une opération pareille a été faite par les Éthiopiens quand ils envahirent l'Égypte. La position importante de la grande cataracte exigerait un fort permanent. Une soixantaine de bateaux armés de canons, portant trois milliers d'hommes, des vivres et quelques pièces de campagne, suivis par terre d'un ou de deux régimens de dromadaires et de douze ou quinze cents hommes de cavalerie, étendraient l'influence du souverain de l'Égypte sur tout le Sennaar et sur toute la plaine, jusqu'au pied des montagnes d'où descend le Nil.

Les peuples de l'ouest sont encore moins redoutables et moins offensifs que ceux du sud. A l'ouest d'Alexandrie est la partie du désert de la Libye que les anciens appelaient Maréotide. A l'ouest de celle-ci est la Marmarique; plus à l'ouest, la Cyrénaïque. La ligne de séparation de la Marmarique et de la Cyrénaïque est Catabathmos ou la grande descente, à l'ouest de Parætonium. Une vallée communique de ce point au Nil. Cyrène était éloignée de cent quatre-vingts lieues d'Alexandrie. L'Oasis d'Audjelah appartient au bey de Tripoli. Elle contient six ou sept mille habitans qui ne sont pas Arabes, qui ont du blé, du fourrage, des bestiaux, des arbres, des dattes. Elle est à dix journées au nord-ouest de l'Oasis d'Ammon, à douze journées sud de Derne, à onze de Bengazi, port de la Méditerranée. A vingt-huit journées du royaume de Fezzân, l'aride désert de la Libye sépare l'Oasis d'Audjelah de tous ces pays. Le Fezzân est un royaume de cent mille âmes de population. Il est à vingt-huit jours de Tripoli; vingt-quatre de Mesurata, port de la Méditerranée ; à dix-huit journées sud de Sort, petit port de mer au fond de la grande Syrte; à vingt-huit jours ouest d'Audjelah; trente-huit de l'Oasis d'Ammon; cinquante-quatre du Caire. Les caravanes mettent soixante journées avec les repos indispensables. Le Fezzân est à trente-neuf journées nord-est de l'empire de Bornou, par lequel il communique avec la ville de Tombouctou, sur le Niger. Le Fezzân est bien cultivé. Il y a cent villages, plusieurs villes. La capitale a dix-huit mille habitans. Le roi entretient une armée.

Le bey de Tripoli commande à une population de soixante-six mille âmes. Sa capitale est à trois cent soixante-quinze lieues d'Alexandrie. Elle est entourée de murailles flanquées de six bastions. Elle a un château, armé de vingt pièces de canon, qui défend le port où peuvent entrer de petites frégates. Derne, situé à cent soixante lieues d'Alexandrie, a six mille habitans. La ville a une vieille muraille. Trois cents hommes tiennent garnison dans le château. Elle a beaucoup de bestiaux. Entre Tripoli et Derne est l'ancienne Bérénice. C'était le jardin des Hespérides. Sa population est de six mille habitans. Le port peut contenir des bâtimens de six cents tonneaux. Le port de Bombay, situé entre Derne et El-Baretoun, a un port formé par quelques petites îles.

Si le bey de Tripoli, le roi du Fezzân, celui de Bornou voulaient attaquer l'Égypte, ils choisiraient Audjelah pour le point de rassemblement de leur armée. Mais ils y arriveraient harassés de fatigues. Ils auraient déjà traversé de grands et d'arides déserts. Il faudrait que leur armée se reposât au moins deux mois avant d'aller plus loin. Il lui faudrait un second repos à l'Oasis d'Ammon, et il lui resterait encore quatorze à quinze grandes journées de désert. Avant d'atteindre la vallée du Nil, que de peines, que de fatigues à surmonter! Si cette armée, en arrivant, était attaquée par l'armée égyptienne, une poignée de monde la mettrait en déroute. L'occupation d'El-Baretoun, de l'Oasis d'Ammon, de la petite et de la grande

Oasis, comme il était projeté, éclairerait suffisamment toute la frontière de l'ouest de l'Égypte.

Les pays à l'est de l'Égypte sont l'Arabie et la Syrie. La mer Rouge borne et couvre cette frontière. C'est par l'isthme de Suez que l'Égypte a toujours été attaquée. La Syrie est habitée par une grande nation qui confine avec l'Asie-Mineure, l'Arménie et la Perse. Des forts à El-Arisch et Katiéh, des tours aux puits intermédiaires, une petite place à l'Oasis de Toumylat, rendraient cette frontière bien plus difficile à franchir.

Il y a du Caire à la Mecque trente journées de chameaux ou quatre cent douze heures de marche. On trouve quinze fois de l'eau. Il y a de la Mecque à Soana trente journées; de la Mecque à Medine dix journées; de Medine à Bahrein trente journées, à Bassora vingt-huit, à Caffa vingt, à Dasseul vingt; de Soana ou d'Eden à Gaza soixante-cinq journées. Le canal des deux mers sera une barrière naturelle. Dans le désert, les points culminans sont les puits, l'ombre. Une armée qui débouche des déserts doit être battue par une armée très inférieure qui serait maîtresse des puits. Du mois de novembre à celui d'avril, le désert est plus facile à traverser; mais il est bien fatigant et dangereux d'avril à novembre. La soif affaiblit le courage, prive l'homme de toutes ses facultés, même de l'espérance. Alors il s'abandonne, il se laisse mourir, il n'a plus la volonté de vivre.

L'Égypte est le pays d'où il faut partir pour pénétrer dans le centre de l'Afrique. Elle peut fournir les chameaux, les outres, les riz nécessaires pour ces grands et difficiles voyages. Le Dârfour est aussi éloigné d'Alexandrie, sur la Méditerranée, que du golfe de Guinée, que de la mer Rouge. Le chemin d'Alexandrie au Dârfour est connu, et est fréquenté deux fois par an, par la grande caravane du Caire. Celui du Dârfour à Sennaar et à Souakem est très fréquenté. Des caravanes vont du Dârfour au Niger et à Bornou. Des voyageurs, suivant la caravane du Caire au Dârfour, prendraient dans cette ville les caravanes de Tombouctou et arriveraient sur le Niger. Il suffirait de s'entendre avec le roi du Dârfour qui a besoin de l'Égypte. Si on voulait pénétrer de vive force dans le centre de l'Afrique, il est probable qu'une armée de six mille hommes, montés sur cinq mille dromadaires et mille chevaux, avec dix-huit pièces de canon, donnerait la loi au roi du Dârfour et pénétrerait sur le Niger.

X. L'Égypte a quarante-cinq mille lieues carrées de surface, dont moins de quatre mille pour la vallée du Nil, quatre cents pour les trois Oasis et quarante mille pour les déserts. La vallée du Nil a une population de moins de trois millions d'habitans; les déserts et les Oasis, de cent soixante à deux cent mille. Josèphe l'historien l'évaluait à sept millions cinq cent mille. Amroù à vingt-six millions, formant vingt-six mille villes ou villages. Six siècles après, les géographes arabes l'évaluent à cinq millions, formant quatre mille neuf cents villes ou villages. Quatre mille lieues carrées peuvent-elles entretenir et nourrir une population de vingt millions, ce qui fait cinq mille personnes par lieue carrée? La Flandre en contient deux mille quatre cents, ce serait donc le double. Mais il faut considérer que ces lieues carrées sont couvertes par l'inondation du Nil; qu'il n'y a là ni bruyères, ni montagnes, ni landes à défalquer, tout est de bon terrain; que le limon du Nil dispense des jachères et permet de faire trois récoltes par an; enfin, que la terre est plus fertile, et que les peuples méridionaux sont plus sobres. La population peut donc avoir été de cinq mille par lieue carrée.

Les Éthiopiens et les rois pasteurs qui régnèrent en Egypte, mêlèrent le sang des peuples du centre de l'Afrique et de l'aride Arabie avec celui des Egyptiens. Cinq cents ans avant Jésus-Christ, les Perses, et deux cents ans après, les Grecs, y portèrent le sang de la Médie, de l'Irack et de la Grèce; trois cents ans après, l'Egypte fut province romaine; beaucoup d'Italiens s'y établirent. Au moment de l'invasion des Arabes, dans le septième siècle, les Egyptiens étaient catholiques. En peu d'années, la plus grande partie des naturels se firent musulmans. On ne peut distinguer aujourd'hui parmi les musulmans, les descendans des familles qui se sont établies pendant et après la conquête des Arabes, des descendans des anciens habitans chrétiens qui ont embrassé l'islamisme, hormis cependant les grandes familles qui, comme celle des cheykhs El-Bekri et Sadah, ont des généalogies historiques. Les Coptes, qui sont encore chrétiens, sont les anciens naturels du pays. Ils sont au nombre de quatre-vingt-dix à cent mille âmes. Ils ne sont pas guerriers. Ils sont hommes d'affaires, receveurs, banquiers, écrivains. Ils ont leurs évêques, des églises et des couvens; ils ne reconnaissent pas le pape.

Les Mamelouks se sont établis en Egypte dans le dixième siècle. Ils ont eu des Soudans. Saladin-le-Grand, était Mamelouk. Ils régnèrent en Egypte et en Syrie jusqu'au seizième siècle. Selim, empereur des Ottomans, détruisit leur domination et réunit la Syrie et l'Egypte à son empire. Il laissa quarante mille hommes pour garder sa conquête et les divisa en sept corps de milices : six composés d'Ottomans, le septième de Mamelouks. Il réunit à cet effet tout ce qui avait survécu à leur défaite. Il confia à un pacha, à vingt-quatre beys, à un corps d'effendis, à deux divans, le gouvernement du pays. De ces vingt-quatre beys, l'un était le kiaya ou lieutenant du pacha; trois commandaient les places d'Alexandrie, de Damiette, de Suez; ils recevaient des ordres directement de Constantinople; le cinquième était trésorier; le sixième émir-hadjy; le septième chargé de porter le tribut au sultan (1); quatre étaient chargés du commandement des provinces frontières. Les douze autres beys restaient à la disposition du pacha. Le grand divan était

(1) Le huitième manque. Souvent il n'y avait pas vingt-quatre beys et leur position n'était pas toujours déterminée. *(Note de l'Éditeur.)*

composé du bey-kiaya, de l'émir-hadjy, du trésorier, du premier effendi, des quatre muphtis, des quatre grands cheykhs et de sept députés des sept corps de milices. L'aga des Janissaires était le principal général. Le septième corps, celui des Mamelouks, composé des plus beaux hommes et des plus braves, devint le plus nombreux. Les six premiers corps s'affaiblirent, bientôt ils ne furent plus que sept mille hommes, tandis que les Mamelouks seuls étaient plus de six mille. En 1646, la révolution fut entière. Les Turcs furent éloignés des places et les Mamelouks s'emparèrent de tout. Leur chef prit le titre de Cheykh-el-beled du Caire. Le pacha tomba dans le mépris. En 1767, Aly-Bey, Cheykh-el-beled, se déclara indépendant, battit monnaie à son coin, s'empara de la Mecque, fit la guerre en Syrie, s'allia aux Russes. Alors tous les beys furent, comme ils ont été depuis, des Mamelouks. En 1798, les vingt-quatre beys avaient chacun sa maison, plus ou moins nombreuse. Les plus faibles avaient deux cents Mamelouks. Celle de Mourad-Bey était de douze cents. Ces vingt-quatre beys formaient une république soumise aux plus influens. Ils se partagèrent tous les biens et toutes les places.

Les Mamelouks naissent chrétiens, sont achetés à l'âge de sept ou huit ans, dans la Géorgie, la Mingrelie, le Caucase, apportés par des marchands de Constantinople au Caire et vendus aux beys. Ils sont blancs et beaux hommes. Des dernières places de la maison ils s'élevaient progressivement, et devenaient moultezims de villages, kiachefs ou gouverneurs de provinces, enfin beys. Leur race ne se perpétuait pas en Egypte. Ils se mariaient ordinairement avec des Circassiennes, des Grecques ou des étrangères. Ils n'en avaient pas d'enfans, ou ces enfans mouraient avant d'être arrivés à l'âge viril. De leurs mariages avec les indigènes, ils avaient des enfans qui vieillissaient; mais rarement la race s'en perpétuait jusqu'à la troisième génération, ce qui les obligeait à se recruter, par l'achat des enfans du Caucase. Mourad-Bey, Ibrahim-Bey ont été achetés par Aly-Bey, sur le marché du Caire, à l'âge de sept ans. On évalue à cinquante mille les Mamelouks, hommes, femmes, enfans, qui existaient en 1798. Ils pouvaient mettre douze mille hommes à cheval.

La race ottomane, Turcs ou Osmanlis, se compose des descendans des familles qui firent la conquête du pays, dans le seizième siècle; ou qui s'y sont établis depuis, venant de la Turquie, en qualité d'effendis, de cadis, d'émirs, ou pour occuper des places dans les six corps de milices, ou par les événemens du commerce. Cette race, avec les femmes, les enfans, les vieillards, était, en 1798, au nombre de quarante mille, tous demeurant au Caire, à Alexandrie, Damiette et Rosette.

Les Maugrabin sont des originaires de Maroc, de Tunis, d'Alger, de Tripoli. Ils proviennent de pélerins de la Mecque, qui se sont mariés à leur passage avec des noires ou des femmes d'Abyssinie, du Sennaar, de Barbar ou des filles de Syriens, de Grecs, d'Arméniens, de Juifs, de Français. Ils formaient en 1798 une population de cent mille âmes.

XI. En septembre, octobre et novembre, la terre est couverte d'eau. C'est la saison du repos. Tout est suspendu. Le peuple a les yeux attachés sur le Nil. Il attend le moment où il sera rentré dans les canaux, pour se livrer aux travaux champêtres. Dans une contrée prédominée par de telles circonstances, le commencement de l'année a dû être fixé au 21 septembre. L'équinoxe d'automne est le milieu de la saison morte, le fossé placé entre les deux années, le point de séparation des deux exercices. Vous avez le temps de recevoir le compte des dépenses faites pendant l'année qui finit, et d'arrêter les projets de travaux que vous voulez entreprendre pour l'année qui va commencer. Mais les mêmes circonstances n'existent pas en Europe. Les travaux de l'agriculture, les travaux civils ne sont pas terminés au 21 septembre. Octobre, novembre sont une continuation du même exercice. La saison morte est celle du mauvais temps, des glaces, l'époque de décembre et de janvier. La fin et le commencement de l'année ont dû être et ont été placés, à l'équinoxe d'hiver, de Noël au 1er janvier.

En Égypte, la terre produit sans engrais, sans pluie, sans charrue. L'inondation du Nil, son limon productif les remplacent. Les terres où l'inondation ne peut arriver, on les couvre de limon, comme en Europe de fumier, et on les arrose par des moyens artificiels. Le limon du Nil contient sur cent parties, neuf de carbone, six d'oxyde de fer, quatre de silice, quatre de carbonate de magnésie, dix-huit de carbonate de chaux, quarante-huit d'alumine, onze d'eau; total : cent. Les bouses ou fientes séchées au soleil servent de combustible. Les bœufs servent à faire mouvoir les machines à roue pour élever les eaux et arroser la terre. Mais on ne pourrait sans des arrosemens artificiels ni cultiver les champs qui sont au-dessus de l'inondation, ni se procurer une seconde et troisième récolte. Les moyens artificiels en usage pour l'arrosement sont de deux espèces. Le premier consiste à élever les eaux par le moyen d'une roue à pots qui est mue par une paire de bœufs. Une de ces machines suffit pour dix feddans, mais il faut alors dix paires de bœufs. Le second moyen est le délou. A l'aide d'un balancier, un homme élève l'eau de six jusqu'à neuf pieds. Il faut deux délous pour un feddan de terre. Il faut deux hommes pour maintenir un délou en activité. L'homme qui se repose travaille aux rigoles ou sarcle le champ. Deux délous, l'un sur l'autre, élèvent l'eau à environ dix-huit pieds; trois, à vingt-sept pieds. On pourrait en mettre à l'infini, mais alors la dépense dépasserait le produit. On n'emploie d'ordinaire que deux délous, l'un au-dessus de l'autre.

Nous avons dit que si le Nil était détourné avant la cataracte de Syène, l'Égypte serait un désert inhabitable. Si les causes de l'inondation cessaient, et que le Nil ne coulât que comme un fleuve ordinaire, on ne pourrait plus cultiver que le pays qu'on pourrait arroser par les moyens artificiels. On serait obligé de fumer les terres et de les labourer comme en Europe. L'arrosement serait un surplus de dépense. Les bords du Nil ne seraient pas un désert, mais le pays le plus misérable du monde.

Cette terre produit plusieurs récoltes. La première est la principale. Tout le pays y est employé. Cette première récolte est produite par la culture, adaptée aux terres inondées, qui s'appellent *bayady;* par la culture adaptée aux terres qui sont arrosées artificiellement, qui s'appellent *nabary.* L'on cultive dans les terres inondées ou le bayady, les blés, l'orge, les fèves, les lentilles, les pois chiches, les pois lupins, les trèfles, le fenugrec, le guilban, le lin, le carthame. Au mois de novembre ou de décembre, aussitôt que les eaux sont rentrées dans les canaux, que la terre est découverte, mais encore en état de boue, les cultivateurs sèment. Le poids de la semence la fait enfoncer dans la boue. De cette époque, au mois de février, mars ou avril, elle germe, pousse, croît, mûrit et devient en état d'être récoltée. Le blé se recueille en mars. La terre a conservé suffisamment d'humidité par l'inondation pour n'avoir plus besoin d'arrosement. Les rosées sont d'ailleurs très abondantes. Un feddan de terre (1) reçoit un demi-ardeb de blé (2), un ardeb d'orge, un ardeb de fèves, un demi de lentilles,

---

(1) Le feddan équivaut à 5929 mètres carrés, près de six dixièmes d'hectare.
(2) L'ardeb est égal à 184 litres.

un demi de pois chiches. Un demi-ardeb de lupin produit neuf ou dix fois la semence. On arrache la tige du blé et de l'orge, on coupe la tige des fèves, on scie la tige des pois chiches, des lupins et des lentilles. La tige du blé et de l'orge sert à la nourriture du cheval; celle des lentilles, des fèves, des pois chiches à la nourriture des bestiaux; celle des pois lupins sert de combustible. Le charbon qui en provient est préféré pour entrer dans la composition de la poudre à canon.

Le trèfle se coupe trente jours après la semaille; les deuxième et troisième coupes ont lieu chacune à vingt jours de distance. Le fenugrec s'arrache soixante-dix jours après la semaille, le guilban soixante jours après; il sert à la nourriture du bœuf. Le lin s'arrache en mars; on en sépare la graine; on fait séjourner les gerbes, vingt jours, dans des fosses carrées de vingt pieds de côté sur trois de profondeur, pleines d'eau. Un feddan produit cinq cent soixante rotles de lin (1) et deux ardebs de semence. Le carthame est indigène de l'Égypte. Il donne le safranum qui sert à la teinture. La récolte commence en avril, elle dure un mois; les fleurs sont broyées dans un mortier. Le feddan rend trois quintaux (2) de safranum et trois ardebs de semence. Le selgam se sème à un douzième d'ardeb par feddan. Il produit six ardebs. La laitue reste six mois en terre, on en fait plusieurs récoltes. Elle se sème fréquemment avec les lentilles.

(1) Le rotl pèse 444gr,7.
(2) Le quintal d'Égypte, *cantar*, vaut cent rotles.

On fait souvent deux récoltes à-la-fois, en mêlant les lentilles avec le carthame. On fait de l'huile avec des graines de lin, de carthame, de colza, de laitue.

On cultive dans les terres, par l'arrosement artificiel, ou nabary, le dourah, le maïs, le riz, la canne à sucre, l'indigotier, le cotonnier, le henné. Le cultivateur attend que les eaux du Nil soient élevées, pour qu'il puisse arroser son champ avec un délou. S'il tarde trop ou que son terrain soit trop élevé, il met deux délous l'un au-dessus de l'autre. Il couvre quelquefois sa terre de limon du Nil, en forme d'engrais. Le dourah est une sorte de millet. C'est la nourriture du peuple dans la Nubie et dans le Saïd. Cette culture est moins en usage à mesure qu'on s'approche du Caire. On en voit peu à l'extrémité du Delta. Le cultivateur brûle les mauvaises herbes qui couvrent son champ et qui ne sont propres qu'à la nourriture du chameau. Il rompt la terre par un léger sillon, il la couvre de deux pouces d'eau, partage son champ en carrés, et y sème un vingt-quatrième d'ardeb de dourah; il arrose pendant dix jours; il recueille deux cent quarante pour un, ou dix ardebs par feddan. La tige s'élève à dix ou douze pieds. C'est un excellent combustible qui sert spécialement pour les fours à chaux et à briques. Les tiges de carthame, de pois lupins, de dourah, de maïs, les roseaux qui abondent en Égypte, servent aux manutentions du pain, et reviennent à vingt pour cent de ce que le bois et les fagots coûtent en Europe pour le même objet. Le maïs se sème de la même manière que le dourah. L'oignon se sème à raison d'un ardeb par feddan, et en produit seize. Il se vend une demi-pataque l'ardeb (1).

Le riz est cultivé dans divers districts du Delta et au Faïoum. Il faut douze bœufs pour cultiver dix feddans de riz. Le laboureur rompt la terre plusieurs fois, l'inonde par les moyens artificiels, fait écouler l'eau, ne sème le riz que sur la moitié des terres préparées, et transplante la moitié des tiges sur l'autre partie. Le riz produit dix-huit pour un, cinq ardebs par feddan. L'indigo se sème au mois de mai. La première coupe a lieu en août, la seconde quarante jours après. Le plant dure quatre ans. On l'arrose régulièrement. Si l'inondation du Nil pénètre dans un champ d'indigo, il est perdu. La canne à sucre se plante en avril. La terre est labourée par plusieurs sillons perpendiculaires; on l'arrose; on coupe la canne en janvier; elle dure deux ans : elle rend dès la première année. Le coton se sème en mai; le plant dure dix ans. Le henné est un arbrisseau originaire de l'Inde; il est cultivé en Égypte. Les anciens le connaissaient sous le nom de cyprus. Ils l'employaient à la teinture des enveloppes de momies. Ils broyaient les feuilles, ils en faisaient une pâte, et s'en servaient à teindre les ongles en rouge-orangé. Appliqué aux laines, il donne une teinte brune. Les rosiers se plan-

(1) La pataque vaut 3^{fr},213.

tent à deux pieds de distance l'un de l'autre. Ils ne rendent que la seconde année; on les arrose tous les quinze jours; le plant dure cinq ans. L'eau de rose du Faïoum est très renommée. La plus grande partie des terres de la vallée du Nil pourrait être cultivée en sucre, indigo, riz et coton. Mais ces cultures sont fort chères, demandent beaucoup d'avances et de capitaux. C'est cette raison, tout-à-fait misérable, qui empêche que ces cultures, sans proportion plus avantageuse que toutes les autres, aient plus d'étendue.

Les premières récoltes sur les terres inondées sont terminées en mars ou avril. On se procure une seconde récolte, mais seulement sur les terres que l'on peut arroser. Le blé, l'orge, les lentilles, les fèves semées à la seconde culture s'appellent *chetaouy*. Cette récolte est plus abondante que la première d'un seizième, mais les frais d'arrosage absorbent ce surcroît de produit. Au contraire, une seconde récolte du dourah, du maïs, etc., qui s'appelle *baly*, dans des terres qui n'ont pu être inondées, rend beaucoup moins que les premières récoltes. Les troisièmes récoltes sont celles des concombres, potagers, fourrages, etc.: on les appelle *el-ougr*.

Un feddan cultivé en orge, fèves, lupins, pois des champs, dourah, ne rend en argent que la moitié de ce qu'il aurait rendu cultivé en blé. Un feddan semé en trèfle, carthame, rend autant que s'il était semé en blé.

On emploie en Égypte de cent cinquante à deux cent mille bœufs pour les moulins à roues. Quelques pompes à feu, quelques moulins mus par le vent et par l'eau, auraient le double avantage d'élever l'eau à la hauteur qu'on voudrait, et de produire dans les frais de culture de très grandes économies.

L'ardeb de blé valait, au Caire, en 1798, huit francs. La nourriture d'un cheval coûtait douze paras (1), d'un bœuf dix paras, d'un chameau cinq paras, la journée d'homme dix paras. Un bœuf valait soixante pataques, un chameau quarante, un cheval ordinaire cinquante, une chèvre une et demi, un mouton deux. Un feddan du Caire a quinze cent soixante toises carrées, ce qui équivaut à un arpent soixante-treize centièmes de Paris environ. Le feddan des Coptes est beaucoup plus petit; celui de Damiette est de dix-huit cent dix toises. L'ardeb de blé est une mesure de capacité qui équivaut à quatorze boisseaux un sixième de Paris; le poids ordinaire est de deux cent cinquante à deux cent soixante livres. Le dareb est en usage pour le riz : il pèse onze cent trente-et-une livres. L'ocke pèse deux livres. Le para ou le médin est un vingt-huitième du franc. La pataque vaut quatre-vingt-dix médins. L'intérêt de l'argent était, en 1798, à dix pour cent; les terres se vendent dix fois le revenu.

L'Égypte a huit ou neuf millions de feddans de terre qui, à cinquante livres de rente, font quatre cents à quatre cent cinquante millions de livres. On calcule le feddan à cinquante livres de revenu, d'a-

---

(1) Le para ou médin vaut 0^{fr},036.

près la valeur des denrées qui sont au plus bas prix.

Le palmier abonde. Il commence à être productif à quatre ans. Indépendamment de la valeur du bois qui est employé aux constructions, la feuille sert à faire des paniers, des coffres. Quand le bois est exposé à l'air, l'intérieur se durcit. La datte est une fort bonne nourriture. En Égypte, le sycomore est très beau, le mûrier prospère, l'acacia est d'une espèce distinguée, les orangers ne sont pas aussi multipliés qu'ils devraient l'être. Il y a quelques oliviers dans le Faïoum. Hormis le palmier, tous ces arbres sont en petite quantité. C'est que l'on coupe, et qu'on ne plante pas. On étaie des ruines, on ne les répare jamais. La soie, la cochenille, la vigne, pourraient prospérer dans ce beau pays.

Les chevaux, les ânes et les mulets sont d'une belle race. Le mélange de ceux du désert avec ceux de la vallée a amélioré et perfectionné les espèces. Le cheval ne sert point à la culture. Il est exclusivement destiné à la selle. Les Arabes préfèrent les jumens aux chevaux, parce qu'elles ne hennissent pas. Ils les vendent rarement. Les chevaux restent entiers. C'est la belle et la pure espèce arabe. Ils n'ont que deux allures, le double pas et le galop, jamais le trot. Ils ne boivent qu'une fois par jour. Leur nourriture est de l'orge et de la paille hachée. Les mules servent de monture aux cheykhs, aux ulémas, à tous les gens de loi et de religion. Les ânes portent autant que les mulets. Ils sont grands et très forts. Ce sont les fiacres du Caire.

L'utilité dont ils sont pour l'Égypte est incalculable. Il y en a un grand nombre.

Le chameau se baisse sur les genoux, à un signal, pour recevoir sa charge. Il porte de quatre à six quintaux. La bride est un anneau qui traverse la narine, et que le cavalier tient par un cordon. Le cavalier se tient, les jambes croisées, autour du pommeau de la selle. Le dromadaire est un chameau léger et fait à la course. Il ne peut pas lutter de vitesse avec le cheval. Le trot du dromadaire, qui est son allure ordinaire, est plus vite que le trot du cheval. Le cheval, au petit galop, va plus vite. Le mouvement qu'éprouve le cavalier sur un dromadaire est un mouvement de tangage. Il va à ce double pas toute la journée. Il fait facilement dix-huit à vingt lieues en un jour et cent lieues en cinq jours de marche forcée, dans le désert.

Les bœufs sont nombreux, d'une belle espèce. On voit fréquemment des hommes traverser des canaux, assis sur des bœufs à la nage. Il y a beaucoup de buffles. Les chiens sont en grand nombre, n'ont pas de maîtres, et errent dans les villes et dans les campagnes, ce qui a toute espèce d'inconvéniens. Les Musulmans ont, à cet égard, des préjugés fort déraisonnables. Les moutons sont grands; ils ont beaucoup de laine. Il y a une certaine quantité de chèvres, quelques sangliers, peu de renards, point de loups. Les chrétiens seuls avaient des porcs.

Les poules sont innombrables. Il y a en Égypte deux cents fabriques pour faire couver les œufs et faire éclore les poulets. Ces fabriques portent le nom de ma'mals. Chaque ma'mal a dix ou quinze fours. Chaque four contient vingt mille œufs. On échauffe le four avec des roseaux, jusqu'à 32° du thermomètre de Réaumur. Au bout de vingt-et-un jours, l'éclosion a lieu, les poulets sortent de leur coque. Les ma'mals travaillent au Caire depuis le mois de mars jusqu'au mois de juin; dans la Haute Égypte, depuis janvier jusqu'en mars. On fait quatre couvées. Chaque ma'mal fait éclore cent vingt mille poulets, ce qui fait vingt-quatre millions de poulets pour les deux cents. Les habitans portent aux ma'mals deux œufs, et au bout de vingt-et-un jours, ils reçoivent un poulet. Le reste est le profit de l'établissement. Il y a un sixième d'œufs qui ne réussissent pas. Dès le vingtième jour, les poulets commencent à sortir de leur coque; le vingt-et-unième, tous sont en mouvement; on les vend quatre-vingts médins le cent.

Des femmes font le métier d'élever ces poulets sans poules. Elles en élèvent cinq cents à-la-fois. Quand ils ont un mois, elles les abandonnent dans la basse-cour. Les directeurs de ma'mals ne se servent pas de thermomètres. Ils maintiennent cependant, dans leurs fabriques, cinq ou six températures. Il leur faut une expérience consommée, ce qui rend leurs places héréditaires, parce qu'ils n'emploient que leurs fils ou leurs neveux pour apprentis.

Les canards, les dindes, toutes les bêtes de basse-cour, sont en grande quantité. La Méditerranée, la mer Rouge, le lac Menzaléh, le lac Bourlos, le Nil, fournissent un grand nombre de poissons. Ceux du Nil ont un goût de vase qui les rend peu agréables. La pêche du lac Menzaléh est affermée une somme considérable, occupe six cents barques et deux ou trois mille matelots. On ne voit pas de crocodiles dans la Basse Égypte. Ils sont peu nombreux dans la Haute, beaucoup moins méchans que ne les peignent les anciens naturalistes. Les soldats se baignaient souvent à leur vue. Il y a eu très peu d'accidens.

L'Égypte est couverte de colombiers. L'air est obscurci par une nuée de pigeons. C'est à Moussoul qu'on a commencé à se servir des pigeons pour porter des dépêches. Ces essais eurent le plus grand succès. Ces messagers s'appelèrent les anges des Rois. L'Égypte et la Syrie furent couvertes de stations de colombiers. Les pigeons-messagers allaient d'Alexandrie à Alep en . . . . . . heures, il y a deux cent trente-cinq lieues; en . . . . . . heures (1) de Bagdad à Alep. Cet établissement est cher, mais très utile. Lorsque les Fatimites arrivèrent au trône d'Égypte, ils trouvèrent tous les colombiers organisés. Ils les améliorèrent. En 1450, ils étaient établis de la manière suivante : Pour la route d'Alexandrie, un colombier au château du Caire, le second à Menouf, le troisième à Damanhour, le quatrième à Alexandrie; pour la route de Damiette, le

---

(1) Ce qui se trouve dans le manuscrit original est évidemment une faute de copiste non corrigée. La distance que parcourent les pigeons-messagers est expliquée à la ligne huitième de la page suivante. (*De Las Cases*).

premier au château du Caire, le deuxième à la tour du Beni, le troisième à Eschinon, le quatrième à Damiette ; pour la route de Gaza, le premier au Caire, le deuxième à Belbeis, le troisième à Salhéyéh, le quatrième à Katiéh, le cinquième à Ouarad, le sixième à El-Arisch, le septième à Gaza. Chaque station était donc de dix à dix-huit lieues. Un pigeon-messager mettait deux ou trois heures à faire cette poste aérienne. De Gaza à Jérusalem, il y en avait deux ; de Gaza à Hébron, trois, de Hébron à Damas, sept, de Damas à Tripoli, cinq. Par là on voit qu'ils étaient non-seulement employés dans le désert et dans les plaines plates, mais encore dans les pays de montagnes. Pour cela, le pigeon était transporté, dans une cage ouverte, à la station qui précédait celle du colombier où il demeurait habituellement, et où étaient ses petits et sa famille. On lui attachait une lettre sous l'aile. Sorti du colombier, il s'orientait et se rendait à tire-d'aile auprès de sa famille. Un homme en sentinelle le portait chez le gouverneur ou chez la personne en autorité qui détachait elle-même la lettre.

La neige pour les sorbets vient au Caire, de Beyrout, port du mont Liban, sur de petits bateaux qui remontent jusqu'à Boulac. De là des chameaux la portent au château. Le transport se faisait jadis par dromadaires partant de Damas. Cinq dromadaires, conduits par un seul homme, partaient toutes les quarante-huit heures. Quatorze relais étaient placés sur la route, et la neige arrivait rapidement au Caire.

XII. L'Égypte commerce : par la Méditerranée, avec l'Espagne, la France, l'Italie, Constantinople, tout le Levant, l'Asie-Mineure, la Syrie, les côtes de Tripoli, Tunis, Alger et Maroc; par la mer Rouge, avec l'Arabie, le port d'Iambo, Djeddah, la Mecque, l'Abyssinie; par les caravanes du Sud, avec le Dârfour, qui communique avec le Soudan; par les caravanes de l'Ouest, avec le royaume de Fezzân, qui communique avec l'empire de Bornou et de Tombouctou; enfin, par les caravanes de Syrie, avec Gaza, Jérusalem, Damas, Bagdad, Bassora et l'intérieur de l'Arabie. Elle reçoit des marchandises de tous ces pays. Elle est le marché et l'entrepôt général de leur échange. En outre, il y arrive de Maroc, de Tunis, de Tripoli, d'Alger, des caravanes de pélerins qui vont à la Mecque, et font le commerce.

Elle reçoit de la France, de l'Angleterre, de Livourno, de Venise et de Trieste, des draps, des soieries, des bijouteries, des quincailleries, des merceries, des armes, des plombs, des fers. Elle fait passer une partie de ces marchandises en Arabie, dans l'intérieur de l'Afrique, et garde l'autre partie pour sa consommation. Elle reçoit de Constantinople, de la Grèce et des échelles du Levant, du tabac, de l'huile, du charbon, des bois, des esclaves blancs et blanches qui se vendent dans le pays. Elle reçoit de l'Arabie, par la mer Rouge, du café de Moka, de l'encens, des aromates, des épices, des marchandises des Indes venant de Djeddah. Elle garde une partie de ces marchandises et fait passer les autres à Constantinople, dans le Levant et en Chypre. Elle reçoit, par les caravanes d'Abyssinie, du Dârfour, du Fezzân, et par les caravanes, des pélerins de Maroc, Tunis et Tripoli, des esclaves mâles et femelles noirs, des chameaux et des dromadaires, des gommes, de la poudre d'or, des dents d'éléphant, de rhinocéros, du tamarin, des plumes d'autruche, de la graine de schisméh, de grandes outres en cuir, des perruches, des civettes, des cornes de cartide. Elle garde une partie de ces objets pour sa consommation, et fait passer le reste en Arabie, à Constantinople, en Europe. La masse de toutes ces importations passe cent millions de francs, qui arrivent à Alexandrie, à Damiette, à Suez, à Cosseir, ou directement au Caire. Elle exporte de son propre crû, pour solder ce qu'elle conserve, du blé, de l'orge, des fèves, des pois chiches, des lentilles, des pois lupins, du lin, des dattes, du safranum, du henné, du riz, du sucre, de l'indigo, du séné, du natroun, de l'alun, des toiles grossières que le commerce envoie en Amérique, de la thériaque, dont la fabrication est un secret du pays. La valeur de ces objets exportés dépend de l'abondance de la récolte de l'année. La balance est favorable au pays dans les années ordinaires. Le riz seul fait rentrer six millions de francs.

L'Égypte envoie à Marseille, Londres, Venise ou Trieste, du café, des aromates, des gommes, du séné, du natroun, de l'alun, des plumes d'autruche, du tamarin, des dents d'éléphant, des dattes, du safranum, du henné, de la thériaque, des toiles. Elle envoie à Constantinople du blé, du riz, de l'orge, des légumes de toute espèce, du lin, des toiles, du café, de l'indigo, des marchandises de l'Inde, des plumes d'autruche, des gommes, des civettes. Elle envoie en Arabie, par la voie de Suez et de Cosseir, du blé, du riz, de l'orge, des fèves, des légumes de toute espèce, des animaux grands et petits, des draps, des bijouteries, des quincailleries, des armes et des merceries ; dans l'intérieur de l'Afrique, des blés, du riz, des médicamens, de grosses toiles de son crû, des draps, des soieries, des armes, des ustensiles de cuivre et de fer, etc. La masse des affaires qui se font en Égypte, allée et retour, dans toutes les parties, se monte à deux cent millions de francs. Le café, calculé sur le prix où il se vend sur les marchés de Marseille, Livourne, Constantinople, est seul un objet de trente millions.

Les caravanes du désert arrivent au Caire, comme un convoi de bâtimens marchands dans un port, sans y être attendues. On signale une caravane qui débouche aux Pyramides, par les déserts de la Libye ; elle demande à passer le Nil, et un emplacement pour se camper : c'est une caravane qui arrive du Fezzân, ou de Maroc, ou d'Alger, ou de Tripoli, ou du Dârfour, ou de Sennaar. On signale une caravane qui arrive par le désert de Suez ou de la Syrie ; elle arrive de Tor, ou d'Arabie, ou de Jérusalem, ou de Damas, ou de Bagdad, ou de Gaza ; la caravane dresse son camp près de la ville ; au milieu s'établit une foire.

Les caravanes de la Syrie sont composées de cinq cents chameaux; elles portent du tabac, du savon, de l'huile, quelquefois du charbon, des fruits, des raisins secs. Celles de Sennaar sont de cinq à huit cents chameaux; il en arrive plusieurs par an. Du Dârfour, il n'en arrive qu'une; mais elle est de douze à quinze mille chameaux, de huit à dix mille esclaves. Le tiers des chameaux est employé à porter de l'eau, le quart à porter des vivres, un huitième seulement à porter des marchandises.

Les droits d'entrée et de sortie se perçoivent à la douane d'Alexandrie, de Damiette, de Suez, de Cosseir, du Caire, de Siout et de Syène. Si tel est encore le commerce de l'Égypte, que n'a-t-il pas dû être avant la découverte du cap de Bonne-Espérance? Du temps des Romains, le commerce des Indes était évalué rendre cent pour un. C'est lui qui, après la mort d'Alexandre, a porté en si peu d'années la ville d'Alexandrie à une aussi haute prospérité.

Le séné vient dans le désert de la Nubie, à dix journées de Syène. Les Arabes qui le portent sont obligés de le vendre à une compagnie qui en a le privilége exclusif. L'alun vient du désert de Selima, sur la route du Dârfour. Le natroun vient des lacs Natroun. Le sucre et l'indigo sont tous employés dans le commerce de Constantinople. Les principaux besoins de l'Égypte sont: l'huile, le bois et le tabac, qui lui sont fournis par l'Arabie et par la Syrie. Le commerce de tabac de Latakié à Damiette est important.

XIII. Les moultezims sont seigneurs et propriétaires de villages; ils nomment à toutes les places municipales, règlent la perception, la police et l'administration. Chaque village a: 1° Un cheykh-el-beled, c'est le bailli; plusieurs cheykhs, ce sont les adjoints; ces places sont de fait héréditaires, le fils succède au père. 2° Un chaheb ou député; il est nommé par les fellahs, il est leur homme, il tient le registre de toutes les propriétés inondées, des taxes auxquelles elles sont imposées et des paiemens que les fellahs ont faits dans le cours de l'année. 3° Un meched, c'est une espèce de juge mage. 4° Un serraf, c'est un Copte envoyé par l'intendant du moultezim, pour résider pendant un an dans la commune, y présider à la confection des rôles, et faire la recette de la contribution; c'est un receveur. 5° Un khaouly ou arpenteur; c'est un fellah de village qui arpente les terres inondées tous les ans. 6° Des khafirs, ce sont des gardes champêtres qui gardent les récoltes, les eaux, les digues, et donnent l'alarme à la vue des Bédouins. 7° Un iman, c'est le curé. 8° Un barbier et un menuisier, payés et entretenus par la commune.

Un moultezim vend, aliène, hypothèque son village qui, à sa mort, passe à son héritier naturel ou testamentaire. Celui-ci reçoit un firman d'investiture du gouverneur, et lui paie un droit qui équivaut à trois années du revenu de la terre. Le fellah est prolétaire ou propriétaire. S'il est prolétaire, il vit à la journée, il exerce un métier ou a une petite boutique. Il peut avoir des propriétés de deux espèces; 1° celle de sa maison, de ses meubles, de ses bestiaux, de son argent; 2° la propriété des atar, c'est un droit incommutable à la culture d'un champ. Ce droit, il l'aliène, l'hypothèque, et le transmet à son héritier. Il cultive son champ comme il l'entend, il n'en doit compte à qui que ce soit, pourvu qu'il paie le droit au moultezim. Lorsque le moultezim meurt sans héritier, tous ses biens appartiennent au gouvernement. Lorsque le fellah meurt sans héritier, ses propriétés de première espèce sont dévolues au gouvernement; mais son atar, ou deuxième espèce de propriété, passe au moultezim, qui est obligé de la revendre à un autre fellah. Il y a des terres que le moultezim fait valoir lui-même, ou qu'il afferme pour une ou plusieurs années, ou qu'il fait cultiver par corvées par les fellahs du village. Ces terres s'appellent ousyéh. Les terres ousyéh sont, aux terres atar, dans le rapport de dix à dix mille. Dans la Haute Égypte, il n'y a que des terres *atar;* il n'y a point d'*ousyéh*.

Le fellah paie le *mal-el-hour*, qui veut dire droit légitime, au moultezim. Celui-ci est chargé de payer l'imposition au souverain et tous les droits aux autorités locales. Le mal-el-hour se paie à raison de l'inondation, de la culture qui a eu lieu et du nombre de récoltes que l'on a recueillies. Le tarif de ce que doit chaque feddan de terre, dans toutes ces hypothèses, est réglé. Un feddan cultivé en indigo, en sucre, en lin, en riz, etc., paie plus que s'il l'était en blé. Le tarif pour le mal-el-hour a été réglé par l'empereur Selim dans le seizième siècle ; mais la différence survenue dans les monnaies, et les usurpations des moultezims, plus puissans que les pauvres fellahs, ont depuis également concouru à le doubler, soit par l'établissement des droits additionnels, appelés le nouveau droit des kiachefs, soit par l'ancien et le nouveau barany. L'ensemble de tous ces droits formait le mal-el-hour de 1798, qui était plus du double de l'ancien.

Le moultezim paie, sur le produit du *mal-el-hour*, 1° le *myry*, ou impôt dû au grand-seigneur, impôt qui n'a pas varié depuis l'empereur Selim, en 1520 ; 2° les droits des kiachefs ; 3° le surplus, qui s'appelle *fayz*, forme le revenu du moultezim. Il y a disproportion en ce que paie le moultezim comme *myry* et comme droit des kiachefs. Suivant les comptes donnés par les Coptes, le *mal-el-hour* produit, année commune, trente millions de francs. Les droits des kiachefs en sont le vingt pour cent ou le cinquième, six millions. Le *myry* est de six millions quatre cent mille francs, un peu plus du cinquième. Le *fayz* ou revenu des moultezims serait donc de dix-sept millions six cent mille francs, environ les trois cinquièmes.

En outre, le fellah paie des dépenses locales et variables qui n'entrent pas dans le mal-el-hour. Elles sont évaluées à six millions. Le total de l'impôt prélevé sur les terres, en Égypte, serait donc de trente-six millions de francs, sans compter le produit des *ousyéh*, des *rizáq* et celui des biens des mosquées, des hôpitaux, des villes saintes de la Mecque et de Medine, qui ne paient aucun droit. Les *ouâqf* sont des fondations pieuses, exemptes de toute imposition. Elles consistent en jardins, en okels, en maisons, en rentes sur les moultezims ayant la même destination. Une partie du mal-el-hour se paie en blé, en orge, dans les provinces de la Haute Égypte, c'est-à-dire dans le Saïd, la province de Siout, de Miniéh, et la moitié de la province de Beni-Soueif. Ces provinces paient, à compte de leur mal-el-hour, un million huit cent mille ardebs de blé froment et d'orge, ce qui suppose neuf cent mille feddans cultivés. Cette partie de l'Égypte contient dix-sept cent mille feddans environ. C'est le tiers de toute l'Égypte, qui compte environ mille sept cents lieues carrées, de vingt-cinq au degré, en terrains inondés.

En 1798, l'imposition personnelle produisait deux millions de francs ; l'imposition sur les charges, les chrétiens et les douanes six millions; l'ensemble de divers petits droits, deux millions; total, dix millions. Sur ces dix millions, un million était porté sur le compte du grand-seigneur, à titre de *myry*. Les impositions réunies de l'Egypte étaient donc de quarante-six millions de francs, y compris seize millions appartenant au *fayz* des moultezims; et le *myry* du grand-seigneur formait un total de sept millions quatre cent mille francs.

Les Coptes sont exclusivement chargés de la perception du mal-el-hour. Ils administrent comme intendans des moultezims, comme intendans des gouverneurs, comme serrafs de plusieurs classes. Ils forment une corporation secrète et partagent tous les gains qui sont très considérables; 1° ils assignent des fournitures en nature dues par les fellahs; 2° ils gagnent sur les dépenses locales; 3° sur la différence des monnaies, ils prennent une pataque qui vaut quatre-vingt-dix médins pour quatre-vingt-deux ou quatre-vingt-trois médins, le fellah y perd huit ou neuf pour cent; 4° enfin, ils font des gains illicites en favorisant le fellah dans la confection des rôles et en l'avantageant, soit par l'arpentage, soit par l'application du tarif d'une culture moindre. Des gens bien instruits évaluent les profits illicites de l'arpentage des Coptes à huit millions de francs. Secondement, les cheykhs-el-beled font aussi de grands profits. Leurs moultezims, qui en sont instruits, s'en font payer tous les ans par une rente annuelle ou une avanie, avant d'arrêter leurs comptes. On évalue ces profits illicites des cheykhs-el-beled à six millions de francs. Troisièmement, les Mamelouks gouverneurs de province ou d'arrondissement imposent aussi des avanies en chevaux, chameaux, fournitures, argent. Cela est évalué à quatre millions de francs. Enfin, les Arabes exigent des droits de protection ou imposent arbitrairement une contribution. Cela est évalué à neuf millions. Le fellah, en dernière analyse, doit tout payer. Ces quatre grandes plaies forment pour les terres une charge de vingt-sept millions. Si tout rentrait au trésor, l'imposition monterait à soixante-treize millions de francs, dont dix-sept millions pour le *fayz*, ce qui ferait cinquante-six millions pour le trésor. Un million en Egypte vaut trois millions en France, puisque le blé est à trois francs le quintal, la journée d'homme à huit sous, la nourriture d'un cheval à six sous, et la valeur de toutes les autres denrées, volailles, etc., le cinquième de ce qu'elles se vendent en France. Cinquante millions en Egypte représentent cent cinquante millions en France.

Sous les Ptolémées, les impositions rendaient cent soixante-huit millions. Lors de la conquête par Amrou, dans le septième siècle, elles rendaient cent quarante-quatre millions. Pendant quarante mois qu'a duré l'administration française, le pays a eu à supporter : 1° la guerre de la conquête en 1798 ; 2° la guerre et l'invasion du grand-visir en 1800 ; 3° l'invasion des Anglais en 1801. Cependant, pendant ces quarante mois, le trésor français en a tiré quatre-vingt millions. Les Mamelouks ont perçu de leur côté, l'armée du grand-visir a perçu du sien, l'armée anglaise a beaucoup coûté au pays, les Arabes ont amplement profité de ce moment de crise. On peut évaluer le revenu de l'Egypte, dans son état actuel, à cinquante millions de francs. M. Estève, administrateur des finances, évalue les revenus de 1801 à quarante-huit millions de francs, le pays étant en guerre et le commerce de la Méditerranée gêné par les croisières ennemies.

XIV. L'Egypte peut dès aujourd'hui (1799) fournir

à l'entretien d'une armée de cinquante mille hommes, d'une escadre de quinze vaisseaux, partie sur la Méditerranée, partie sur la mer Rouge, et d'une nombreuse flottille sur le Nil et sur les lacs. Son territoire fournirait tout ce qui serait nécessaire, hormis le bois et le fer qu'elle tirerait d'Albanie, de Syrie et d'Europe, en échange de ses autres productions. Ses contributions se montent à cinquante ou soixante millions. Mais à quel degré de prospérité pourrait arriver ce beau pays, s'il était assez heureux pour jouir, pendant dix ans de paix, des bienfaits de l'administration française ! Dans ce laps de temps, les fortifications d'Alexandrie seraient achevées ; cette ville serait une des plus fortes places de l'Europe ; sa population serait très considérable ; l'arsenal de construction maritime serait terminé ; par le moyen du canal de Rahmaniéh, le Nil arriverait toute l'année dans le port vieux, et permettrait la navigation aux plus grandes djermés ; tout le commerce de Rosette et presque tout celui de Damiette y seraient concentrés, ainsi que tous les établissemens civils et militaires ; Alexandrie serait déjà une ville riche ; l'eau du Nil, répandue autour d'elle, fertiliserait un grand nombre de campagnes, ce serait à-la-fois un séjour agréable, sain et sûr ; la communication entre les deux mers serait ouverte ; les chantiers de Suez seraient établis ; les fortifications protégeraient la ville et le port ; des irrigations du canal et de vastes citernes fourniraient des eaux pour cultiver les environs de la ville ; une peuplade et des fortifications seraient établies au port de Myos-Hormos où mouillerait l'escadre de la mer Rouge; les lacs Madiéh, Bourlos et Menzaléh seraient desséchés ou considérablement réduits et des terres bien précieuses rendues à l'agriculture; les denrées coloniales, savoir : le sucre, le coton, le riz, l'indigo, couvriraient toute la Haute Egypte et remplaceraient les produits de Saint-Domingue, plusieurs écluses, plusieurs pompes à feu régulariseraient le système d'inondation et d'arrosement.

Mais que serait ce beau pays, après cinquante ans de prospérité et de bon gouvernement? L'imagination se complaît dans un tableau aussi enchanteur! Mille écluses maîtriseraient et distribueraient l'inondation sur toutes les parties du territoire; les huit ou dix milliards de toises cubes d'eau qui se perdent chaque année dans la mer, seraient réparties dans toutes les parties basses du désert, dans le lac Mœris, le lac Maréotis et le Fleuve sans eau, jusqu'aux Oasis et beaucoup plus loin du côté de l'ouest; du côté de l'est, dans les Lacs Amers et toutes les parties basses de l'isthme de Suez et des déserts entre la mer Rouge et le Nil; un grand nombre de pompes à feu, de moulins à vent élèveraient les eaux dans des châteaux d'eau, d'où elles seraient tirées pour l'arrosage; de nombreuses émigrations, arrivées du fond de l'Afrique, de l'Arabie, de la Syrie, de la Grèce, de la France, de l'Italie, de la Pologne, de l'Allemagne, quadrupleraient sa population; le commerce des Indes aurait repris son ancienne route par la force irrésistible du niveau ; la France, maîtresse de l'Egypte, le serait d'ailleurs de l'Indoustan.

Mais j'entends dire qu'une colonie aussi puissante ne tarderait pas à proclamer son indépendance. Sans doute. Une grande nation, comme du temps des Sésostris et des Ptolémées, couvrirait cette terre aujourd'hui si désolée ; par sa main droite, elle appuierait aux Indes, et par sa gauche à l'Europe. Si les circonstances locales devaient seules décider de la prospérité et de la grandeur des villes, Alexandrie, plus que Rome, Constantinople, Paris, Londres, Amsterdam, aurait été et serait appelée à être la tête de l'univers.

XV. Il y a aussi loin du Caire à l'Indus que de Bayonne à Moscou. Une armée de soixante mille hommes, montés sur cinquante mille chameaux et dix mille chevaux, portant avec elle des vivres pour cinquante jours et de l'eau pour six jours, arriverait en quarante jours sur l'Euphrate et en quatre mois sur l'Indus, au milieu des Seïkhs, des Mahrattes et des peuples de l'Indoustan, impatiens de secouer le joug qui les opprime !!!

Après cinquante ans de possession, la civilisation se serait répandue dans l'intérieur de l'Afrique par le Sennaar, l'Abyssinie, le Dârfour, le Fezzân ; plusieurs grandes nations seraient appelées à jouir des bienfaits des arts, des sciences, de la religion du vrai Dieu, car c'est par l'Egypte que les peuples du centre de l'Afrique doivent recevoir la lumière et le bonheur !!!

CHAPITRE III.

CONQUÊTE DE LA BASSE ÉGYPTE.

I. Navigation de Malte aux côtes d'Égypte; débarquement au Marabout; marche sur Alexandrie (1ᵉʳ juillet). — II. Assaut d'Alexandrie (2 juillet); Arabes Bédouins; l'escadre mouille à Aboukir (5 juillet). — III. Marche de l'armée sur le Caire; combat de Rahmanié (10 juillet). — IV. Bataille de Chobrakhit (13 juillet). — V. Marche de l'armée jusqu'à Embabéh. — VI. Bataille des Pyramides (21 juillet). — VII. Passage du Nil; entrée au Caire (23 juillet). — VIII. Combat de Salhéyéh; Ibrahim-Bey chassé de l'Égypte (11 août). — IX. Retour de Napoléon au Caire; il apprend le désastre de l'escadre (15 août). — X. Si les Français s'étaient conduits en Égypte, en 1250, comme ils l'ont fait en 1798, ils auraient réussi; si en 1798, ils se fussent conduits comme en 1250, ils auraient été battus et chassés du pays.

I. Après sept jours d'une navigation fort douce, l'escadre arriva devant Candie. Cette célèbre Crête excita toute la curiosité française. Le lendemain, la frégate qui avait été détachée sur Naples, rejoignit l'amiral et porta la nouvelle que Nelson, avec treize vaisseaux de soixante-quatorze, avait paru devant cette capitale le 20 juin, d'où il s'était dirigé sur Malte. A ces nouvelles, Napoléon ordonna de naviguer de manière à attaquer l'Afrique à trente lieues à l'ouest, vers le cap d'Aras, au vent d'Alexandrie, afin de ne se présenter devant ce port qu'après avoir reçu les rapports de ce qui s'y passait. Une frégate y fut envoyée pour prendre le consul français. Si elle était chassée, elle devait faire fausse route. Le 29 juin, l'escadre légère signala le cap d'Aras. Un chebec arraisonna un caboteur sorti le 28 d'Alexandrie. Il annonça qu'il n'y avait rien de nouveau dans cette ville. Le 31, on signala la tour des Arabes, le 1er juillet, la colonne de Pompée et Alexandrie. Le consul de France fit connaître que Nelson, avec treize vaisseaux de soixante-quatorze et une frégate, avait paru le 28 juin devant Alexandrie, annonçant qu'il était à la recherche d'une armée française; qu'il avait continué sa navigation pour se porter sur les côtes de Caramanie; que les Turcs, fort alarmés, travaillaient jour et nuit à réparer les brèches de leurs murailles; que les chrétiens étaient sous le couteau. Les officiers de marine ne redoutaient pas la rencontre d'une escadre si inférieure en force, mais ils craignaient d'être attaqués pendant qu'ils seraient occupés à débarquer l'armée de terre ou après son débarquement. Leur confiance se reposait spécialement sur le courage de ces vieux vétérans d'Italie, couverts de tant de trophées.

Napoléon ordonna le débarquement pour le soir même. Le convoi s'approcha de terre à la hauteur du Marabout. Le vaisseau amiral, ayant abordé un autre vaisseau, fut obligé de mouiller à trois lieues de la côte. La mer était grosse, les soldats éprouvèrent beaucoup de difficulté à entrer dans les chaloupes, et à traverser les rochers qui ferment la rade d'Alexandrie et se trouvent en avant de la plage où s'opérait

le débarquement. Dix-neuf hommes se noyèrent. L'amiral donna la main au général en chef pour l'aider à descendre dans son canot, et le voyant s'éloigner, il s'écria : « *Ma fortune m'abandonne.* » Ces paroles étaient prophétiques!!! Avant le débarquement, l'ordre du jour dit : « Soldats..... vous portez à
« l'Angleterre le coup le plus sensible en attendant
« que vous lui donniez le coup de mort..... vous
« réussirez dans toutes vos entreprises..... les destins
« vous sont favorables..... dans quelques jours les
« Mamelouks qui ont outragé la France n'existeront
« plus.... les peuples au milieu desquels vous allez
« vivre, tiennent pour premier article de foi : *Qu'il*
« *n'y a pas d'autre Dieu que Dieu, et que Mahomet*
« *est son prophète!* Ne les contredisez pas.... Les lé-
« gions romaines aimaient toutes les religions..... Le
« pillage déshonore les armées et ne profite qu'à un
« petit nombre..... La ville qui est devant vous et où
« vous serez demain, a été bâtie par Alexandre!!! »

Le général Menou débarqua le premier, à neuf heures du soir, au Marabout. Il était conduit par un pilote provençal qui avait la pratique de ces parages. Le général en chef, après quelques fatigues et des risques, mit pied à terre à une heure après minuit près du Santon sidi-el-Palabri. A trois heures, il fit battre au ralliement et passa la revue de ce qui était débarqué. Il y avait quatre mille cinq cents hommes de tous les régimens. La lune brillait de tout son éclat. On voyait comme en plein jour le sol blanchâtre de l'aride Afrique. Après une longue et périlleuse traversée, on se trouvait sur la plage de la vieille Égypte, habitée par des nations orientales, bien étrangères à nos mœurs, à nos habitudes et à notre religion; cependant, pressé par les circonstances, il fallait avec une poignée d'hommes, sans artillerie, sans cavalerie, attaquer et prendre une place défendue par une population sous les armes et fanatisée. Que de périls, que d'événemens, que de chances, que de fatigues on avait encore à essuyer!...... Desaix, avec six cents hommes de sa division, resta pour garder le débarcadère et organiser les troupes à mesure qu'elles toucheraient terre. La petite armée marcha sur trois colonnes. Menou, à la gauche, avait dix-huit cents hommes; Kléber, au centre, neuf cents hommes; Bon, à la droite, douze cents hommes; total, trois mille neuf cents hommes. Le général en chef marchait à pied; aucun cheval n'était encore débarqué.

La vue d'une flotte de près de trois cents voiles, parmi lesquelles on en comptait un grand nombre de premier rang, fut un spectacle qui agita vivement les habitans d'Alexandrie pendant toute la soirée du 1er juillet. Si cette armée était destinée à s'emparer de leur ville, ils s'attendaient qu'elle irait mouiller dans la rade d'Aboukir, et que le temps qu'il lui faudrait pour effectuer son débarquement leur donnerait plusieurs jours de répit. Ils redoublèrent d'activité pour compléter leur armement.

Mais, à une heure après minuit, Koraïm, commandant de la ville, apprit par un Arabe Bédouin que les infidèles s'étaient emparés du fort du Marabout, que la mer était couverte de leurs chaloupes et la plage toute noire des hommes qui débarquaient. Il monta à cheval à la tête de vingt Mamelouks. Il se rencontra au jour avec une compagnie de tirailleurs français qui étaient en flanqueurs, la chargea, coupa la tête du capitaine qui la commandait et la promena en triomphe dans les rues d'Alexandrie. Cette vue électrisa la population. A cinq heures les premiers Bédouins furent aperçus sur les flancs de l'armée et peu après on en vit quatre ou cinq cents. C'était la tribu des Henâdy, Arabes les plus féroces de ces déserts. Ils étaient presque nus, noirs et maigres ; leurs chevaux paraissaient des haridelles ; au casque près, c'était Don Quichotte tel que le représentent les gravures ; mais ces haridelles se mouvaient avec la rapidité de l'éclair ; lancées au galop, elles s'arrêtaient court, qualité particulière au cheval de ces contrées. S'apercevant que l'armée n'avait pas de cavalerie, ils s'enhardirent et se jetèrent dans les intervalles et derrière les colonnes. Il y eut un moment d'alarme. La communication avec le débarcadère fut interceptée. On fit halte pour se former. De son côté, Desaix plaça ses postes et se mit sous les armes. Si ces cinq cents Arabes eussent été des Mamelouks, ils auraient pu obtenir de grands succès dans ce premier moment d'étonnement où l'imagination du soldat était éveillée et en disposition de recevoir toutes les impressions. Mais ces Arabes étaient aussi lâches que les Mamelouks, qui avaient chargé une heure avant, étaient braves. Les tirailleurs français se rallièrent quatre à quatre et se portèrent contre cette cavalerie sans hésiter. La marche de l'armée devint lente ; elle craignait des embûches. Au lever du soleil, la chaleur fut insupportable. Le vent du nord-ouest, si rafraîchissant dans cette saison, ne se leva que sur les neuf heures. Ces Arabes firent une douzaine de prisonniers qui excitèrent vivement leur curiosité. Ils admirèrent leur blancheur et plusieurs de ces prisonniers qui furent rendus quelques jours après, donnèrent des détails grotesques et horribles des mœurs de ces hommes du désert.

II. A six heures, Napoléon découvrit la colonne de Pompée ; peu après, la muraille dentelée de l'enceinte des Arabes, et successivement, les minarets de la ville, les mâts de la caravelle turque qui était mouillée dans le port. A huit heures, se trouvant à la portée du canon, il monta sur le piédestal de la colonne de Pompée pour reconnaître la place. Les murailles étaient hautes et fort épaisses ; il aurait fallu du vingt-quatre pour les ouvrir ; mais il existait beaucoup de brèches réparées à la hâte. Ces murailles étaient couvertes de peuple qui paraissait dans une grande agitation. C'étaient des cavaliers, des fantassins armés de fusils et de lances, des femmes, des enfans, des vieillards, etc. Napoléon donna ses ordres. Menou attaqua la droite de l'enceinte, près du fort triangulaire; Kléber, le centre; Bon se porta sur le chemin d'Aboukir pour pénétrer par la porte de Rosette. La fusillade s'engagea. Quoique mal servi, le canon des assiégés fit quelque impression sur les assiégeans qui n'en avaient pas. Les tirailleurs français, avec cette intelligence qui leur est propre, se logèrent sur les monticules de sable. Les trois attaques réussirent; la muraille fut franchie. Les généraux Kléber et Menou furent blessés, comme ils montaient à l'assaut, à la tête de leurs grenadiers. La division Bon éprouva moins d'obstacles, et quoique la plus éloignée, arriva la première sur la seconde enceinte, celle qui ferme l'isthme où est la ville actuelle. Il l'enleva au pas de charge. Les tirailleurs pénétrèrent à la tête des rues. Les maisons étaient crénelées. Une vive fusillade s'engagea. Le général en chef se porta sur la hauteur du fort Caffarelli. Il envoya le capitaine de la caravelle turque qui l'avait joint, faire des propositions d'accommodement. Cet officier fit comprendre aux cheykhs, aux ulémas et aux notables, le danger que courait la ville d'une entière destruction. Ils se soumirent.

Napoléon entra au milieu d'eux dans la ville et descendit à la maison du consul de France; il était midi. Comme il tournait une rue, une balle partie d'une fenêtre rasa la botte de sa jambe gauche. Les chasseurs de sa garde montèrent sur le toit, entrèrent dans la maison et trouvèrent un Turc seul, barricadé dans sa chambre, ayant autour de lui six fusils. Il fut tué sur la place. La perte des Français fut de trois cents hommes tués ou blessés; celle des Turcs de sept ou huit cents. Le commandant Koraïm se retira dans le Phare avec les plus braves de sa maison. Il y fut bloqué. Toute la nuit se passa en négociations qui eurent une heureuse issue. Koraïm capitula, s'attacha au général français, se reconnut son esclave, lui prêta serment. Il fut chargé de la police des habitans, car l'anarchie est le plus grand ennemi qu'ait à redouter un conquérant, surtout dans un pays si différent par la langue, les mœurs et la religion. Koraïm rétablit l'ordre, fit opérer le désarmement, procura à l'armée tout ce qui lui était nécessaire. Un personnage important par le crédit dont il jouissait, qui s'attacha aussi à Napoléon et lui fut constamment fidèle, le Cheykh-el-Messiri, était uléma, schérif et chef de la religion de la ville, fort honoré par son savoir et sa sainteté. Plus éclairé que ses compatriotes, il avait des idées de justice et de bon gouvernement, ce qui contrastait avec tout ce qui l'environnait. Koraïm avait de l'influence par son audace, la bravoure de ses principaux esclaves, et ses grandes richesses; le Cheykh-el-Messiri, par ses vertus, sa piété et la justice qui guidait toutes ses actions.

Dans la soirée du 2, le convoi entra dans le port vieux, les deux vaisseaux de soixante-quatre et les frégates d'escorte en tête; l'artillerie, le génie, l'ad-

ministration choisirent leurs magasins, leurs emplacemens; ils travaillèrent toute la nuit à débarquer les chevaux, les bagages et le matériel. Le général Desaix sortit le soir même de la ville, et alla prendre position à une lieue et demie sur la route de Damanhour, la gauche appuyée au lac Madiéh. Berthier fit afficher dans la ville, en français, en arabe, en turc, et il répandit avec profusion, une proclamation qui disait en substance : « Cadis, Cheykhs, Ulémas,
« Imans, Tchorbadgis, peuple d'Égypte!! depuis assez
« long-temps les beys insultent à la France; l'heure
« de les châtier est arrivée..... Dieu, de qui tout dé-
« pend, a dit : le règne des Mamelouks est terminé...
« On vous dira que je viens détruire la religion de
« l'islamisme..... répondez, que j'aime le prophète
« et le Coran, que je viens pour vous restituer vos
« droits..... Nous avons dans tous les siècles été les
« amis du grand sultan..... Trois fois heureux ceux
« qui se déclareront pour nous! Heureux ceux qui
« resteront neutres, ils auront le temps de nous con-
« naître. Malheur aux insensés qui s'armeront contre
« nous, ils périront!! Les villages qui voudront être
« protégés arboreront au haut du minaret de la
« principale mosquée le pavillon du grand seigneur
« et celui de l'armée... Les villages dont les habitans
« commettront des hostilités seront traités militaire-
« ment; ils seront brûlés, s'il y a lieu. Les cheykhs-
« el-beled, les imans, les mouezzins, sont confirmés
« dans leurs places..... »

Le général en chef écrivit au pacha et lui fit porter au Caire la lettre par un officier turc de la caravelle. Il lui disait : « Le Gouvernement français
« s'est adressé plusieurs fois à la Sublime Porte pour
« demander le châtiment des beys, et qu'elle fît ces-
« ser les outrages qu'éprouvait la nation en Égypte ;
« la Sublime-Porte a déclaré que les Mamelouks
« étaient des gens avides et capricieux..., qu'elle
« leur ôtait sa protection impériale... La République
« française envoie une puissante armée pour répri-
« mer le brigandage des beys d'Égypte, ainsi qu'elle
« l'a fait plusieurs fois contre Alger et Tunis... Viens
« donc à ma rencontre. »

Les sept cents esclaves turcs délivrés à Malte, furent renvoyés par terre dans leur patrie. Il y en avait de Tripoli, d'Alger, de Tunis, de Maroc, de Damas, de la Syrie, de Smyrne, de Constantinople même. Ils avaient été bien nourris, bien habillés, traités avec distinction. On leur avait distribué des sommes d'argent suffisantes pour faire leur route. Leurs cœurs étaient pleins de reconnaissance. Ils répandirent dans tout l'empire turc la nouvelle de la victoire des Français, l'opinion de leur puissance, de leurs bonnes intentions pour les Musulmans ; ils ne tarirent pas sur la générosité de Napoléon ; leur langue suffisait à peine à l'expression de tous les sentimens dont ils étaient pleins. Ils produisirent dans tout l'Orient la plus heureuse sensation.

Il fallait, à l'armée, des chevaux pour remonter sa

cavalerie, des chameaux pour porter ses bagages et ses vivres. Les ressources qu'offrait Alexandrie étaient peu considérables. Les Arabes du Baheiréh pouvaient seuls satisfaire à tout. Il était important d'ailleurs de se les concilier, afin de maintenir libres les communications et les derrières de l'armée. Koraïm leur expédia des sauf-conduits par des dromadaires. Il était leur protecteur, ils accoururent à sa voix. Le 4 juillet, trente cheykhs des tribus des Henâdy, des Oulad-A'ly et des Beny-Aounous, se présentèrent au quartier-général. La vue de ces hommes du désert excita vivement la curiosité du soldat, et tout ce qu'eux voyaient de l'armée française, excitait vivement la leur. Ils touchaient à tout. Ils signèrent un traité par lequel ils s'engagèrent à maintenir libre la route d'Alexandrie à Damanhour, même pour les hommes isolés; à livrer dans quarante-huit heures, pour le prix de deux cent quarante livres, trois cents chevaux; et pour le prix de cent vingt livres, cinq cents dromadaires; de louer mille chameaux avec leurs conducteurs; de restituer tous les prisonniers qu'ils avaient faits. Ils mangèrent et burent avec le général. Ils reçurent comme arrhes et en présent mille louis d'or. L'armée se félicita de cet heureux événement qui parut d'un heureux présage. Le lendemain ils rendirent les douze soldats qu'ils avaient faits prisonniers, livrèrent quatre-vingts chevaux et une centaine de chameaux. Le reste fut promis pour les jours suivans.

Cependant l'escadre n'était pas encore entrée dans

le port, elle tenait la mer. Les pilotes turcs s'étaient refusés à diriger les vaisseaux de soixante-quatorze, et à plus forte raison ceux de quatre-vingts. Le capitaine Barré fut chargé de vérifier et de sonder les passes. Mais l'escadre se trouvant encombrée d'une grande quantité d'artillerie et autres effets appartenant à l'armée, l'amiral désira aller mouiller dans la rade d'Aboukir pour se débarrasser et s'alléger. Il représenta qu'il lui faudrait huit jours pour le faire à la voile, tandis qu'il le ferait en trois jours au mouillage. Cependant le capitaine Barré fit son rapport le 13 juillet. Il déclara que l'escadre pouvait entrer sans crainte. Napoléon en expédia sur-le-champ l'ordre à l'amiral. Mais le rapport du capitaine Barré fut critiqué. L'amiral assembla ses contre-amiraux et ses capitaines de vaisseau. Ce conseil maritime décida qu'il fallait une vérification. Dans ce temps, le général en chef partit d'Alexandrie pour se diriger sur le Caire. En partant, il réitéra à l'amiral l'ordre d'entrer dans le port d'Alexandrie; si cela était reconnu impossible, il lui ordonnait de se rendre à Corfou où il trouverait des ordres du ministre de France à Constantinople; et, dans le cas où il n'en trouverait pas, de faire route pour Toulon et d'y prendre sous son escorte le convoi qui se trouverait prêt à partir, sur lequel étaient six mille hommes appartenant aux régimens de l'armée, et qui étaient restés en arrière pour cause de maladie, de congé; la marche des troupes sur Toulon ayant été secrète et rapide.

Le général Kléber ayant besoin de repos pour soigner sa blessure, fut laissé à Alexandrie comme commandant de la place et de la province, avec une garnison de huit ou neuf mille hommes (1). Le colonel Cretin, un des meilleurs officiers du corps du génie, reçut des instructions pour les fortifications de la place. Il y avait beaucoup d'obstacles; il les surmonta tous, et en peu de mois il occupa les trois hauteurs dominantes par des forts ; il déploya dans ces travaux tous les secrets de son art. Le Marabout, le Phare et les avenues des ports furent garnis de batteries de trente-six et de mortiers à grande portée. Toutes les fois que les Anglais voulurent depuis s'en approcher, ils eurent lieu de s'en repentir.

III. L'armée se mit en marche sur le Caire. Elle était forte de cinq divisions sous les ordres des généraux Desaix, Reynier, Bon, Dugua et Vial ; d'une réserve de deux mille six cents hommes sous les ordres du général Murat; et de deux brigades de cavalerie à pied, chacune de mille cinq cents hommes, sous les généraux de brigade Zayonchek et Andréossy. L'artillerie à pied et à cheval était composée de quarante-deux bouches à feu, six forges, six affûts de rechange, cinquante caissons, le tout attelé de cinq cents chevaux ou mulets : le reste des approvisionnemens

---

(1) Dans ce nombre étaient compris les marins qui pouvaient être retirés des bâtimens du convoi. (*Note de l'Éditeur.*)

était porté à dos de mulets. La force totale était de vingt-et-un mille hommes de toutes armes.

Le contre-amiral Perrée, intrépide marin, du port de Saint-Valery-sur-Somme, prit le commandement de la flottille du Nil, composée de deux demi-galères, trois demi-chebecs, quatre avisos et six djermes armés, total : quinze bâtimens, montés par six cents marins français. Il n'y avait pas de temps à perdre pour arriver dans la capitale, afin de profiter du premier moment d'étonnement, et de ne pas permettre aux ennemis d'armer et de se retrancher dans cette grande ville. Le 5 juillet, le général Dugua partit pour Rosette avec sa division et les deux brigades de cavaliers à pied. Le contre-amiral Perrée, avec la flottille, se porta au lac Madiéh pour y passer les troupes. Le 6, le général Dugua, suivant les bords de la mer, arriva à l'embouchure du Nil et s'empara du fort Julien, en même temps que le contre-amiral Perrée passait le Boghaz, et mouillait vis-à-vis de Rosette. Le général Menou prit le commandement de la province. Sa blessure exigeait du repos. Il eut pour garnison un bataillon d'infanterie, une batterie d'artillerie non attelée, cinq cents cavaliers à pied ayant leurs selles et auxquels il devait procurer des chevaux, enfin deux bâtimens armés. Le contre-amiral Perrée réunit les barques nécessaires pour embarquer les deux brigades de cavalerie à pied, leurs selles et bagages, des vivres et des munitions de guerre. Il prit ce convoi sous son escorte. Le 9, il appareilla de Rosette et remonta le

Nil. Le général Dugua avec sa division suivit son mouvement, en remontant par la rive gauche.

Les quatre autres divisions et la réserve marchèrent sur Damanhour. Desaix se mit en marche le 4 et y arriva le 6. Reynier se mit en marche le 5, Bon le 6, Vial le 7, à la pointe du jour. Le général en chef, avec la réserve, partit le même jour à cinq heures de l'après-midi. Il y a d'Alexandrie à Damanhour quinze lieues; c'est une plaine ordinairement fertilisée par les inondations du Nil, mais par divers accidens elle ne l'avait pas été en 1797. On était au moment de l'année où le Nil est le plus bas. Tous les puits étaient secs, et depuis Alexandrie, l'armée ne trouva de l'eau qu'au puits de Beda. Elle n'était pas organisée pour marcher dans un pareil pays. Elle souffrit beaucoup de l'ardeur du soleil, du manque d'ombre et de la privation d'eau. Elle prit du dégoût pour ces immenses solitudes et surtout pour les Arabes Bédouins.

Ceux-ci, comme ils se mettaient en marche pour livrer les chevaux et les chameaux qu'ils s'étaient engagés à fournir par leur traité d'Alexandrie, reçurent un fetfa des ulémas et des cheykhs du Caire, qui leur ordonnait de courir aux armes pour la défense de la religion du prophète menacée par les infidèles. Cela changea leurs bonnes dispositions. Ils firent déclarer à Koraïm que leur religion étant compromise, ils considéraient le traité comme nul. Cinq de leurs tribus, ayant mille huit cents chevaux disponibles, entrèrent en campagne et commencèrent, le 7, les hostilités. Ces Arabes étaient sans cesse sur les flancs, sur les derrières et à la vue de l'armée. Ils se cachaient avec la plus grande habileté derrière les moindres plis du terrain, d'où ils s'élançaient, comme l'éclair, sur tous les soldats qui s'écartaient des rangs. La cavalerie de l'armée était peu nombreuse, les chevaux harassés de fatigues, et d'une qualité d'ailleurs fort inférieure au cheval arabe. Les colonnes françaises, enveloppées par les Bédouins, semblaient des escadres suivies par des requins; ou comme disait le soldat, « c'était la maréchaussée qui faisait la police. » Cette police était sévère, mais elle concourut à l'ordre. Le soldat s'y accoutuma. Il perdit l'habitude de traîner, de quitter ses rangs. Il n'avança plus sans s'être éclairé sur les flancs. Les bagages marchaient en ordre au milieu des colonnes. Les camps furent pris avec le plus grand soin, et sans oublier aucune règle de la castramétation. *Les Francs*, chez qui les soldats avaient cherché des renseignemens à Alexandrie, s'étaient plu à leur faire la peinture la plus séduisante: ils allaient trouver à Damanhour tout le luxe de l'Orient, les commodités de la vie, les richesses du commerce d'une grande ville, capitale d'une grande province; c'était toute autre chose qu'Alexandrie.

Napoléon marcha toute la nuit. Il traversa les bivouacs de plusieurs divisions. A trois heures après minuit, la lune était couchée, il faisait extrêmement obscur, le feu des grand'gardes de la division Bon était éteint; les chasseurs d'escorte donnèrent dans ces bivouacs; la sentinelle tira.... un seul cri : *Aux armes!* mit toute la division sur pied. Le feu de deux rangs commença et dura assez long-temps; enfin on se reconnut. L'armée était saisie d'une espèce de terreur, les imaginations étaient fort échauffées, tout était nouveau et tout lui déplaisait.

A huit heures du matin, après une marche de seize heures, Napoléon aperçut enfin Damanhour. La ville était environnée d'une forêt de palmiers. Les mosquées paraissaient nombreuses, les minarets se dessinaient avec grâce. Plusieurs monticules voisins étaient couverts de santons. La ville se présentait à son avantage : c'était Modène, Crémone ou Ferrare. Il y eut du mécompte. Desaix se porta à la rencontre du général en chef, et le mena dans une espèce de grange, sans fenêtres, sans porte. Là étaient réunis les cheykhs-elbeled, le chaheb, le serraf, les imans, les principaux cheykhs qui lui offrirent une tasse de lait et des galettes cuites sous les cendres. Quel régal pour l'état-major de l'armée d'Italie!! Ce n'était pas ainsi qu'il était reçu à Milan, à Brescia, à Vérone, dans la docte Bologne; mais il fallut bien prendre le parti d'en rire. Les *Francs* qui suivaient l'armée, et surtout Magallon (1), devinrent l'objet des brocards du soldat. Les pauvres gens, ils ne connaissaient de l'Egypte que le Caire, Ro-

---

(1) Magallon, négociant français, avait demeuré long-temps au Caire, où il était consul de France. Parti de Toulon avec l'armée, et embarqué à bord de *l'Orient*, il était attaché au quartier-général, et avait constamment fait de l'Égypte le tableau le plus brillant. (*Note de l'Éditeur.*)

sette et Alexandrie. Descendant le Nil sur des djermes, sous les yeux inquiets des Turcs, ils n'étaient entrés dans aucun village, et s'étaient fait des idées du pays sur le pittoresque du tableau qui se présentait à leur vue du haut des mâts.

Le quartier-général s'établit dans une prairie artificielle, sur la lisière d'un très beau bois d'acacias. L'eau était bonne et abondante. Les bivouacs étaient à l'ombre, la paille, les légumes, la viande ne manquaient pas. On avait encore du biscuit de mer. Les hommes et les chevaux avaient également besoin de repos. On séjourna le 9. Le général de brigade Muireur se rendant d'un bivouac à un autre, malgré les observations que lui firent les grand'gardes, fut surpris dans une petite vallée à cent pas d'elles, par quatre Arabes et percé de coups de lance. C'était un officier distingué, l'armée le regretta. Le 10, avant le jour, l'armée se remit en marche. Elle rencontra le Nil, à Rahmaniéh, à neuf heures du matin, et salua par des cris de joie la vue de ce fleuve miraculeux. Généraux et soldats, tous s'y précipitèrent tout habillés pour se rafraîchir. Rahmaniéh était un grand bourg, moins grand que Damanhour, mais plus fertile et plus riche.

Cependant, la nouvelle arriva au Caire, le 5 juillet, qu'une armée d'infidèles était débarquée, qu'elle avait attaqué et pris Alexandrie, qu'elle était fort nombreuse en infanterie, mais qu'elle n'avait pas de cavalerie. Les beys et leurs kiachefs poussèrent des cris de joie, le Caire fut illuminé. « *Ce sont des pastèques à couper,* » disaient-ils. Il n'était aucun Mamelouk qui ne se promît de porter une centaine de têtes ; cette armée, fût-elle de cent mille hommes, serait anéantie, puisqu'il faudrait qu'elle traversât les plaines qui bordent le Nil! les infortunés, c'est avec ces illusions qu'ils se préparèrent à marcher à la rencontre de l'armée française !!! Un bey partit, le 5 au soir, avec six cents Mamelouks pour se porter sur Damanhour, rallier les Arabes du Baheiréh et retarder la marche de l'armée. Il arriva le 10 à Damanhour, comme la division Desaix qui formait l'arrière-garde quittait ses bivouacs. Desaix marchait, en colonne serrée, par division, son artillerie à la tête et à la queue, ses bagages au centre, entre ses deux brigades. A la vue de l'ennemi, il fit prendre les distances de peloton et continua sa marche, côtoyé, escarmouchant avec cette belle cavalerie qui enfin se décida à le charger. Aussitôt Desaix commanda : *Par peloton, à droite et à gauche en bataille, feu de deux rangs.* Il serait difficile de peindre l'étonnement et le mécompte qu'éprouvèrent les Mamelouks, quand ils virent la contenance de cette infanterie et l'épouvantable feu de mitraille et de mousqueterie qui leur portait la mort, si loin, dans toutes les directions. Quelques braves moururent sur les baïonnettes. Le gros de la troupe s'éloigna hors de la portée du canon. Desaix rompit alors son carré, continua sa marche, n'ayant perdu dans ce combat que quatre hommes. Quand Mourad-Bey apprit cet étrange événement qu'il ne pouvait s'expliquer, il s'emporta contre le bey et ses kiachefs et les traita de lâches, qui s'étaient laissé imposer par le nombre, comme si des Mamelouks devaient jamais compter pour quelque chose des piétons en plaine.

L'armée séjourna le 10, le 11 et le 12 à Rahmaniéh. La flottille et la division Dugua la joignirent le 12 au matin. La flottille était nécessaire pour pouvoir manœuvrer sur les deux rives, et pour combattre celle des Mamelouks qui était nombreuse et bien armée. Le nombre des Bédouins s'accroissait chaque jour. Les Français se trouvaient dans le camp de Rahmaniéh comme bloqués. Les Bédouins avaient des postes à portée de fusil des grand'gardes. Ils s'étaient aperçus que les chevaux français ne valaient rien, ce qui leur avait inspiré le plus grand mépris pour notre cavalerie.

L'armée se trouvait alors placée de la manière suivante : Kléber était à Alexandrie avec le convoi et l'escadre qu'on supposait entrés dans le port; il tenait garnison dans le château d'Aboukir; il avait un régiment d'infanterie, le 69e, mille canonniers, sapeurs et ouvriers, deux mille hommes des dépôts des corps d'infanterie et de cavalerie à pied; total, six mille cinq cents de la ligne et trois mille cinq cents hommes formant les équipages des bâtimens de transport, organisés en garde nationale, ce qui lui formait, indépendamment de l'escadre, une garnison de neuf à dix mille hommes. Menou était à Rosette avec mille deux cents hommes et trois avisos. Le camp de Rahmaniéh était de vingt mille hommes. Le génie avait retranché une mosquée située sur la hauteur de Damanhour; elle contenait trois cents hommes et deux pièces de canon, qui furent relevés par la garnison d'Alexandrie. Une redoute, jugée nécessaire à Rahmaniéh fut construite pour trois cents hommes et trois pièces de canon. Le contre-amiral Perrée y laissa une barque armée pour la police du Nil.

IV. Mourad-Bey était parti, le 6, du Caire avec trois mille Mamelouks, deux mille Janissaires à pied, et une flottille nombreuse composée d'une soixantaine de bâtimens, dont vingt-cinq armés. Il avait convoqué tous les Arabes du Faïoum. Il espérait arriver à temps à Damanhour pour soutenir son avant-garde. Il était suivi par Ibrahim-Bey avec une force plus considérable encore. Il apprit à Terranéh l'événement de Rahmaniéh, la prise de Rosette, et la marche de l'armée sur le Caire. Il se porta sur Chobrakhit, y construisit deux batteries de neuf pièces de canon, et fit travailler à retrancher le village où il posta ses Janissaires. Sa flottille prit position, la gauche appuyée au village, et la droite au Delta.

Le 12, à sept heures du soir, l'armée française campa au village de Miniéh, à une lieue de Rahmaniéh. Elle eut ordre de prendre les armes à une heure du matin. Il était de la plus grande importance de ne pas donner à Mourad-Bey, le temps d'achever ses retranchemens et de compléter le ralliement de ses troupes. Aussitôt que la lune fut levée, l'armée se mit en marche. A huit heures elle se trouva en présence de Mourad-Bey qui avait sa droite toute composée de Mamelouks, appuyée au village de Chobrakhit; sa gauche, formée par deux mille Arabes, prolongeait sa ligne dans le désert. Ce coup-d'œil frappa d'étonnement. Chaque Mamelouk avait trois ou quatre hommes pour le servir, et les Arabes étaient dans un continuel mouvement. La ligne parut être de quinze à dix-huit mille hommes.

Les Bédouins du Baheiréh avaient, selon leur coutume, coupé les communications avec Rahmaniéh, et caracolaient sur nos derrières et sur nos flancs. Ils étaient aussi autour d'Alexandrie, de Damanhour et de Rosette. L'armée se rangea en bataille, et se déploya sur un espace de mille huit cents toises: la gauche appuyée à un petit village près du Nil, la droite à un gros village près du désert. Desaix formait la droite; il fit barricader ce village, y laissa un bataillon et trois pièces de canon; il rangea sa division en un seul carré de cent cinquante toises de front, sur vingt-cinq de flanc; à cent toises en arrière du village, la gauche, formée par le général Vial, fit les mêmes dispositions; les trois autres divisions se placèrent dans l'intervalle, à environ trois cents toises l'une de l'autre, se flanquant entre elles, le centre un peu en arrière. La cavalerie, divisée en cinq pelotons, fut placée au milieu des carrés; la réserve, dans deux villages à mille toises en arrière de la ligne, et éloignés entre eux de huit à neuf cents toises, chaque village étant barricadé et ayant une demibatterie. Si les ennemis surent juger ces dispositions, elles durent leur paraître redoutables. Sur trente-six pièces de canon qui étaient en ligne, dix-huit pouvaient battre au même point.

Les deux armées s'observèrent pendant plusieurs heures. Les Français attendaient leur flottille, mais elle était encore à l'ancre devant Rahmaniéh, elle ne pouvait remonter le fleuve qu'avec le vent du nord qui ne s'éleva qu'à huit heures. Le soleil qui donnait sur les casques et les cottes de mailles des Mamelouks, faisait briller cette belle troupe de tout son éclat. Un grand nombre de combats singuliers se livrèrent, à la mode des Orientaux, entre les plus braves des Mamelouks et les intrépides tirailleurs des Alpes. Le Mamelouk déployait toute son adresse et son courage, il excitait notre admiration. Il était lié à son cheval, qui paraissait partager toutes ses passions; le sabre pendant au poignet, il tirait sa carabine, son tromblon, ses quatre pistolets, et après avoir ainsi déchargé six armes à feu, il tournait le peloton de tirailleurs, et passait entre eux et la ligne, avec une merveilleuse dextérité. Mais on vit les sept queues, avec les pelotons d'hommes d'élite qui leur servaient de garde, se réunir en un point central, sur un petit tertre : c'étaient les beys qui tenaient conseil. Un moment après, cette belle cavalerie s'ébranla, les sept beys à la tête, perça entre le carré du général Reynier et celui du général Dugua où était le général en chef, espérant sans doute les trouver ouverts par derrière et les prendre à dos. La mitraille et la fusillade du front des carrés, et immédiatement après, des flancs, et enfin, de l'arrière, en tuèrent et en blessèrent un bon nombre. Quelques braves lancés sur les derrières des carrés, périrent sur les baïonnettes. Mais lorsque Mourad-Bey s'aperçut que le feu était aussi vif derrière que de front, il s'éloigna rapidement, et donna dans les deux villages retranchés où était placée la réserve. Il en essuya la mitraille, fit alors un à gauche au grand galop, et se porta à une demi-lieue sur le flanc droit de l'armée. Soixante Mamelouks restèrent sur le champ de bataille. Leurs dépouilles réjouirent le soldat. Leur habitude est de porter tout leur or dans leur ceinture lorsqu'ils vont au combat. Indépendamment de cela le cheval, l'habillement, l'armement étaient d'un grand prix, ce qui fit comprendre qu'un pays qui avait des défenseurs aussi riches, ne pouvait pas cependant être aussi misérable qu'on le pensait.

La ligne française resta fixe. Elle s'attendait à une seconde charge. Enfin elle aperçut les mâts de la flottille. Il était une heure après midi. Une épouvantable canonnade s'engagea un quart d'heure après sur le Nil. Le contre-amiral, en tête, avait formé sa ligne de bataille, et dépassé le village de Chobrakhit. Il donna au milieu de la ligne des bâtimens ennemis; accablée par le nombre, une de ses demi-galères fut prise à l'abordage, lui-même fut en danger; mais il sauva sa flottille par d'habiles manœuvres. Aussitôt que Napoléon s'aperçut du péril que courait son armée navale, il ordonna à la ligne d'infanterie de marcher en avant. La division de gauche aborda le village de Chobrakhit. Les batteries turques avaient été démontées. Les deux mille Janissaires, menacés d'être coupés et tournés par le mouvement de l'armée, prirent la fuite après quelque résistance. Les Mamelouks, effrayés et ne comprenant rien à tout ce qu'ils voyaient, se tenaient hors de la portée du canon, et reculaient à mesure que la ligne avançait. Le feu des tirailleurs placés dans les maisons de Chobrakhit, et répartis le long de la digue, celui des pièces de douze, de huit et des obusiers réunis sur le bord du Nil, firent changer promptement le sort du combat naval. Les marins turcs les plus habiles comprirent le danger de leur position, virèrent de bord, et profitèrent du vent pour s'éloigner et refouler le courant. Les autres le firent plus tard, mais il n'était plus temps; ils furent contraints de mettre le feu à leurs bâtimens. Le vent du nord cesse habituellement, dans cette saison, à quatre ou cinq heures après midi. D'ailleurs, avant d'arriver à Chabour, le Nil forme un coude. Il était donc possible de s'emparer du reste de la flottille. Les cinq divisions de l'armée se mirent en colonnes, et marchèrent sur cinq directions, à distance de déploiement, à travers champs. Mourad-Bey, s'apercevant de la frayeur et du découragement de ses gens, quitta la vue de l'armée, et se rendit en toute hâte devant le Caire.

A six heures après midi, l'armée campa à Chabour. Les équipages turcs se voyant coupés, se réfugièrent dans le Delta après avoir mis le feu à leurs bâtimens ; on parvint à en sauver quelques-uns. Le camp fut établi dans un bois de sycomores. A la nuit le contre-amiral Perrée mouilla à la hauteur du village. La perte des Français fut, dans cette journée, de trois à quatre cents hommes tués ou blessés, les trois quarts matelots. Monge, Berthollet, le secrétaire Bourienne, qui étaient embarqués sur la flottille, montrèrent du sang-froid et de la résignation, au moment du danger. Les Mamelouks perdirent trois cents de leurs plus braves cavaliers, tués, blessés ou prisonniers; quatre à cinq cents fantassins ou hommes des équipages de leur flottille; neuf mauvaises pièces de canon de fer, sur affûts marins, qu'ils avaient mis en batterie à Chobrakhit; et toute leur flottille.

Dès ce moment, Mourad-Bey désespéra de son salut. Il comprit qu'il n'y avait pas égalité d'armes, que la bravoure n'était pas suffisante pour vaincre, et que l'infanterie n'était pas aussi méprisable qu'il se l'était imaginé jusqu'alors. Au fait, les dix mille Mamelouks n'eussent pas craint d'attaquer, en plaine, une armée de cinquante mille Ottomans. Ils répandirent au Caire mille bruits. Tout ce qu'ils voyaient, tout ce qu'ils avaient ouï raconter, ou appris par leur propre expérience, bouleversait tellement leurs idées, que cela les portait à croire au sortilége. Le sultan français était un sorcier qui tenait tous ses soldats liés par une grosse corde blanche, et, selon qu'il la tirait d'un côté ou d'un autre, ils allaient à droite ou à gauche, se remuant tout d'une pièce; ils le nommaient le père du feu pour exprimer la vivacité du feu de la mitraille, et de la fusillade de son infanterie.

Cependant les Arabes inquiétaient les marches, empêchaient les détachemens de s'écarter, ce qui rendait les vivres très difficiles. Le général Zayonchek et le général Andréossy débarquèrent avec leur brigade dans le Delta, et marchèrent parallèlement à l'armée, sur la rive droite, n'ayant ni Arabes, ni ennemis à combattre; ils firent des vivres en abondance et en fournirent à l'armée. En peu de jours ils se procurèrent une centaine de chevaux, ce qui les mit à même de s'éclairer. La bataille de Chobrakhit fut glorieuse pour l'armée française. Elle avait, il est vrai, vingt mille hommes et quarante-deux pièces de canon sur le champ de bataille, où son ennemi n'avait réellement que huit mille combattans; mais c'était la première fois qu'elle se trouvait vis-à-vis de cette belle et redoutable cavalerie.

V. La journée du 13 avait fatigué l'armée. Elle avait fait sept grandes lieues, indépendamment des mouvemens de la bataille. Le temps avait été fort chaud, la marche, au travers des terres gercées, très difficile. La flottille ne pouvait pas appareiller avant neuf heures; c'est à cette heure que s'élevait le vent du Nord. Or, il fallait marcher de concert, afin de maintenir ses communications avec la rive droite, et de s'appuyer réciproquement. L'armée partit fort tard le 14, et arriva à la nuit à Koum-Cherif, à la prise d'eau d'un canal d'irrigation qui porte les eaux du Nil dans la province de Mariout. Les soldats trouvaient en abondance des pastèques ou melons d'eau, fruit extraordinairement rafraîchissant, et, quoiqu'ils en mangeassent avec excès, ils n'en éprouvèrent pas d'inconvénient. Le 15, l'armée campa à Al-Kam, village arabe; elle ne fit ce jour-là que trois lieues et demie. Le 16, elle arriva à Abou-Néchabéh; elle fit quatre lieues et demie. Là, le désert s'approchait fort du Nil. Le 17, elle campa à Wardân, à l'ombre d'une forêt de palmiers. Elle reçut un convoi de vivres de la rive droite. Elle marchait à petites journées, elle partait à deux heures du matin et était campée à neuf heures. La cause en était l'excessive chaleur, la difficulté de se procurer des vivres, l'incommodité des Arabes qui obligeaient les colonnes à marcher doucement afin que tout le monde pût suivre, la nécessité d'attendre la flottille sur laquelle on plaçait les malades et les hommes fatigués, ce qui dispensait d'occuper des points intermédiaires qui eussent affaibli l'armée. Enfin, il fallait se trouver, à toute heure, en mesure de combattre, car on recevait tous les jours des nouvelles des préparatifs formidables qui se faisaient au Caire.

Les beys, les Janissaires, les Arabes, les milices, avaient quitté la ville et marchaient à la rencontre des infidèles. Le général Zayonchek prit position au point où le Nil se divise en deux branches pour former le Delta, point dit *le Ventre de la Vache*. Les Hébreux, dans le désert de *l'Egarement*, regrettaient les marmites d'Égypte, pleines de viandes, d'oignons et de toutes sortes de légumes dont ils pouvaient manger tout leur soûl, disaient-ils; les Français ne cessaient d'appeler à grands cris les délices de l'Italie, depuis quinze jours leur mécontentement avait été en augmentant, ils comparaient ce peuple barbare qu'ils ne pouvaient pas entendre, les demeures de ces misérables fellahs aussi abrutis que leurs buffles, ces arides plaines découvertes et sans ombre, ce Nil, chétif ruisseau qui charriait une eau sale et bourbeuse, enfin ces horribles hommes du désert, si laids, si féroces, et leurs femmes plus sales encore, aux plaines fleuries et abondantes de la Lombardie, au peuple sociable, doux et éclairé des États vénitiens. Ils se plaignaient d'être dans un pays où ils ne pouvaient se procurer ni pain ni vin. On leur répondait que, loin d'être misérable, ce pays était le plus riche du monde; qu'ils auraient du pain, du vin, aussitôt qu'ils seraient au Caire; que le pays où ils étaient avait été le grenier de Rome, et était encore celui de Constantinople. Rien ne pouvait calmer des imaginations effarouchées. Quand les *Francs* racontaient les beautés et l'opulence du Caire, les soldats répondaient tristement : « Vous nous avez

« dit la même chose de Damanhour. Le Caire sera
« peut-être deux ou trois fois plus grand, mais ce sera
« un ramassis de cabanes dépourvues de tout ce qui
« peut rendre la vie supportable. » Napoléon s'approchait souvent de ses soldats; il leur disait: « *Que
« ce Nil qui répondait si peu, dans ce moment, à sa
« réputation, commençait à grossir, et que bientôt il
« justifierait tout ce qu'ils en avaient oui raconter;
« qu'ils campaient sur des monceaux de blé, et que
« sous peu de jours ils auraient des moulins et des
« fours; que cette terre si nue, si monotone, si triste,
« sur laquelle ils marchaient avec tant de difficulté
« serait bientôt couverte de moissons et de riches cul-
« tures, qui leur représenteraient l'abondance et la
« fertilité des rives du Pó; qu'ils avaient des lentilles,
« des fèves, des poules, des pigeons; que leurs plain-
« tes étaient exagérées; que la chaleur était exces-
« sive, sans doute, mais serait supportable quand
« ils se trouveraient en repos et seraient organisés;
« que, pendant les campagnes d'Italie, les marches,
« au mois de juillet et d'août, étaient, aussi, bien fa-
« tigantes.* » Mais ces discours ne produisaient qu'un
effet passager. Les généraux et les officiers murmuraient plus haut que les soldats. Ce genre de guerre
était encore plus pénible pour eux, et contrastait
davantage avec les commodités des palais et des casins
d'Italie.

L'armée était frappée d'une mélancolie vague que
rien ne pouvait surmonter, elle était attaquée du

spleen, plusieurs soldats se jetèrent dans le Nil pour y trouver une mort prompte. Tous les jours, après que les bivouacs étaient pris, le premier besoin des hommes était de se baigner. En sortant du Nil, les soldats commençaient à faire de la politique, à s'exaspérer, à se lamenter sur la fâcheuse position des choses. « *Que sommes-nous venus faire ici? Le Directoire* « *nous a déportés!...* » Quelquefois ils s'apitoyaient sur leur chef qui bivouaquait constamment sur les bords du Nil, était privé de tout comme le dernier soldat; le dîner de l'état-major consistait souvent en un plat de lentilles. « *C'est de lui dont on voulait se* « *défaire*, disaient-ils, *mais au lieu de nous conduire* « *ici, que ne nous faisait-il un signal, nous eus-* « *sions chassé ses ennemis du palais, comme nous* « *avons chassé les Clichiens.* » S'étant aperçus que partout où il y avait quelques traces d'antiquités, les savans s'y arrêtaient et faisaient des fouilles, ils supposèrent que c'étaient eux qui, pour chercher des antiquités, avaient conseillé l'expédition. Cela les indisposa contre eux. Ils appelaient les ânes, des savans. Caffarelli était à la tête de la commission. Ce brave général avait une jambe de bois. Il se donnait beaucoup de mouvement. Il parcourait les rangs pour prêcher le soldat. Il ne parlait que de la beauté du pays, des grands résultats de cette conquête. Quelquefois, après l'avoir entendu, les soldats murmuraient; mais la gaîté française reprenait le dessus. « *Pardi*, lui dit un jour un grena-

« dier, *vous vous moquez de cela, général, vous qui avez un pied en France!!* » Ce mot répété de bivouac en bivouac fit rire tous les camps. Jamais cependant le soldat ne manqua aux membres de la commission des arts, qu'au fond il respectait; et, ce premier mouvement passé, Caffarelli et les savans furent l'objet de leur estime. L'industrie française venait aussi à l'aide des circonstances. Les uns broyaient le blé pour se procurer de la farine, les autres en faisaient d'abord rôtir le grain dans une poêle et, ainsi rôti, le faisaient bouillir, et en obtenaient une nourriture saine et satisfaisante.

Le 19, l'armée arriva à Omm-Dinar, vis-à-vis de la pointe du Delta et à cinq lieues du Caire. Elle aperçut pour la première fois les Pyramides. Toutes les lunettes furent braquées sur ces plus grands et ces plus anciens monumens qui soient sortis de la main des hommes. Les trois Pyramides bordaient l'horizon du désert. Elles paraissaient comme trois énormes rochers. Mais, en les regardant avec attention, la régularité des arêtes décelait la main des hommes. On apercevait aussi la mosquée du Mokattam. Au pied était le Caire. L'armée séjourna le 20 et reçut l'ordre de se préparer à la bataille. L'ennemi avait pris position sur la rive gauche du Nil, vis-à-vis le Caire, entre Embabéh et les Pyramides. Il était nombreux en infanterie, en artillerie et en cavalerie. Une flottille considérable, parmi laquelle il y avait même une frégate, protégeait son camp. La flottille française était restée en arrière. Elle était d'ailleurs fort inférieure en nombre. Le Nil étant très bas, il fallut renoncer aux secours de toute espèce qu'elle portait, et aux services qu'elle pouvait rendre. Les Mamelouks, les agas, les marins, fiers de leur nombre, et de la belle position qu'ils occupaient, encouragés par les regards de leurs pères, de leurs mères, de leurs femmes, de leurs enfans, étaient pleins d'ardeur et de confiance. Ils disaient : « *qu'au pied de ces Pyramides, bâties « par leurs ancêtres, les Français trouveraient leurs « tombeaux, et finiraient leurs destins!!!*»

VI. Le 21, à deux heures du matin, l'armée se mit en marche. Au jour, elle rencontra une avant-garde de Mamelouks qui disparut, après avoir essuyé quelques coups de canon. A huit heures, les soldats poussèrent mille cris de joie, à la vue des quatre cents minarets du Caire. Il leur fut donc prouvé qu'il existait une grande ville qui ne pouvait pas être comparée à ce qu'ils avaient vu, depuis qu'ils étaient débarqués. A neuf heures, ils découvrirent la ligne de bataille de l'armée ennemie. La droite, composée de vingt mille Janissaires, Arabes et milices du Caire, était dans un camp retranché en avant du village d'Embabéh, sur la rive gauche du Nil, vis-à-vis Boulac; ce camp retranché était armé de quarante pièces de canon. Le centre et la gauche étaient formés par un corps de cavalerie de douze mille Mamelouks, agas, cheykhs et autres notables de l'Égypte, tous à cheval et ayant chacun trois ou quatre hommes à pied pour le servir, ce qui formait une ligne de cinquante mille hommes. La gauche était formée par huit mille Arabes-Bédouins à cheval, et s'appuyait aux Pyramides. Cette ligne avait une étendue de trois lieues. Le Nil, d'Embabéh à Boulac et au vieux Caire, était à peine suffisant pour contenir la flottille dont les mâts apparaissaient comme une forêt. Elle était de trois cents voiles. La rive droite était couverte de toute la population du Caire, hommes, femmes et enfans, qui étaient accourus pour voir cette bataille, d'où allait dépendre leur sort. Ils y attachaient d'autant plus d'importance que, vaincus, ils deviendraient esclaves de ces infidèles.

L'armée française prit le même ordre de bataille dont elle s'était si bien trouvée à Chobrakhit, mais parallèlement au Nil, parce que l'ennemi en était maître. Les officiers d'état-major reconnurent le camp retranché. Il consistait en de simples boyaux qui pouvaient être de quelque effet contre la cavalerie, mais étaient nuls contre l'infanterie. Le travail était mal tracé, à peine ébauché. Il avait été commencé depuis deux jours seulement. L'artillerie était de fer, sur affût marin; elle était fixe et ne pouvait pas se remuer. L'infanterie paraissait mal en ordre et incapable de se battre en plaine. Son projet était de se battre derrière ses retranchemens. Elle était peu redoutable, ainsi que les Arabes, si nuls un jour de bataille. Le corps des Mamelouks était seul à craindre, mais hors d'état de résister. Desaix en tête, marchant par la droite, passa à deux portées de canon du camp retranché, lui prêtant le flanc gauche, et se porta sur le centre de la ligne des Mamelouks. Reynier, Dugua, Vial et Bon le suivirent à distance. Un village se trouvait vis-à-vis du point de la ligne ennemie qu'on voulait percer. C'était le point de direction. Il y avait une demi-heure que l'armée s'avançait dans cet ordre et dans le plus grand silence, lorsque Mourad-Bey qui commandait en chef devina l'intention du général français, quoiqu'il n'eût aucune expérience des manœuvres des batailles. La nature l'avait doué d'un grand caractère, d'un brillant courage, et d'un coup-d'œil pénétrant. Il saisit la bataille avec une habileté qui aurait honoré le général le plus consommé. Il sentit qu'il était perdu s'il laissait l'armée française achever son mouvement, et, qu'avec sa nombreuse cavalerie, il devait attaquer l'infanterie, pendant qu'elle était en marche. Il partit comme l'éclair, avec sept à huit mille chevaux, passa entre la division Desaix et celle de Reynier, et les enveloppa. Ce mouvement se fit avec une telle rapidité, qu'on craignit un moment que le général Desaix n'eût pas le temps de se mettre en position. Son artillerie était embarrassée au passage d'un bois de palmiers. Mais les premiers Mamelouks qui arrivèrent sur lui étaient peu nombreux. Une décharge en jeta la moitié par terre. Le général Desaix eut le temps de former son carré. La mitraille et la fusillade s'engagèrent sur les quatre côtés. Le général Reynier ne tarda pas à prendre position et à commencer le feu de tous côtés. La division Dugua, où était le général en chef, changea de direction, et se porta entre le Nil et le général Desaix, coupant, par cette manœuvre, l'ennemi du camp d'Embabéh, et lui barrant la rivière; elle se trouva bientôt à portée de commencer la canonnade sur la queue des Mamelouks. Quarante-cinq ou cinquante hommes des plus braves beys, kachefs, Mamelouks, moururent dans les carrés. Le champ de bataille fut couvert de leurs morts et de leurs blessés. Ils s'obstinèrent, pendant une demi-heure, à caracoler, à portée de mitraille, passant d'un intervalle à l'autre, au milieu de la poussière, des chevaux, de la fumée, de la mitraille, de la fusillade et des cris des mourans. Mais enfin, ne gagnant rien, ils s'éloignèrent, et se mirent hors de portée. Mourad-Bey avec trois mille chevaux opéra sa retraite sur Gizéh, route de la Haute Egypte. Le reste, se trouvant sur les derrières des carrés, appuya sur le camp retranché, au moment où la division Bon l'aborda. Le général Rampon, avec deux bataillons, occupa un fossé et une digue qui interceptaient la communication entre Embabéh et Gizéh. La cavalerie qui se trouvait dans le camp, étant repoussée par la division Bon, voulut regagner Gizéh. Mais, arrêtée par Rampon et par la division Dugua qui l'appuyait, elle hésita, flotta plusieurs fois, et enfin par un mouvement naturel, s'appuya sur la ligne de moindre résistance, et se jeta dans le Nil qui en engloutit plusieurs milliers. Aucun ne put gagner l'autre rive. Le camp retranché ne fit aucune résistance. L'infanterie, voyant la déroute de la cavalerie, abandonna le combat, se jeta dans de petites barques ou à la nage. Le plus grand nombre descendit le Nil, le long de la rive gauche, et se sauva dans la campagne, à la faveur de la nuit. Les canons, les chameaux, les bagages tombèrent au pouvoir des Français.

Mourad-Bey avait fourni plusieurs charges, dans l'espoir de rouvrir la communication avec son camp, et de lui faciliter la retraite. Toutes ces charges manquèrent. A la nuit, il opéra sa retraite, et donna le signal par l'incendie de la flotte. Le Nil fut sur-le-champ couvert de feu. Sur ces navires étaient les richesses de l'Egypte qui périrent, au grand regret de l'armée. De douze mille Mamelouks, trois mille seulement avec Mourad-Bey, se retirèrent dans la Haute Egypte ; douze cents qui étaient restés pour contenir le Caire avec Ibrahim-Bey, firent, depuis, leur retraite sur la Syrie ; sept mille périrent dans cette bataille, si fatale à cette brave milice qui ne s'en releva jamais. Les cadavres des Mamelouks portèrent, en peu de jours, à Damiette, à Rosette et dans les villages de la Basse Egypte, la nouvelle de la victoire de l'armée française. Au moment de la bataille, Napoléon avait dit à ses troupes, en leur montrant les Pyramides : « *Soldats, quarante siècles vous regardent.* » Les Arabes suivant leur coutume, voyant la bataille perdue, s'éloignèrent et se dispersèrent dans les déserts.

Si la flottille française eût pu arriver, la journée eût été plus décisive. Elle eût fait des prisonniers, elle eût sauvé des bagages. Elle avait entendu toute la journée la canonnade de la bataille. Le vent du nord qui soufflait en amortissait le bruit. Mais, sur le soir, comme il s'était calmé, le bruit du canon devint plus fort, le feu parut s'approcher. Les équipages crurent que la bataille était perdue. Ils ne furent détrompés que par le grand nombre de cadavres turcs que le Nil charriait.

Le quartier-général arriva à Gizéh, à neuf heures du soir. Il n'était resté aucun esclave à la belle maison de campagne de Mourad-Bey. Rien de sa distribution intérieure ne ressemblait aux palais d'Europe. Cependant les officiers virent avec plaisir une maison bien meublée, des divans des plus belles soieries de Lyon ornées de franges d'or, des vestiges du luxe et des arts d'Europe. Le jardin était rempli des plus beaux arbres, mais il n'était percé d'aucune allée. Un grand berceau couvert de vignes et chargé des plus excellens raisins fut une ressource précieuse. Le bruit s'en répandit dans le camp qui accourut en masse ; la vendange fut bientôt faite. Les divisions qui avaient pris le camp d'Embabéh étaient dans l'abondance ; elles y avaient trouvé les bagages des beys et des kachefs, des cantines pleines de confitures et de sucreries. Les tapis, les porcelaines, l'argenterie étaient en grande abondance. Pendant toute la nuit, au travers des tourbillons de flammes des trois cents bâtimens égyptiens en feu, se dessinaient les minarets du Caire. La lueur se réfléchissait jusque sur les parois des Pyramides. Pendant les jours qui suivirent la bataille, les soldats furent occupés à pêcher les cadavres; beaucoup avaient deux ou trois cents pièces d'or sur eux. La perte de l'armée française fut de trois cents hommes tués ou blessés. Celle de l'ennemi, en tués, blessés, noyés ou prisonniers, se monta à dix mille Mamelouks, Arabes, Janissaires, Azabs, etc.

VII. A la pointe du jour, la division Vial passa dans l'île de Roudah, mit un bataillon dans le méḱias. Les tirailleurs franchirent le canal et se logèrent dans la maison de campagne d'Ibrahim-Bey. Le vent du nord soufflait avec force, cependant la flottille n'arrivait pas. Le contre-amiral Perrée fit enfin connaître qu'on ne devait plus compter sur lui; que les bâtimens étaient échoués; qu'il ne pourrait arriver que quand le Nil aurait monté d'un pied. Cette contrariété était extrême. Le Caire était fort agité. Une partie de la population pillait les maisons des beys devenues désormais propriétés françaises; une autre partie était vivement sollicitée par Ibrahim-Bey, qui travaillait à donner du courage et une impulsion de défense à la population. Mais les milices du Caire avaient été battues, comme les Mamelouks, à la bataille des Pyramides; tout ce que cette ville comptait d'hommes en état de porter les armes y avait pris part. Ils étaient consternés et découragés. Les Français leur paraissaient plus que des hommes.

La lettre au pacha, écrite d'Alexandrie, et traduite en arabe, fut répandue dans la ville. Un drogman fut envoyé aux ulémas et aux cheykhs de Gama-el-Azhar. Ceux-ci se rassemblèrent, prirent le gouvernement de la ville, et résolurent de se soumettre. Ibrahim-Bey et le pacha se retirèrent à Birket-el-Hadji. Une députation des cheykhs se rendit à Gizéh, ayant à sa tête le kiaya du pacha. Elle prit confiance dans la clémence du vainqueur. La ville attendait avec la plus vive inquiétude son retour. La députation se loua de l'accueil qu'elle avait reçu, et des bonnes dispositions du sultan Kébir. Le général Dupuis entra au Caire, comme commandant d'armes, prit possession de la citadelle, et des principales positions. Il afficha la proclamation suivante du général en chef :
« Peuple du Caire, je suis content de votre conduite...
« Je suis venu pour détruire la race des Mamelouks,
« protéger le commerce et les naturels du pays. Que
« tous ceux qui ont peur se tranquillisent ; que ceux
« qui se sont éloignés reviennent. Que la prière ait
« lieu aujourd'hui comme à l'ordinaire... Ne craignez
« rien pour vos familles, vos maisons, vos propriétés
« et surtout pour la religion du prophète que j'aime...
« Il y aura un divan composé de sept personnes qui
« se réuniront à la mosquée de Ver..... (1) »

(1) Il n'y a que ces trois lettres dans le manuscrit.　　(*De Las Cases.*)

Pendant la journée du 23 et du 24, tout ce que le Caire avait de distingué passa le Nil et se rendit à Gizéh pour voir le sultan Kébir, et lui faire ses soumissions. Napoléon n'oublia rien de ce qui pouvait les rassurer, leur inspirer de la confiance et des sentimens favorables. Il était parfaitement secondé par son interprète, le citoyen Venture, qui avait passé quarante ans à Constantinople et dans différens pays musulmans; c'était le premier orientaliste d'Europe; il rendait tous ses discours, avec élégance, facilité, et de manière à produire l'effet convenable.

Le 25, le général en chef fit son entrée dans le Caire, descendit à la maison d'Elfi-Bey, située sur la place d'Ezbekiéh, à une extrémité de la ville. Elle avait un très beau jardin, et communiquait par la campagne avec Boulac et le vieux Caire. Les maisons des Français, des Vénitiens et des Anglais établis au Caire, fournirent au quartier-général des lits, des chaises, des tables, et autres meubles à l'usage des Européens. Plus tard, l'architecte Le Père bâtit un très bel escalier et changea toute la distribution de la maison, afin de la rendre propre aux mœurs et aux usages français.

Les femmes des Mamelouks étaient effrayées. Un des premiers soins du général en chef fut de les rassurer. Il employa à cet effet l'influence de la femme de Mourad-Bey qui était la principale. Cette femme avait été à Aly-Bey. Elle jouissait dans la ville d'une haute considération. Il lui envoya le capitaine Beauharnais, son beau-fils, pour la complimenter et lui porter un firman qui lui confirmait la propriété de tous ses villages. Elle était extrêmement riche, avait un grand train de maison, et le sérail à la tête duquel elle se trouvait était composé d'une cinquantaine de femmes de tous les pays et de toutes les couleurs. Les officiers de son palais eurent beaucoup de peine à les contenir; toutes ces esclaves voulaient voir le jeune et joli Français. Sitti-Néfiséh reçut le messager du sultan Kébir avec dignité et grâce. Elle le fit entrer dans le sérail; lui fit, avec beaucoup de gentillesse, les honneurs d'une élégante collation, et lui offrit une bague d'une assez grande valeur. Cependant, comme les trésors des Mamelouks étaient dans les mains de leurs femmes, et que le trésor de l'armée éprouvait beaucoup de difficultés à faire face aux besoins du soldat, elles durent, selon l'usage du pays, racheter les richesses des maris en les soumettant à une contribution proportionnée à leur fortune.

Rassurés sur leurs personnes et leurs propriétés, les habitants le furent bientôt sur l'article si essentiel de leur religion. Les imans continuèrent à faire la lecture dans les mosquées, les mouezzins continuèrent leurs cris, au haut des minarets, à toutes les heures de la nuit. Les ulémas et les grands cheykhs furent l'objet spécial de l'attention, des cajoleries de Napoléon. Il leur confirma tous leurs villages, tous leurs priviléges, et les environna d'une plus haute considération que celle dont ils avaient joui jusqu'alors. Ils formèrent le divan. C'est d'eux dont il se servit pour le gouvernement du pays.

Malgré l'ordre de remettre les armes, un grand nombre de fusils existaient encore dans l'intérieur des harems. Un pacha ou un bey ne faisait pas difficulté de faire arrêter, bâtonner, sans aucune formalité, l'habitant qui lui avait déplu, même de lui faire couper la tête; mais jamais il ne violait l'intérieur du harem. Le Mamelouk est esclave du maître partout ailleurs que dans l'intérieur de la maison où il est inviolable; cet usage fut respecté. La confiance s'établit. Mourad-Bey fut très sensible aux égards que l'on eut pour ses femmes et laissa dès-lors entrevoir des dispositions pacifiques.

La nouvelle de la bataille des Pyramides se répandit avec une singulière rapidité dans tous les déserts et dans toute la Basse Egypte. Les circulaires des ulémas du Caire et des chefs de la religion furent lues et affichées dans toutes les mosquées. Cela rétablit les communications sur les derrières de l'armée avec Alexandrie et Rosette. L'état-major reçut des nouvelles du général Kléber commandant à Alexandrie, du général Menou commandant à Rosette, et de l'amiral Bruèys commandant l'escadre. Celle-ci était encore mouillée à Aboukir, ce qui excita l'étonnement et le mécontentement du général en chef.

VIII. L'armée était depuis dix jours au Caire, elle restait immobile. Mourad-Bey réorganisait ses débris dans la Haute Egypte. De Belbeis, Ibrahim-Bey exerçait son influence sur toute la Basse Egypte. Il commandait dans le Charkiéh, dans une partie du Kélioubiéh, à Damiette, et dans une partie du Delta. Il se renforçait tous les jours par de nouvelles levées. Il était de la plus haute importance, afin de pouvoir jouir tranquillement de la Basse Egypte, de le chasser au-delà du désert. Mais les soldats s'accoutumaient difficilement au pays, quoique leur position se trouvât fort améliorée.

Le 2 août, le général Leclerc se porta à El-Khancah pour observer de plus près Ibrahim-Bey. El-Khancah est à six lieues du Caire. Il avait ordre d'y organiser une manutention. Le général Murat marcha sur le Kélioubiéh, pour soumettre cette partie et lever des chevaux. Le général Reynier campa à la Coubbé. Le 5 août, Ibrahim-Bey partit de Belbeis, dans la nuit, et cerna l'avant-garde à El-Khancah. La fusillade et la mitraille le tinrent en respect. Les généraux Murat et Reynier, au bruit du canon, marchèrent sans perdre de temps sur El-Khancah. Ils arrivèrent à temps pour recueillir l'avant-garde qui opérait sa retraite. Ils repoussèrent Ibrahim-Bey et le jetèrent sur Belbeis. Napoléon donna le commandement du Caire à Desaix. Il lui recommanda d'activer les préparatifs pour l'expédition de la Haute Egypte, et se mit aussitôt en opération avec l'armée. Celle-ci, dès qu'elle sut qu'elle allait quitter le Caire, fit entendre des murmures. Le mécontentement prit une couleur de sédition et de complot, inconnue jusqu'alors. Les régimens se firent des députations. Plusieurs généraux se concertèrent entre eux. « Il était inouï qu'on « prétendît, dans le fort de la canicule, faire mar- « cher des troupes dans des déserts sans eau, et les ex- « poser, sans ombre, au soleil brûlant du tropique. » Cependant le 7, à la pointe du jour, les divisions prirent les armes. La 9ᵉ de ligne devait ouvrir la marche. C'était celle qui avait le plus mauvais esprit. Le général en chef se porta sur son front, lui témoigna son mécontentement, et ordonna au colonel de faire demi-tour à droite et de rentrer dans la ville, disant avec dureté : « *Soldats de la 9ᵉ, je n'ai pas besoin de* « *vous.* » Il ordonna à la 32ᵉ de rompre par peloton et d'ouvrir la marche. Cela fut suffisant pour déjouer le complot. La 9ᵉ obtint, après de longues sollicitations, de faire partie de l'expédition. Elle marcha la dernière. L'armée coucha, le 7, à El-Khancah; le 8, à Belbeis. Elle suivit la lisière du désert, mais ayant à sa gauche le pays cultivé, un grand nombre de villages et presque une forêt continuelle de palmiers. Belbeis est une grosse bourgade ayant plusieurs milliers d'habitans; c'est un chef-lieu. Ibrahim-Bey en était parti depuis douze heures et s'était retiré sur Salhéyéh. On campa, le 9, dans la forêt de palmiers de Koraïm. La caravane de la Mecque était arrivée depuis plusieurs jours sur les frontières de l'Egypte. L'Émir-Aga, avec son escorte, s'était joint à Ibrahim-Bey. Les Arabes Houâtat et Billis crurent pouvoir, sans courir aucun danger, profiter de cette occasion pour la dépouiller. Ils s'emparèrent de toutes les marchandises. El-Marouki, un des principaux négocians, vint se jeter aux pieds du général, avec deux de ses femmes, et implora sa protection. On lui avait enlevé deux de ses esclaves et pour cent mille écus de marchandises. Cette famille malheureuse fut accueillie. Elle fut touchée des égards et de la courtoisie française. Les femmes, autant que l'on en put juger par la délicatesse de leurs manières, leurs jolies mains, la grâce de leur démarche, l'accent de leur voix et leurs grands yeux noirs, étaient jolies. Les enquêtes furent faites avec tant de soin et de zèle, que toutes les marchandises furent retrouvées. La caravane fut réorganisée et renvoyée sous bonne escorte au Caire, ce qui excita vivement la reconnaissance de la ville et du commerce.

Le 10, à deux heures après midi, l'avant-garde entra dans le bois de palmiers de Salhéyéh, et la cavalerie, forte de trois cent cinquante chevaux, arriva près de la mosquée. Elle y trouva encore Ibrahim-Bey avec sa maison. Il venait de recevoir l'alarme, et était occupé à faire charger les chameaux qui portaient ses femmes et ses richesses. Il fit bonne contenance. Il avait douze cents Mamelouks et cinq cents Arabes. L'infanterie était encore à deux lieues. Deux pièces d'artillerie à cheval et soixante officiers montés joignirent la cavalerie. Mais la chaleur était étouffante. L'infanterie avait peine à suivre dans ces sables mobiles. Cependant les pièces engagèrent bientôt la canonnade. La cavalerie française exécuta alors quelques charges. Elle prit deux chameaux qui portaient deux petites pièces de canon légères et cent cinquante autres chameaux chargés d'effets de peu de valeur, qu'Ibrahim-Bey abandonna pour accélérer sa marche. Désespéré de voir ce beau convoi échapper, le colonel Lasalle exécuta une nouvelle charge où il perdit une trentaine d'hommes tués ou blessés, sans pouvoir forcer l'arrière-garde ennemie qui était composée de six cents Mamelouks. Ibrahim-Bey continua sa retraite, s'enfonçant dans le désert. Il séjourna à Katiéh, d'où il gagna El-Arich et la Syrie. Il fut accueilli par Djezzar-Pacha. Pendant le combat de Salhéyéh, les cinq cents Arabes se séparèrent d'Ibrahim-Bey. Ils prirent une position sur ses flancs, et envoyèrent une députation aux Français pour leur demander la permission de charger de concert avec la cavalerie française. Mais ils se gardèrent bien d'affronter ces terribles Mamelouks; un de ceux-ci faisait fuir vingt Arabes. Les aides-de-camp Sulkouski, Duroc, Beauharnais, le colonel Destrées qui fut grièvement blessé, se distinguèrent dans cette charge. Salhéyéh est à trente lieues du Caire et à soixante-seize lieues de Gaza; c'est le dernier point où arrive aujourd'hui l'inondation du Nil. Au-delà des palmiers de Salhéyéh commence le désert aride qui sépare l'Afrique de l'Asie. Il était nécessaire d'y établir un fort; ce serait à-la-fois une vedette pour observer le désert, et une place de dépôt pour l'armée qui serait obligée de manœuvrer sur cette frontière ou même qui voudrait se porter en Syrie. Le général Caffarelli du Falga donna les instructions convenables pour le système de fortification qu'il fallait suivre.

Le 12, la division Dugua se porta sur Damiette, dont elle s'empara sans difficulté. Première ville de la Basse Égypte après le Caire, elle était le centre d'un grand commerce. Sa douane rendait autant que celle d'Alexandrie. Le général Dugua trouva des magasins très considérables de riz appartenant aux beys. Il fit établir une batterie pour défendre le Bogaz. Il s'empara du lac Menzaléh, du château de Tinéh. Une brigade d'officiers du génie, une avant-garde de trois bataillons d'infanterie, d'un escadron de cavalerie, et d'une batterie d'artillerie, prirent position à Salhéyéh. Le reste de l'armée repartit pour le Caire. Le 12, dans la nuit, des hommes arrivés de Damiette donnèrent vaguement la nouvelle qu'un grand combat naval avait eu lieu à Alexandrie, que les Français avaient été vainqueurs, qu'un grand nombre de vaisseaux avaient été brûlés; on n'y prêta aucune attention.

IX. A mi-chemin de Koraïm à Belbeis, un courrier d'Alexandrie remit au général Berthier des nouvelles de France apportées par un aviso, qui était heureusement entré dans le port. Une lettre du ministre de la guerre lui faisait connaître la loi du 22 floréal, et ordonnait qu'elle fût mise à l'ordre du jour. Le Directoire et le Corps-Législatif avaient cassé une partie des élections faites par les conseils électoraux. Ils attentaient ainsi à la souveraineté du peuple. Cela fit le plus mauvais effet dans l'armée. « *Ils sont à* « *Paris, disait-on, une poignée d'avocats, qui par-* « *lent sans cesse de principes, mais qui ne veulent* « *que le pouvoir; ils se moquent de nous.* » Ce courrier portait une nouvelle plus importante pour l'armée : Kléber rendait compte de la destruction de l'escadre. Ce malheureux événement avait eu lieu à Aboukir, le 1er août. Le courrier avait mis douze jours en route, ayant été obligé de marcher avec des escortes d'infanterie. « En arrivant devant Alexandrie, « dit Napoléon, je demandais à la fortune qu'elle « préservât mon escadre pour cinq jours; elle « en a accordé trente, et l'amiral n'a pas voulu met- « tre ses vaisseaux en sûreté dans le port. Il ne lui « fallait cependant que six heures pour cela. Une im- « placable fatalité poursuit notre marine. Ce grand « événement aura des conséquences qui se feront « sentir ici et loin d'ici. » Les habitans du Caire témoignèrent une véritable satisfaction du retour de l'armée. Les ulémas de Gama-el-Azhar présentèrent, au lever, les principaux négocians; ils témoignèrent leur gratitude pour la protection accordée à la caravane ; ils exprimèrent le désir de voir bientôt occuper la Haute Egypte, qui était nécessaire pour les approvisionnemens et le bien-être du Caire.

La catastrophe de l'escadre avait consterné les Français. « *Nous voilà donc*, disait-on, *abandon-« nés dans ce pays barbare, sans communication, « sans espérance de retourner chez nous.* » Le général en chef parla aux officiers et aux soldats : « Eh « bien ! dit-il, nous voilà dans l'obligation de faire « de grandes choses, nous les ferons; de fonder un « grand empire, nous le fonderons. Des mers, dont « nous ne sommes pas maîtres, nous séparent de la « patrie; mais aucune mer ne nous sépare ni de l'A-« frique ni de l'Asie. Nous sommes nombreux, nous « ne manquerons pas d'hommes pour recruter nos « cadres. Nous ne manquerons pas de munitions « de guerre, nous en avons beaucoup; au besoin, « Champy et Conté nous en fabriqueront. » Les esprits s'électrisèrent. On cessa de se plaindre. On s'occupa à s'établir sérieusement. Tous les Français s'exhortèrent les uns les autres à être dignes de leur propre renommée !! Le plus grand obstacle que l'on éprouva fut la rareté de l'argent et la difficulté de s'en procurer.

L'administration s'organisa dans toutes les provinces de la Basse Egypte. Des remontes nombreuses arrivèrent dans le dépôt central du Caire. Les contributions se perçurent. Trois chaloupes canonnières à fond plat, portant chacune une pièce de vingt-quatre et quatre pièces de quatre, ne tirant que deux pieds d'eau, furent construites sur les chantiers du Caire. Une descendit dans le lac Bourlos, et les deux autres, dans le lac Menzaléh. Chacune de ces chaloupes pouvait porter jusqu'à deux cents hommes. Elles avaient quatre caïques ne tirant qu'un pied d'eau et portant une pièce de trois. Ces lacs furent, par là, entièrement maîtrisés. Les officiers du génie firent travailler avec activité au rétablissement du canal d'Alexandrie; le Nil y entra; la place fut approvisionnée d'eau, les trois citernes remplies, et la navigation qui eut lieu pendant six semaines, permit de garnir les magasins, de blé, de riz et d'autres denrées nécessaires sur ce point important. Les officiers commandant les provinces portèrent la plus grande activité à réprimer les insurrections suscitées par la turbulence des Arabes. Cela donna lieu à quelques combats peu importans, où la supériorité de l'armée française s'établit dans l'esprit des Orientaux.

Le 28 août, Desaix partit enfin pour la Haute Égypte avec quatre ou cinq mille hommes de toutes armes, dont cinq cents de cavalerie, montés sur d'excellens chevaux, et une flottille qui lui assurait la supériorité sur le Nil et les canaux. Mourad-Bey évacua toute la province de Gizéh et de Beni-Soueif, et, en peu de jours, le pavillon tricolore fut arboré sur les deux rives jusqu'à quarante lieues du Caire. L'arsenal, les salles d'artifice, les magasins d'artillerie furent réunis à Gizéh, et l'enceinte qui consistait en une grande muraille fut fortifiée par des redoutes, des flèches et de bonnes batteries. La citadelle du Caire fut mise dans un état respectable. La communication avec Alexandrie, Rosette et Damiette, n'éprouvait aucun obstacle. La maison de campagne d'Ibrahim-Bey située sur la rive droite du Nil, forma une tête de pont à l'île de Roudah, et fut transformée en un grand hôpital qui contenait six cents malades. Deux autres des plus grandes maisons du Caire furent destinées au même service. Toutes les parties de l'administration s'organisèrent avec une singulière activité, pendant les mois d'août et de septembre. L'Institut établit ses bibliothèques, ses imprimeries, ses mécaniques, son cabinet de physique dans un des plus beaux palais de la ville.

X. En 1798, l'escadre française arrive devant Alexandrie, le 1er juillet, à 10 heures du matin. Elle opère le même jour son débarquement. Elle est, le lendemain, maîtresse d'Alexandrie. Le 10, elle arrive à Rahmanièh sur le Nil. Le 13, elle donne une bataille. Le 21, elle en donne une autre. Le 23, elle entre au Caire; les Mamelouks sont détruits. Toute la Basse Egypte et la capitale, sont soumises en vingt-trois jours.

Saint Louis paraît devant Damiette, le 5 juin 1250. Il débarque le lendemain. L'ennemi évacue la ville de Damiette, il y entre le même jour. Du 6 juin au 6 décembre, c'est-à-dire pendant six mois, il ne bouge point de la ville. Au commencement de décembre, il se met en marche. Il arrive, le 17, vis-à-vis de Mansourah, sur les bords du canal d'Achmoun. Ce canal, qui a été un ancien bras du Nil, est fort large et plein d'eau dans cette saison; il y campe deux mois. Le 12 février (1251), les eaux sont basses, il passe le canal, et livre une bataille, huit mois après son débarquement à Damiette.

Si, le 6 juin 1250, les Français eussent manœuvré comme ils ont fait en 1798, ils seraient arrivés, le 12 juin, devant Mansourah, ils auraient trouvé le canal d'Achmoun à sec, car c'est le moment où les eaux du Nil sont le plus basses; ils fussent arrivés le 25 juin au Caire, le grand bras du Nil, à cette époque, n'a que cinq pieds d'eau; ils auraient conquis la Basse Egypte et la capitale dans le mois de leur arrivée. Lorsque le premier pigeon porta au Caire la nouvelle du débarquement de saint Louis à Damiette, la consternation fut générale; on ne voyait aucun moyen de résister. La dépêche, lue aux mosquées, fit répandre des torrens de larmes. A chaque instant, on s'attendait à apprendre la nouvelle de l'arrivée des Français à Mansourah et aux portes du Caire. Mais, en huit mois, les Musulmans eurent le temps de revenir de leur étonnement, et d'appeler des secours. Des troupes accoururent de la Haute Egypte, de l'Arabie et de la Syrie. Saint Louis fut battu, fait prisonnier et chassé de l'Egypte.

Si, en 1798, les Français eussent manœuvré comme saint Louis, s'ils eussent passé juillet, août, septembre, octobre, novembre et décembre, sans quitter les environs d'Alexandrie, ils auraient trouvé en janvier et février des obstacles insurmontables. Daman-hour, Rahmaniéh et Rosette auraient été retranchés, couverts de canons et de troupes, ainsi que le Caire et Gizéh. Douze mille Mamelouks, quinze ou vingt mille Arabes à cheval, et quarante ou cinquante mille Janissaires, Azabs ou milices, eussent été réunis et retranchés dans ces positions. Le pacha de Jérusalem, celui d'Acre, celui de Damas, le bey de Tripoli, eussent envoyé des secours aux fidèles. Quelques succès que l'armée française eût pu avoir dans des rencontres, la conquête eût été impossible, et il eût fallu se rembarquer. En 1250, l'Egypte était moins en état de se défendre, et plus dépourvue de défenseurs qu'en 1798; mais saint Louis ne sut pas en profiter. Il passa huit mois à prier, lorsqu'il eût fallu les passer à marcher, combattre et s'établir dans le pays.

CHAPITRE IV.

BATAILLE NAVALE DU NIL.

I. Mouvement des escadres anglaises dans la Méditerranée, en mai, juin, juillet 1798. — II. L'escadre française reçoit l'ordre d'entrer dans le port vieux; elle le peut; elle ne le fait pas. — III. L'amiral s'embosse dans la rade d'Aboukir; mécontentement du général en chef. — IV. Bataille navale (1er août). — V. Effet de la bataille navale sur le peuple d'Égypte. — VI. Effet de la perte de l'escadre française sur la politique de l'Europe.

I. En février 1798, le ministère anglais fut instruit que des armemens considérables se préparaient à Brest, à Rochefort, à Toulon, à Gênes, au Ferrol et à Cadix; que cent cinquante mille hommes étaient campés sur les côtes de la Normandie et de la Flandre; que Napoléon, général en chef de l'armée d'Angleterre, environné de plusieurs des officiers les plus distingués de l'ancienne marine, parcourait les ports de l'Océan. Il pensa que la France voulait profiter de la paix qu'elle venait de conclure avec le continent, pour terminer sa querelle avec l'Angleterre, par une lutte corps à corps, et que les escadres réunies de Cadix et de Brest porteraient des armées en Angleterre et en Irlande. Mais il apprit, le 12 mai, que Napoléon était parti le 4 pour Toulon. Il donna aussitôt l'ordre à l'amiral Roger de se rendre avec dix vaisseaux de guerre devant Cadix pour renforcer l'escadre de l'amiral Saint-Vincent qui était devant ce port.

Cet amiral parti le 16 mai des côtes de l'Angleterre, arriva, le 24, à Cadix. Lord Saint-Vincent envoya sans délai dix vaisseaux renforcer la division légère de Nelson, composée de trois vaisseaux qui croisaient dans la Méditerranée. Nelson, avec treize vaisseaux et deux frégates, se présenta le 12 juin devant Toulon. Il y apprit que la flotte en était partie depuis fort long-temps. Il se rendit successivement devant la rade de Talamone, sur les côtes de Toscane, et devant Naples où il arriva le 18 juin. Lord Saint-Vincent était resté avec vingt vaisseaux devant Cadix, admettant qu'il était possible que l'escadre française s'y présentât pour se réunir à l'escadre espagnole. Son ordre à Nelson était de ne respecter la neutralité d'aucune puissance, et soit que l'escadre française se portât devant Constantinople, dans la mer Noire, ou au Brésil, de l'attaquer partout où il croirait pouvoir le faire avec avantage. Dans ces instructions qui ont été imprimées, il n'est pas question de l'Egypte. Nelson apprit à Naples que l'armée française assiégeait Malte. Il fit voile pour Messine. Lorsqu'il eut appris que l'escadre française, après s'être emparée de Malte, en était partie, et paraissait se diriger sur Candie, il passa le détroit de Messine le 22 juin, et se dirigea sur Alexandrie, où il arriva le 28, au moment même où la flotte française reconnaissait le cap d'Aras, à trente lieues à l'ouest et au vent. Ne trouvant à Alexandrie aucun renseignement, il se dirigea sur Alexandrette, reconnut les Dardanelles, l'entrée de la mer Adriatique, et mouilla, le 18 juillet, à Syracuse en Sicile, pour y faire de l'eau, croyant que l'escadre française avait passé dans l'Océan. Cependant il se porta, le 24 juillet, à Coron dans la Morée. Il interrogea un bâtiment grec venu d'Alexandrie, et en apprit que, trois jours après que l'escadre anglaise s'était présentée devant ce port, une flotte française y était arrivée, avait débarqué une armée nombreuse, qui, le 2 juillet, s'était emparée de la ville et depuis avait marché sur le Caire ; que cette flotte était mouillée dans le port vieux. Il fit voile pour les côtes d'Egypte, où il arriva le 1er août.

II. Nous avons dit, que l'amiral Brueys avait voulu mouiller à Aboukir pour opérer plus promptement le débarquement des effets de l'armée, pendant que le capitaine Barré faisait l'inspection du port vieux. Cette inspection avait été terminée le 12 juillet. Le capitaine Barré s'exprimait dans les termes suivans :

Alexandrie, le (sans date) an VI (1798).

Au général Bonaparte.

« J'ai été chargé, de votre part et de celle de Brueys, de lever le plan et les sondes du port vieux. Je suis entré le 19 messidor (7 juillet) dans la rade de ce port, et j'ai commencé mes opérations qui ont duré jusqu'au 24 dudit mois (12 juillet), où j'adressai le rapport du résultat de mon ouvrage au général Brueys, et au commandant de division Dumanoir qui, approuvant les dispositions que j'avais prises pour faire entrer l'escadre, en fit part officiellement à l'amiral, lequel me répondit le 2 thermidor (20 juillet). Je joins copie de sa lettre à mon rapport.

« *Signé* BARRÉ. »

Rapport fait par le capitaine de frégate Barré, commandant la frégate de la République l'Alceste, *au général Brueys, commandant les forces navales de la République dans la Méditerranée, sur les moyens d'entrer dans le port vieux, à Alexandrie.*

Alexandrie, le 25 messidor an VI (13 juillet 1798).

« Les trois passes d'Alexandrie sont susceptibles, Général, d'obtenir de la profondeur, en faisant briser quelques roches qui se trouvent dans le milieu et sur les côtés, ce qui pourrait se faire aisément, ces roches étant très friables; d'ailleurs il n'existe dans la grande passe qu'un seul endroit où il serait nécessaire d'employer ce moyen, le rocher se trouvant dans le milieu de la passe, quoiqu'il y ait un passage de six brasses tribord et babord et assez large pour passer des vaisseaux de ligne de premier rang.

« La passe du Marabout est large de trois cents toises

et longue de cinq cents, et est très difficultueuse à raison de l'inégalité de ces fonds, qui ne donnent que quatre brasses, quatre brasses et demie. Mais celle du milieu, qui est la meilleure et celle où il y a le plus d'eau, a deux cents toises de large dans l'endroit le plus étroit, sur six cent soixante de long, et donne, dans toute son étendue, six et sept brasses, excepté à l'entrée, où il n'y en a que cinq, et dans le milieu cinq et demie; et je dois observer qu'il y a passage de chaque côté de ces hauts fonds, et qu'alors il n'y a plus que le milieu qui n'offre que cinq brasses et demie à basse mer, les marées donnant tous les jours deux pieds et demi, et davantage dans les pleines lunes, et surtout dans le débordement du Nil.

« Il y a louvoyage dans les deux passes en portant la bordée dans la passe du Marabout, et dans l'ouest du banc où s'est perdu *le Patriote;* et comme l'on rencontre alors la grande passe, on se trouve au large de tout danger, et l'on doit prendre pour remarque à terre, lorsque l'on sort, le château par la pointe de l'île du Phare bien effacé : alors on est en dehors de tout, la sonde rapportant dix et douze brasses.

« Ces passes m'étant connues, j'ai mouillé des barriques goudronnées et bien étalinguées dans les deux principales passes, sur lesquelles barriques j'ai mis des pavillons rouges à tribord en entrant et des jaunes à babord. Il est essentiel, comme il y a plus d'eau sur tribord, de ranger la première bouée rouge, le fond donnant six brasses, et de continuer à gouverner à l'aire de vent indiquée dans le plan, conservant toujours le milieu des bouées, et alors venir en arrondissant pour éviter le banc qui est au sud-ouest des récifs. D'ailleurs, on peut approcher la terre d'Alexandrie, le fond étant, jusque par le travers des Figuiers, de neuf et dix brasses.

« La troisième passe, à l'est de la pointe des Figuiers, peut recevoir des bâtimens du commerce, ayant trois et quatre brasses dans toute la longueur de cette passe, et même dans un cas pressé, de fortes corvettes ou de petites frégates.

« Le port est sain partout, ainsi qu'il est aisé de le vérifier dans le plan que je vous adresse, et, s'il était nettoyé, il pourrait recevoir des bâtimens encore plus forts; cependant toutes les sondes rapportent neuf, dix et onze brasses.

« Je pense aussi qu'on pourrait pratiquer une passe du port vieux au port neuf; ce qui faciliterait beaucoup l'entrée et la sortie de ces deux ports; mais elle ne peut encore avoir lieu; ainsi il n'y faut plus penser.

« Je dois encore vous faire observer qu'il serait essentiel que vous donnassiez l'ordre qu'on fabriquât des plateaux en fer pour établir des balises que rien ne puisse déranger, les bouées ayant l'inconvénient de chasser lorsqu'il y a beaucoup de mer.

« Je désire, Général, avoir rempli vos intentions, ainsi que celles du général en chef, et mon avis en dernière analyse est que les vaisseaux peuvent passer avec les précautions d'usage que vous connaissez mieux que moi.

« *Signé* Barré. »

Rien ne devait donc plus s'opposer à l'exécution de l'ordre précis que Napoléon avait donné à l'amiral Brueys, de faire entrer l'escadre dans le port vieux d'Alexandrie. Mais l'amiral était résolu à rester dans la rade d'Aboukir.

Cependant, pour mettre sa responsabilité à couvert, car l'ordre de Napoléon était positif et avait été réitéré plusieurs fois, d'entrer sans délai dans le port vieux, il feignit de n'ajouter aucune foi au rapport du capitaine Barré, et lui adressa la lettre suivante :

Lettre de l'amiral Brueys au citoyen Barré, commandant l'Alceste, *en date du 2 thermidor an* VI (*20 juillet* 1798).

« J'ai reçu, citoyen, votre lettre du 30 messidor, et je ne peux que donner des éloges aux soins et aux peines que vous vous êtes donnés pour trouver une passe au milieu des récifs qui ferment l'entrée du port vieux, et qui puisse permettre aux vaisseaux de guerre d'y aller mouiller sans courir aucun danger. Ce que vous me dites ne me paraît pas encore assez satisfaisant, puisqu'on est obligé de passer sur un fond de vingt-cinq pieds, et que nos vaisseaux de soixante-quatorze en tirent au moins vingt-deux; qu'il faudrait par conséquent un vent fait exprès et une mer calme, pour hasarder d'y passer sans courir les plus grands risques d'y perdre un vaisseau, d'autant que le passage est étroit et que l'effet du gouvernail est moins prompt lorsqu'il y a peu d'eau sous la quille.

« Peut-être vos recherches vous feront-elles trouver quelque chose de plus avantageux, et je vous engage à ne les abandonner qu'après vous être assuré que l'espace compris entre la tour du Marabout et la côte de l'Est n'offre rien de mieux que l'endroit que vous avez fait baliser. Soyez persuadé que je ne négligerai pas de faire valoir la nouvelle preuve de zèle que vous aurez donnée dans cette occasion ; ce qui, ajouté aux services distingués que vous avez déjà rendus, doit vous être un sûr garant des éloges et des récompenses que vous recevrez du gouvernement.

« Lorsque votre travail sera fini, il sera nécessaire que vous en fassiez part au général en chef, et, en lui envoyant un plan exact de vos sondes, vous lui ferez part de votre façon de penser sur la qualité des vaisseaux qu'on peut se permettre de faire entrer dans le port vieux avec la certitude de ne pas les risquer.

« *Signé* Brueys. »

III. La bataille des Pyramides, la soumission du Caire et les proclamations des ulémas avaient pacifié toute la Basse Égypte. Les communications avaient été rétablies avec Rosette et Alexandrie. Le 30 juillet, le quartier-général en reçut pour la première fois des nouvelles depuis le départ de Damanhour, c'est-à-dire depuis vingt jours. De trois lettres de l'amiral, une était du 10 juillet; elle disait que la commission chargée de vérifier le travail du capitaine Barré, était occupée à sonder une nouvelle passe qui paraissait préférable à la passe ordinaire. Par une seconde, datée du 15, il rendait compte de diverses escarmouches qui avaient eu lieu au puits d'Aboukir, entre les matelots et les Arabes; quelques matelots avaient été tués; la communication avec Alexandrie et Rosette était interceptée par terre. Par la troisième, du 20 juillet, il donnait des nouvelles de Nelson, qui avait été aperçu par des bâtimens grecs entrés dans Alexandrie; il disait : qu'il paraissait que l'escadre anglaise croisait entre Corfou et la Sicile; qu'inférieure en forces à l'escadre française, elle n'osait s'en approcher; que cependant, pour plus grande précaution, il avait vérifié son embossage, et qu'il occupait une position inexpugnable; que sa gauche était couverte par l'île d'El-Bequier, avancée dans la mer à six cents toises du port; qu'il avait fait occuper cette île par cinquante soldats d'infanterie et deux pièces de douze de campagne, jugeant prudent de la mettre à l'abri des tentatives de l'ennemi; que ses deux plus mauvais vaisseaux, *le Guerrier* et *le Conquérant*, formaient la gauche de sa ligne d'embossage; que, couverts par l'île, ils étaient hors de toute atteinte; qu'il avait placé à son centre *le Franklin*, *l'Orient* et *le Tonnant*, un vaisseau de

cent vingt et deux vaisseaux de quatre-vingts; que
des vaisseaux de soixante-quatorze ne se placeraient
pas impunément sous cette redoutable batterie; que
sa droite était en l'air et fort éloignée de terre, mais
qu'il était impossible à l'ennemi de la tourner sans
perdre le vent qui, dans cette saison, souffle constamment du nord-ouest; que, si ce cas arrivait, il appa-
reillerait avec sa gauche et son centre, et attaquerait
l'ennemi à la voile.

Le général en chef, extrêmement étonné et fort
mécontent de ces dispositions de l'amiral, dépêcha
sur-le-champ le capitaine Julien, son aide-de-camp,
avec ordre de s'embarquer sur *l'Orient*, et de ne pas
débarquer qu'il n'eût vu toute l'escadre mouillée
dans le port vieux; il écrivit à l'amiral que, depuis
vingt jours, il avait eu le temps de s'assurer si son escadre pouvait, ou non, entrer dans le port vieux ;
pourquoi donc n'y était-il pas entré? ou pourquoi
n'avait-il pas, conformément à ses ordres, appareillé
pour Corfou ou pour Toulon? Qu'il lui réitérait l'ordre de ne point rester dans cette mauvaise position
et de lever l'ancre immédiatement; qu'Aboukir était
une rade foraine, puisque son aile droite ne pouvait
être protégée par la terre; que le raisonnement qu'il
faisait serait plausible, s'il était attaqué par des forces
égales; mais les manœuvres de l'amiral anglais, depuis un mois, indiquaient assez qu'il attendait un
renfort de devant Cadix, et qu'aussitôt que les renforts l'auraient joint, il se présenterait devant Aboukir

peut-être avec dix-huit, vingt ou vingt-cinq vaisseaux; qu'il fallait éviter toute bataille navale, et ne mettre sa confiance que dans le port vieux d'Alexandrie. Le capitaine Julien fut attaqué près d'Al-Kam par un parti d'Arabes; le bâtiment sur lequel il était fut pillé, et ce brave officier assassiné en défendant ses dépêches. Il ne pouvait d'ailleurs arriver que le lendemain du désastre qu'il était chargé de prévenir.

Tous les rapports d'Alexandrie contenaient des plaintes contre l'escadre; elle était sans discipline, les matelots descendaient à terre et sur la plage, les ports d'Alexandrie et de Rosette étaient encombrés des chaloupes des vaisseaux; à bord on avait cessé les exercices, on ne faisait jamais de branle-bas; aucune escadrille légère n'était à la voile, pas même une frégate, des bâtimens suspects paraissaient tous les jours à l'horizon sans qu'ils fussent chassés, et, de la manière dont se faisait le service, l'escadre pouvait être surprise d'un moment à l'autre. Le général en chef écrivit à l'amiral pour lui témoigner son mécontentement de toutes ces négligences; il ne concevait pas comment il ne profitait point de la protection du port vieux d'Alexandrie; l'île qui appuyait la gauche de la ligne d'embossage, n'étant pas occupée par une trentaine de bouches à feu, lui était inutile, il eût fallu y placer douze pièces de trente-six en fer, quatre de seize ou dix-huit, de bronze, avec un gril à boulets rouges et sept ou huit mortiers à la Gomer de douze pouces, alors vraiment la gauche eût été en sûreté; il ne pouvait pas pénétrer les raisons qui avaient porté l'amiral à laisser les deux vaisseaux de soixante-quatre dans le port d'Alexandrie, ces deux vaisseaux étaient neufs et d'une très bonne construction, ils tiraient beaucoup moins d'eau que les vaisseaux de soixante-quatorze, ils pouvaient être placés avec avantage entre la gauche de sa ligne et l'île, ces vaisseaux étaient préférables au *Conquérant*, vieux vaisseau condamné depuis long-temps, qu'on n'avait armé à Toulon qu'avec du dix-huit; toute la ligne d'embossage aurait pu également être renforcée d'une frégate par vaisseau, l'amiral en avait onze en tout (1), les frégates vénitiennes étaient très bonnes, plus grandes et plus larges que les frégates françaises de quarante-quatre, elles pouvaient porter du vingt-quatre, elles tiraient moins d'eau, ce qui était un inconvénient pour leur marche, mais était un avantage pour la ligne d'embossage; enfin six bombardes, dix chaloupes canonnières ou tartanes armées de vingt-quatre, étaient dans le convoi. Pourquoi ne pas les employer à fortifier la droite de la ligne d'embossage? Mille cinq cents matelots étaient dans le port d'Alexandrie sur le convoi, l'amiral pouvait en renforcer les équipages, ce qui les aurait portés à cent hommes de plus que leur

(1) Quatre frégates se trouvèrent à la bataille (voir page 191); les autres au nombre de sept, dont deux armées en guerre et cinq armées en flûte, restèrent dans le port d'Alexandrie, ainsi que les deux vaisseaux de soixante-quatre dont il vient d'être parlé. Voir le rapport du contre-amiral Villeneuve, du 11 fructidor an VI (28 août 1798).

(*De Las Cases.*)

complet. Toutes ces réflexions faisaient naître des idées fort tristes et tourmentaient le général en chef. Mais, le 2 août au soir, il fut entièrement rassuré par l'arrivée d'une dépêche datée du 30 juillet. L'amiral lui écrivait : qu'il venait d'apprendre officiellement la nouvelle de la bataille des Pyramides et la prise du Caire, qu'elle avait influé sur les Arabes qui avaient sur-le-champ fait leur soumission; qu'il avait trouvé une passe pour entrer dans le port vieux, qu'il la faisait baliser, que, sous peu de jours, son escadre serait en sûreté, et qu'il demandait la permission de pouvoir immédiatement après se rendre au Caire; qu'il avait fait reconnaître les batteries qui défendaient le port vieux, qu'il n'avait que les plus grands éloges à faire des officiers d'artillerie et du génie, que tous les points étaient parfaitement défendus; qu'une fois l'escadre mouillée dans le port vieux on pourrait dormir tranquille.

IV. Le 1er août, à deux heures et demie après midi, l'escadre anglaise apparut à l'horizon d'Aboukir, toutes voiles dehors. Il ventait grand frais nord-ouest. L'amiral était à table avec ses officiers. Une partie des équipages et des chaloupes étaient à Alexandrie, à Rosette ou à terre sur la plage d'Aboukir. Son premier signal fut d'ordonner le branle-bas; son second, ordre aux chaloupes qui étaient à Alexandrie, à Rosette et à terre, de rejoindre leurs vaisseaux; le troisième, ordre aux équipages des bâtimens de transport qui étaient à Alexandrie, de se rendre par terre à bord de ses vaisseaux pour en renforcer les équipages; le quatrième, ordre de se tenir prêt à combattre; le cinquième, ordre de se tenir prêt à appareiller; le sixième, à cinq heures dix minutes, ordre de commencer le feu. L'escadre anglaise arrivait avec la plus grande rapidité, mais elle ne montrait que onze vaisseaux de soixante-quatorze, un de cinquante et une petite corvette. Il était cinq heures après midi, il ne paraissait pas possible qu'avec des forces si inférieures, l'amiral anglais voulût attaquer la ligne. Mais deux autres vaisseaux étaient à l'ouest d'Alexandrie hors de vue. Il n'arrivèrent sur le champ de bataille qu'à huit heures du soir. La ligne d'embossage de l'armée française était composée : la gauche, par *le Guerrier, le Conquérant, le Spartiate* et *l'Aquilon*, tous les quatre de soixante-quatorze, *la Sérieuse*, frégate de trente-six, était derrière *le Guerrier;* le centre, par *le Peuple-Souverain* de soixante-quatorze, *le Franklin* de quatre-vingts, *l'Orient* de cent vingt, *le Tonnant* de quatre-vingts, *l'Arthémise*, frégate de quarante, *l'Alerte* et *le Castor*, deux petites corvettes mouillaient derrière l'amiral; la droite était composée de *l'Heureux* de soixante-quatorze, *le Timoléon* de soixante-quatorze, *le Guillaume-Tell* de quatre-vingts, que montait l'amiral Villeneuve, *le Mercure* de soixante-quatorze, *le Généreux* de soixante-quatorze, derrière *le Généreux* étaient mouillées les frégates *la Diane* et *la Justice*, chacune de quarante-quatre, les meilleures de la flotte. L'escadre anglaise marchait dans l'ordre suivant : 1° *le Culloden* en tête, 2° *le Goliath*, 3° *le Zélé*, 4° *l'Orion*, 5° *l'Audacieux*, 6° *le Thésée*, 7° *le Vanguard*, vaisseau amiral, 8° *le Minotaure*, 9° *le Bellérophon*, 10° *la Défense*, 11° *le Majestueux*, tous de soixante-quatorze, 12° *le Léandre* de cinquante et *la Mutine*, corvette de quatorze canons, 13° *l'Alexandre*, 14° *le Swiftsure*, ces deux vaisseaux étaient hors de vue, à l'ouest d'Alexandrie.

L'opinion générale, dans l'escadre française, était que la bataille serait remise au lendemain, si toutefois d'autres vaisseaux ne venaient renforcer l'ennemi dans la nuit; car il ne paraissait pas possible que Nelson risquât une bataille avec ceux qu'il montrait. Le branle-bas fut fort mal fait. On laissa subsister sur *l'Orient* les cabanes construites pour les passagers. *Le Guerrier* et *le Conquérant* ne dégagèrent qu'une seule batterie et encombrèrent la batterie du côté de terre. Il paraît que Brueys avait le projet d'appareiller, mais qu'il attendait les matelots d'Alexandrie qui n'arrivèrent qu'à neuf heures du soir. Cependant l'escadre ennemie était à portée de canon, et au grand étonnement des deux armées, l'amiral français ne faisait pas le signal de commencer le feu. L'ordre de Nelson fut d'attaquer vaisseau par vaisseau, chaque vaisseau jetant l'ancre et se plaçant par le travers de la proue du vaisseau français. *Le Culloden*, destiné à attaquer *le Guerrier*, qui formait l'extréme gauche de l'armée française, voulant passer entre *le Guerrier* et l'île d'El-Bequier, toucha et s'échoua. Si cette île eût été armée de gros canon, il eût été obligé d'amener; du moins il fut inutile pendant toute la bataille. *Le Goliath* qui le suivait, passa entre lui et la ligne française. Il voulut jeter l'ancre et mouiller par le travers de la proue *du Guerrier*, mais il fut entraîné par le vent et le courant, il doubla *le Guerrier* qui, ayant sa batterie de tribord embarrassée, ne put s'en servir. Le capitaine *du Goliath* fut surpris de ne recevoir aucune bordée ni *du Guerrier* ni *du Conquérant*, pendant que le pavillon français y flottait; il ne connut depuis qu'avec étonnement la raison de cette contradiction. Si *le Guerrier* eût été mouillé sur quatre ancres, plus près de l'île, il eût été impossible de le doubler. *Le Zélé* imita la manœuvre *du Goliath, l'Orion* suivit, mais il fut attaqué par la frégate française *la Sérieuse*. Cette attaque audacieuse retarda son mouvement, il mouilla entre *le Franklin* et *le Peuple-Souverain*. *Le Vanguard*, vaisseau amiral anglais, jeta l'ancre par le travers *du Spartiate*, troisième vaisseau de la ligne française. *La Défense, le Bellérophon, le Majestueux, le Minotaure*, suivirent son mouvement, et toute la gauche et le centre de la ligne française se trouvèrent engagés, jusqu'au huitième vaisseau *le Tonnant*. Les cinq vaisseaux de la droite ne prirent aucune part à l'action. L'amiral français et ses deux *matelots* (1) fort supérieurs par

(1) C'est-à-dire les deux vaisseaux mouillés à côté. (*Note de l'Éditeur*).

leur échantillon aux vaisseaux ennemis, firent des merveilles. Le vaisseau anglais *le Bellerophon* fut dégréé, démâté et obligé d'amener. Deux autres soixante-quatorze furent démâtés, obligés de s'éloigner; et si, dans ce moment, le contre-amiral Villeneuve eût appareillé avec la droite et fût tombé sur la ligne anglaise, avec les cinq vaisseaux et les deux frégates sous ses ordres, la victoire était aux Français. Le vaisseau anglais *le Culloden* avait échoué, *le Léandre* était occupé à le relever, *l'Alexandre* et *le Swiftsure*, il est vrai, paraissaient en vue, mais étaient encore loin du champ de bataille, et *le Bellerophon* avait amené. Nelson ne soutenait le combat qu'avec dix vaisseaux. *Le Léandre*, voyant le danger que courait la flotte anglaise, abandonna *le Culloden*, et se jeta au milieu du feu. *L'Alexandre* et *le Swiftsure* arrivèrent enfin, se portèrent sur *le Franklin* et *l'Orient*. La bataille n'était rien moins que décidée et se soutenait encore avec assez d'égalité. Du côté des Français, *le Guerrier* et *le Conquérant* ne tiraient plus, mais c'étaient leurs plus mauvais vaisseaux; et du côté des Anglais *le Culloden* et *le Bellerophon* étaient aussi hors de combat. Les vaisseaux anglais avaient plus souffert que les vaisseaux français par la supériorité du feu *de l'Orient*, *du Franklin* et *du Tonnant*. Il était probable que le feu se soutiendrait ainsi toute la nuit, et qu'enfin l'amiral Villeneuve prendrait part à l'action. Mais, sur les neuf heures du soir, le feu prit à *l'Orient*. A dix heures il sauta, ce qui décida la victoire en faveur des Anglais. Son explosion fut épouvantable, pendant une demi-heure le combat cessa. La ligne française recommença le feu. *Le Spartiate, l'Aquilon, le Peuple-Souverain, le Franklin, le Tonnant,* soutinrent l'honneur de leur pavillon. La canonnade fut vive jusqu'à trois heures du matin, de trois à cinq elle se ralentit des deux côtés, à cinq heures elle recommença avec une nouvelle fureur. Qu'eût-ce été si *l'Orient* y avait pris part? A midi, le 2 août, le décret du destin était prononcé. Alors seulement l'amiral Villeneuve parut s'apercevoir qu'on se battait depuis dix-huit heures. Il coupa ses câbles et gagna le large avec *le Guillaume Tell* de quatre-vingts, *le Généreux* et les frégates *la Diane* et *la Justice.* Les autres vaisseaux de sa droite s'étaient jetés à la côte sans presque rendre de combat.

La perte et le désordre des Anglais furent tels, que, vingt-quatre heures après le commencement de la bataille, le pavillon tricolore flottait encore sur *le Tonnant,* et Nelson n'avait aucun vaisseau en état de l'attaquer, tant était grand le délabrement de son escadre. Il vit avec plaisir *le Guillaume Tell* et *le Généreux* se sauver. Il ne fut pas tenté de les faire suivre. Il dut sa victoire à l'ineptie et à la négligence des capitaines *du Guerrier* et *du Conquérant,* à l'accident *de l'Orient,* et à la mauvaise conduite de l'amiral Villeneuve. Brueys déploya le plus grand courage. Plusieurs fois blessé, il refusa de descendre à l'ambulance. Il mourut sur son banc de quart, et son dernier soupir fut un ordre de combattre. Casabianca, capitaine *de l'Orient,* Thévenard, Dupetit-Thouars, officiers distingués, périrent avec gloire. Casabianca avait avec lui son fils. Quand il vit le feu gagner le vaisseau, il chercha à sauver cet enfant; il l'attacha sur un mât de hune qui flottait; mais cet intéressant enfant fut englouti par l'explosion. Casabianca sauta avec *l'Orient*, tenant à la main le grand pavillon national. L'opinion des marins des deux escadres est unanime : Villeneuve a toujours pu décider la victoire en faveur des Français, il l'a pu à huit heures du soir, il l'a pu à minuit après la perte *de l'Orient*, il l'a pu encore à la pointe du jour. Cet amiral a dit, pour sa justification, qu'il attendait le signal de l'amiral; mais au milieu des tourbillons de fumée, le signal ne put être aperçu. Est-il besoin d'un signal pour secourir ses camarades et prendre part au combat? D'ailleurs, *l'Orient* a sauté à dix heures du soir, le combat a fini le lendemain à midi, Villeneuve a donc commandé l'escadre pendant quatorze heures. Cet officier-général ne manquait pas d'expérience de la mer, il manquait de résolution et de vigueur. Il avait le mérite d'un capitaine de port, mais non les qualités d'un soldat. A la hauteur de Candie, *le Guillaume Tell* et *le Généreux* se séparèrent. *Le Guillaume Tell* entra dans Malte avec les deux frégates; *le Généreux*, commandé par le brave Lejoille, entra dans l'Adriatique, et donna la chasse *au Léandre,* le vaisseau de cinquante, qui était à la bataille d'Aboukir et allait en mission. Il le prit, après un combat de quatre heures, et le mena à Corfou. Les Anglais perdirent dans cette bataille huit cents hommes tués ou blessés. Ils prirent sept vaisseaux; deux vaisseaux et une frégate échouèrent et furent pris; un vaisseau et une frégate s'échouèrent et furent brûlés à la côte par leur équipage; un vaisseau sauta en l'air; deux vaisseaux et deux frégates se sauvèrent. Le nombre de prisonniers ou de tués fut près de trois mille hommes. Trois mille cinq cents entrèrent dans Alexandrie, dont neuf cents blessés rendus par les Anglais. Les capitaines *du Guerrier, du Conquérant, de l'Heureux, du Mercure, du Timoléon*, se couvrirent de honte. Les capitaines de la frégate *la Sérieuse, du Spartiate, de l'Aquilon, du Peuple-Souverain, du Franklin, du Tonnant*, méritèrent les plus grands éloges (1).

V. Mille hommes, soldats de marine ou matelots, sauvés de l'escadre, furent incorporés dans l'artillerie et l'infanterie de l'armée; mille cinq cents formèrent une légion maritime, composée de trois bataillons; mille servirent à compléter les équipages des deux vaisseaux de soixante-quatre, des sept frégates et des

(1) *La Sérieuse*, capitaine Martin. *Le Spartiate*, commandant Emériau, chef de division, blessé. *L'Aquilon*, commandant Thévenard, chef de division, tué. *Le Peuple-Souverain*, commandant Racord, capitaine de vaisseau, blessé. *Le Franklin*, contre-amiral Blanquet Duchayla, et Gilet, capitaine de vaisseau, tous deux blessés. *Le Tonnant*, commandant Dupetit-Thouars, chef de division, tué. (*De Las Cases*.)

bricks, corvettes ou avisos qui se trouvaient dans Alexandrie. L'ordonnateur de la marine Le Roy s'employa avec activité au sauvetage. Il sauva des pièces de canon, des boulets, des mâts, des pièces de bois. Le capitaine Ganteaume, chef d'état-major de l'escadre, qui s'était jeté à l'eau lorsqu'il avait vu *l'Orient* en flammes, et avait gagné terre, fut nommé contre-amiral et prit le commandement de la marine de l'armée.

L'amiral Brueys avait réparé autant qu'il avait été en lui, par son sang-froid et son intrépidité, les fautes dont il s'était rendu coupable : 1° d'avoir désobéi à l'ordre de son chef et de ne pas être entré dans le port vieux d'Alexandrie ; il le pouvait dès le 8 juillet ; 2° d'être resté mouillé à Aboukir, sans prendre les précautions convenables. S'il eût tenu une escadre légère à la voile, il eût été prévenu à la pointe du jour de l'approche de l'ennemi, et n'aurait pas été surpris ; s'il eût armé l'île d'El-Bequier, et s'il se fût servi des deux vaisseaux de soixante-quatre, des sept frégates, des bombardes, des canonnières, qui étaient dans le port d'Alexandrie, et des matelots qui étaient à sa disposition, il se fût donné de grandes chances de victoire ; s'il avait maintenu une bonne discipline, qu'il eût fait faire tous les jours le branle-bas, deux fois par jour l'exercice du canon, que deux fois par semaine au moins il eût inspecté lui-même ses vaisseaux, *le Guerrier* et *le Conquérant* n'auraient pas encombré leurs batteries de tribord. Cependant, malgré toutes ces fautes, si *l'Orient* n'eût pas sauté, ou si l'amiral Villeneuve eût voulu prendre part au combat, et ne pas rester spectateur oisif, les Français pouvaient encore espérer la victoire. L'action de Nelson a été une action désespérée qui ne saurait être proposée pour modèle, mais où il a déployé, ainsi que les équipages anglais, toute l'habileté et la vigueur possibles, tandis que la moitié de l'escadre française a montré autant d'ineptie que de pusillanimité.

Peu de jours après la bataille, Nelson abandonna les parages d'Égypte et cingla vers Naples. Il laissa devant Alexandrie une croisière de trois vaisseaux de guerre. Quarante bâtimens napolitains qui faisaient partie du convoi, demandèrent à retourner à Naples ; ils eurent quelques pourparlers avec la croisière anglaise. On leur permit de sortir, mais à la sortie du port, ils furent pris, amarinés et brûlés ; leurs équipages furent faits prisonniers. Cet événement eut le plus heureux effet pour l'armée. Il excita au plus haut point l'indignation des Génois et des autres matelots des côtes d'Italie qui faisaient partie du convoi ; ils firent, depuis, cause commune, et servirent l'armée de tout leur zèle.

Après le combat de Salhéyéh, le général en chef avait entamé une négociation avec Ibrahim-Bey. Ce bey comprit parfaitement tout ce que sa situation avait de déplorable. Il était à la disposition de Djezzar-Pacha, avec la réputation de posséder un grand trésor. Il se trouvait environné de dangers. On lui fit proposer de lui laisser, à lui et à tous ses Mamelouks, la propriété de tous leurs villages, celle de leurs maisons, de les prendre à la solde de la République, les beys comme généraux, les kachefs comme colonels, de lui accorder le titre et les honneurs de prince. Cette proposition avait été écoutée. Un kachef de confiance s'était rendu au Caire. Mais huit jours après son arrivée, il reçut une lettre d'Ibrahim-Bey qui le rappelait. Ibrahim lui disait : que la destruction de l'escadre avait changé la situation des choses ; que, ne pouvant plus recevoir de secours et ayant des ennemis de tous côtés, les Français finiraient par être vaincus.

Quelques jours après la bataille des Pyramides, le général en chef écrivit à Mourad-Bey et lui envoya le négociant Rosetti, homme habile, ami des Mamelouks, et consul de Venise. Il lui faisait les mêmes propositions qu'à Ibrahim-Bey. Il y ajoutait l'offre du gouvernement d'une des provinces de la Haute Égypte, jusqu'à ce qu'il pût être revêtu d'une souveraineté en Syrie. Mourad-Bey, qui avait la plus haute estime pour l'armée française, accéda à ces propositions, et dit qu'il s'en remettait entièrement à la générosité du général français dont il connaissait et estimait la nation ; qu'il se retirerait à Esné et aurait la jouissance de la vallée, depuis les *deux montagnes* jusqu'à Syène, avec le titre d'Emir ; qu'il se regarderait comme sujet de la nation française et fournirait un corps de huit cents Mamelouks, à la disposition du général, pour être employé où il le jugerait nécessaire; que tous les villages ou propriétés appartenant à lui ou à ses Mamelouks, lui seraient confirmés, et que, si le général étendait son pouvoir sur la Syrie, il acceptait la proposition éventuelle qu'il lui faisait d'y recevoir un établissement, mais qu'il s'entendrait sur cette question avec le général qu'il désirait vivement voir. Rosetti partit avec cette dépêche. Il fut retardé fort long-temps à Beni-Soueif, et avant de quitter cette ville, il reçut une nouvelle lettre de Mourad-Bey, qui lui faisait connaître que, venant d'être instruit par le commandant de la croisière anglaise du désastre de l'escadre française à Aboukir, il ne pouvait prendre aucuns engagemens; que, s'il les avait signés, il les tiendrait; mais que, se trouvant encore libre, il voulait courir toutes les chances de sa fortune.

Koraïm, ce commandant d'Alexandrie, qui, le premier, s'était soumis aux armes françaises et avait alors rendu des services importans, eut des correspondances avec le commandant de la croisière anglaise. Il fut traduit devant une commission militaire et condamné à mort. Pendant quelques jours, le général en chef hésita; mais il sacrifia la prédilection qu'il avait pour cet homme, à l'urgence des circonstances qui voulaient un exemple. Des agens anglais débarquèrent à Gaza, communiquèrent avec Ibrahim-Bey, Djezzar-Pacha et les Arabes du désert de Suez. D'autres débarquèrent du côté de la tour des Arabes, agitèrent les tribus du Baheiréh, du désert, de la grande et de la petite Oasis, correspondirent avec Mourad-Bey, fournirent de l'argent, des munitions et des armes aux Arabes. Dans le courant de novembre, un régiment de cavalerie française fut surpris de se trouver au milieu d'Arabes, armés de fusils anglais avec des baïonnettes. Le mauvais effet de la bataille d'Aboukir se faisait sentir au Caire même. Les amis des Anglais y propageaient avec exagération les conséquences de leur victoire. Mais l'escadre de Nelson ayant quitté les côtes d'Égypte, on parvint à convaincre les cheykhs qu'elle avait été poursuivie par une autre escadre française. D'ailleurs l'armée gagnait à vue d'œil. La cavalerie se remontait avec activité sur de superbes chevaux. L'infanterie reposée s'accoutumait au pays. Bientôt elle fut tout autre dès que les chaleurs de la canicule furent passées. Les remontes des attelages d'artillerie étaient aussi nombreuses qu'il était nécessaire. Le mouvement de toutes les troupes, les fréquentes revues et exercices, confirmèrent tous les jours davantage la puissance française dans l'opinion des Arabes, et, en peu de semaines, le sentiment qu'avait produit le désastre d'Aboukir ne laissa plus aucune trace.

VI. Nelson se rendit dans le port de Naples et y fut reçu en triomphe. Le roi et surtout la reine, laissèrent voir à découvert la haine qui les animait contre la nation française. La guerre en fut une conséquence. Le roi de Naples entra dans Rome à la tête de soixante mille hommes en novembre 1798; mais il fut battu, repoussé, chassé de Naples, obligé de se réfugier en Sicile. La Russie et l'Autriche s'unirent à l'Angleterre, et recommencèrent la guerre de la seconde coalition en mars 1799. Aussitôt que la Porte avait été instruite de l'invasion de l'Égypte, elle en avait témoigné du mécontentement, mais avec modération. Djezzar-Pacha, ayant expédié Tartare sur Tartare pour demander des secours et des pouvoirs, il lui avait été répondu : de se défendre en Syrie, si on l'y attaquait, mais de n'entreprendre aucune hostilité, et de garder du sang-froid; que le Grand-Seigneur attendait des explications de Paris, et qu'il n'avait pas oublié que les Français étaient les plus anciens alliés de l'Empire. L'Angleterre, l'Autriche, la Russie et Naples firent de concert des démarches pour pousser la Porte à la guerre contre la République; l'empereur Sélim s'y refusa constamment. Il attendait, disait-il, des explications; mais, dans le fait, il n'avait garde de s'engager dans une guerre contre la France, ennemie de ses ennemis naturels, la Russie et l'Autriche. Il comprenait parfaitement qu'une fois que ses armées seraient engagées dans les déserts de l'Arabie, Constantinople serait exposée à la haine et à l'ambition des Russes.

Un officier du sérail, ayant la confiance particulière de Sélim, arriva au Caire par la voie de Derne avec la caravane des pélerins. Il vit le général en chef. Il lui fit connaître les vraies dispositions de la

Porte. Il demanda, ce qu'il obtint sur l'heure, que toutes les propriétés de la ville de la Mecque lui fussent confirmées, qu'un Ottoman fût nommé pour Emir-Aga, et qu'un corps de troupes musulmanes fût levé pour l'escorte de la caravane de la Mecque; enfin, que le général donnât des explications sur ses projets, l'assurant que la Porte était résolue à ne rien faire avec précipitation, et à ne se laisser emporter par aucune passion. Cet officier séjourna plus de quarante jours au quartier-général. Il eut lieu d'être satisfait de ce que lui dirent les cheykhs du Caire des dispositions du sultan Kébir et des Français; il s'embarqua sur la mer Rouge sous prétexte d'aller à la Mecque, et arriva à Constantinople dans le courant de décembre. Mais alors la Porte était entraînée; la destruction de l'escadre d'Aboukir la laissait à la merci des escadres anglaise et russe. Les lettres des officiers français, interceptées par la croisière, et communiquées à la Porte par les ministres anglais, eurent aussi de l'influence sur ses dispositions. Ces officiers y montraient tant de mécontentement, ils y peignaient la position de l'armée comme tellement critique, que le Divan crut qu'il serait facile aux alliés de reprendre l'Égypte, et craignit, qu'une fois maîtres de ce pays, les Anglais ne le gardassent, comme ils l'en menaçaient. Ce fut cette considération surtout, qui le détermina à déclarer la guerre à la République.

CHAPITRE V.

AFFAIRES RELIGIEUSES.

I. De l'islamisme. — II. Des ulémas de Gama-el-Azhar. — III. Fetfa. — IV. Fête du Nil, du prophète. — V. L'iman de la Mecque. — VI. Des arts, des sciences, des belles-lettres sous les califes. — VII. De la polygamie. — VIII. Mœurs.

I. Moïse a révélé l'existence de Dieu à sa nation; Jésus-Christ à l'empire romain; Mahomet à l'ancien continent. Moïse arracha les descendans de Jacob à la captivité de l'Égypte. Il les retint quarante ans dans le désert où il leur donna des lois. Ils soupiraient sans cesse après *ces marmites pleines de viande dont ils mangeaient tout leur soûl.* Il s'attacha pour combattre cet esprit de retour à leur inspirer un caractère exclusif, à les isoler au milieu des nations. Les Hébreux connurent le vrai Dieu mille ans avant les autres hommes.

Jésus-Christ, quoique descendant de David, ne prétendit pas au trône de ses pères. Il prêta et ordonna obéissance à tout gouvernement établi. *Toute puissance vient de Dieu; mon empire n'est pas de ce monde; rendez à César ce qui appartient à César.* Il n'eut qu'un but dans sa mission divine : régler les consciences, diriger les âmes dans cette vie pour opérer leur salut dans l'autre. L'Évangile ne donne aucune règle pour le gouvernement des choses d'ici-bas. La doctrine des chrétiens ne dut exciter en rien la jalousie des Césars, mais, par le même principe, elle fut extrêmement favorable aux dynasties qui s'élevèrent sur les débris de l'empire romain. Elle les légitima. Clovis ne fut réellement roi qu'après avoir été sacré.

La religion chrétienne est celle d'un peuple très civilisé. Elle élève l'homme, elle proclame la supériorité de l'esprit sur la matière, de l'âme sur le corps. Elle est née dans les écoles grecques, elle est le triomphe des Socrate, des Platon, des Aristide, sur les Flaminius, les Scipion, les Paul Émile. Les Romains soumirent la Grèce par la force de leurs armes, mais ils furent subjugés insensiblement par l'influence irrésistible de l'esprit, des arts et des sciences des vaincus. Les canons fondamentaux de l'Église furent délibérés et décrétés dans les conciles tenus en Orient pendant les huit premiers siècles, à Nicée, à Alexandrie, à Antioche, à Constantinople, en Calcédoine, à Césarée, et à Athènes. Comme tout ce qui s'établit par la seule influence de la persuasion, comme tout ce qui est le résultat du progrès des lumières, la religion de Jésus-Christ eut une marche lente. Il lui fallut quatre siècles pour s'asseoir sur le trône. L'apothéose de César et d'Auguste avait été suivie de celle des plus abjects tyrans. Les nations conçurent de l'aversion pour une religion où Tibère, Caligula, Héliogabale avaient des autels et des prêtres. Elles cherchèrent des consolations dans le dogme d'un seul Dieu immortel, incréé, créateur, rémunérateur, et maître de tout.

L'Église chrétienne promit pour récompense aux justes de voir Dieu face à face, jouissance toute spirituelle, dans le temps qu'elle menaçait les réprouvés de peines toutes corporelles, car ils brûlent dans des brasiers ardens. Cette opposition s'explique. Si les méchans n'eussent été menacés que d'être soumis à des peines spirituelles, ils les auraient bravées, le frein eût été trop faible pour réprimer leurs mauvais penchans. D'un autre côté, un paradis où les élus eussent goûté les plaisirs du monde, eût exalté la chair, et la morale chrétienne se propose surtout de la réprimer et de la mortifier. La contrition imparfaite est ainsi un moyen de salut comme la contrition parfaite.

L'Arabie était idolâtre lorsque Mahomet, sept siècles après Jésus-Christ, y introduisit le culte du dieu d'Abraham, d'Ismaël, de Moïse et de Jésus-Christ. Les ariens et d'autres sectes qui avaient troublé la tranquillité de l'Orient, avaient agité les questions de la nature du Père, du Fils et du Saint-Esprit. Mahomet déclara qu'il n'y avait qu'un seul Dieu qui n'avait ni père ni fils, que la trinité emportait une idée d'idolâtrie. Il écrivit sur le frontispice du Coran : *Il n'y a pas d'autre Dieu que Dieu*. Il s'adressait à des peuples sauvages, pauvres, manquant de tout, fort ignorans. S'il eût parlé à leur esprit, il n'eût pas été entendu. Au milieu de l'abondance de la Grèce, les plaisirs de la contemplation de l'esprit étaient un besoin. Mais au milieu des déserts, où l'Arabe soupirait sans cesse après une source d'eau, après l'ombre d'un palmier qui pût le mettre à l'abri des rayons brûlans du soleil du tropique, il fallait promettre aux élus, pour récompenses, des fleuves de lait intarissables, des bosquets odoriférans où ils se reposeraient à l'ombre perpétuelle, dans les bras de divines houris, à la peau blanche, aux yeux noirs. Les Bédouins se passionnèrent pour un séjour aussi enchanteur. Ils s'exposèrent à tout pour y parvenir, ils devinrent des héros.

Mahomet fut prince. Il rallia ses compatriotes autour de lui. En peu d'années, ses Moslems conquirent la moitié du monde. Ils arrachèrent plus d'âmes aux faux dieux, culbutèrent plus d'idoles, renversèrent plus de temples païens en quinze années, que les sectateurs de Moïse et de Jésus-Christ ne l'ont fait en quinze siècles. Mahomet était un grand homme. Il eût été effectivement un dieu, si la révolution qu'il a opérée n'avait été préparée par les circonstances. Lorsqu'il parut, les Arabes étaient, depuis longues années, aguerris par les guerres civiles. Tout ce que les peuples ont fait de grand sur le théâtre du monde, ils l'ont fait, sortant de ces crises qui retrempent également les âmes et les corps. Si les batailles de Cadesie et de (1) . . . . . ., qui permirent aux intrépides Moslems de planter l'étendard du prophète sur l'Oxus et les frontières de la Chine, si celles de Aiznadin et de Yermuk qui firent tomber sous leur domination la Syrie et l'Égypte, avaient tourné contre eux, si les Khaled, les Dérar, les Amrou, eussent été vaincus, rejetés dans leurs immenses déserts; les Arabes eussent repris leur vie errante, ils eussent vécu comme leurs pères, pauvres et misérables, les noms de Mahomet, d'Ali, d'Omar seraient inconnus à l'univers.

L'ascendance progressive du christianisme, au contraire, n'a dépendu du succès d'aucun événement secondaire. Cette religion s'est propagée, insinuée comme une doctrine qui captive, persuade, et dont rien ne peut arrêter la marche. Constantin en accéléra le triomphe ; mais s'il n'eût pas demandé le baptême, un de ses successeurs n'eût pas tardé à le faire. Jésus-Christ était un prédicateur. Il donna à ses apôtres le don de la parole. Moïse et Mahomet étaient des chefs de peuples qui donnèrent des lois et régirent les affaires de ce monde. *Le glaive est la clef du ciel*, dit le prophète; *qui périt dans le combat est absous de ses péchés ; les ailes des anges remplacent les membres perdus dans la bataille; l'encensoir est inséparable du glaive!* Il fut intolérant et exclusif. Tuer ou soumettre les infidèles au tribut, détruire la

---

(1) Il y a un espace blanc dans le manuscrit. (*De Las Cases*).

puissance de l'idolâtrie parce qu'elle est un outrage à Dieu, est écrit dans toutes les pages du Coran. Jamais les Moslems ne se soumirent sincèrement à la puissance d'aucun prince idolâtre.

II. Les trois religions qui ont répandu la connaissance d'un Dieu immortel, incréé, maître et créateur des hommes, sont sorties de l'Arabie. Moïse, Jésus-Christ, Mahomet sont Arabes, nés à Memphis, à Nazareth, à la Mecque. L'Europe, l'Asie, l'Afrique, l'Amérique, qui renferment tant d'immenses solitudes, tant de hautes montagnes, tant de vastes mers, tant de riches plaines, tant de grandes métropoles, implorent Moïse, Jésus-Christ ou Mahomet, se règlent sur les livres saints, l'Évangile ou le Coran, ont les yeux tournés vers l'Arabie, sur Jérusalem, Nazareth ou la Mecque. Si Rome est le chef-lieu de la chrétienté, c'est que les Scipion, les César, les Trajan ont conquis une partie du monde. L'influence de Rome nouvelle est une suite de la puissance de Rome ancienne. Mais pourquoi Jérusalem, Nazareth, la Mecque appartiennent-elles à une même contrée?

De tout temps, les idées religieuses furent prédominantes sur les peuples de l'Égypte. Les Perses ne purent jamais s'y établir, parce que les mages voulurent y faire adorer leurs dieux et chasser ceux du Nil. Il s'éleva entre les deux peuples une rivalité d'idoles, de rites et de prêtres qui les rendit implacables ennemis; rien ne put les réconcilier. Souvent conquis par les armes des Perses, les Égyptiens se révoltèrent toujours. Quand Alexandre-le-Grand se présenta sur leurs frontières, ils accoururent à lui, accueillirent ce grand homme comme un libérateur. Quand il traversa le désert de quinze jours de marche d'Alexandrie au temple d'Ammon, et qu'il se fit déclarer par la prêtresse, fils de Jupiter, il connaissait bien l'esprit de ces peuples, il flattait leur penchant dominant, il fit plus pour assurer sa conquête que s'il eût bâti vingt places fortes et appelé cent mille Macédoniens.

Les politiques qui avaient le mieux observé le génie des peuples d'Égypte, regardaient la religion comme le principal obstacle à l'établissement de l'autorité française. Pour s'établir en Égypte, disait Volney en 1788, il faudra soutenir trois guerres; la première contre l'Angleterre, la seconde contre la Porte, mais la troisième, la plus difficile de toutes, contre les Musulmans qui forment la population de ce pays. Cette dernière occasionnera tant de pertes que peut-être doit-elle être considérée comme un obstacle insurmontable. Maîtres d'Alexandrie et du Caire, vainqueurs à Chobrakhit et aux Pyramides, la position des Français était incertaine. Ils n'étaient que tolérés par les fidèles qui, étourdis par la rapidité des événemens, avaient fléchi devant la force, mais qui déjà déploraient ouvertement le triomphe des idolâtres, dont la présence profanait les eaux bénies. Ils gémissaient de l'opprobre qui rejaillissait sur *la pre-*

mière clef de la sainte Kaaba; les imans récitaient avec affectation les versets du Coran les plus opposés aux infidèles.

Il fallait arrêter la marche de ces idées religieuses; ou l'armée, malgré ses victoires, était compromise. Elle était trop faible, trop dégoûtée pour qu'il lui fût possible de soutenir une guerre de religion. Dans les onzième et douzième siècles, les croisés régnèrent à Antioche, à Jérusalem, à Emesse, à Ptolémaïde, mais ils étaient aussi fanatisés que les Musulmans. Les annales du monde ne présentent pas d'exemple d'un effort pareil à celui que fit alors l'Europe. Plusieurs millions d'Européens trouvèrent la mort aux champs de la Syrie, et cependant, après quelques succès éphémères, la croix fut abattue, les Musulmans triomphèrent. La prédiction de Volney allait se réaliser; il fallait se rembarquer ou se concilier les idées religieuses, se soustraire aux anathèmes du Prophète, ne pas se laisser mettre dans les rangs des ennemis de l'islamisme; il fallait convaincre, gagner les muphtis, les ulémas, les schérifs, les imans, pour qu'ils interprétassent le Coran en faveur de l'armée.

L'École ou la Sorbonne de Gama-el-Azhar est la plus célèbre de l'Orient. Elle a été fondée par Saladin. Soixante docteurs ou ulémas délibèrent sur les points de la foi, expliquent les saints livres. C'était elle seule qui pouvait donner l'exemple, entraîner l'opinion de l'Orient et des quatre sectes qui la partagent. Ces quatre sectes, les schaféis, les malékis, les hanbalis, les hanafis ne diffèrent entre elles que sur des objets de discipline; elles avaient chacune pour chef au Caire, un muphti. Napoléon n'oublia rien pour les circonvenir, les flatter. C'étaient des vieillards respectables par leurs mœurs, leur science ; leurs richesses, et même par leur naissance. Tous les jours, au soleil levant, eux et les ulémas de Gama-el-Azhar prirent l'habitude de se rendre au palais, avant l'heure de la prière. La place d'Ezbekiéh tout entière était encombrée de leur cortége. Ils arrivaient sur leurs mules richement harnachées, environnés de leurs domestiques et d'un grand nombre de bâtonniers. Les corps-de-garde français prenaient les armes et leur rendaient les plus grands honneurs. Parvenus dans les salles, des aides-de-camp et des interprètes les recevaient avec respect, leur faisaient servir des sorbets, du café. Peu d'instans après, le général entrait, s'asseyait au milieu d'eux, sur le même divan, et cherchait à leur inspirer de la confiance par des discussions sur le Coran, s'en faisant expliquer les principaux passages et montrant une grande admiration pour le prophète. En sortant de ce lieu, ils allaient aux mosquées où le peuple était assemblé. Là, ils lui parlaient de toutes leurs espérances, calmaient la méfiance et les mauvaises dispositions de cette immense population. Ils rendaient des services réels à l'armée.

Les propriétés des mosquées, des œuvres pieuses, furent respectées par l'administration française, même protégées avec tant de partialité, que ce ne pouvait être que l'effet d'une inclination sincère du chef pour la religion musulmane. Les Turcs et les Mamelouks avaient pour principe fondamental de leur politique, d'éloigner les cheykhs de l'administration de la justice et du gouvernement, ils craignaient qu'ils ne devinssent trop puissans. Ce fut, pour ces vénérables vieillards, une agréable surprise, lorsqu'ils se trouvèrent chargés de la justice civile et criminelle, même de toutes les affaires contentieuses de l'administration. Leur crédit s'en augmenta rapidement parmi le peuple. Il y avait à peine un mois que l'armée française était entrée au Caire, que déjà les sentimens des cheykhs étaient changés. Ils s'attachaient sincèrement au sultan Kébir. Eux-mêmes étaient étonnés que la victoire des infidèles, qu'ils avaient tant redoutée, assurât leur triomphe; c'était pour eux que les Français avaient vaincu aux Pyramides ! Tous leurs villages, toutes leurs propriétés particulières furent ménagés avec une délicate attention. Jamais ces hommes, qui étaient à-la-fois les chefs de la religion, de la noblesse et de la justice, n'avaient été plus considérés; jamais leur protection n'avait été plus recherchée, non-seulement par les Musulmans, mais même par les chrétiens, Cophtes, Grecs, Arméniens établis dans le pays. Ceux-ci avaient profité de l'entrée de l'armée pour secouer le joug des usages et braver les Moslems. Aussitôt que le général en chef en fut instruit, il les réprima. Tout rentra dans l'ordre. L'ancien usage fut

AFFAIRES RELIGIEUSES.

tout rétabli, ce qui remplit de joie les Musulmans, et leur inspira une confiance entière.

Depuis la révolution, l'armée française n'exerçait aucun culte. Elle n'avait pas fréquenté les églises en Italie, elle ne les fréquentait pas davantage en Égypte. Cette observation n'échappa pas à l'œil pénétrant des ulémas, si jaloux et si inquiets sur tout ce qui était relatif à leur culte. Elle fit sur eux le plus heureux effet. Si les Français n'étaient pas Musulmans, du moins il devenait prouvé, qu'ils n'étaient pas non plus idolâtres; le sultan Kébir était évidemment le protégé du prophète. Par cette espèce de vanité commune à tous les hommes, les cheykhs se plaisaient à raconter toutes les caresses dont ils étaient l'objet, les honneurs qu'on leur rendait, tout ce qu'ils avaient dit, ou supposaient avoir dit. Leur partialité pour Napoléon était évidente, et déjà il était passé en principe de foi: « que jamais les Français n'eussent
« vaincu les fidèles, si leur chef n'avait été spéciale-
« ment protégé par le prophète. L'armée des Mame-
« louks était invincible, la plus brave de l'Orient; si
« elle n'avait fait aucune résistance, c'est qu'elle
« était impie, injuste. Cette grande révolution était
« écrite dans plusieurs passages du Coran. »

Plus tard, le sultan Kébir toucha la corde du patriotisme arabe: « Pourquoi la nation arabe est-elle sou-
« mise aux Turcs? Comment la fertile Égypte, la
« sainte Arabie, sont-elles dominées par des peuples
« sortis du Caucase? Si Mahomet descendait au-

« jourd'hui du ciel sur la terre, où irait-il? Serait-ce
« à la Mecque? Il ne serait pas au centre de l'empire
« musulman. Serait-ce à Constantinople? Mais c'est
« une ville profane, où il y a plus d'infidèles que de
« croyans, ce serait se mettre au milieu de ses enne-
« mis; non, il préférerait l'eau bénie du Nil, il vien-
« drait habiter la mosquée de Gama-el-Azhar, cette
« première clef de la sainte Kaaba. » A ce discours les
figures de ces vénérables vieillards s'épanouissaient,
leurs corps s'inclinaient, et les bras croisés, ils s'é-
criaient: « *Tayeb! tayeb,* ah! cela est bien vrai! »

Lorsque Mourad-Bey eut été rejeté dans la Thébaïde, Napoléon leur dit: « Je veux rétablir l'Arabie,
« qui m'en empêchera? J'ai détruit les Mamelouks, la
« plus intrépide milice de l'Orient. Quand nous nous
« serons bien entendus, et quand les peuples d'Égypte
« sauront tout le bien que je veux leur faire, ils me
« seront sincèrement attachés. Je ferai renaître les
« temps de la gloire des Fatimites. » Ces discours
étaient l'objet des entretiens de tous les grands du
Caire. Ce qu'ils avaient vu aux Pyramides leur faisait croire tout possible à l'armée française. Leur affection environnait le chef, ils le croyaient prédestiné.
Le cheykh El-Mohdi, le plus éloquent, le plus instruit et le plus jeune de ceux de Gama-el-Azhar, était
aussi celui qui était le plus dans sa confiance. Il tra-
duisait les proclamations en vers arabes. Des strophes
ont été apprises par cœur, et sont encore récitées au
fond des déserts de l'Afrique et de l'Arabie.

Depuis que les ulémas formaient le divan qui était chargé du gouvernement, ils recevaient le rapport de toutes les provinces, et connaissaient les désordres que les mal-entendus et le nom d'infidèles occasionnaient. Le sultan Kébir commença à se plaindre plus amèrement dans ses conversations des lectures mal intentionnées que les imans faisaient aux mosquées le vendredi; mais les réprimandes et les exhortations que les cheykhs adressaient à ces imans turbulens, furent insuffisantes. Enfin, lorsqu'il crut le moment favorable, il dit à dix des principaux parmi les cheykhs, ceux qui lui étaient le plus affectionnés : « Il faut mettre fin à ces désordres; il me faut un « fetfa de Gama-el-Azhar qui ordonne au peuple de « prêter le serment d'obéissance. » Cette proposition les fit pâlir ; leur physionomie peignait l'effroi de leur âme; ils devinrent mornes et consternés. Le cheykh El-Cherkaoui, le chef des ulémas de Gama-el-Azhar, prit la parole et dit, après s'être long-temps recueilli : « Vous voulez avoir la protection du pro-
« phète, il vous aime; vous voulez que les Arabes
« musulmans accourent sous vos drapeaux, vous
« voulez relever la gloire de l'Arabie, vous n'êtes pas
« idolâtre, faites-vous Musulman ; cent mille Égyp-
« tiens et cent mille Arabes viendront de l'Arabie,
« de Médine, de la Mecque, se ranger autour de
« vous. Conduits et disciplinés à votre manière, vous
« conquerrez l'Orient, vous rétablirez dans toute sa
« gloire la patrie du prophète. » Au même moment

ces vieilles physionomies s'épanouirent. Tous se prosternèrent pour implorer la protection du ciel. A son tour le général en chef fut étonné. Son opinion invariable était que tout homme doit mourir dans sa religion. Mais il comprit promptement que tout ce qui serait un objet d'entretien et de discours sur ces matières serait d'un bon effet. Il leur répondit: Il y a deux grandes difficultés qui s'opposent à ce que moi et mon armée puissions nous faire Musulmans; la première est la circoncision, la seconde est le vin. Mes soldats en ont l'habitude dès l'enfance, je ne pourrai jamais leur persuader d'y renoncer. Le cheykh El-Mohdi proposa de permettre aux soixante cheykhs de Gama-el-Azhar de poser la question publiquement et de délibérer sur cet objet. Le bruit se répandit bientôt dans toutes les mosquées que les grands cheykhs s'occupaient nuit et jour à instruire le sultan Kébir et les principaux généraux, des principes de la loi, et que même ils discutaient un fetfa pour faciliter, autant que cela serait possible, un si grand événement. L'amour-propre de tous les Musulmans fut flatté, la joie fut générale. Il se répéta que les Français admiraient Mahomet, que leur chef savait par cœur le Coran, qu'il convenait que le passé, le présent, l'avenir étaient contenus dans ce livre de toute sagesse; mais qu'il était arrêté par la circoncision, et la défense du prophète de boire du vin. Les imans, les mouezzins de toutes les mosquées furent, pendant quarante jours, dans la plus vive

agitation; mais cette agitation était tout à l'avantage des Français. Déjà ils n'étaient plus des infidèles. Tout ce que le prophète avait dit ne pouvait plus s'appliquer à des vainqueurs qui venaient déposer leurs lauriers au pied de la chaire de l'islamisme. Mille bruits se répandirent parmi le peuple. Les uns disaient que Mahomet lui-même avait apparu au sultan Kébir, qu'il lui avait dit: « Les Mamelouks n'ont
« gouverné que par leurs caprices; je te les ai livrés.
« Tu sais et tu aimes le Coran. Tu as donné le pou-
« voir aux cheykhs, aux ulémas; aussi tout te réus-
« sit. Mais il faut achever ce que tu as commencé.
« Reconnais, professe les principes de ma loi, c'est
« celle de Dieu même. Les Arabes n'attendent que
« ce signal; je te donnerai la conquête de toute
« l'Asie. » Les discours et les réponses qu'on faisait faire au sultan Kébir, variaient et se répandaient sous mille formes diverses. Il en profita pour insinuer que dans ses réponses il avait demandé un an pour préparer son armée, ce que Mahomet lui avait accordé; qu'il avait promis de construire une grande mosquée; que toute l'armée se ferait Musulmane; et que déjà les grands cheykhs El-Sadah et El-Bekri, le considéraient comme tel.

III. Les quatre muphtis portèrent enfin le fetfa rédigé et signé par eux. Il y était dit: Que la circoncision était une perfection, qu'elle n'avait pas été instituée par le prophète mais seulement recommandée, qu'on pouvait donc être Musulman et n'être pas circoncis; que quant à la deuxième question, on pouvait boire du vin et être Musulman, mais que, dans ce cas, on était en état de péché et sans espoir d'obtenir les récompenses promises pour les élus. Napoléon témoigna sa satisfaction pour la solution de la première question, sa joie parut sincère. Tous ces vieux cheykhs la partagèrent. Mais il exprima toute sa douleur sur la deuxième partie du fetfa. Comment persuader à des hommes d'embrasser une religion, pour se déclarer eux-mêmes réprouvés et s'établir en état de rébellion contre les commandemens du ciel? Les cheykhs convinrent que cela était difficile, et dirent que l'objet constant de leurs prières, depuis qu'il était question de ces matières, avait été de demander l'assistance du Dieu d'Ismaël. Après un long entretien où les quatre muphtis ne paraissaient pas également fermes dans leur opinion, les uns ne voyant aucun moyen d'accommodement, les autres, au contraire, pensant que cela était susceptible de quelques modifications, le cheykh El-Mohdi proposa : de réduire le fetfa à sa première moitié, que cela serait d'un heureux effet dans le pays, qu'il éclairerait le peuple dont les opinions n'étaient pas conformes; et de faire de la deuxième partie une question qui serait soumise à une nouvelle discussion; peut-être pourrait-on consulter les cheykhs et schérifs de la Mecque, quoiqu'ils parussent avoir une plus haute opinion de leur science et de leur influence sur l'Orient. Cet avis fut adopté. La publication du fetfa eut lieu dans toutes les mosquées; les imans, après la prière du vendredi, où ils ont l'habitude de prêcher, expliquèrent le fetfa et parlèrent unanimement, fort en faveur de l'armée française.

Le deuxième fetfa fut l'objet de vives et longues discussions, et d'une correspondance avec la Mecque. Enfin, ne pouvant vaincre toutes les résistances, ni tout concilier avec le texte et le commandement précis du prophète, les muphtis portèrent un fetfa, par lequel il était dit : Que les nouveaux convertis pourraient boire du vin et être Musulmans, pourvu qu'ils rachetassent le péché par de bonnes œuvres et des actions charitables ; que le Coran ordonne de donner en aumônes ou d'employer en œuvres charitables, au moins le dixième de son revenu ; que ceux qui, Musulmans, continueraient à boire du vin, seraient tenus de porter ces aumônes au cinquième de leur revenu. Ce fetfa fut accepté et parut propre à tout concilier. Les cheykhs, parfaitement rassurés, se livrèrent tout entiers au service du sultan Kébir, et ils comprirent qu'il avait besoin d'une année au moins, pour éclairer les esprits et vaincre les résistances. Il fit faire les dessins, les plans et les devis, d'une mosquée assez grande pour contenir toute l'armée, le jour où elle reconnaîtrait la loi de Mahomet. Dans ce temps, le général Menou embrassa publiquement l'islamisme. Musulman, il alla à la mosquée de Rosette. Il ne demanda aucune restriction. Cette nouvelle combla de joie toute la population de l'Égypte, et ne laissa pas de doute sur la sincérité des espérances qu'elle concevait. Partout les cheykhs prêchèrent que Napoléon n'étant pas infidèle, aimant le Coran, ayant mission du prophète, était un vrai serviteur de la sainte Kaaba. Cette révolution dans les esprits en produisit une dans l'administration. Tout ce qui avait été difficile, devint facile; tout ce qu'on n'avait pu obtenir que les armes à la main, s'obtint de bonne volonté et sans efforts. Depuis ce temps, les pélerins, même les plus fanatiques, ne manquaient jamais de rendre au sultan Kébir les mêmes honneurs qu'à un prince Musulman; et à-peu-près vers ce temps, le général en chef ne se présenta plus dans la ville, que les fidèles ne se prosternassent; ils se comportaient envers lui comme ils avaient l'habitude de le faire envers le sultan.

IV. Ce fut le 18 août que le Nil ayant marqué au mékias de Roudah quatorze coudées, le divan et le cadi firent rompre la digue du canal du Prince des Fidèles. Cette cérémonie est celle à laquelle le peuple du Caire prend le plus de part. Avant le lever du soleil, deux cent mille spectateurs couvraient les deux rives du Nil, au vieux Caire et à l'île de Roudah. Plusieurs milliers de canges et autres barques, couvertes de pavillons et de drapeaux, attendaient le moment d'entrer dans le Nil. Une partie de l'armée française était sous les armes et en grande tenue. Le sultan Kébir, environné de son état-major français, des quatre muphtis, des ulémas, des grands cheykhs, des schérifs, des membres du divan, et ayant à côté de lui, à sa droite, El-Bekri descendant du prophète, à sa gauche, El-Sadah, descendant de Hassan, partit de son palais, traversa toute la ville et arriva au kiosque près de l'embouchure du canal. Il fut reçu par le cadi et les cheykhs du mékias. Le procès-verbal constatant la hauteur où était arrivé le Nil fut lu, et les mesures furent portées, vérifiées en public. Il fut déclaré que le mal-el-hour était dû. Cet acte, étant signé et proclamé, fut accueilli par une décharge d'artillerie et les cris d'allégresse de cette immense quantité de spectateurs. Le cadi coupa la digue avec toutes les cérémonies d'usage. Il fallut une heure pour qu'elle fût emportée. Le Nil se précipita d'une hauteur de dix-huit pieds dans le canal. Bientôt après, la cange qui portait le cheykh du mékias entra la première, et fut suivie par tous les bateaux qui couvraient le Nil. Ils défilèrent pendant toute la journée. Le payeur général Estève jeta des sommes considérables au peuple en petites pièces d'argent. Le repas qui fut servi dans le kiosque était splendide. Le sultan Kébir se prêta avec sincérité à toutes les fonctions que l'usage prescrivait au souverain du pays.

Le Nil annonça une inondation beaucoup plus forte que celle des années précédentes. La ville illuminée, fut en fête pendant toute la nuit et les huit nuits suivantes. Bientôt les places publiques du Caire devinrent des lacs, certaines rues des canaux, les jardins des prairies couvertes d'eau d'où sortaient des arbres. Dans le courant de septembre, toute l'Égypte offrit le spectacle d'une mer, vue du haut des Pyramides, du Mokattam, ou du palais de Saladin. Ce spectacle était ravissant. Les villes, les villages, les arbres, les santons, les minarets, les dômes des tombeaux surnageaient au-dessus de cette nappe d'eau qui était sillonnée, dans tous les sens, par des milliers de grandes et de petites voiles blanches, occupées aux transports, aux communications et aux besoins de la population. Les soldats ne se plaignaient plus que ce Nil n'avait pas répondu à sa réputation. Ils ne disaient plus que c'était un ruisseau, chariant une eau bourbeuse et trouble. Dans ses bras, le Nil eut vingt-sept et vingt-huit pieds d'eau, dans la plupart des canaux huit, dix et douze pieds, et sur la surface de la terre quatre, cinq et six pieds. En décembre, le Nil rentra dans son lit ou dans les canaux. La terre reparut insensiblement. Des milliers de cultivateurs la couvrirent pour la rompre et la cultiver. Ils semèrent toute espèce de graines, de légumes; enfin, quelques semaines après, succédèrent les premières récoltes. Le coup-d'œil de ces plaines fleuries couvertes de riches moissons, était enchanteur. Le soldat se crut de retour dans cette belle Italie. C'était un contraste avec l'âpreté qu'avaient présentée ces plaines arides et brûlées aux mois de juin et de juillet, il y avait à peine six mois.

A la fin d'août, fut célébrée, cette année (1798), la

AFFAIRES RELIGIEUSES.

fête du prophète. L'armée prit part à la joie et au contentement des habitans. La ville fut illuminée avec des verres de couleur. Chaque mosquée, chaque palais, chaque bazar, chaque okel, se distinguait par les dessins de l'illumination. On tira des feux d'artifice. L'armée, en grande tenue, fit diverses évolutions sous les fenêtres du Bekri. Le général en chef, et tout l'état-major lui firent visite. Tous les ulémas, les muphtis y étaient. Ils chantaient les litanies du prophète assis par terre sur des coussins. Ces vénérables vieillards passèrent une heure à réciter des vers arabes à la louange de Mahomet. Ils s'agitaient, par un mouvement simultané et vif de haut en bas. Au moment désigné par la prière, cent coups de canon tirés de la citadelle de Gizéh, de la flottille, et de toutes les batteries de campagne, saluèrent le verset qui annonce l'entrée du prophète dans Médine, c'est le commencement de l'hégire. Le dîner que le cheykh fit servir était sur cinquante petites tables, chacune de cinq couverts. Au milieu était celle du sultan Kébir et du Bekri. Les musiques des régimens donnèrent tour-à-tour une sérénade et témoignèrent la joie commune. Toutes les places de la ville étaient pleines d'un peuple innombrable, rangé en cercles de soixante jusqu'à cent personnes, se tenant serrées en passant les bras derrière le dos les uns des autres. Ils chantaient les litanies du prophète et pendant ce temps, ils s'agitaient, soit en tournant, soit par un haut le corps, en avant et en arrière, avec une telle violence, que plusieurs tombaient en défaillance. Les santons, répandus dans tous ces cercles, attiraient vivement la curiosité, et la vénération du peuple. La liberté, l'hilarité avec lesquelles les Musulmans se livraient à toutes ces cérémonies, la franchise, la joie et la fraternité qui régnaient entre eux et les soldats, faisaient assez comprendre les progrès qu'avait faits l'opinion, et combien était grand le rapprochement qui s'était déjà opéré.

A la fête de la République, le 1er vendémiaire, les Musulmans, par reconnaissance pour la part que l'armée avait prise à la fête du Nil et du prophète, s'y livrèrent avec le plus doux abandon. Une pyramide fut élevée sur la place Ezbekiéh. Sur la balustrade qui entourait le piédestal, étaient placés les muphtis, les cadis, les ulémas, les grands cheykhs. Après avoir entendu la proclamation du général en chef, et fait diverses évolutions, l'armée défila. La place honorable qu'occupèrent dans cette fête tous les grands du pays, excita la plus grande satisfaction parmi le peuple. Le général en chef donna un dîner de cent couverts où fut déployé tout le luxe qu'on aurait pu avoir à Paris. Le soir il y eut des courses, des jeux de toute espèce, qui amusèrent le peuple et le soldat. Un spectacle nouveau et dont les Français attendaient un grand résultat, fut un ballon que Conté lança. Il s'éleva et disparut dans le grand désert de la Libye. On a toujours ignoré le lieu où il est allé tomber; il ne portait personne; il y avait des vers écrits en turc, en arabe, en français. Il n'excita pas autrement la curiosité des Musulmans. Mais s'il ne produisit pas l'effet auquel on s'attendait, il fut l'objet de divers bruits. C'était, disaient les fidèles, un moyen de correspondance du sultan Kébir avec Mahomet. Le cheykh El-Mohdi rit beaucoup de cette rumeur populaire. Il composa sur ce sujet de très beaux vers arabes qui se répandirent dans tout l'Orient.

V. Le schérif Ghaleb régnait à la Mecque. Les ulémas du Caire lui écrivirent pour lui faire part de l'arrivée de l'armée française et de la protection qu'elle accordait à l'islamisme. Il répondit en homme qui voulait ménager les grands intérêts qu'il avait en Égypte. Régnant sur un lieu pauvre, le blé, l'orge, les légumes d'Égypte pourvoyaient presque exclusivement à la subsistance de son pays. La Mecque, quoique fort déchue de son ancienne prospérité, en conservait encore quelques restes, par le séjour des caravanes d'Orient et d'Occident. Celles d'Orient se réunissaient à Damas et en partaient, celles d'Occident partaient du Caire. Ce schérif écrivit au sultan Kébir, et lui donna le titre de serviteur de la sainte Kaaba, ce qui, connu et répandu dans les mosquées, y produisit un bon effet. Le schérif de la Mecque est souverain, il a des troupes; mais Djeddah, qui est le port, appartient au grand-seigneur, qui y tient une garnison. Il y envoie un pacha qui se permet des actes d'autorité dans la ville même. La politique de

Constantinople est de diminuer le plus possible l'influence religieuse du schérif de la Mecque. Les sultans sont califes; ils ont effectivement réussi à l'annuler. La politique du général français était opposée. Il avait intérêt à relever la considération religieuse de ce petit prince qui était dans la dépendance de l'Égypte par ses besoins. Cette influence diminuait d'autant celle des muphtis de Constantinople. Non-seulement il toléra, mais il excita, par toutes sortes de moyens, les communications des ulémas avec le schérif qui ne tarda pas à comprendre tout ce que cette politique avait d'avantageux à sa considération et à ses intérêts. Le schérif désira la consolidation du pouvoir français en Égypte, et y fut constamment favorable en tout ce qui dépendit de lui.

Le kiaya du pacha fut nommé Émir-Aga. Ce choix étonna tout le monde; mais il avait été influencé par l'opinion de la Porte. Elle avait témoigné le désir que cette place importante pour la religion, fût occupée par un Osmanli. L'Émir-Aga fut mis en possession de tous les biens et droits attachés à sa place. Il leva un corps de troupes de six cents hommes pour escorter la caravane. Il devint bientôt un personnage d'une haute considération et d'une véritable influence. Le tapis que le Caire envoie tous les ans à la sainte Kaaba, et que porte la caravane des pèlerins, est de soie, couvert de riches broderies en or; il se fabrique dans la mosquée du Soultân-Calaoun. Des ordres furent donnés pour que ce tapis fût plus riche, et chargé d'un plus grand nombre de sentences qu'il ne l'était ordinairement.

Les officiers du génie, travaillant à quelques fortifications, culbutèrent quelques tombeaux. La nouvelle s'en répandit et excita un vif mécontentement. Un flot de peuple, sur les six heures de l'après-midi, inonda la place Ezbekiéh, et fit une espèce de charivari sous les fenêtres du sultan Kébir. La garde ferma les barrières, et courut aux armes. Le général en chef était à dîner. Il se présenta à la fenêtre avec son interprète Venture, qui lui expliqua que cela était une marque de confiance; que c'était une manière autorisée par l'usage pour présenter une pétition au souverain. Venture descendit, fit ouvrir les barrières, tranquillisa la garde, fit nommer une députation de vingt personnes. Ils montèrent dans les appartemens, et furent accueillis avec la plus grande distinction. On les traita comme les grands cheykhs. On leur servit du café et des sorbets. On les introduisit après chez le général en chef; ils portèrent leurs plaintes. On avait violé les tombeaux, les Français avaient agi comme auraient pu faire les infidèles ou les idolâtres. Les personnes qui formaient la députation étaient pour la plupart des imans ou des mouezzins, sorte de gens qui, pour l'ordinaire, sont extrêmement fanatiques. Ils parlèrent avec quelque chaleur, mais leur plainte fut accueillie. On blâma les ingénieurs français. L'ordre fut envoyé pour que les travaux cessassent sur-le-champ, et les muphtis remplirent toutes les formalités nécessaires prescrites par le rit, dans des circonstances pareilles. Les députés furent extrêmement flattés; ils communiquèrent leur contentement à tout ce peuple; élevés comme sur un pavois, ils lui rendirent compte de leur députation. Le rapport fut accueilli par des cris de joie. Ils se rendirent alors sur les tombeaux profanés. Déjà les travaux avaient cessé. Fiers de leur triomphe, et la conscience rassurée, ils parcoururent toute la ville en chantant des versets. Ils finirent par entrer dans Gama-el-Azhar où un iman fit la lecture, pria pour le sultan Kébir, et pour que le prophète le maintînt toujours dans des sentimens favorables à l'islamisme.

Les mosquées jouissaient d'une grande quantité de terres et de fondations; mais souvent ces revenus étaient détournés par les administrateurs des mosquées. Le sultan Kébir voulant montrer l'intérêt qu'il prenait à tout ce qui intéressait la religion, confirma toutes les donations affectées à des mosquées, aux tombeaux, ou à des objets religieux. Instruit que la mosquée de Hassan était fort mal administrée, il s'y rendit un jour à l'heure de la prière. Tout le peuple sortit et l'environna, étonné d'un spectacle si nouveau. Il fit appeler les imans chargés de l'entretien de la mosquée : « Pourquoi, leur dit-il, ce « temple de Dieu est-il si mal entretenu? Qu'avez- « vous fait des revenus de la mosquée? Est-ce pour « vos intérêts ou ceux de vos familles que des fidèles

« ont donné des rentes et des terres, ou est-ce pour
« l'entretien et le service de la religion? » Il fit choisir sur-le-champ six des principaux du quartier et
ordonna qu'il leur fût rendu compte de l'emploi des
fonds de la mosquée. Cela fut fort agréé par l'opinion
publique. Il résulta des comptes, que les administrateurs étaient redevables de sommes considérables.
Elles furent restituées par les détenteurs, et employées
à l'embellissement de la mosquée. Napoléon réitéra la
même scène pour les mosquées où il y avait le plus
d'abus. En voyage, il montrait une égale sollicitude.
Il fit partout opérer grand nombre de restitutions, de
sorte que partout on travaillait et on réparait les
temples. Les dénonciations contre ceux qui dilapidaient les revenus des mosquées lui étaient adressées
dans des lettres signées ou anonymes, et il portait un
grand soin à faire rendre les comptes et à faire restituer, chose qui plaisait singulièrement au peuple, en
vue de la religion, et par le bonheur qu'il éprouve
toujours de voir rendre gorge aux personnes chargées
des deniers publics.

VI. Les empires ont, en Asie, moins de durée qu'en
Europe, parce que l'Asie est environnée et coupée
par de grands déserts qu'habitent des peuples féroces
et pauvres qui nourrissent une grande quantité de
chevaux. Quand ces peuplades barbares ont été poussées par un mouvement quelconque sur les terres
cultivées, elles ont renversé les dynasties, culbuté les

empires et créé de nouveaux états. Les Parthes, les Scythes, les Mongols, les Tartares, les Turcs se sont généralement montrés ennemis des sciences et des arts. Mais ce reproche ne peut être fait aux Arabes non plus qu'à Mahomet. Moaviah, le premier des califes Ommiades, était poète; il accorda la grâce d'un rabbin parce qu'il la lui demanda en quatre beaux vers arabes. Jésid son fils était aussi poète. Les Moslems attachaient un si grand prix à cette qualité, qu'ils l'égalaient à la bravoure. Almanzor, Haroun-el-Rachid, Al-Mamoun, cultivèrent les arts et les sciences. Ils aimèrent la littérature, la chimie, les mathématiques; ils vécurent avec les savans, firent traduire les auteurs grecs et latins en arabe, l'*Iliade*, l'*Odyssée*, *Euclide*, etc., créèrent des écoles, des académies pour la médecine, l'astronomie, la morale. Ahmed corrigea les tables de Ptolémée, Abbas fut un mathématicien distingué. Costa, Alicude, Thabed, Ahmed mesurèrent un degré du méridien de Soana à Caffa. La chimie, les alambics, les signes de la numération actuelle, sont des inventions arabes. Rien n'est plus élégant que leurs contes moraux; leurs poésies sont pleines de chaleur. Mahomet recommanda partout les savans et les hommes qui se livraient à une vie spéculative et cultivaient les lettres. Si les Arabes ont négligé l'anatomie, c'est par préjugé religieux. Dans la bibliothèque du Caire, il y avait six mille volumes d'astronomie, et plus de cent mille autres. Dans la bibliothèque de Cordoue, il y avait trois cent mille volumes. Les sciences et les arts ont régné cinq cents ans sous les califes, et faisaient de grands progrès, quand l'irruption des Mongols y mit un terme.

VII. Mahomet réduisit le nombre de femmes qu'on pouvait épouser; avant lui, il était indéterminé; le riche en épousait un grand nombre; il restreignit donc la polygamie. Il ne naît pas plus de femmes que d'hommes; pourquoi donc permettre à un homme d'avoir plusieurs femmes, et pourquoi Mahomet n'a-t-il pas adopté la loi de Jésus-Christ sur cet article? En Europe, les législateurs des nations, Grecs ou Germains, Romains ou Gaulois, Espagnols ou Bretons, n'ont jamais permis qu'une seule femme. Jamais en Occident, la polygamie n'a été autorisée. En Orient, au contraire, elle a toujours été permise. Depuis les temps historiques, tout homme Juif ou Assyrien, Arabe ou Persan, Tartare ou Africain, a pu avoir plusieurs femmes. On a attribué cette différence aux circonstances géographiques. L'Asie et l'Afrique sont habitées par plusieurs couleurs d'hommes, la polygamie est le seul moyen efficace de les confondre pour que le blanc ne persécute pas le noir, ou le noir, le blanc. La polygamie les fait naître d'une même mère ou d'un même père. Le noir et le blanc étant frères, sont assis et se voient à la même table. Aussi en Orient, aucune couleur n'affecte la supériorité sur l'autre. Mais pour remplir ce but, Mahomet pensa que quatre femmes étaient suffisantes. On se demande comment il est possible de permettre quatre femmes quand il n'y a pas plus de femmes que d'hommes? C'est qu'en réalité la polygamie n'existe que parmi la classe riche. Comme c'est cette classe qui forme l'opinion, la confusion des couleurs dans ces familles est suffisante pour maintenir l'union entre elles. Lorsqu'on voudra, dans nos colonies, donner la liberté aux noirs, et détruire les préjugés des couleurs, le législateur autorisera la polygamie.

En Orient, l'esclavage n'a jamais eu le même caractère que dans l'Occident. L'esclavage de l'Orient est celui que l'on voit dans l'Écriture sainte. L'esclave hérite de son maître, il épouse sa fille. La plupart des pachas ont été esclaves; grand nombre de grands visirs, tous les Mamelouks, Aly-Bey, Mourad-Bey l'ont été. Ils ont commencé par remplir les plus bas offices dans la maison de leur maître, et se sont élevés par leur mérite ou la faveur. En Occident au contraire, l'esclave fut toujours au-dessous du domestique, il occupait le dernier rang. Les Romains affranchissaient leurs esclaves, mais l'affranchi ne fut jamais considéré à l'égal d'un citoyen né libre. Les idées de l'Orient et de l'Occident sont tellement différentes, qu'il fallut long-temps pour faire comprendre aux Égyptiens, que toute l'armée n'était pas composée d'esclaves appartenant au sultan Kébir. Le père de famille est le premier magistrat de sa maison. Il a tous droits sur ses femmes, ses enfans, et ses esclaves. Jamais l'administration publique ne se mêle de ce qui se passe dans l'intérieur d'une famille, pour troubler l'autorité du père. Ses femmes sont sacrées et respectées même dans les guerres civiles. Les femmes des Mamelouks conservèrent leurs maisons au Caire ; elles ne supposaient pas qu'on les pût inquiéter ; elles y furent respectées et y vécurent indépendantes.

VIII. Les femmes des beys ou des kachefs demandaient quelquefois des audiences au sultan Kébir. Elles arrivaient environnées d'une suite nombreuse. Leur visage était couvert, suivant l'usage du pays. On ne pouvait pas juger de leur plus ou moins de beauté ; mais de petites mains, une jolie taille, une voix plus ou moins harmonieuse, des manières qui sont le résultat de l'habitude de l'aisance et d'une bonne éducation, en faisaient connaître le rang et la qualité. Elles baisaient la main du sultan Kébir, la portaient à leur front et sur leur cœur, elles s'asseyaient sur de riches carreaux de soie, et commençaient la conversation, où elles déployaient autant d'esprit et de coquetterie, qu'auraient pu le faire nos femmes d'Europe les mieux élevées, afin d'obtenir ce qu'elles venaient demander. Esclaves de leurs maris, elles ont pourtant des droits protégés par l'opinion ; celui par exemple d'aller au bain, lieu où se nouent les intrigues, et où se font la plus grande partie des mariages. L'aga des Janissaires du Caire, qui était chargé de la police, et rendait de grands services à l'armée, demanda un jour pour récompense au sultan Kébir de lui accorder en mariage une veuve qu'il désirait; cette veuve était jolie et riche : — Mais comment savez-vous qu'elle est jolie, l'avez-vous vue? — Non... — Comment voulez-vous que je l'accorde, le voudrait-elle? — Sans doute, si vous le lui ordonnez. Effectivement, aussitôt que cette veuve fut instruite des intentions du général en chef, elle s'y conforma. Cependant ces deux époux ne s'étaient jamais vus, et ne se connaissaient pas. Depuis, grand nombre de mariages furent faits ainsi.

Quand les femmes vont à la Mecque, elles sont couchées dans une espèce de canapé d'osier, couvert et fermé par des rideaux. Il est porté sur un chameau en travers. Quelquefois ces paniers sont arrangés sur la selle, de chaque côté, en équilibre; deux femmes sont alors assises sur un même chameau.

La femme du général Menou continua, après son mariage, à fréquenter les bains de Rosette (1). Elle y était courtisée de toutes les femmes, fort curieuses de connaître son intérieur. Elle leur racontait les soins délicats que son mari avait pour elle; qu'à table, elle était servie la première, et que les meilleures choses étaient pour elle, que pour passer d'un appartement dans un autre, on lui donnait la main, qu'on était constamment occupé à la servir, à satisfaire tous ses désirs et tous ses besoins. Ces discours produisirent un tel effet, que les têtes de toutes les femmes de Ro-

---

(1) Madame Menou était Égyptienne, fille d'un homme tenant des bains.

AFFAIRES RELIGIEUSES. 237

sette en furent agitées, et elles adressèrent au sultan Kébir une pétition qu'elles envoyèrent au Caire, afin qu'il ordonnât dans toute l'Égypte, aux Égyptiens, de se comporter envers elles, selon l'usage des Français.

L'Institut fixa l'attention du peuple. La bibliothèque, tous les instrumens de mathématiques, de physique, les pierres, les plantes et autres objets d'histoire naturelle que les savans se procurèrent dans le pays, étaient réunis dans son palais ou dans son jardin. Les habitans furent long-temps à comprendre ce que c'était que cette assemblée de gens graves et studieux; ils ne gouvernaient pas, ils n'administraient pas, ils n'avaient pas la religion pour but; ils crurent qu'ils faisaient de l'or. Ils finirent pourtant par en avoir une idée juste, et non-seulement les savans furent estimés des docteurs de la loi, et des principaux du pays, mais même de la dernière classe du peuple, parce qu'ils eurent de fréquentes relations avec les ouvriers, leur donnant des indications, soit sur les mécaniques, soit sur la chimie, pour diriger leurs travaux. Cela les mit dans une grande estime parmi le peuple.

Le cheykh El-Mohdi, assistant à une séance de l'Institut se faisait expliquer par un interprète ce qu'on y disait. C'était une dissertation de Geoffroy sur les poissons qui étaient dans le Nil. Il demanda à parler, et il dit: *que le prophète avait déclaré qu'il y avait trente mille espèces d'animaux créés : dix mille sur la terre et dans les airs, et vingt mille dans les eaux*. Ce cheykh était d'ailleurs le plus savant, le plus instruit, et un homme très lettré.

Un jour, pendant que les grands cheykhs étaient chez le général en chef, un officier arrivant de Kelioub, lui rendit compte que les Arabes Billis avaient fait une avanie à un pauvre village et tué un fellah. Napoléon témoigna beaucoup d'indignation et donna l'ordre à un officier d'état-major de partir avec trois cents chevaux pour punir et réprimer ce brigandage. Comme il parlait avec beaucoup de chaleur, un des cheykhs lui dit : — Et pourquoi te fâches-tu? le fellah qu'on a tué est-il donc ton frère ?— *Oui*, dit le sultan Kébir, *tous ceux qui m'obéissent sont mes enfans*. — *Tayeb, Tayeb,* dit le cheykh El-Cherkaoui, ce que tu dis est juste, tu parles comme le prophète!!! Il ne manqua pas, une demi-heure après, de raconter ce discours dans la grande mosquée au milieu d'une immense foule et au grand contentement du peuple qui s'écria : *Dieu est grand, Dieu est juste, tout vient de Dieu, tout retourne à lui, nous sommes tous à Dieu.*

CHAPITRE VI.

INSURRECTION DU CAIRE.

I. Réunion du grand divan d'Égypte. — II. La Porte déclare la guerre à la France. — III. Fermentation de la ville. — IV. Insurrection du peuple. — V. Restitution des livres saints. — VI. Fortifications. — VII. Suez (10 novembre). — VIII. Passage de la mer Rouge. — IX. Canal des deux mers. — X. Divers objets.

I. Les trois quarts des villages étaient sans moultezims. Ceux-ci avaient péri sur le champ de bataille des Pyramides. La circonstance paraissait favorable pour changer le système qui régissait les propriétés, et y introduire les lois de l'Occident. Les avis étaient cependant partagés. Ceux qui ne voulaient aucune innovation disaient: qu'il ne fallait pas se priver des moyens de récompenser les officiers de l'armée, et d'accroître le nombre des partisans de la France; que la nature des circonstances particulières à l'Égypte, ne permettait d'imposer que le produit net; que le territoire productif variait tous les ans selon le plus ou moins d'étendue de l'inondation, ce qui obligeait de le constater tous les ans par un cadastre; que le produit d'un même champ, étant différent selon la nature de la culture, il fallait à chaque récolte faire un inventaire des produits; que l'intervention et l'autorité des moultezims était indispensable pour diriger et surveiller ces opérations, de leur nature, si délicates; qu'il était d'ailleurs plus important de s'attacher la classe intermédiaire qui est susceptible de reconnaissance, que la multitude plus ignorante, plus crédule, plus ingrate encore en Orient que dans l'Occident; enfin qu'il était surtout essentiel de ne froisser aucun intérêt, et de n'autoriser aucune de ces injustices dont les effets se font long-temps sentir sur le crédit, et sur l'esprit des sociétés. Il est vrai que tout ce qui était relatif aux propriétés et aux impositions, était encore environné d'obscurité.

D'autres faisaient observer que sur trois millions d'habitans que contenait l'Égypte, deux millions six cent mille étaient paysans, et éprouveraient une grande amélioration dans leur état et dans leur bien-être par l'affranchissement des terres dites atar, ce qui les attacherait d'affection à la France; que tout ce qu'on disait sur la nécessité de n'imposer que le produit net était vrai partout, et sans doute plus particulièrement en Égypte, mais que l'intervention des moultezims n'y était nécessaire en rien, et qu'une bonne direction des contributions qui embrasserait tout le pays, ferait mieux et opérerait plus justement.

Depuis soixante ans que les Mamelouks avaient usurpé tous les pouvoirs, les institutions qui protégeaient le peuple avaient été abrogées. L'opinion réclamait des lois et des tribunaux réguliers pour assurer aux habitans la jouissance de deux grands bienfaits de l'état social, la sûreté des personnes et celle des propriétés. Dans la position où l'on se trouvait, il y avait quelques avantages à placer le peuple de ce pays dans une situation où il dévoilât lui-même son caractère et ses secrètes pensées, ce qui mettrait les Français à même de pouvoir s'assurer de ce qu'ils devaient espérer ou de ce qu'ils avaient à craindre du jeu de ses passions. Cela donna l'idée de réunir un grand divan composé de tous les notables et des députés des provinces, et de provoquer ses délibérations sur toutes ces importantes questions d'intérêt public.

Le grand divan tint sa première séance le 1er octobre, et se montra animé des meilleurs sentimens pour le nouvel ordre de choses. Il haïssait également les Mamelouks et les Osmanlis. Le gouvernement des uns et des autres était également contraire aux préceptes du Coran. Les premiers, nés infidèles, n'étaient pas sincèrement convertis à l'islamisme; les seconds étaient cupides, capricieux et ignorans. Les hommes instruits sentaient l'excellence des principes qui régissaient les nations de l'Europe; ils étaient séduits par la perspective du bonheur qui devait résulter pour eux d'un bon gouvernement, et d'une justice civile et criminelle, fondée sur les saines idées. La gloire et le bonheur de la patrie arabe étaient chers à tous; c'était une fibre de laquelle on pouvait un jour tout espérer.

La marche des discussions dans l'assemblée fut fort lente, soit par l'effet du caractère calme et silencieux des Orientaux, soit par le peu d'habitude qu'ils en avaient, soit à cause de la diversité des usages qui régissaient les provinces, et de la difficulté de consulter le passé dans un pays où il ne s'imprime rien. Mais peu-à-peu les choses se réglèrent, et on perdit moins de temps. Consulté sur la grande question : s'il valait mieux conserver les lois et les usages qui régissaient les propriétés, ou bien s'il était préférable qu'on y adaptât les lois de l'Occident où les propriétés sont incommutables, et transmissibles soit par des actes de dernière volonté, soit par des donations entre vifs, soit par des ventes librement consenties, le tout en suivant les lois et les formes établies; le grand divan n'hésita pas. Il déclara unanimement : que les lois de l'Occident étaient conformes à l'esprit du livre de vérité; que c'était par ces principes qu'avait été régie l'Arabie du temps des califes Ommiades, Abassides et Fatimites; que le principe féodal, que toute terre appartient au sultan, avait été apporté par les Mongols, les Tartares et les Turcs; que leurs ancêtres ne s'y étaient soumis qu'avec répugnance. Il discuta chaudement sur la suppression des moultezims et l'affranchissement des terres atar. Les imans craignirent pour les biens des mosquées, les moultezims étaient en majorité dans l'assemblée, les cheykhs-el-beled qui étaient députés des villages, insistèrent seuls pour leur affranchissement. On désintéressa d'abord les imans en convenant que toutes les terres appartenant aux mosquées, de quelque nature qu'elles fussent, seraient louées à bail emphytéotique pour quatre-vingt-dix-neuf ans; les moultezims se récrièrent sur l'injustice dont on se rendrait coupable en les dépouillant. Mais il en restait peu, et on leur offrit la conservation des terres dites ousyéh qu'ils possédaient dans leurs villages, et une indemnité pour ce qu'ils perdraient par l'affranchissement des atar, laquelle serait prise sur les terres ousyéh des autres communes. Dans ce nouvel état de choses, quelle devait être la quotité du myry? les uns dirent qu'on pouvait l'élever jusqu'à moitié du produit net, les autres pensaient qu'on ne pouvait point, sans faire souffrir l'agriculture, dépasser le quart. D'autres questions furent discutées, dans cette assemblée, pendant vingt jours qu'elle fut réunie. Les lumières se propageaient, lorsque des événemens extraordinaires vinrent détourner de ces grandes pensées qui devaient tant influer sur le bonheur de ces peuples, sur son esprit public, et le lier pour toujours à l'Occident.

II. Le gouvernement français avait contremandé l'expédition d'Irlande. Les Irlandais à qui on avait promis de puissans secours, s'étaient insurgés; après avoir long-temps tenu tête aux forces anglaises, ils avaient succombé. La Porte ne recevant aucune explication, l'ambassadeur français qui lui avait été annoncé ne venant pas, elle s'abandonna à l'impulsion de l'Angleterre et de la Russie, et déclara la guerre à la République. Pendant que Paris oubliait ou négligeait tout ce qui avait été convenu, lorsqu'on avait arrêté le plan de campagne de 1798, Napoléon exécutait ponctuellement ce qu'il avait promis. Arrivé à Alexandrie, il se concilia l'amour des officiers de la caravelle turque; il écrivit au pacha, l'engagea à rester au Caire, mais celui-ci, obligé de suivre Ibrahim-Bey, y laissa seulement son kiaya; il fit partout arborer le pavillon du Grand Seigneur avec le pavillon français; il fit continuer les prières dans les mosquées pour le sultan de Constantinople; il satisfit aux désirs de la Porte en confiant la charge d'émir-aga à un Osmanli, il en revêtit le kiaya lui-même. La caravelle ayant reçu du capitan-pacha l'ordre de retourner à Constantinople, il fit réparer ses avaries, lui fournit des vivres à ses frais et y fit embarquer le sieur Beauchamp, savant astronome qui avait long-temps séjourné à Constantinople et dans la mer Noire; il lui confia une mission diplomatique. Il ouvrit aussi plusieurs communications par Damas avec le reis-effendi. Mais toutes ces opérations furent contrariées par le silence et l'inertie du cabinet du Luxembourg.

La Porte avait déjà étendu le pouvoir de Djezzar-Pacha sur toute la Syrie. Alep, Tripoli, Damas, Jérusalem et Jaffa étaient sous ses ordres. A la fin d'octobre elle le nomma sérasquier d'Égypte. Celui-ci expédia au cheykh Sadah le firman qui contenait la déclaration de guerre du Grand Seigneur contre la France. Napoléon alla dîner chez le cheykh. Quand il se trouva seul avec lui, il lui commanda impérieusement de lui remettre l'original du firman. Sadah nia en avoir connaissance, hésita, se contredit, et enfin le remit. Cependant mille bruits circulaient dans la ville. Le capitan-pacha, disait-on, avait mouillé à Jaffa, et avait débarqué une armée d'Osmanlis qui, accrue de l'armée de Djezzar, tirée d'Alep, de Damas, de Jérusalem, était innombrable; elle tarissait tous les puits de la Syrie. Ces nouvelles consternèrent le divan. Il fut effrayé de voir les armes de la Porte réunies aux armes anglaises et russes, et commença à douter de l'issue de la guerre. Les plus zélés se refroidirent, ceux qui étaient froids et timides devinrent ennemis. De leurs côtés, Ibrahim-Bey, en Syrie, et Mourad-Bey, dans la Haute Égypte, ne restaient pas oisifs. Les Mamelouks inondaient les provinces de menaces contre les cheykhs-el-beled qui avaient pris le parti des Français, et cessaient de leur payer le fayz.

III. Les ingénieurs français travaillaient sans discontinuer aux fortifications et à l'armement de la citadelle. Ils avaient d'abord réparé les fronts du côté de la campagne, ce qui n'avait point excité l'attention du peuple; mais lorsqu'en continuant l'ordre de leur travail, ils arrivèrent au front de fortifications du côté de la ville, qu'ils firent démolir une grande quantité de kiosques, de maisons et une mosquée qui obstruaient les remparts; que sur les décombres ils élevèrent de fortes batteries, les habitans témoignèrent hautement leurs inquiétudes : « Pourquoi bra-

« que-t-on des canons contre nous ; ne sommes-nous
« pas des amis? nourrirait-on contre nous de méchans
« desseins? »

La ville était séparée en cinquante quartiers, fermés par des enceintes particulières. Les portes s'en ouvraient ou s'en fermaient, suivant la volonté des chefs de quartier. La moindre négligence dans le service interrompait les communications, et donnait lieu à beaucoup de rixes avec les soldats. Cela formait des barricades perpétuelles qui étaient dangereuses pour l'autorité française, et excitaient la confiance et l'insolence du peuple. La circonstance de la réunion du grand divan, dont les dispositions étaient très bienveillantes, parut favorable pour la destruction de toutes les barrières. Les ingénieurs qui étaient préparés s'y portèrent avec la plus grande activité. Les propriétaires des okels, les malveillans, se récrièrent sur ces nouveautés : « Pourquoi changer ce qui existe de tout temps? » Ils firent remarquer la coïncidence de la destruction de ces enceintes avec l'armement de la citadelle, et la levée de la contribution extraordinaire. Les esprits s'aigrirent; en peu de jours, la fermentation devint apparente. « On nous demande
« de l'argent, disaient-ils, la somme quoique forte
« peut cependant être payée; mais, en même temps,
« on détruit nos barrières, et on braque contre
« nous des canons. Quels sont donc les projets que
« nourrissent ces hommes de l'Occident? Ils ont
« réuni les principaux de l'Égypte sous prétexte

« d'un divan, mais ne sont-ce pas des otages qu'ils
« ont voulu mettre sous leurs mains, pour pouvoir
« tout d'un coup détruire tout ce que l'Égypte a de
« grand et de capable de servir de ralliement au
« peuple? »

Le général Dupuis était commandant d'armes. C'était un bon et brave militaire, mais d'un caractère vif et très emporté. Il était de Toulouse. La pétulance gasconne cadrait mal avec la gravité orientale. Il n'attachait aucune conséquence à ses propos, et souvent il menaçait assez légèrement les habitans de leur faire infliger des peines afflictives. On sait en Europe que de pareilles menaces ne veulent rien dire, puisqu'elles passent le pouvoir de celui qui les fait; que, pour infliger des peines afflictives, il y a des formes publiques nécessaires; mais sous un gouvernement arbitraire, où les agens de l'autorité peuvent tout se permettre, tout homme menacé se tenait pour perdu, et vivait en proie aux plus vives alarmes.

Le 6 octobre, après le lever du sultan Kébir, le cheykh El-Cherkaoui dit qu'il était arrivé un homme de Smyrne à Gama-el-Azhar, qu'il y était demeuré dix jours, qu'il l'avait fait observer, et lui avait arraché l'aveu qu'il avait une mission de Djezzar pour engager le combat sacré contre le chef des Français; qu'il avait pris le parti de ne faire aucun éclat, pour ne point s'ôter les moyens de prévenir une autre fois de pareils crimes; qu'il s'était contenté de renvoyer ce fanatique en Syrie, le faisant accompagner par deux de ses affidés; mais qu'il était convenable de prendre plus de précautions, car, d'autres individus étaient peut-être actuellement dans d'autres mosquées, nourrissant de semblables desseins.

IV. Le grand divan avait réparti une somme de six millions, en forme d'emprunt, entre les divers corps de marchands du Caire. La répartition excita de grandes réclamations qui occupèrent l'audience du cadi, ce qui y attira beaucoup de monde. Elle devint un rendez-vous de mode; elle s'ouvrait au soleil levant, on y passait une partie de la matinée. Le 22 octobre, la foule fut plus considérable qu'à l'ordinaire; les escaliers et les cours du palais étaient remplis de curieux, attirés par une corporation qui avait dénoncé son syndic. L'aga de la police s'y rendit; il fit prévenir le commandant d'armes qu'il y avait beaucoup de malintentionnés qui travaillaient le public. Mais, comme les habitans du Caire sont parleurs, d'un caractère remuant, et extrêmement curieux de nouvelles, le général Dupuis était accoutumé à de pareilles alarmes. Il se rendit pourtant au palais, mais trop tard. Il laissa son piquet de dragons dans la cour, et monta chez le cadi. Voyant que les esprits étaient fort agités, il conseilla à ce magistrat d'ajourner l'audience au lendemain, ce qu'il fit. Dupuis eut de la peine à regagner son cheval au milieu de la foule. Les dragons furent pressés. Un cheval foula un Maugrabin; cet homme féroce, et qui arrivait de la Mecque, tira un coup de pistolet, tua le cavalier et monta sur son cheval. Le détachement français chargea et dissipa le peuple. Le général Dupuis, sortant de la cour, reçut, comme il entrait dans la rue à la tête de son piquet, un coup de lance d'un homme qui était là à poste fixe; il tomba mort. Le bruit se répandit sur-le-champ dans la ville que le sultan Kébir avait été tué, que les Français avaient jeté le masque, et massacraient les fidèles. Les mouezzins, du haut de leurs minarets, appelèrent les vrais croyans à la défense des mosquées et de la ville. Les marchands fermèrent leurs boutiques. Les soldats se précipitèrent de tous côtés pour gagner leurs quartiers. Les malveillans firent fermer celles des barrières qui n'étaient pas encore démolies. Les femmes montées sur leurs terrasses faisaient entendre d'horribles hurlemens. La population se porta à la maison du général du Falga qui imprudemment s'était logé près de la grande mosquée. On en voulait beaucoup aux officiers du génie, parce que c'était eux qui démolissaient les barrières, qui dirigeaient les travaux et les fortifications de la citadelle, et que souvent ils avaient profané des tombeaux pour construire leurs ouvrages. En un moment, la maison fut dévastée, les livres et les instrumens pillés, et cinq ou six individus qui s'y trouvaient, massacrés. Leurs têtes furent promenées dans les rues, et ensuite suspendues à la porte de la grande mosquée. La vue du sang anime les fanatiques. Les grands épouvantés s'étaient enfermés chez eux, mais le peuple court les arracher à leur domicile, et les mène en triomphe à Gama-el-Azhar; il crée un divan de défense, il organise les milices, il déterre les armes, il n'oublie rien de ce qui peut assurer l'impunité de la rébellion.

Par un événement fortuit, à la petite pointe du jour, Napoléon avait passé le Nil pour visiter l'arsenal de Gizéh. Il retourna à la ville à neuf heures. A la contenance des habitans du quartier qu'il traversa, il ne lui fut pas difficile de s'apercevoir de ce qui se passait. Il fit appeler les grands ulémas, mais déjà tous les chemins étaient interceptés. Des corps de garde d'insurgés étaient placés au coin de toutes les rues, des épaulemens et des murs étaient déjà commencés, l'armée était sous les armes, chacun était à son poste. Les grands cheykhs avaient cherché à éclairer le peuple sur les suites immanquables qu'aurait la conduite qu'il tenait; ils ne purent rien obtenir; ils furent contraints de se taire et de suivre le mouvement qui était irrésistible. Le cheykh Sadah fut choisi pour présider le divan des insurgés; cette assemblée était composée d'une centaine d'imans, de mouezzins, de chefs de Maugrabins, tous gens de la basse classe. Elle fit une proclamation dans laquelle elle annonça : « Que la Porte avait déclaré la guerre
« à la France; que Djezzar-Pacha, nommé sérasquier,
« était déjà arrivé à Belbeis avec son armée; que les
« Français se disposaient à se sauver, mais qu'ils
« avaient démoli les barrières afin de piller la ville,

« au moment de leur départ. » Du haut des quatre cents minarets du Caire, on entendit toute la nuit la voix aigre des mouezzins faisant retentir l'air d'imprécations contre les ennemis de Dieu, les infidèles, et les idolâtres. Toute la journée du 22, toute la nuit du 22 au 23, se passa de cette manière. Les insurgés l'employèrent à s'organiser. On entendait quelques coups de fusil, mais peu vifs. Les affaires prenaient un aspect fort sérieux; la soumission du Caire pouvait être très difficile. Mais ce qui donnait plus à penser encore, c'était la suite que cela devait nécessairement avoir. Il fallait soumettre cette grande ville, en évitant tout ce qui pouvait porter les choses à l'extrême et rendre le peuple d'Égypte irréconciliable avec l'armée. Une proclamation fut affichée, en turc et en arabe, afin d'éclairer les habitans sur les fausses nouvelles dont les malveillans se servaient pour les égarer. « Il n'était pas vrai que Djezzar eût passé le
« désert; la destruction des barrieres était conforme
« aux règles d'une bonne police; l'armement de la
« citadelle du côté de la ville n'était que l'exécution
« d'une règle militaire; on rappelait aux habitans la
« bataille des Pyramides, la conduite que le sultan
« Kébir avait tenue envers eux; on finissait par pro-
« poser de s'en remettre au jugement du divan. »
Cette proclamation fit un mauvais effet. Les meneurs s'en servirent pour persuader au peuple, que les Français avaient peur, ce qui le rendit insolent. Les muphtis firent dire qu'on n'avait rien à espérer, qu'il

fallait sans délai employer la force ; que les Arabes du désert étaient en marche ; que les tribus qui étaient le plus près arriveraient dans la journée. Effectivement, une heure après, on apprit que les *Billis* et les *Térabins,* au nombre de sept ou huit cents hommes, commettaient des hostilités et infestaient les communications de Boulac. L'aide-de-camp Sulkouski partit avec deux cents chevaux, passa le canal sur le petit pont, chargea les Bédouins, en tua quelques-uns, et les poursuivit pendant plusieurs lieues. Il nettoya tous les environs de la ville, mais il fut blessé un moment après. Son cheval ayant été tué, il tomba et fut percé de dix coups de lance. Sulkouski était Polonais, bon officier, il était de l'Institut d'Égypte. Sa mort fut une perte vivement sentie.

Le général d'artillerie Dommartin, avec une batterie de quatre mortiers et de six obusiers, était parti de Boulac pour s'établir sur les hauteurs du fort Dupuis. A une heure après midi, trente mortiers et obusiers, de la citadelle et de la batterie du fort Dupuis, donnèrent le signal de l'attaque. Plusieurs bombes éclatèrent dans la mosquée de Gama-el-Azhar; une heure après, le feu se manifesta dans divers quartiers de la ville. A trois heures, les insurgés débouchèrent par la porte des Victoires pour enlever la batterie du fort Dupuis. Ils étaient sept ou huit mille tirailleurs, dont sept à huit cents à cheval. Les minarets et toute la coupole de la mosquée de Hassan se couvrirent de tirailleurs pour faire taire les canonniers de la citadelle, mais vainement. Le général Dommartin avait trois bataillons et trois cents chevaux pour protéger ses batteries. Il les fit charger, la baïonnette au bout du fusil. Les insurgés furent repoussés; la cavalerie leur fit quatre cents prisonniers. Le général en chef donna sur-le-champ le signal aux quatre colonnes d'attaque qui étaient préparées. Elles étaient composées chacune de deux bataillons, et conduites par des Coptes, des Syriens et des Janissaires, restés fidèles. Elles arrivèrent toutes les quatre à la mosquée de Gama-el-Azhar, comme les fuyards de l'attaque du fort Dupuis y entraient épouvantés. La mosquée fut enlevée au pas de charge. A sept heures du soir, tout était tranquille. Le feu avait cessé. Les agas de la police arrêtèrent quatre-vingts des cent membres qui composaient le divan de défense. Ils furent enfermés dans la citadelle. Toute la nuit fut silencieuse et sombre. Les grands, retirés au fond de leurs harems, étaient fort inquiets de leur position. Ils ignoraient de quelle manière on jugerait leur conduite et si on ne les rendrait pas responsables de la révolte du peuple. Près de quatre mille hommes partirent avant le jour, traversèrent le désert et se réfugièrent à Suez. Trois maisons seulement furent consumées par les flammes, une vingtaine furent endommagées; la mosquée de Gama-el-Azhar souffrit peu. La perte des Français se monta à trois cents hommes, parmi lesquels une centaine de tués. Trente malades qui arrivaient de Belbeis, traversaient la ville au moment où l'insurrection éclata; ils furent massacrés. La perte la plus sensible fut une vingtaine d'officiers d'état-major, du génie ou de membres de la commission des arts qui furent égorgés au premier moment de l'insurrection. Ils étaient isolés dans les divers quartiers. Bon nombre de Français furent sauvés par les honnêtes gens de la ville. Tout ce qui avait de la fortune, de l'éducation, resta fidèle et rendit des services importans aux Européens. Le 24, à six heures du matin, une commission militaire constata que les quatre-vingts prisonniers de la citadelle avaient fait partie du divan de défense, et les fit passer par les armes. C'étaient des hommes d'un esprit violent et irréconciliable.

V. Au soleil levant les soixante cheykhs et imans de la grande mosquée se rendirent au palais. Depuis trois jours, ils ne s'étaient pas couchés. Leur contenance était celle de coupables et d'hommes rongés d'inquiétudes. Il n'y avait pas cependant de reproches à leur faire. Ils avaient été fidèles, mais n'avaient pas pu lutter contre le torrent de l'opinion populaire. Le cheykh Sadah se fit excuser, prétextant son état de maladie. On pouvait ignorer sa mauvaise conduite; si on paraissait en être instruit, il faudrait lui faire couper la tête. Dans la situation des esprits, cette mort aurait plus d'inconvéniens que d'avantages; son nom était vénéré de tout l'Orient; c'eût été en faire un martyr. Le général en chef lui fit dire qu'il n'était pas surpris qu'au milieu d'événemens si étranges, à son

âge, il se trouvât incommodé; mais qu'il désirait le voir le lendemain, si cela lui était possible. Napoléon accueillit les cheykhs comme à l'ordinaire et leur dit :
« Je sais que beaucoup de vous ont été faibles, mais
« j'aime à croire qu'aucun n'est criminel; ce que le
« prophète condamne surtout, c'est l'ingratitude et
« la rébellion..... Je ne veux pas qu'il se passe un
« seul jour où la ville du Caire soit sans faire les
« prières d'usage; la mosquée de Gama-el-Azhar a
« été prise d'assaut, le sang y a coulé, allez la puri-
« fier. Tous les saints livres ont été pris par mes sol-
« dats, mais pleins de mon esprit, ils me les ont ap-
« portés, les voilà, je vous les restitue. Ceux qui sont
« morts satisfont à ma vengeance. Dites au peuple
« du Caire que je veux continuer à être clément et
« miséricordieux pour lui. Il a été l'objet spécial de
« ma protection, il sait combien je l'ai aimé, qu'il
« juge lui-même de sa conduite? Je pardonne à tous,
« mais dites-leur bien que ce qui arrive et arrivera,
« est depuis long-temps écrit, et qu'il n'est au pou-
« voir de personne d'arrêter ma marche; ce serait
« vouloir arrêter le destin..... Tout ce qui arrive et
« arrivera, est dans le livre de la vérité. » Ces vieillards se jetèrent à genoux, baisèrent les livres du Coran; il y en avait de la plus grande antiquité. Un exemplaire avait appartenu à Hassan, d'autres à Saladin. Ils exprimèrent leur reconnaissance plus par leur contenance que par leur langage. Ils se rendirent à Gama-el-Azhar. La mosquée était remplie d'un peuple

transi de peur. Elle fut purifiée. Les cadavres furent ensevelis. Des ablutions et d'autres cérémonies conformes à l'usage, précédèrent les prières ordinaires. Le cheykh El-Cherkaoui monta dans la chaire, et répéta ce que le sultan Kébir leur avait dit. Le peuple fut rassuré. L'intercession du prophète, les bénédictions de Dieu furent appelées sur ce prince grand et clément. Pendant la journée du 24, on enleva les barrières, on nettoya les rues, et on rétablit l'ordre.

Le 25, le cheykh Sadah se rendit au lever, il y fut reçu comme à l'ordinaire. Il n'était pas difficile de voir à sa contenance la frayeur qui le maîtrisait. Il divagua et prononça des paroles sans suite. Voulant complimenter le sultan Kébir sur les dangers auxquels il avait échappé, il remercia Dieu d'avoir enchaîné la sédition, et d'avoir donné la victoire à la justice; par un mouvement convulsif et comme voulant davantage assurer son pardon, il prit et baisa la main du sultan Kébir. Toute la journée du 25 se passa, de la part du peuple, en observation, mais il parut enfin rassuré et se livra à la joie. Il avoua que tous avaient mérité la mort, et que, sous un prince moins clément, le Caire aurait vu sa dernière journée.

L'armée française ne partagea pas la joie et la satisfaction des habitans. Officiers et soldats murmuraient et témoignaient leur mécontentement. Ils blâmaient cette extrême indulgence. « Pourquoi tou-
« jours caresser ces vieux cheykhs ? ces cafards.....
« C'étaient eux les auteurs de tout, c'était sur eux

« qu'il fallait venger le sang des Français aussi traî-
« treusement massacrés. Qu'avait-on besoin de tant
« les cajoler? Il ne restait plus qu'à donner à ces
« vieillards hypocrites des récompenses pour l'hor-
« rible conduite qu'ils avaient tenue. » Napoléon
resta insensible aux murmures de l'armée qui ne reconnut que beaucoup plus tard combien sa conduite
avait été sage. Comme le cheykh Sadah baisait la main
du général en chef, Kléber, qui arrivait d'Alexandrie
lui demanda quel était ce vieillard qui paraissait si
interdit, et dont les traits étaient si bouleversés?
« C'est le chef de la révolte, lui répondit-il. — Eh!
« quoi! vous ne le faites pas fusiller? — Non, ce
« peuple est trop étranger, à nous, à nos habitudes;
« il lui faut des chefs. J'aime mieux qu'il ait des chefs
« d'une espèce pareille à celui-ci, qui ne peut ni
« monter à cheval ni manier le sabre, que de lui en
« voir comme Mourad-Bey et Osman-Bey. La mort
« de ce vieillard impotent ne produirait aucun avan-
« tage, et aurait pour nous des conséquences plus
« funestes que vous ne pensez. » Les événemens qui
sont arrivés long-temps après ont fait revenir sur cette
conversation (1).

Les ulémas firent des proclamations; elles calmè-
rent les révoltes qui s'étaient déjà déclarées sur divers
points. Plusieurs d'entre eux envoyés en mission dans
les provinces parlèrent avec chaleur; leur cœur était

(1) C'est ce même cheykh que, plus tard, le général Kléber fit bâtonner; ce
qui fut une des principales causes de la mort de ce général.

plein de reconnaissance pour la généreuse conduite qu'on avait tenue à leur égard. Ils furent persuadés plus que jamais, que Napoléon aimait le Coran, le prophète, et qu'il était sincère dans toutes les protestations qu'il leur avait faites sur le désir qu'il avait de voir heureux le peuple de l'Arabie. Mille bruits se répandirent dans la ville et dans les provinces : Mahomet avait apparu au sultan Kébir au moment de la révolte et lui avait dit : « Le peuple du Caire est cri-
« minel, car tu as été bon pour lui, ainsi tu seras
« victorieux; tes troupes entreront dans Gama-el-
« Azhar, mais aie soin de respecter les choses saintes
« et les livres de la loi; car, si tu n'es pas généreux
« après la victoire, je cesserai d'être avec toi et tu
« n'éprouveras plus que des défaites. » Tout ceci était un mélange de superstition et d'orgueil, c'était le prophète qui avait tout fait et qui continuait à les protéger. Cet événement qui pouvait être si malheureux, consolida le pouvoir des Français dans le pays. Jamais depuis, les habitans n'ont manqué de fidélité, ni trahi les sentimens de reconnaissance qu'ils conservaient pour un si généreux pardon. Mais le divan général fut congédié, on crut la présence des membres qui le composaient utile dans les provinces. On remit l'exécution des projets que l'on avait conçus, au moment où la paix serait rétablie avec le sultan de Constantinople, ou bien au moment où quelques événemens militaires d'importance, auraient dissipé cet orage qui menaçait encore.

Pendant octobre, novembre et une partie de décembre, la ville du Caire, pour punition, resta sans divan. Enfin le général en chef se rendit aux sollicitations réitérées des habitans. Il leur dit dans une proclamation : « J'ai été mécontent de vous, je vous ai
« privés de votre divan; je suis aujourd'hui content
« de votre repentir et de votre conduite... Je vous le
« rends. Aucun pouvoir humain ne peut rien contre
« moi. Mon arrivée de l'Occident sur les bords du
« Nil a été prédite dans plus d'un passage du Coran.
« Un jour tout le monde en sera convaincu. » Le lendemain, au lever, les cheykhs se prosternèrent et le cheykh Fayoumi portant la parole, demanda la grâce des malheureux imans et mouezzins qui étaient détenus dans la citadelle. Le général en chef leur répondit sans s'émouvoir. « Ils ont été condamnés, et exécutés
« avant le lever du soleil qui a suivi la fin de la ré-
« volte. » Les cheykhs levèrent alors les yeux au ciel, firent une courte prière et dirent : « Que Dieu l'avait
« ordonné ainsi; qu'ils étaient bien coupables et l'a-
« vaient bien mérité; que Dieu était juste, que Dieu
« était partout, que Dieu disposait de tout, que tout
« venait de Dieu, que tout allait à Dieu; que Dieu
« était grand, très grand, que tout ce qui arrivait
« dans ce monde et dans les sept cieux, venait de
« Dieu. »

VI. Sur le monticule où l'artillerie avait établi sa batterie de mortiers et d'obusiers, le capitaine du génie

Bertrand (1) construisit un fort en maçonnerie; ce fort dominait le quartier le plus mutin, il croisait son feu avec celui de la citadelle, il battait le grand chemin qui aboutit à la porte des Victoires, et la gorge qui sépare la citadelle du Mokattam. Une grande mosquée ayant des murs très élevés, située sur le canal du Prince des Fidèles sur la route de Belbeis, qui couvrait l'enceinte de la ville du côté du nord, fut convertie en fort sous le nom de Sulkouski; ce fort pouvait contenir plusieurs bataillons et des magasins; peu d'hommes suffisaient pour le défendre. Sur la hauteur qui dominait la ville du côté du nord-ouest, à demi-chemin de Boulac, on établit une tour qu'on appela le fort Camin; il protégeait la place Ezbekiéh, et défendait les avenues de la ville. Sur le monticule près du jardin de l'Institut, s'éleva le fort appelé de l'Institut; il battait toute l'esplanade entre le Caire, le vieux Caire et le Nil, assurait les communications avec l'île de Roudah; il protégeait l'hôpital établi dans la maison d'Ibrahim-Bey. Cet hôpital était couvert par un mur crénelé, en forme d'ouvrage à cornes, qui était une tête de pont en avant de l'île de Roudah. On plaça des batteries au mékias, on convertit en fort la prise d'eau de l'aqueduc au vieux Caire. Il y eut ainsi une série de positions retranchées depuis le Caire jusqu'à l'île de Roudah et Gizéh, situé vis-à-vis, sur la rive gauche du Nil. Cette grande ville se trouvait cer-

---

(1) C'est le général Bertrand, éditeur de ces Mémoires. (*De Las Cases*).

née par des forts contenant des batteries incendiaires, qui pouvaient jeter des bombes et des obus à-la-fois dans tous les quartiers, qui défendaient les approches, et que cinq cents hommes pouvaient garder. On organisa une troupe de gens du pays, pour prêter main-forte aux agas de la police et des marchands, afin de surveiller, suivant l'usage de ces contrées, les cafés, les rassemblemens, les places publiques, les marchés.

La suppression de toutes les barrières intérieures donna une toute autre physionomie à la ville. Les boutiques, cafés, auberges et petites manufactures établies par des Européens, reçurent une nouvelle extension et procurèrent à l'armée des jouissances qui lui rendirent moins pénible son éloignement d'Europe.

VII. Les insurgés échappés du Caire, établis dans la ville de Suez, troublaient la tranquillité du pays. Ils servaient d'intermédiaire à la correspondance d'Ibrahim-Bey qui était en Syrie, avec Mourad-Bey qui était dans le Saïd. Ils remuaient par leur correspondance toutes les tribus du désert. Il était nécessaire d'ailleurs d'occuper cette ville importante, ce qui avait été négligé jusqu'alors, parce que, pour y arriver, il faut traverser un désert très aride, sans eau, sans ombre, de quarante-deux heures de marche, trajet extraordinairement fatigant pendant l'été. On devait éviter tout ce qui pouvait exciter le mécontentement du soldat. Mais, à la fin d'octobre, les chaleurs cessèrent d'être incommodes, les belles journées de l'automne répandirent la satisfaction dans l'armée. Elle était enfin accoutumée au pays, elle avait de très bon pain, du riz, du vin de Chypre, de l'eau-de-vie de datte, de la bière, de la viande, des volailles, des œufs et toute espèce d'herbages. La solde des officiers et des soldats payée sur le même pied qu'en France, était d'une valeur quadruple, vu le bon marché de toutes les denrées. L'ordonnateur Daure faisait donner régulièrement des distributions de café moka, chaque escouade avait sa cafetière. Pour remplacer les fourgons et les voitures d'équipages militaires, il avait donné à chaque bataillon des chameaux en suffisance pour porter l'eau, les vivres, les ambulances et les équipages. Les officiers généraux et supérieurs avaient leurs lits, leurs tentes, leurs chameaux, tout le monde était enfin organisé selon la mode du pays. Le soldat était revenu à son esprit naturel; il était plein d'ardeur et du désir d'entreprendre. S'il faisait entendre quelque plainte, c'était sur l'oisiveté dans laquelle il vivait depuis plusieurs mois. Ce changement dans ses dispositions en avait opéré un plus grand encore dans sa manière de voir le pays. Il était convaincu de sa fertilité, de son abondance, de sa salubrité et de tout ce qu'un établissement solide pouvait offrir d'avantageux aux individus et à la République.

Le général de division Bon partit le 8 novembre, avec douze cents hommes d'infanterie, deux cents chevaux, et deux pièces de canon. Il porta son camp à Birket-el-Hadji au bord d'un lac d'eau du Nil, à cinq lieues du Caire, sur la route de Suez. Il fut joint par tout ce qui lui était nécessaire pour traverser le désert. Un chameau porte deux outres pleines d'eau qui suffisent pour abreuver quatre cents hommes pendant un jour, ou pour quarante chevaux. Il était nécessaire de porter du bois pour faire la soupe, et quoique la traversée du désert jusqu'à Suez ne soit que de trois jours, il était prudent de porter des vivres pour vingt jours, de l'eau et du bois pour dix jours, ce qui exigea un millier de chameaux. Le général Bon n'éprouva aucun obstacle, entra dans Suez, fit travailler sur-le-champ aux fortifications pour mettre à couvert la petite garnison qu'il voulait y laisser. Les ingénieurs de la marine avaient mis sur le chantier, au Caire, quatre chaloupes canonnières portant des pièces de vingt-quatre. Ils les avaient démontées; des chameaux les portèrent à Suez où elles furent remontées et calfatées. Le pavillon tricolore flotta sur la mer Rouge. Elles naviguèrent dans le nord de cette mer jusqu'à Cosseir et Iambo.

La mer Rouge, au nord, se divise en deux bras. l'un, appelé la mer de Suez, a de cinq à dix lieues de large et cinquante lieues de long; l'autre, appelé Akaba, entre dans les terres d'une trentaine de lieues, et a trois à cinq lieues de large. A l'extrémité est la ville d'Ælana ou Aïlah, située à soixante lieues de Suez, sur le chemin des caravanes de la Mecque. Il existe à Aïlah un fort dont la petite garnison est turque; des puits, dont l'eau est bonne et abondante.

Ce port a appartenu aux Iduméens qui rivalisèrent avec Tyr; il était le port de Jérusalem. Le désert de Tor est entre Suez, El-Akaba et le mont Sinaï. Il est habité par trois tribus d'Arabes de Tor, de quatre à cinq mille âmes. On y trouve des ruines qui ne laissent aucun doute sur les villes qui y ont existé. Dans la vallée de Pharan, il y a des bois et des broussailles dont les Arabes font du charbon.

A la fin de décembre, le général en chef partit du Caire avec les académiciens Monge et Berthollet, l'ingénieur des ponts-et-chaussées Le Père, son état-major, deux cents gardes à cheval et quatre cents dromadaires. Il voulait visiter lui-même les bords de la mer Rouge, et reconnaître les traces du canal des deux mers. Depuis la révolte du Caire, il ne s'était pas absenté. Il était bien aise d'accoutumer cette grande ville à son absence. Pour se rendre du Caire à Suez, il y a trois chemins. Le premier passe par le village de Baçatin à deux lieues au sud du Caire, d'où il se dirige à l'est, entre dans la vallée de l'Egarement; à huit lieues rencontre les puits de Gandéli, ces puits sont au nombre de huit, l'eau y est un peu saumâtre, les caravanes qui, de Syrie, se rendent dans la Haute Égypte, séjournent à ces puits; des puits de Gandéli, on chemine pendant seize lieues jusqu'aux bords de la mer Rouge; là on côtoie la mer pendant neuf lieues, et on arrive à Suez; total du Caire à Suez par cette route trente-cinq lieues, et seulement vingt-six jusqu'à la mer Rouge. Il pleut dans ce désert.

Il serait facile de construire des citernes toutes les quatre lieues pour les besoins des voyageurs, et d'organiser une aiguade au bord de la mer pour les bâtimens. Cette route était la plus fréquentée par les habitans de Memphis. La deuxième route va du Caire au lac dit Birket-el-Hadji, cinq lieues; de Birket-el-Hadji, où elle entre dans le désert que l'on traverse sans rencontrer d'eau, jusqu'au château d'Adjéroud qui est la troisième station de la caravane de la Mecque, il y a vingt-trois lieues; d'Adjéroud à Suez il y a cinq lieues; total trente-trois lieues. La troisième route est par Belbeis. Du Caire à Belbeis douze lieues; par le désert jusqu'à Adjéroud dix-neuf lieues; à Suez cinq lieues; total trente-six lieues, mais seulement dix-neuf lieues de désert. La distance astronomique de Suez au Caire est de vingt-sept lieues et demie; de Suez à la grande pyramide de Gizéh il y a trente-et-une lieues. Toutes ces lieues sont de vingt-cinq au degré.

Le 24 décembre, le camp fut dressé sur les bords du lac dit Birket-el-Hadji. Plusieurs négocians qui avaient affaire à Suez s'y joignirent. Le 25, à deux heures avant le jour, le camp se remit en route. La caravane marcha toute la journée au milieu d'un sable aride; le temps était beau, la chaleur du soleil n'était pas désagréable. La marche dans le désert est monotone, elle inspire une douce mélancolie. Les Arabes qui servaient de guides s'orientaient sans suivre aucune trace. La caravane fit dans la journée deux haltes chacune d'une demi-heure, et la nuit elle prit position à l'arbre de Hamra à quatorze lieues de Birket-el-Hadji. Le Hamra est l'objet du culte des Arabes; la malédiction et les anathèmes sont lancés contre ceux qui seraient assez impies pour toucher à ce prodige du désert. Le soldat n'avait pas apporté de bois pour le bivouac; il souffrit du froid; il ne fut que médiocrement soulagé par le feu qu'il essaya d'allumer avec des os et quelques plantes sèches de sept ou huit pouces de hauteur, qu'il trouva dans une vallée à portée du camp. Ces plantes forment la nourriture des chameaux. A deux heures avant le jour, le 26, la caravane se remit en marche. Il n'était pas encore jour quand elle passa près du puits El-Bétar. C'est un trou de cinquante toises de profondeur extrêmement large, les Arabes l'ont creusé dans l'espérance d'y trouver de l'eau, ils ont été obligés d'y renoncer. Près de là, on distingua, mais seulement au clair de la lune, un vieil acacia; il était couvert d'écrits de (1) .... et autres témoignages de dévotion des pèlerins qui, en revenant de la Mecque, rendent hommage à cette première végétation qui leur annonce les eaux du Nil. A deux heures après midi, Napoléon arriva à Adjéroud. Le chemin en passe à cinq cents toises. Adjéroud est un petit fort, placé sur une petite éminence, qui domine au loin. Il a deux enceintes en maçonnerie, un puits très profond; l'eau y est abondante mais saumâtre, elle devient moins

---

(1) Ce mot n'a pu être lu dans le manuscrit.   (*De Las Cases*).

saumâtre si elle reste plusieurs heures exposée à l'air ; elle est excellente pour les chevaux, les chameaux et les animaux; les hommes ne s'en servent qu'à la dernière extrémité. Il y a dans ce fort une mosquée, un caravansérail et des logemens pour cent cinquante hommes. Napoléon y plaça un commandant d'armes, quinze hommes de garnison et deux pièces de canon. On arriva à Suez à la nuit obscure; le général en chef préféra rester dans sa tente, et refusa une maison qui lui avait été préparée.

Suez est au bord de la mer Rouge, située à deux mille six cents toises de l'extrémité du golfe, et à quatre ou cinq cents toises de l'embouchure de l'ancien canal. La ville a joui d'une assez grande prospérité. Les géographes arabes la décrivent comme une Oasis. L'eau provenait probablement du canal. Il y pleut assez, pour qu'en recueillant l'eau dans des réservoirs, on puisse en avoir suffisamment, non-seulement pour les besoins de la ville, mais encore pour la culture. Aujourd'hui il n'y a rien; les citernes sont peu spacieuses et mal entretenues; l'eau, pour les hommes, vient des fontaines de Moïse, pour les chevaux et les chameaux, de la fontaine de Suez située à une lieue sur le chemin du fort Adjéroud. La ville contient un beau bazar, quelques belles mosquées, des restes de beaux quais, une trentaine de magasins, et des maisons pour une population de deux à trois mille âmes. Dans le temps du séjour des caravanes et des bâtimens de Djeddah, Suez contient en effet cette population; mais quand les affaires sont terminées, elle ne reste habitée que par deux ou trois cents malheureux. La rade est à une lieue de la ville; les navires y mouillent par huit brasses d'eau; elle a une lieue de tour; elle communique à la ville par un chenal qui a soixante ou quatre-vingts toises de largeur, et à basse mer dix pieds d'eau, ce qui fait quinze ou seize à haute mer. Le fond est bon, les ancres y tiennent; c'est un fond de sable vaseux. La rade est couverte par des rescifs et par des bancs de sable. Son vent traversier est le sud-est, qui règne rarement dans ces parages.

VIII. Napoléon employa la journée du 27 à visiter la ville, et à donner quelques ordres pour l'établissement d'une batterie qui pût protéger le chenal et le port. Le 28, il partit à cheval pour se rendre aux fontaines de Moïse. Il traversa, à trois heures du matin, le Madiéh, bras de mer guéable à marée basse, qui a trois quarts de lieue de large. Le contre-amiral Ganteaume monta une chaloupe canonnière, embarqua des sapeurs, les ingénieurs, plusieurs savans, et s'y rendit par mer. Les fontaines de Moïse sont à trois lieues de Suez, on en compte neuf. Ce sont des sources d'eau, sortant de mamelons élevés de quelques toises au-dessus de la surface du sol. Elles proviennent des montagnes qui sont à quatre lieues de là. Ces sources sont à sept cents toises de la mer. On y voit les ruines d'un aqueduc et de plusieurs magasins qui avaient été construits par les Vénitiens dans le quinzième siècle, lorsqu'ils voulurent intercepter aux Portugais la route des Indes. Les sapeurs commencèrent à fouiller, ils travaillèrent jusqu'à la nuit. Le général en chef monta à cheval pour retourner à Suez. Ceux qui étaient venus par mer s'embarquèrent sur la canonnière. A neuf heures du soir, les chasseurs d'avant-garde crièrent qu'ils enfonçaient. On appela les guides; les soldats s'étaient amusés à les griser avec de l'eau-de-vie et il fut impossible d'en tirer aucun renseignement. On était hors de route. Les chasseurs s'étaient guidés sur un feu qu'ils avaient pris pour les lumières de Suez; c'était le fanal de la chambre de la chaloupe canonnière, ce que l'on remarqua promptement, il changeait de place à chaque instant. Les chasseurs s'orientèrent et déterminèrent la position de Suez. Ils se mirent en marche à cinquante pas l'un de l'autre, mais après avoir fait deux cents toises, le chasseur de tête cria qu'il enfonçait. Il fallut replier cette ligne, et en tâtonnant ainsi dans plusieurs directions, ils eurent le bonheur de trouver la véritable. A dix heures du soir, l'escadron était rangé en bataille au milieu du sinus, les chevaux ayant de l'eau jusqu'au ventre, le temps était noir, la lune ne se levait cette nuit-là qu'à minuit, la mer était un peu agitée et le vent paraissait vouloir fraîchir, la marée montait, il y avait autant de danger à aller en avant qu'à reculer. La position devint assez critique pour que Napoléon dit : « Serions-nous venus ici pour périr

« comme Pharaon? Ce sera un beau texte pour les
« prédicateurs de Rome. » Mais l'escorte était composée de soldats de huit à dix ans de service, fort intelligens. Ce furent les nommés Louis, maréchal-des-logis et Carbonel, brigadier, qui découvrirent le passage. Louis revint à la rencontre, il avait touché bord, mais il n'y avait pas un moment à perdre. L'eau montait à chaque moment. Du Falga était plus embarrassant que les autres à cause de sa jambe de bois; deux hommes de cinq pieds dix pouces, nageant parfaitement bien, se chargèrent de le sauver; c'étaient des hommes d'honneur, dignes de toute confiance. Rassuré sur ce point, le général en chef se hâta pour gagner la terre. Se trouvant sous le vent, il entendit derrière lui, une vive dispute et des cris. Il supposa que les deux sous-officiers avaient abandonné du Falga. Il retourna sur ses pas, c'était l'opposé, celui-ci ordonnait aux deux hommes de l'abandonner. « Je ne
« veux pas, leur disait-il, être la cause de la mort de
« deux braves; il est impossible que je m'en puisse
« tirer, vous êtes en arrière de tout le monde, puis-
« que je dois mourir, je veux mourir seul. » La présence du général en chef fit finir cette querelle. On se hâta, on toucha la terre, Caffarelli en fut quitte pour sa jambe de bois, ce qui lui arrivait au reste toutes les semaines. La perte fut légère, quelques carabines et quelques manteaux. L'alarme était au camp. Des officiers eurent la pensée d'allumer des feux sur le rivage, mais ils n'avaient pas de bois. Ils démolirent

une maison, ce qui demanda du temps. Cependant le premier feu était allumé sur le rivage lorsqu'on prit terre. Les plus vieux soldats qui avaient appris leur catéchisme, racontaient la fuite de Moïse, la catastrophe de Pharaon, et ce fut pendant long-temps l'objet de leurs entretiens.

Le 19, les Arabes de Tor qui, ayant reçu la visite des chaloupes canonnières françaises, avaient appris l'arrivée du sultan Kébir dans leurs parages, vinrent demander sa protection. Tor est situé sur le bord de la mer, c'est le port du mont Sinaï. Ces Arabes portent au Caire du charbon, de très beaux fruits, et en rapportent tout ce qui leur est nécessaire. Les moines du mont Sinaï montrèrent au général en chef le livre sur lequel était la signature de Mahomet, de Saladin et de Selim pour recommander le couvent aux détachemens de leur armée. A leur demande, il fit la même recommandation, pour leur servir de sauve-garde, auprès des patrouilles françaises.

IX. Le 30, l'état-major partit de Suez. Les tentes, les bagages et l'escorte se dirigèrent sur Adjéroud, où on dressa le camp à quatre heures après midi. Napoléon avec l'académicien Monge, plusieurs généraux et officiers d'état-major, côtoya la mer Rouge, fit le tour du sinus. Il retournait sur ses pas, dans la direction de Suez, lorsqu'à quatre ou cinq cents toises de cette ville, il découvrit quelques restes de maçonnerie qui fixèrent son attention. Il marcha dans cette direction perpendiculairement à la mer, soixante ou quatre-vingts toises, et il se trouva au milieu des vestiges de l'ancien canal qu'il suivit pendant l'espace de cinq heures. La nuit approchant et ayant sept lieues à faire pour gagner le camp à travers le désert, il s'y dirigea au grand galop. Après quelques incertitudes il le rejoignit, n'ayant avec lui que trois ou quatre personnes les mieux montées; les autres étaient en arrière. Il fit allumer de grands feux sur un monticule, et sur le minaret de la mosquée du fort Adjéroud, il fit tirer tous les quarts d'heure un coup de canon jusqu'à onze heures du soir, moment où tout le monde avait heureusement rejoint; personne n'était égaré.

Les ruines du canal des deux mers sont bien marquées. Les deux berges sont éloignées de vingt-cinq toises. Un homme à cheval est caché et couvert au milieu du canal. Le 31, le camp fut établi dans une vallée, à dix lieues d'Adjéroud, où il y avait assez abondamment de ces petites plantes épineuses qu'affectionnent les chameaux. Plusieurs centaines de ces jeunes animaux y paissaient sans être gardés. Le 1er janvier 1799, le camp fut placé à une portée de fusil des fortifications de Belbeis; les travaux de Belbeis étaient fort avancés. A défaut de pierre, les officiers du génie avaient employé des briques séchées au soleil, faites avec le limon du Nil qui est très propre à cet usage. Le 3, le général en chef partit avec deux cents dromadaires et chevaux dans la direction de l'Ouady de Tomilât. A quatre heures après midi, il arriva au milieu du désert, au puits de Saba-Biar; la chaleur était extrême, l'eau du puits peu abondante; elle avait le goût des eaux de Baréges. Pendant qu'on faisait la distribution de cette eau détestable, un chasseur vit arriver un dromadaire qui, apercevant trop tard les troupes françaises, voulut s'éloigner. Il était porteur des dépêches d'Ibrahim-Bey et de Djezzar-Pacha, pour la Haute Égypte. Il donna la nouvelle que les hostilités avaient commencé sur la frontière de Syrie, que l'armée de Djezzar-Pacha était entrée sur le territoire d'Égypte, que son avant-garde occupait l'Oasis d'El-Arich, et qu'elle travaillait à mettre le fort en état de défense. La nuit, on bivouaqua dans l'Oasis au milieu d'un taillis; elle fut assez froide. Des chacals, espèce de loup du désert, dont les cris ressemblent à ceux de l'homme, firent que plusieurs vedettes crièrent aux armes, elles se crurent attaquées par les Bédouins. Le lendemain, Berthier retrouva les vestiges du canal qui traversait l'Ouady, pour prendre les eaux du Nil à Bubaste, sur la branche Pelusiaque. Les vestiges de ce canal ont les mêmes dimensions que du côté de Suez.

Pendant ce temps, la flotte de Djeddah était arrivée à Suez, portant une très grande quantité de café et de marchandises des Indes. Napoléon traversa le désert et retourna dans cette ville. Les bâtimens étaient de quatre à cinq cents tonneaux. Une caravane était arrivée du Caire; Suez avait pris de la vie, et la physionomie d'une ville indienne. Napoléon y reçut des agens qui revenaient des Indes. De là, il traversa l'isthme dans une autre direction et se rendit à Salhéyéh; les fortifications étaient à l'abri d'un coup de main, les magasins abondamment approvisionnés d'orge, de riz, de fèves et de munitions de guerre. Il envoya deux bataillons avec de l'artillerie à Katiéh; les puits étaient en bon état. Les officiers du génie construisirent une bonne redoute en palissades de cinquante toises de côté, y établirent des plates-formes, le canon battant tous les puits qui furent nettoyés peu de semaines après. Des blockhaus préparés au Caire furent montés dans la redoute pour servir de magasins. Des convois de chameaux chargés de riz, de farine, d'orge, de fèves, venus du Caire et de Damiette, approvisionnèrent les magasins de cette Oasis. Lorsque Djezzar apprit que de l'infanterie française arrivait à Katiéh, et qu'on y construisait une redoute, il renonça à s'avancer davantage de peur de compromettre ses troupes. Le général Reynier, dont le quartier-général était à Belbeis, envoya une forte avant-garde à Salhéyéh pour soutenir le poste de Katiéh.

Le général en chef arriva au Caire quinze jours après en être parti. Il trouva tout dans un état satisfaisant. On savait le mouvement de Djezzar sur l'Égypte, mais on n'en était pas inquiet; la confiance était entière. Les Anglais se montrèrent avec quelques bâtimens de transport et quelques canonnières devant Alexandrie. Cela n'imposa pas davantage. Plusieurs bombardes furent coulées bas par les batteries d'Alexandrie. Mourad-Bey était chassé de la Haute Égypte, le pavillon tricolore flottait sur la cataracte de Syène, tout le pays était soumis; la grande et la petite Oasis, et le pays des Barâbras, étaient les seuls refuges que les Mamelouks eussent dans leurs malheurs.

X. Napoléon était décidé à porter la guerre en Syrie. Les préparatifs se faisaient avec activité sur tous les points. Avant de quitter l'Égypte, il voulut aller voir de près et mesurer ces fameuses Pyramides. Il y campa plusieurs jours, fit plusieurs courses dans le désert, dans la direction de la petite Oasis. La Haute et la Basse Égypte étaient tranquilles. Le divan était en pleine activité et les habitans du Caire ne conservaient plus de leur révolte que le souvenir de la clémence à laquelle ils devaient leur salut.

Les Arabes n'avaient jamais soutenu le feu de l'infanterie française. Les Mamelouks, qui d'abord l'avaient bravé, avaient fini par reconnaître leur infériorité, et l'impossibilité de l'enfoncer. L'expérience de Chobrakhit, des Pyramides, de Sédiman, leur servit à ne plus mépriser les troupes à pied. Cent hommes d'infanterie purent, dès cette époque, parcourir le pays dans toutes les directions; eussent-ils été rencontrés par sept ou huit cents Mamelouks, ceux ci se seraient bien gardés de les attaquer. Aux trois batailles, les carrés français avaient été rangés sur six de hauteur; pendant long-temps chaque soldat porta un pieu de quatre pieds de long et d'un pouce de diamètre, garni en fer, avec deux chaînettes de huit pouces de chaque côté; ces pieux servaient à couvrir l'infanterie. Mais lorsque sa supériorité eut imposé aux ennemis, on renonça à ces précautions. Les carrés ne se formèrent plus que sur trois rangs, souvent même les soldats se plaçaient sur deux de hauteur. Les officiers avaient l'ordre de faire commencer le feu de deux rangs, lorsque la cavalerie était à cent vingt toises, parce que si l'on attendait qu'elle fût trop près, comme cela était l'opinion de quelques-uns, les chevaux étant lancés, on n'était plus à même de les arrêter. La cavalerie, si elle est bonne, ne met que (1) ...... à parcourir cette distance; pendant ce temps le soldat ne peut tirer que (2) .... Les tirailleurs contre les Bédouins ou les Mamelouks marchaient toujours par quatre, et formaient leurs bataillons carrés, ce qui déconcertait la cavalerie. Ce n'est pas qu'il y ait eu bien des exemples qu'un seul tirailleur, de pied ferme, ait jeté à terre le cavalier, d'un coup de fusil, mais cela ne doit pas servir de règle.

Les Arabes n'avaient jamais attendu la cavalerie française, à moins qu'ils ne fussent quatre contre un. Les Mamelouks au contraire faisaient parade de la mépriser. Mais lorsqu'elle fut montée sur des chevaux

---

(1) Il y a un espace laissé en blanc dans le manuscrit.
(*De Las Cases*).

(2) Il y a un espace laissé en blanc dans le manuscrit.
(*De Las Cases*).

du pays, elle leur tint tête. Un Mamelouk était plus fort qu'un Français ; il était plus exercé et mieux armé. Cent Mamelouks se battaient avec probabilité de succès contre cent cavaliers français ; mais dans une rencontre de deux corps d'un nombre supérieur à deux cents chevaux, la probabilité était pour les Français. Les Mamelouks se battent sans ordre ; ils forment un tourbillon sur les ailes pour tourner les flancs, et se jeter sur les derrières de la ligne. Un régiment de trois cents Français se plaçait sur trois lignes, se portait par division à droite et à gauche, sur la droite et la gauche de la première ligne, et la cavalerie ennemie, déjà en mouvement pour tourner les flancs de la première ligne, s'arrêtait pour tourner les flancs de cette nouvelle ligne ; la troisième faisait le même mouvement, et au même moment toute la ligne chargeait ; les Mamelouks étaient alors mis en déroute, et cédaient le champ de bataille. Les cavaliers français, comme les Mamelouks, avaient leurs pistolets attachés au pommeau de la selle par une courroie. Leur sabre pendait au poignet par une dragonne. Les feux à cheval des dragons furent quelquefois utiles, mais cela a bien des inconvéniens, si l'escadron n'est pas séparé de l'ennemi par un obstacle qui l'empêche d'être chargé. L'infanterie, la cavalerie, l'artillerie françaises, avaient également une grande supériorité. La cavalerie française ne marchait jamais en nombre sans avoir du canon servi par l'artillerie à cheval. Les Mamelouks avant de charger faisaient feu de six armes; d'un fusil, d'un tromblon, de deux paires de pistolets qu'ils portent, une à l'arçon, une sur la poitrine. La lance était portée par un de leurs saïs qui les suivait à pied. C'était une brave et belle milice.

CHAPITRE VII.

CONQUÊTE DE LA HAUTE ÉGYPTE.

I. Plan de campagne. — II. Soumission des provinces de Beni-Soueif et du Faïoum; bataille de Sédiman (7 octobre); combat de Miniéh-el-Faïoum (8 novembre). — III. Siout et Gizéh, les deux provinces de la Haute Égypte sont soumises; combat de Saouaki (3 janvier); combat de Tahtah (8 janvier). — IV. Desaix s'empare de Syène; les Mamelouks sont chassés de l'Égypte; combat de Samhoud (22 janvier); combat de Thèbes (12 février); combat de Kénéh (12 février); combat de Aboumanah (17 février). — V. Mourad-Bey marche sur le Caire; combat de Saouâmah (5 mars); perte de la flottille française (6 mars); combat de Coptos (8 mars). — VI. Le vieux Hassan est cerné dans le désert de la Thébaïde; combat de Bir-el-Bar (2 avril); combat de Girgéh (6 avril); combat de Gehinéh (10 avril). — VII. Pillage et incendie de Beni-Adin (18 avril); combat de Syène (16 mars); le vieux Hassan est tué. — VIII. Prise de Cosseir (29 mai).

1. Si, le lendemain de la bataille des Pyramides, une division de l'armée française eût poursuivi Mourad-Bey, elle n'aurait éprouvé de résistance nulle part; elle se serait emparée en quinze jours de toute la Haute Égypte. Mais il fallait attendre que la cavalerie fût remontée, et que les eaux du Nil fussent assez hautes pour que la navigation devînt praticable. Les ennemis profitèrent de ce moment de relâche qui dura deux mois. Ils revinrent de leur extrême consternation. L'impression de cette bataille s'affaiblit. Ils reçurent des secours de diverses tribus et des protes-

tations de fidélité de diverses provinces. Depuis la perte de l'escadre française, les subsides qu'ils reçurent par l'intermédiaire de la croisière anglaise devant Alexandrie, leur rendirent l'espérance, ce premier mobile de toute action et de toute énergie.

En septembre, Mourad-Bey avait une armée de terre et une flottille considérables. Les kachefs qu'il avait envoyés dans la péninsule Arabique pour appeler les Musulmans au secours des fidèles, et implorer l'assistance des schérifs au turban vert, étaient de retour. Ils avaient réussi. Ils lui annoncèrent que de nombreuses cohortes d'Arabes d'Iambo, renommés par leur bravoure, allaient traverser la mer Rouge et débarquer à Cosseir.

Hassan-Bey, depuis dix-huit ans, était exilé à Esné avec sa maison, vivant du chétif revenu de la première zone de la vallée du Nil. Il était misérable, mais il s'était allié par des mariages avec les deux grandes tribus d'Arabes du pays de Sennaar. Il jouissait d'un grand crédit parmi les tribus de la Thébaïde et les Bédouins du désert de la grande Oasis. Les deux cent cinquante Mamelouks qui lui restaient en état de monter à cheval, étaient des hommes d'élite qui joignaient à la connaissance du pays un courage éprouvé, une âme trempée dans le malheur, et les ruses de l'âge avancé. Ce vieillard resta implacable. Ni l'occupation du Caire par les infidèles, ni les soumissions de Mourad-Bey ne purent diminuer sa haine. Il se plaisait à voir des vengeurs dans les Français. Il en attendait une amélioration dans son sort, car il ambitionnait d'étendre sa domination sur tout le Saïd.

Le 25 août, Desaix avec cinq mille hommes, dont six cents de cavalerie, trois cents d'artillerie ou de sapeurs, et quatre mille trois cents d'infanterie, une escadrille de huit bâtimens, demi-galères, avisos ou demi-chebecs, montés par des marins français, partit du Caire. C'était à-la-fois une opération militaire importante, et un voyage scientifique d'un grand intérêt. Pour la première fois, depuis la chute de l'empire romain, une nation civilisée et cultivant les sciences et les arts, allait visiter, mesurer, fouiller ces superbes ruines qui occupent depuis tant de siècles la curiosité du monde savant. Personne n'était plus propre à diriger une pareille opération que Desaix; personne ne le désirait avec plus d'ardeur. Jeune, la guerre était sa passion; insatiable de gloire, il connaissait toute celle qui était attachée à la conquête de ce berceau des arts et des sciences. Au seul nom de Thèbes, de Coptos, de Philæ, son cœur palpitait d'impatience. Les généraux Friand et Belliard, l'adjudant-commandant Donzelot, le colonel d'artillerie La Tournerie, étaient sous ses ordres. Le 21e léger, les 61e et 88e de ligne, excellens régimens qui s'étaient embarqués à Civita-Vecchia, étaient les plus nombreux de l'armée. Ils occupaient le même camp, au sud de Gizéh, depuis deux mois, et Desaix les avait employés à se préparer à cette campagne. La cavalerie était montée sur des chevaux arabes, aussi bons que ceux des Mamelouks, provenant des remontes et des prises, mais elle n'était pas nombreuse. Les remontes se faisaient avec difficulté, le pays était encore mal soumis. Des savans et des artistes désiraient suivre Desaix. Cela eût eu le double inconvénient d'exposer aux périls de la guerre des hommes précieux et de porter du retard dans les opérations militaires. Denon seul eut la permission de suivre comme volontaire, le quartier-général de la division.

Desaix a mis cinq mois à la conquête de la Haute Égypte : septembre, octobre, novembre, décembre, janvier. Au 2 février, il était maître de Syène. Il employa cinq autres mois à réprimer les insurrections et affermir ses conquêtes. Sa campagne se divise en six opérations : la première comprend cent jours; l'événement militaire le plus important est la bataille de Sédiman; la conquête de la province de Beni-Soueif et du Faïoum en a été le résultat. La deuxième comprend cinquante jours, de décembre et de janvier; les combats de Saouaki et de Tahtah sont les seuls événemens militaires; il a fait la conquête des provinces de Miniéh, de Siout, et de Girgéh. La troisième comprend trente jours de janvier et de février 1799; le combat de Samhoud est l'événement le plus important; les Mamelouks chassés de la vallée, ayant tout perdu, se réfugièrent dans les Oasis, dans le pays des Barâbras au-delà des cataractes, et dans les déserts de la Thébaïde; le pavillon tricolore flotta sur toute l'Égypte. La quatrième comprend quarante jours de février et mars 1799; Mourad-Bey, Elfi-Bey, Hassan-Bey, Hassan d'Iambo, profitant de la marche de l'armée en Syrie, rentrent dans la vallée, marchent sur le Caire, projettent de s'y réunir, et de reconquérir d'un seul coup, la Haute et la Basse Égypte; ils échouent dans leur entreprise; la destruction d'une partie de la flottille française de la Haute Égypte, le combat de Coptos, sont des faits d'armes importans. Dans la cinquième époque, les débris des schérifs d'Iambo infestent les provinces de Siout et de Girgéh; ils sont poursuivis. La sixième comprend mai et juin; la Haute Égypte est complétement soumise; Mourad-Bey et Elfi-Bey, peu accompagnés, errent dans les déserts; le combat de Beni-Adi entraîne la perte de cette belle ville; Cosseir est occupé par le général Belliard. L'armée de Syrie rentre au Caire. Toute l'Égypte, Haute et Basse, est parfaitement tranquille.

L'instruction que Napoléon donna au général Desaix pour cette guerre fut : de marcher à Mourad-Bey, de le battre, de profiter de sa défaite pour le poursuivre l'épée dans les reins et le jeter au-delà des cataractes et dans les Oasis; de faire, à mesure qu'il s'avancerait, fortifier sur les points les plus importans des mosquées qui domineraient le Nil en protégeant la navigation. Si, après cette marche triomphante, des révoltes partielles avaient lieu comme il fallait s'y attendre, il les réprimerait dans des combats particuliers qui amèneraient enfin la soumission sincère du pays. Mais d'abord il fallait occuper toute la vallée.

Une division de mille deux cents chevaux qui était occupée à se remonter, et de mille cinq cents hommes d'infanterie des troisièmes bataillons qui restaient au Caire, ainsi que huit barques installées par les ingénieurs de la marine pour cette expédition, seraient prêtes sous peu pour le soutenir, lui servir de réserve, et réparer ses pertes.

II. Desaix arriva, le 30 août, à Beni-Soueif. Les Mamelouks ne lui opposèrent aucune résistance. Ils se concentrèrent dans le Faïoum, au nombre de dix-huit mille hommes, à pied et à cheval, ayant une flottille de cent quatre-vingts bâtimens, dont douze armés de canons. Elle était mouillée dans le canal de Joseph. De Beni-Soueif, Desaix pouvait marcher sur le Faïoum qui était à quatre lieues sur sa droite et combattre Mourad-Bey. Mais il pensa qu'en continuant de remonter le Nil, il arriverait à Daroût-el-Chérif, petite ville où est la prise d'eau du canal de Joseph, qu'il intercepterait la flottille ennemie et l'enfermerait dans le canal; que descendant alors ce canal avec son armée et ses bâtimens, il obtiendrait, par une seule victoire, le Faïoum et les richesses des beys portées sur leurs navires, ce qui serait un coup décisif, à moins que, pour éviter cette catastrophe, Mourad-Bey ne le prévînt avec sa flottille et son armée sur Siout; mais alors le Faïoum évacué tomberait de lui-même et n'aurait pas retardé sa marche. En conséquence de ce plan, il continua de remonter le fleuve, et arriva à Abou-Girgéh, le 4 septembre. Mourad-Bey ayant pénétré le projet de son ennemi, fit remonter à sa flottille le canal de Joseph, la fit entrer dans le Nil à Daroût-el-Chérif, et lui donna l'ordre de mouiller vis-à-vis Siout. Mais il resta immobile dans le Faïoum avec son armée, maître de la rive gauche du canal de Joseph, le long de laquelle il étendit sa droite communiquant ainsi avec Siout, ayant perpendiculairement derrière lui la petite Oasis. Le 5 au soir, Desaix eut des nouvelles, à Abou-Girgéh, de ce mouvement de la flottille. Il partit avec un bataillon du 21e léger, le 6 à la pointe du jour, marcha sur sa droite et fit huit grandes lieues. Il arriva à Bahnacéh coupant le canal de Joseph; mais il arriva trop tard. Les bâtimens ennemis avaient passé, hormis douze bateaux chargés de bagages qu'il prit après une légère fusillade. Une de ces barques portait sept pièces de canon. Le 7, il rentra à Abou-Girgéh; il y séjourna plusieurs jours. Il se persuada que puisque Mourad-Bey avait fait évacuer sa flottille, lui-même se rendrait par le désert dans la Haute Égypte. Il se confirma dans le parti de continuer son mouvement, en remontant le Nil, et se porta d'un trait à Siout, où il arriva le 14 septembre. A son approche, la flottille ennemie, pour éviter un engagement, continua de remonter le fleuve jusqu'à Girgéh. Mourad-Bey resta tranquille dans le Faïoum; mais lorsqu'il vit que les Français étaient à soixante lieues en avant de lui, il coupa leurs communications avec le Caire, insurgea les provinces de

Miniéh et de Siout, ce qui rendit la position de Desaix critique. Celui-ci ne pouvait pas manœuvrer sur les flancs de l'ennemi qui conservait sa communication avec la Haute Égypte par le désert et qui d'ailleurs avait derrière lui l'Oasis. Que faire dans cette position? Persister dans son projet? C'était tout risquer. Le plus sage était de céder et d'obéir à la combinaison de son ennemi. C'est ce qu'il fit. Il rétrograda sur Daroût-el-Chérif, entra dans le canal de Joseph, descendit dans le Faïoum. La flottille ennemie redescendit sur Daroût-el-Chérif, sur Abou-Girgéh, et jusque vis-à-vis de Beni-Soueif; tout le pays l'accueillit avec des cris de victoire. Les Français, puisqu'ils reculaient, étaient donc battus! Cependant l'armée française éprouvait les plus grandes difficultés. Les bâtimens s'engravaient à chaque pas. Elle surmonta tout. Le 3 octobre, elle arriva au bourg d'El-Lahoun, à l'entrée du Faïoum, s'empara du pont de pierre qui est sur le canal et qui lui permettait de manœuvrer sur les deux rives. Après deux mois de fatigues, pendant lesquels elle avait parcouru deux cents lieues de terrain, elle se trouvait aussi peu avancée que les premiers jours.

Après quelques légères escarmouches, quelques marches et contre-marches, impatienté, Desaix marcha droit à Mourad-Bey qui était animé de la même résolution. Les deux armées se rencontrèrent. Celle des Mamelouks couronnait toutes les hauteurs de Sédiman, au milieu du désert, et à une lieue du canal de Joseph. Elle comptait deux mille Mamelouks, dont le sabre était redoutable, huit mille Arabes à cheval, autant à pied, et quatre pièces de canon. Les Français avaient trois mille quatre cents hommes d'infanterie, six cents de cavalerie, et huit pièces de canon, en tout quatre mille cinq cents hommes. Desaix forma un seul carré de son infanterie et de sa cavalerie ; il se fit éclairer par un petit carré de trois compagnies de voltigeurs. La canonnade s'engagea. Le petit carré de voltigeurs s'étant imprudemment éloigné, Mourad-Bey saisit l'à-propos, le chargea. Cinq à six mille chevaux entourèrent sur-le-champ toute l'armée française. Le capitaine Valette qui commandait le petit carré, officier intrépide, ordonna à ses voltigeurs de ne faire feu qu'à bout portant. Ils exécutèrent cet ordre imprudent avec sang-froid. Quarante des plus braves Mamelouks tombèrent morts au bout des baïonnettes. Mais les chevaux étaient lancés, le carré fut enfoncé, les soldats sabrés ; ils eussent été tous perdus, si le grand carré ne s'était approché pour les protéger. La mitraille et le feu de la mousqueterie continrent les Mamelouks, les obligèrent à s'éloigner à la portée du boulet. Cependant l'artillerie ennemie soutenue par l'infanterie, s'avança et prit une position qui incommoda les Français. Pour s'en débarrasser, ils marchèrent droit aux pièces. L'infanterie arabe lâcha pied après une vive mais courte fusillade, les pièces furent enlevées. Mourad-Bey alarmé partit au galop pour reprendre son canon, il fut repoussé, les Arabes s'éloignèrent dans le désert. La bataille fut gagnée, mais la perte de Desaix avait été considérable; quatre cents tués, blessés ou prisonniers : c'était un sur neuf. Les Mamelouks perdirent cinq cents hommes d'élite, dont trois beys, et plusieurs kachefs. Les Arabes en perdirent autant. Les Arabes Bédouins, dégoûtés, abandonnèrent Mourad-Bey. Celui-ci se rallia derrière le lac de Garaq, projetant de se retirer dans la petite Oasis, s'il était poursuivi. Desaix s'arrêta au village de Sédiman, où il prit une partie des bagages de l'ennemi. Le lendemain, il rétrograda sur le Faïoum. Peu de jours après, les habitans de cette province se soumirent. Mourad-Bey fut déçu de ses espérances. Lorsque la charge réussit sur le petit carré, il crut un moment au retour de la fortune!! Vaine espérance. La perfide l'avait abandonné pour toujours.

Desaix passa tout le mois d'octobre à organiser le Faïoum. Il envoya au Caire une grande quantité de barques chargées de blé, de légumes et de fourrages, et reçut en échange des munitions de guerre, des effets d'habillement. Il avait beaucoup d'ophthalmies; il évacua tous ses malades sur l'hôpital d'Ibrahim-Bey. Ses régimens reçurent de leurs dépôts un même nombre d'hommes en bon état. Mais il ne poursuivit pas les Mamelouks, il les laissa respirer. Revenus de leur première consternation, ils se portèrent à Bahnacéh, sur le canal de Joseph, ayant sur leur gauche leur flottille mouillée à Abou-Girgéh. Ainsi ils étaient maîtres de toute la Haute Égypte depuis Beni-Soueif, et de tout le canal de Joseph depuis Bahnacéh. Desaix occupait sur la gauche Beni-Soueif, par sa droite le Faïoum.

Sur la fin d'octobre, la nouvelle arriva dans la Haute Égypte que la Porte avait déclaré la guerre à la France, que Djezzar-Séraskier marchait sur le Caire, que cette grande ville s'était révoltée, que les Français étaient tous tués. Les esprits fermentaient. Mourad-Bey, habile à profiter de tout, envoya sur plusieurs points des Mamelouks qui insurgèrent à-la-fois la plus grande partie du Faïoum. Desaix partit de cette capitale, marcha sur les villages qui avaient levé l'étendard de l'insurrection. Il se croisa dans sa marche avec les insurgés qui, de leur côté, s'étaient de plusieurs points, donné rendez-vous sur Miniéh. Le 8 novembre, ils s'emparèrent des premières maisons de cette ville; il y avait trois cents Français de garnison et cent cinquante malades. Le colonel Heppler commandait la place. Le général Robin était à l'hôpital. L'usage des malades de l'armée d'Orient était de conserver leur fusil au chevet de leur lit. Dans ce moment un grand nombre d'entre eux étaient affectés d'ophthalmie plus ou moins avancée, mais ils pouvaient se battre. Les ennemis s'étaient emparés de la ville sans éprouver une grande résistance. Ils se livrèrent au pillage et s'y dispersèrent sans ordre. Le général Robin en profita. Il rallia d'abord tout le monde à l'hôpital, de là déboucha sur l'ennemi en deux colonnes au pas de charge, en tua deux à trois cents. Une terreur panique se saisit du reste qui se sauva. Les habitans, pour se venger, se joignirent aux Français. Lorsque Desaix apprit qu'il s'était croisé avec les insurgés, il rebroussa chemin et marcha toute la nuit sur leurs traces. Il était vivement alarmé pour son hôpital de Miniéh. Il y arriva le lendemain, à la pointe du jour, pour apprendre la bonne conduite de la garnison et des malades, et la victoire qu'ils avaient remportée.

Cependant le général en chef était mécontent de cette lenteur. « Voilà près de trois mois, disait-il à Desaix, que vous êtes parti du Caire, et vous êtes encore au Faïoum. » Celui-ci n'avait pas assez de cavalerie. Les combats, comme ceux de Sédiman, lui offraient pour perspective, s'il était battu, une ruine totale, et s'il était vainqueur, de ne pouvoir pas profiter de la victoire. Le renfort de mille deux cents chevaux étant prêt, partit enfin du Caire avec une batterie d'artillerie légère, six bâtimens de guerre bien bastingués et bien armés, le tout commandé par le général Davoust, excellent officier, depuis maréchal, prince d'Ekmulh. Parmi les bâtimens armés était *l'Italie*, qui contenait plusieurs salons meublés en soieries de Lyon, pour servir au quartier-général.

III. A l'arrivée de ces renforts, Desaix remonta par terre la rive droite du canal de Joseph qui ressemblait en ce moment aux plus belles parties du cours de la Seine. La terre était couverte de fruits, les pois, les fèves étaient en graines, l'oranger en fleur. Le pays entre ce canal et le Nil est le plus beau qu'on puisse voir. Les villages y étaient si nombreux qu'on en découvrait trente à quarante à la vue. Mourad-Bey se refusa à tout combat, et gagna d'abord Siout; les Français le poursuivirent vivement. Ils arrivèrent à Miniéh le 20 décembre. Cette ville est située sur la rive gauche du Nil, elle est grande et assez belle. Ils y prirent quatre djermes qui étaient restées engravées, dont une contenait une pièce de douze, un mortier et quinze pièces en fer. Le lendemain, ils couchèrent à Melaoui-el-Arich. C'est une ville plus jolie que Miniéh; elle a dix mille habitans. Les antiquaires visitèrent en passant les ruines d'Hermopolis. Le 24, Desaix fit son entrée dans Siout, le 29, dans Girgéh, capitale du Saïd. La province de Siout est riche; il y a des citernes d'une construction solide et élégante, qui servent pour abreuver les hommes et les chevaux, et une belle écluse, la seule qui soit en Égypte où il en faudrait un millier. Le village de Beni-Adin est très populeux. Les caravanes de Dârfour y séjournent. Les habitans, fiers et fanatiques, présentèrent au vainqueur des figures menaçantes. C'était le présage de l'insurrection qui, quelques mois après, a causé leur ruine. Les infortunés étaient loin de prévoir qu'ils seraient dans peu à la discrétion de ces mêmes soldats qu'ils recevaient avec tant d'arrogance et d'inhospitalité.

Girgéh est située à égale distance du Caire et de

Syène; elle est moins grande que Siout, mais plus grande que Miniéh. Il règne dans le pays une telle abondance que, malgré le séjour et la consommation de l'armée, une livre de pain s'y vendait un sou, douze œufs deux sous, deux pigeons un sou, un canard pesant douze livres, dix sous.

Mourad-Bey fuyait toujours en proie à la plus sombre mélancolie. Son dépit éclatait toutes les fois qu'il faisait prisonniers quelques voltigeurs. « Quoi! « s'écriait-t-il, voilà mes vainqueurs! Ne pourrai-je « jamais battre ces petits hommes? » Passant sur son champ de gloire de (1) . . . . . . à quelques lieues de Girgéh, il s'y arrêta une heure; il pleura, dit-on, sur les vicissitudes de sa fortune actuelle; en 1788, sur ce même terrain, à la tête de cinq mille Mamelouks, il avait battu Hassan, capitan-pacha de la Porte, qui comptait sous ses ordres seize mille hommes des meilleurs soldats ottomans, soutenus par deux mille Mamelouks de Hassan-Bey. La présence d'esprit de Mourad-Bey, son coup-d'œil, son intrépidité, lui avaient donné une victoire complète. Peu après, il était rentré triomphant au Caire. Et aujourd'hui, poussé jusqu'aux confins de la terre habitable, il n'aura bientôt plus, comme le malheureux Bédouin, d'autre refuge que le désert! Existence affreuse; il invoque en vain la mort; son heure n'était pas sonnée!

Cependant la flottille était retenue par les vents con-

---

(1) Il y a un espace laissé en blanc dans le manuscrit. (*De Las Cases*).

traires à vingt lieues sur les derrières; elle était exposée; on pouvait la brûler, ce qui ferait échouer ou retarderait pour long-temps la marche de Desaix. Mourad-Bey chargea de cette entreprise Osman, qui fit un crochet avec trois cents Mamelouks, et se rendit par le désert derrière l'armée française, intercepta la communication entre Siout et Girgéh, souleva les populations, les anima par l'espérance de trouver des richesses immenses dans ces bâtimens. Il réussit à interrompre les communications de Girgéh avec la flottille.

Ces nouvelles plongèrent Desaix dans la plus vive inquiétude. S'il perdait sa flottille, il fallait qu'il retournât au Caire, en évacuant toute la Haute Égypte. Il délibéra s'il abandonnerait Girgéh pour descendre lui-même le Nil, portant son camp sous le canon de ses bâtimens. Ce mouvement rétrograde, qui aurait été suivi par Mourad-Bey, aurait accru l'insurrection. Il prit le parti plus sage, de rester à Girgéh avec son infanterie, et d'envoyer le général Davoust avec douze cents chevaux et six pièces de canon, pour rouvrir ses communications.

Davoust arriva le 3 janvier aux portes du village de Saouaki, où s'était formé le premier rassemblement d'insurgés. Plusieurs milliers d'hommes armés en défendaient les avenues qu'ils avaient barricadées. Après un combat d'une heure, la cavalerie française força la ligne des ennemis, en jeta un grand nombre dans le Nil, en passa trois cents par les armes, détruisit les barricades, désarma la population, et soumit tous les villages des environs. De là il se porta au gros village de Tahtah. Il y arriva le 8 janvier. Après quelques dispositions préalables, il força les barricades, jeta une partie des défenseurs dans la rivière et en tua un bon nombre. Attaqué lui-même, pendant ce temps, par un détachement d'un millier d'Arabes et de Mamelouks, il fit volte-face et les mit en déroute. Il employa plusieurs jours à désarmer et à soumettre tous les villages de la contrée, et à rétablir la communication avec la flottille qui, le 17 janvier, profitant d'un bon vent du nord, mouilla à Girgéh, à la gauche du camp. Par cette jonction, Desaix fut tiré d'inquiétude, et mis à même de suivre sa conquête. Mais ce contre-temps lui avait fait perdre dix-huit jours, et la perte de temps à la guerre est irréparable.

IV. Mourad-Bey apprit la défaite de ses troupes, mais en même temps il reçut la nouvelle de sa réconciliation avec Hassan-Bey, et de l'arrivée des schérifs d'Iambo. Hassan avait enfin cédé à l'influence d'une esclave grecque qu'il aimait. Il consentit à oublier le passé, et à employer sa maison et son influence à combattre les ennemis du nom musulman. Il rejoignit Mourad-Bey avec trois mille hommes, dont deux cent cinquante Mamelouks. Ce vieillard jouissait d'un grand crédit dans toute la Haute Égypte. Sa réconciliation eut une grande influence sur l'esprit de toute cette contrée. Deux mille schérifs d'Iambo, commandés par Hassan, étaient arrivés. Hassan d'Iambo était une espèce de derviche militaire; intrépide devant l'ennemi, il était plus dangereux encore par l'enthousiasme dont il savait animer ses soldats et les fidèles, lorsqu'il leur parlait du haut de la chaire dans les mosquées. Ces schérifs d'Iambo étaient réputés les plus braves fantassins de toute l'Arabie. Ils étaient armés d'une carabine, d'une paire de pistolets et d'une lance. Ils avaient tous des turbans verts comme descendans de la tribu du prophète. Ils avaient la soif du sang et du pillage. Mourad-Bey attribuait ses défaites précédentes au manque d'une bonne tête d'infanterie qui pût donner l'exemple; il crut avoir enfin ce qui devait le faire vaincre. Deux mille autres schérifs étaient réunis à Iambo, où ils attendaient des bâtimens pour passer la mer Rouge.

Mourad-Bey se trouva à la tête de douze à quatorze mille hommes; il conçut un projet hardi et nouveau. Il voulait se porter sur Girgéh, lorsque Desaix l'aurait abandonné, soutenir les insurgés et s'y fortifier. Placé ainsi sur les derrières de Desaix, celui-ci serait obligé de retourner sur ses pas, et d'engager un combat de maisons, dont Mourad-Bey espérait un heureux résultat. A cet effet il se tint dans le désert, sur la rive gauche du canal de la Haute Égypte. Desaix parti, le 20, de Girgéh, marcha entre le Nil et le canal. Mais, le 22, à la pointe du jour, les deux armées se rencontrèrent à la hauteur de Samhoud, marchant en sens inverse. Elles étaient séparées par le canal qui était à sec. L'armée française était forte de cinq mille hommes, infanterie et cavalerie, et de quatorze pièces de canon; sur le Nil elle avait une nombreuse flottille armée. L'armée égyptienne était composée de mille huit cents Mamelouks, sept mille Arabes à cheval, deux mille schérifs à pied d'Iambo, et trois mille Arabes à pied sans artillerie, total: treize à quatorze mille hommes. Aussitôt que les deux armées se furent reconnues, elles se mirent en bataille. La première se forma en trois carrés, deux d'infanterie sur les ailes, un de cavalerie au centre; la gauche, du côté du Nil, commandée par le général Belliard; la droite, sur la gauche du canal, commandée par le général Friant; le centre à cheval sur le canal, commandé par le général Davoust. Les Mamelouks prirent un ordre de bataille opposé; la cavalerie sur les ailes, l'infanterie au centre. Mourad-Bey avec ses Mamelouks formait la droite du côté du Nil; son infanterie au centre vis-à-vis de Samhoud; les Arabes formaient la gauche placés dans le désert. Les Français mettaient spécialement leur confiance dans leur infanterie, les Mamelouks, dans leur cavalerie.

Les schérifs d'Iambo pétillaient d'impatience. Leur chef Hassan, avec mille cinq cents schérifs et mille Arabes à pied, se jette dans le ravin en avant de la ville; l'intrépide colonel Rapp, avec une compagnie de voltigeurs du 21e léger et cinquante chevaux, l'attaque, précipite dans le ravin un millier de schérifs, mais il est blessé, le peloton de dragons est repoussé, les schérifs jettent des cris de victoire ; le colonel La Tournerie place deux pièces d'artillerie légère à portée de mitraille qui enfilent le ravin ; en même temps un bataillon français se précipite à la baïonnette sur les schérifs, en tue un grand nombre, le reste évacue le ravin en désordre; une centaine s'enferment dans une mosquée et y sont égorgés. Mourad-Bey, indécis, restait spectateur de ce combat d'infanterie. Mais bientôt les obus et les boulets portèrent la mort dans ses rangs; il n'avait pas d'artillerie pour y répondre : « *Pourquoi délibérer*, « dit le vieux Hassan-Bey, *qui a du cœur me suive...* » Il déborda la gauche de l'armée française, enveloppa le carré du général Belliard, en fit plusieurs fois le tour, exposé à un feu de mitraille et de mousqueterie épouvantable. Hassan-Bey, qui, pour la première fois, se trouvait à un combat contre les Européens, comprit alors que le courage n'est qu'un des élémens de la victoire. Il fut contraint de se mettre hors de la portée du canon. Les batteries s'avancèrent devant Samhoud ; trois compagnies d'infanterie légère y entrèrent au pas de charge; les fiers schérifs d'Iambo s'enfuirent en désordre, aux premiers boulets qui les atteignirent; les Arabes s'éloignèrent et se dispersèrent dans le désert. Davoust s'ébranla alors avec la cavalerie et trois pièces d'artillerie légère ; il chargea Mourad-Bey et le mena battant jusque près de Farchout. Avant d'y arriver, Hassan d'Iambo, écumant de rage, se barricada dans un village. Davoust fut obligé d'attendre l'infanterie, qui enleva le village au pas de charge. Cette journée ne fut pas un moment douteuse; trois cents hommes d'élite des Mamelouks, quatre cents schérifs d'Iambo, les plus braves, et deux cents Arabes, restèrent sur le champ de bataille.

Le cheykh-el-beled de Farchout était le dernier descendant du fameux prince Hamman. Cet Hamman, chef d'une tribu d'Arabes Maugrabins, s'était, dans le seizième siècle, transporté de Tunis à Farchout. Il y avait prospéré, et successivement s'était établi dans une partie de la Haute Égypte. Cette tribu s'appelait Daouaréh. Son cheykh dominait en souverain tout le pays depuis Siout jusqu'à Syène. Il payait cependant deux cent cinquante mille ardebs de blé au pacha du Caire et aux beys. Les princes de cette maison, qui régnèrent successivement pendant cent cinquante ans, se firent adorer; leur mémoire est encore chère dans ce pays. En 1768, Aly-Bey marcha contre le prince Hamman, qui alla à sa rencontre avec vingt-cinq mille cavaliers. Hamman perdit la bataille près de Siout; l'année suivante il mourut à Esné. Ses enfans achetèrent du vainqueur la paix et la vie, par le sacrifice de la plus grande partie de leurs richesses. Le dernier de cette maison était le cheykh-el-beled de Farchout. A l'approche des Mamelouks, il se cacha. Mourad-Bey le fit chercher. Amené enfin en sa présence, il irrita un vainqueur au désespoir en déguisant mal la joie secrète qu'il éprouvait en voyant la défaite et la chute des ennemis de sa maison. Mourad-Bey, dans sa fureur, abattit, d'un coup de sabre, la tête de ce dernier rejeton d'une si illustre race. Aussitôt après leur arrivée, les Français se firent un devoir de lui rendre les honneurs funèbres.

Mourad-Bey continua sa retraite en remontant le Nil. Hassan d'Iambo passa le fleuve et se dirigea sur Kénéh, pour y attendre le second détachement de schérifs qui était déjà débarqué à Cosseir. L'armée française coucha, le 22, à Hou. Le 23, elle arriva à Dendérah ; et bivouaqua au milieu de ces superbes ruines. Le 24, après avoir doublé le promontoire de la chaîne Libyque, qui s'avance dans la vallée du Nil, elle aperçut devant elle les célèbres ruines de Thèbes aux cent portes. Le caractère de grandeur qui les distingue frappa tous les esprits; plusieurs heures furent employées à les considérer. Le 25 janvier, l'armée coucha au détroit des *Deux Montagnes*, et le 26, elle arriva à Esné. Les Mamelouks fuyaient devant leur vainqueur. Ils avaient brûlé leurs bagages, leurs tentes, et s'étaient partagés en plusieurs corps. Mourad-Bey, Hassan-Bey, et huit autres beys avec leurs Mamelouks, se jetèrent dans le pays des Barâbras ; Elfi-Bey se réfugia dans la grande Oasis. Desaix occupa Esné, y fit construire des fortifications, y établit une manutention, des magasins et un grand hôpital. A mesure qu'on remonte le Nil, la vallée devient plus étroite, la navigation plus difficile. Friant, avec sa brigade, resta à Esné pour observer

Elfi-Bey et Hassan d'Iambo. L'armée traversa Edfou, ou l'ancienne Apollinopolis Magna, gros bourg situé à dix lieues d'Esné, puis les ruines d'un grand temple placé sur la hauteur qui domine le cours de la rivière; les habitants l'appellent la citadelle. Le général n'accorda qu'une heure pour la visite de ces ruines; il était pressé de rejoindre l'ennemi. Il traversa les monticules de schistes qui sont contigus au Nil; le soldat y marchait avec difficulté. Il suivit les traces d'une ancienne chaussée romaine dont on distinguait encore les vestiges, et coucha au village de Bibân, vis-à-vis de la belle île de ce nom.

Le 2 février, il bivouaqua vis-à-vis de Syène sur la rive gauche; le 3 février, il traversa le fleuve dans la ville. Là, le Nil a cinq cents toises de large. Pour la première fois Desaix quitta la rive gauche. Les Mamelouks y étaient toujours restés, parce que la vallée est plus large, parce que ce côté est plus fertile et plus à portée des Oasis, tandis que manœuvrant sur la rive droite, ils eussent pu être acculés contre la mer Rouge.

L'île d'Éléphantine, appelée par les gens du pays *Ile Fleurie*, est grande et très productive. Elle est située vis-à-vis de Syène, à trois mille cinq cents toises de l'île de Philæ; une ancienne muraille ferme cet espace qui forme un triangle ayant le Nil des deux côtés. La cataracte est entre l'île d'Éléphantine et l'île de Philæ. De Syène à la cataracte, il y a, en suivant les sinuosités du Nil, trois mille toises. Au-dessus de la cataracte, le Nil se divise et forme trois îles : celle de Philæ, à deux cents toises de la rive droite, où est le principal courant; celle de Bégéh, et celle de Hefféh qui ensemble ont mille deux cents toises. Dans l'île de Philæ était le tombeau d'Osiris; c'était un lieu de pélerinage. L'île de Philæ est pleine de monumens. Elle n'a jamais contenu aucune ville, il n'y a jamais existé aucune culture. Elle est hors des limites actuelles de l'Égypte, puisqu'elle est au sud de la cataracte de Syène.

La vallée au-dessus de l'île de Philæ n'a que six cents toises. Les deux montagnes sont rapprochées, elles ne sont séparées que par le lit du fleuve qui arrive perpendiculairement sur cette île d'aussi loin que la vue peut s'étendre. Le général Belliard prit cent cinquante bateaux, reste de la flottille des Mamelouks; le Nil étant très bas, on n'avait pu leur faire franchir la cataracte. Ils avaient été pillés par les habitans des villages voisins qui s'étaient réfugiés avec leur butin dans l'île de Philæ où ils se croyaient inexpugnables.

Le général, avec trois cents hommes, se mit en marche le 5, pour reconnaître la nature de la barrière qui le séparait du pays des Barâbras où s'était réfugié Mourad-Bey. Il fut obligé de gravir plusieurs hautes montagnes qui dominent à pic le cours du Nil, interrompant le chemin de halage. Il arriva au premier village des Barâbras. Des Mamelouks qui y étaient en cantonnement prirent et donnèrent l'alarme. A son retour, en passant, il fit sommer l'île de Philæ. Les misérables pillards répondirent par des huées et des provocations tout-à-fait risibles. Ils disaient qu'ils n'étaient pas des Mamelouks, qu'ils ne se rendraient jamais, et ne fuiraient pas devant des chrétiens. Il était impossible de faire arriver des bateaux pour traverser le Nil, mais les sapeurs construisirent un radeau ; quarante voltigeurs s'y embarquèrent protégés par quelques volées d'une pièce de quatre. Ils abordèrent dans cette fameuse Philæ ; ils y trouvèrent les dépouilles de la flottille des Mamelouks. Les Français visitèrent avec curiosité les ruines des monumens qui illustraient cette petite île. Desaix porta son quartier-général à Esné, laissant le général Belliard à Syène, pour observer le pays des Barâbras.

Cependant la famine obligea Hassan-Bey avec sa maison, ses femmes, ses trésors, à quitter le pays des Barâbras. Pour laisser plus de place à Mourad-Bey, il descendit la rive droite, se dirigeant sur l'isthme de Coptos où il avait des intelligences et possédait des villages. Le général Davoust, instruit qu'il s'approchait de Thèbes, passa le Nil avec le 22ᵉ de chasseurs et le 15ᵉ de dragons, et le surprit, le 12 février. Les Français étaient plus nombreux, mais un Mamelouk se vantait de valoir deux dragons. Hassan était embarrassé du convoi de ses femmes, et de ses bagages qui se trouvaient fort exposés. Cet intrépide vieillard fit face à tout avec le plus admirable sang-froid. Le combat devint terrible. Le convoi fut sauvé, il fila.

La perte fut égale de part et d'autre. Le bey pourfendit un dragon; il eut un cheval tué sous lui. Osman-Bey son lieutenant fut blessé. Ne pouvant plus camper dans la vallée, Hassan se porta dans le désert, et tendit son camp près des puits de la Guitta.

Le colonel Conroux partit d'Esné, avec trois cents hommes de son régiment, passa le Nil et chassa Hassan d'Iambo, de Kénéh, le jetant dans le désert. Mais peu de jours après, celui-ci fut joint par le détachement qui était débarqué à Cosseir. Avec ce renfort, il se porta de nuit pour surprendre Conroux et égorger son détachement. Effectivement, le 11, à onze heures du soir, les grand'gardes françaises donnèrent l'alarme, et soutinrent le premier effort des ennemis qui, guidés par les habitans, pénétrèrent dans la ville par quatre côtés. Conroux marcha sur une seule colonne au pas de charge, les défit tous successivement, et les chassa de la ville; il fut blessé. Dorsenne (depuis général de division), colonel des grenadiers à pied, le remplaça. Les schérifs effrayés se rallièrent à une lieue de Kénéh dans un bois de dattiers. Au lever de la lune, Dorsenne les attaqua, les débusqua de leur position, et les chassa loin dans le désert.

Le général Friant arriva à la pointe du jour avec le 7ᵉ de hussards. Il se mit à la poursuite des schérifs qui s'étaient ralliés près de Aboumanah. Il les enveloppa par trois colonnes, les chassa du village, et acheva de les ruiner. Le colonel Sully prit un bataillon du 88ᵉ et lui fit faire une marche de cinq lieues dans le désert, sans eau et sans chameaux ; c'étaient des hommes morts de soif s'ils eussent manqué leur coup. Heureusement le cheykh qui leur servait de guide les fit parvenir au camp des Arabes d'Iambo par un chemin détourné. Ils y arrivèrent sans être attendus, s'emparèrent de tous les chameaux chargés d'eau, des vivres, de troupeaux nombreux, et des bagages des schérifs qui étaient très pillards.

V. Le pays des Barâbras n'avait plus de fourrages; il ne pouvait pas fournir aux consommations de Mourad-Bey. Ce chef se disposait à se porter sur Dongolah, lorsqu'il reçut la nouvelle que Napoléon avait quitté le Caire, et se dirigeait sur l'Asie. Il prit sur-le-champ son parti. Qu'avait-il à perdre? Il fit un crochet par le désert, marcha sur le Caire, laissant Desaix derrière lui. Il donna rendez-vous, à Siout, à Elfi-Bey qui occupait la petite Oasis. Hassan-Bey se réunit avec les schérifs, et descendit par la rive droite du fleuve sur Siout et le Caire. Ce projet souriait au vieux Hassan qui, depuis tant d'années, était absent de sa maison et de ces lieux si chers à son enfance. L'idée de délivrer cette première clef de la sainte Kaaba, et de faire les ablutions dans la grande mosquée de Gama-el-Azhar, réveillait le fanatisme des schérifs.

Desaix s'occupait à Esné, à achever la pacification des provinces de son commandement, à y organiser la justice et l'administration, lorsqu'il apprit par des courriers qui lui arrivèrent à-la-fois de divers côtés, que Mourad avait quitté les Barâbras, gagné trois marches, et s'était laissé voir entre Esné et Siout; qu'Elfi-Bey avait quitté l'Oasis; que les schérifs et Hassan-Bey étaient sortis du désert, et descendaient la rive droite du Nil. Il pénétra le projet de ses ennemis. Il ordonna au général Belliard de quitter Syène et de se porter à Esné avec toutes ses troupes, pour faire son arrière-garde et pour contenir le Saïd; il ordonna à Friant de réunir ses détachemens et de se porter à grande marche sur Siout; à sa flottille de descendre le Nil et de suivre Friant. Lui-même partit le 2 mars.

Le général Friant arriva le 5 mars à Saouamah comme l'avant-garde chargée de préparer son logement entrait dans ce gros bourg; il fut reçu à coups de fusil. Trois ou quatre mille paysans l'occupaient; ils étaient en insurrection. L'avant-garde se replia sur les colonnes, qui entrèrent dans la ville par trois endroits, battant la charge, et jetant plusieurs centaines d'insurgés dans le Nil. Le lendemain, il continua sa route sur Girgéh et Siout. Le général Desaix le rejoignit. Cependant Mourad-Béy et Elfi-Bey avaient réussi à opérer leur jonction à Siout. Ils y apprirent que Napoléon avait pris El-Arich, était entré en Syrie, mais qu'il restait au Caire plus de Français qu'il n'y en avait dans la Haute Égypte, qu'ils occupaient la citadelle, et que les habitans étaient portés pour eux; que les cheykhs de Gama-el-Azhar et tous les principaux, avaient déclaré que si les Mamelouks s'approchaient de la ville, ils marcheraient avec les Français, qu'ils voulaient rester tranquilles; d'un autre côté, Desaix était sur leurs talons éloigné seulement de deux journées; ils allaient se trouver entre Desaix qui les prenait en queue, et les Français du Caire qui les recevraient en tête, ils prirent le parti d'attendre l'issue de l'expédition de Syrie. Mourad-Bey se réfugia dans la grande Oasis; Elfi-Bey, dans la petite; beaucoup de Mamelouks se dispersèrent dans le pays, se déguisant sous des habits de fellahs.

Cependant, sur la rive droite, Hassan-Bey et les schérifs, à peine réunis à la hauteur de Kénéh, apprirent que la flottille française était retenue par les vents contraires à Baroul. Ils marchèrent pour l'attaquer. Elle était composée de douze bâtimens armés de gros canons, chargés des bagages, des dépôts, des caisses militaires, des musiques des corps; elle était montée par trois cents hommes malingres ou éclopés. Hassan partagea son monde sur les deux rives. Il fut joint par dix mille habitans attirés par l'espoir du pillage. Le combat s'engagea. Les ennemis occupaient les îles et les minarets. Ils n'avaient pas de canon. La mitraille des bâtimens porta d'abord la mort sur les deux rives. Mais les munitions manquèrent. Les bâtimens eurent grand nombre de blessés. *L'Italie* échoua; elle fut en danger d'être prise. Le commandant Morandy y mit le feu et la fit sauter; il y trouva une mort glorieuse. Les autres bâtimens furent pris. Les équipages, les soldats furent égorgés. Tous les bagages, caisses militaires, etc., servirent de trophées aux schérifs. La perte de l'armée dans cette affaire fut de deux cents matelots français et trois cents malingres qui formaient les garnisons; total cinq cents Français. Ce fut la plus grande perte qu'elle éprouva dans la campagne. Cette catastrophe, dont le souvenir se conserva long-temps, affecta sensiblement les soldats, qui reprochèrent avec raison à leur général de n'avoir pas placé sa flottille sous la protection d'un de ses forts et d'avoir espéré à tort qu'elle pourrait suivre l'armée dans une saison où le Nil est si bas.

Le général Belliard instruit que Hassan descendait le Nil, partit d'Esné, passa sur la rive droite et se porta sur Kénéh. Chemin faisant, il fut instruit par la rumeur du pays qu'une grande bataille avait eu lieu, que les Français avaient été battus, avaient perdu une grande quantité d'hommes, et surtout d'immenses trésors et beaucoup de bagages. Arrivé à la hauteur de Coptos, il rencontra l'armée ennemie qui revenait triomphante. Elle était précédée par les têtes des Français portées au haut des piques; elle était grossie par une foule d'habitans, couverts d'habits d'Européens, armés de leurs armes, marchant au son des instrumens de musique; c'était un épouvantable charivari. Le désordre, l'ivresse de cette multitude était une véritable saturnale. Hassan d'Iambo proclamait partout d'un ton prophétique que le temps de la destruction des Français était enfin arrivé; que désormais, ils n'éprouveraient plus que des défaites; que tous les pas des fidèles seraient des victoires. Peu de temps après, les tirailleurs s'engagèrent. Les Français étaient mille huit cents hommes et avaient une pièce de quatre dont la mitraille contint d'abord la fougue des schérifs, et protégea la marche de la colonne. Celle-ci continuait à descendre, longeant le Nil à droite, suivie et entourée par cette multitude armée. Après avoir fait une lieue, elle fut accueillie par le feu d'une batterie de quatre pièces de canon, provenant de la flottille, que les Arabes d'Iambo avaient débarquées et mises en position. Au signal de leur artillerie, les schérifs s'élancèrent sur le carré français avec leur ardeur accoutumée. Mais le 15e de dragons les prit en flanc, en sabra grand nombre; le champ de bataille en fut couvert. Le général profita de ce moment pour marcher sur la batterie qui l'incommodait. Il était sur le point de se saisir des pièces, lorsque Hassan-Bey le chargea avec ses Mamelouks; mais les carabiniers de la 21e légère firent demi-tour à droite, reçurent la charge et la repoussèrent; les pièces prises furent tournées contre l'ennemi. Ces deux succès changèrent la fortune de la journée. Les schérifs se jetèrent dans le village de Benout, dans une grande mosquée et un château qu'ils crénelèrent. Le combat dura toute la journée et la nuit. Les pièces prises à l'ennemi servirent avec succès. Le village fut incendié, la mosquée fut enlevée au pas de charge. La nuit se passa au milieu de l'incendie, des morts, et des cris des mourans. Hassan d'Iambo s'enferma dans le château; il déclara vouloir y mourir de la mort des martyrs. Sous la protection de ce château, les ennemis se rallièrent; mais il sauta en l'air avec tous ses défenseurs, et couvrit de ses débris les deux armées. Les barils de poudre trouvés sur les bâtimens français y étaient emmagasinés, le feu y prit; Hassan d'Iambo y trouva la mort. L'ennemi consterné s'enfuit de tous côtés. Dans ce combat acharné, les schérifs perdirent mille deux cents hommes; les Français, avec une seule pièce de quatre, se battirent un contre six. Cette journée fit honneur au général Belliard. Il sauva ainsi sa colonne et la Haute Égypte, qu'il eût fallu reconquérir de nouveau, si Hassan eût eu la victoire; ce combat eut lieu le 5 et le 6 mars.

VI. Desaix apprit à Siout le désastre de sa flottille, le combat de Coptos, et la position critique où avait été Belliard; il sut que celui-ci n'avait plus de munitions de guerre. Il réunit aussitôt les bâtimens armés qui lui restaient, et remonta le Nil. Il ne put arriver à Kéné avec sa flottille que le 30 mars. Après avoir ravitaillé les troupes, il disposa tout pour cerner Hassan-Bey, qui était campé vis-à-vis de la Guitta. Hassan ne pouvait pas y rester long-temps, les vivres qu'il avait apportés étaient sur le point de finir; il fallait empêcher qu'il n'en reçût; Desaix le bloqua dans ce désert. Les déserts de l'isthme de Coptos sont couverts de collines raboteuses et impraticables; on ne peut passer que par les gorges; il y en a trois: une qui débouche sur le Nil au puits de Bir-el-Bar, l'autre au village de Hagâzy, et la troisième à Redeciéh vis-à-vis Edfou. Desaix campa à Bir-el-Bar avec la moitié de ses forces. Il envoya le général Belliard occuper Hagâzy avec l'autre moitié. Il considéra le débouché de Redeciéh, qui exigeait un détour de plus de quarante-cinq lieues de désert sans eau, comme impraticable. Par ce moyen, Hassan ne pouvait ni recevoir de vivres, ni sortir sans combat, il devait périr. Le 2 avril, Hassan, mourant de faim, quitta son camp de la Guitta pour gagner la vallée à Bir-el-Bar. Il se rencontra avec le colonel Duplessis du 7ᵉ de hussards. L'engagement devint des plus terribles. Les Mamelouks étaient plus nombreux; Duplessis fut tué par Osman-Bey qu'il avait saisi à la gorge; la victoire paraissait se décider pour les Mamelouks; mais Desaix arriva au secours de son avant-garde. Hassan voyant le débouché occupé en force, rentra dans le désert, et reprit son camp de la Guitta. Quelques jours après, il en partit, se porta par le détour de quarante-cinq lieues sur le débouché de Redeciéh, remonta le Nil jusqu'à Ombos, séjourna dans l'île de Mansouriéh, et de là se rendit à Syène. Aussitôt qu'il en fut instruit, Belliard le poursuivit, et arriva à Redeciéh trois jours après que Hassan y avait passé. Il trouva des traces sanglantes des Mamelouks, une dizaine des cadavres des plus âgés d'entre eux, ceux de vingt-cinq femmes et de soixante chevaux restés dans le désert; manquant de vivres et d'eau, ils avaient succombé à l'excessive chaleur. Pendant ce temps, les restes des schérifs d'Iambo descendirent le Nil n'ayant plus d'autre but que de piller et d'échapper. Ils arrivèrent à Hargéh village de la rive droite, passèrent sur la rive gauche, pénétrèrent à Girgéh où ils n'étaient pas attendus; ils entrèrent dans le bazar. Le colonel Morand qui les suivait entra dans la ville après eux, et en passa une partie au fil de l'épée. Le colonel du 22ᵉ de chasseurs Lasalle, officier actif et d'un mérite distingué, les attaqua avec son régiment et un bataillon du 88ᵉ, il parvint par ses manœuvres à les cerner dans un enclos, et les passa tous au fil de l'épée. Parmi les morts, on trouva le corps du schérif successeur de Hassan. Tel fut le sort qu'éprouvèrent quatre mille schérifs d'Iambo; cinq ou six cents, la plupart blessés, revirent seuls leur patrie. Cependant le schérif de la Mecque fut mécontent de cette conduite des Arabes d'Iambo; il leur écrivit pour leur en faire sentir les conséquences. Il expédia un ministre près du sultan Kébir, au Caire, pour désavouer cet acte d'hostilité qu'il attribuait aux liaisons particulières d'une tribu d'Iambo avec Mourad-Bey. Il donna des assurances que cet exemple ne serait suivi par aucune autre tribu, et que toute l'Arabie resterait tranquille. Il écrivit directement, par Cosseir, au général Desaix, dans le même sens. Ce chef de la religion craignait que cela ne pût porter les Français à détruire les mosquées, à persécuter les Musulmans, à confisquer les riches dotations que la Mecque possédait en Égypte, et à intercepter les communications de la Mecque avec toute l'Afrique. Napoléon le rassura, et les relations amicales continuèrent avec ce serviteur de la sainte Kaaba qui ne cessait de proclamer le sultan français, et d'appeler sur lui les bénédictions du Prophète.

VII. Dans le courant de février et de mars, les nouvelles des succès de l'armée de Syrie, de la prise d'El-Arich, du combat de Gaza, de l'assaut de Jaffa arrivèrent dans le Saïd. Parmi les prisonniers faits à Jaffa il y avait deux cent soixante hommes de cette province; ils y furent renvoyés, et y accréditèrent la réputation des armes françaises. Cela produisit un bon effet sur l'esprit de ces peuples. Mais la nouvelle des premiers échecs de Saint-Jean-d'Acre se répandit en mai, avec l'assurance que l'armée de Damas cernait dans son camp d'Acre l'armée française. La révolte de l'émir Hadjy, qui avait été la conséquence de ces bruits, les accrédita encore. Hassan-Bey était à Syène depuis le milieu d'avril. Le village de Beni-Adin, près de Siout, qui a vingt mille habitans, est l'entrepôt du commerce du Dârfour avec l'Égypte. La population est plus fanatique, plus sauvage, plus féroce et plus noire que celle des autres contrées de l'Égypte. Les Français, comme nous l'avons dit, avaient été mal accueillis la première fois qu'ils y étaient entrés. Depuis, ils avaient toujours évité d'y coucher et d'y séjourner. Les regards des habitans, leur contenance, leur langage, avaient toujours été menaçans. Ils étaient fiers de leurs richesses; on calcule que, pendant le séjour de la grande caravane, il y a sur le marché pour six millions de marchandises en entrepôt pour Dârfour, le Caire ou Alexandrie ; en mars de cette année, cette grande caravane, composée de dix mille chameaux et six mille esclaves, était arrivée, escortée par deux mille hommes armés, Maugrabins, tous gens féroces comme le grand désert, qui s'indignaient de voir triompher ces petits hommes de l'Occident, sans couleur. Les Mamelouks démontés, le reste des schérifs, se réunirent à Beni-Adin qui devint bientôt un centre d'insurrection.

Mourad-Bey qui d'abord n'y voulut placer aucune confiance, s'y attacha, lorsqu'il fut encouragé par les nouvelles de Syrie, contraires aux Français. Il envoya des beys, des kachefs de sa maison pour diriger, organiser et accréditer ce rassemblement. Le général Davoust alarmé de l'accroissement qu'il prenait, réunit ses forces, marcha avec deux mille hommes, cavalerie, infanterie, artillerie. Les insurgés étaient au nombre de six mille bien armés et bien préparés; ils attendaient Mourad-Bey. Les deux généraux se rencontrèrent. La cavalerie française chargea l'avant-garde du bey qui, n'ayant que trois cents cavaliers, fut repoussée sur l'Oasis. Au même moment, Beni-Adin fut cerné. Après une vive fusillade, les barricades furent forcées ; les vainqueurs entrèrent au pas de charge, massacrèrent tout ce qu'ils rencontrèrent. L'ennemi s'était crénelé dans les maisons qui devinrent la proie des flammes. L'armée perdit le colonel Pinon, un des plus braves officiers de cavalerie de la France. Le pillage enrichit le soldat qui y trouva quatre ou cinq mille femmes, esclaves noires, beaucoup de chameaux, d'outres, des plumes d'autruche, des gommes, des ivoires, de grandes caisses de poudre d'or, beaucoup d'or monnayé. La fille du roi de Dârfour fut au nombre des prisonniers.

Il ne restait plus dans la Haute Égypte qu'Hassan-Bey, qui, depuis qu'il s'était retiré du désert de Cosseir, était resté tranquillement en possession de Syène. Soit qu'on ne connût pas bien ses forces, soit qu'on supposât qu'il avait déjà passé les cataractes, et qu'il n'avait qu'une arrière-garde à Syène, le général fit partir d'Esné le capitaine Renaud, avec deux cents hommes d'infanterie seulement, pour s'emparer de cette ville; ces deux cents hommes devaient être perdus. Aussitôt qu'Hassan fut instruit de leur petit nombre, il sourit à l'espérance d'assouvir sa vengeance dans le sang des infidèles. Avec cent quatre-vingts Mamelouks, deux cents Arabes et trois cents fantassins, il marcha à la rencontre de cette poignée de fantassins isolés et sans canon. Le capitaine Renaud, avec une présence d'esprit admirable, sans se laisser étonner par cette foule d'assiégeans, forma son carré, se tourna vers ses soldats : « *Camarades*, leur dit-il, *les soldats d'Italie* « *ne comptent pas le nombre des ennemis; ajustez-* « *bien, que chacun tue son homme, et je réponds de* « *tout.* » Effectivement cent Mamelouks sont jetés par terre à la première décharge; tout se sauve. Peu d'heures après, Renaud entre dans Syène; il fait main-basse sur les bagages et les blessés. L'heure du vieux Hassan était arrivée. Blessé d'un coup de baïonnette, ainsi qu'Osman-Bey, tous deux moururent à quelques jours de là. Le capitaine Renaud n'eut que quatre hommes tués et quinze blessés. Ce combat est le plus beau de toute la guerre d'Égypte.

Mourad-Bey avec quatre cents hommes traînait sa misérable existence au fond des déserts; Hassan-Bey et les redoutables Mamelouks de sa maison étaient morts; il n'existait plus un seul schérif d'Iambo. Desaix déploya autant de talent dans le gouvernement de ces provinces, qu'il avait montré d'activité pendant la campagne. Il fit régner la justice et le bon ordre, la tranquillité fut parfaite. Quoique son gouvernement fût très sévère, il fut surnommé par les habitants le *Sultan-Juste*. Il rendit les communes responsables de tout ce qui se passait sur leur territoire. Un soldat français armé ou désarmé parcourait toute la vallée sans courir aucun danger. Les contributions étaient payées exactement.

Dans le courant d'avril et de mai, l'armée d'Orient occupait les trois angles d'Alexandrie, de Syène et de Saint-Jean-d'Acre; c'est un triangle de trois cents lieues de côtés, et de trente mille lieues carrées de surface. La correspondance du quartier-général de (1) .... Saint-Jean-d'Acre, en Syrie, avec

---

(1) Il y a un espace laissé en blanc dans le manuscrit.   (*De Las Cases*).

la Haute Égypte, se faisait par le régiment des dromadaires qui traversait le désert de Gaza à Suez. Plusieurs forts étaient établis depuis Syène jusqu'à Beni-Soueif; celui de Kénéh était le principal comme défendant les gorges de Cosseir. Tous ces forts étaient garnis de batteries qui maîtrisaient la navigation du Nil, et contenaient des magasins et de petits hôpitaux. Pour témoigner sa satisfaction à son lieutenant, Napoléon lui envoya d'abord un sabre pris sur les prisonniers faits à Alexandrie, sur lequel était écrit: *Bataille de Sédiman.* Depuis il lui donna un poignard enrichi de diamans que portait Méhémet-Pacha fait prisonnier à la bataille d'Aboukir; sur un côté de la lame était écrit: *Napoléon à Desaix, vainqueur de la Haute Egypte,* et de l'autre: *Thèbes aux cent portes. Sésostris-le-Grand.*

VIII. Il restait à occuper le port de Cosseir, la grande et la petite Oasis. Les chaleurs sont trop fortes au mois de mai et le passage du désert trop fatigant; il fallut remettre l'expédition des Oasis au mois de novembre. Mais l'occupation de Cosseir ne comportait aucun délai. Les bâtimens de l'Arabie, de Djeddah, d'Iambo y étaient annoncés chargés de marchandises, et devant, en retour, faire leur chargement avec des riz, des blés et autres denrées nécessaires à la péninsule, surtout à la Mecque et à Médine. Le général Belliard fit toutes les dispositions convenables pour traverser ce désert, prendre possession de Cosseir et l'armer. L'isthme de Coptos est une partie de désert comprise entre le Nil et la mer Rouge, au lieu où le fleuve s'approche le plus de la mer. De Kénéh à Thèbes il y a onze lieues; un coude du Nil, de neuf lieues de cours, fait couler le fleuve à vingt-cinq lieues de la mer Rouge, distance moyenne. Ces vingt-cinq lieues s'appellent l'isthme de Coptos. Si, de Thèbes, on remonte le Nil pendant cinq lieues jusqu'à Abou-kilgân, la rivière qui a couru à l'ouest, et la mer Rouge vis-à-vis, qui par une direction contraire a couru à l'Est, se sont éloignées, de sorte que la distance de ces deux points est de quarante lieues. Si l'on remonte jusqu'à Syène, de là à la mer il y a soixante lieues environ; si on descend le Nil jusqu'à la hauteur de Girgéh, on se trouve à une quarantaine de lieues de la mer Rouge; à Siout on en est à cinquante. La partie du Nil qui forme le coude au-dessus de Kénéh, laquelle a neuf lieues de long, est donc la seule qui ne soit qu'à vingt-cinq lieues en ligne droite de cette mer.

Pour aller du Nil à la mer Rouge, en traversant la presqu'île de Coptos, il faut suivre des gorges entre des montagnes. Il y en a six différentes qui ont une longueur moyenne de trente-quatre lieues, ou de quarante-deux heures de marche, vu les détours qu'elles font. Ainsi, des deux seuls ports de la mer Rouge qui communiquent aujourd'hui avec le Nil, Cosseir et Suez, Cosseir est à vingt-neuf lieues de Kénéh, en ligne directe, et à trente-quatre à trente-cinq en suivant la gorge, et Suez est à vingt-sept lieues du Caire. Des six routes qui conduisent, à travers la presqu'île de Coptos à Cosseir, on n'en connaît bien que trois. La plupart de ces gorges aboutissent à la petite Oasis de la Guitta, d'où il y a deux chemins pour joindre le Nil. L'un se dirige sur Kénéh, et rencontre la terre cultivée à Bir-el-Bar, c'est un petit village; l'autre se dirige sur Thèbes, et remonte le Nil au petit village de Hagâzy. La troisième gorge que nous connaissons va droit de Cosseir dans la vallée du Nil et débouche vis-à-vis d'Edfou, au village de Redeciéh; cette gorge a un peu plus de quarante-cinq lieues, c'est celle par où s'échappa Hassan-Bey; de sorte que pour fermer tous les abords du Nil, il faut occuper les villages de Bir-el-Bar, de Hagâzy, ou les puits de la Guitta, et enfin la gorge de Redeciéh vis-à-vis d'Edfou.

Sur les neuf lieues du coude du Nil, qui forme un des côtés de la presqu'île de Coptos, ont successivement existé trois villes qui ont fait le commerce de la mer Rouge; 1° Coptos, ville célèbre puissante et riche dans le quatrième siècle, on en voit les ruines à une lieue du Nil; à Coptos a succédé Kous, qui est un peu plus haut vers le sud, Kous est encore une grande ville, mais elle est fort déchue, la population est toute Copte; enfin, la troisième qui est au nord, à l'extrémité du coude, est la petite ville de Kénéh. Kénéh est aujourd'hui l'entrepôt du commerce du Nil avec la mer Rouge. Elle n'a point atteint la prospérité de Coptos et de Kous, parce que le commerce de la mer Rouge, aujourd'hui, ne peut pas se comparer avec le commerce de la mer Rouge avant la découverte du cap de Bonne-Espérance.

Le général Belliard partit de Kénéh le 25 mai, avec deux bataillons, deux pièces de canon et cent chevaux. Il mit trois heures pour aller au puits de Bir-el-Bar, il s'y arrêta pour compléter sa provision d'eau; il alla coucher à cinq lieues dans le désert. A une heure du matin la lune se leva, il arriva à la pointe du jour à la Guitta. La Guitta a trois puits, revêtus en briques, fort larges, avec de grandes rampes, les animaux y descendent. Il y a un fort, un caravansérail; c'est une des maisons militaires que Ptolémée Philadelphe fit construire sur le chemin de Bérénice. Le général se reposa plusieurs heures à la Guitta, coucha à cinq lieues de là dans le désert. Le 27 au lever de la lune il se mit en marche, arriva après neuf heures de marche au puits d'El-Hawéh; il campa dans le désert. Enfin le 28, il arriva au puits de l'Ambagéh; c'est une Oasis, il y a des acacias, une petite rivière, de l'eau saumâtre; là on est à deux heures de Cosseir. Ainsi, de Kénéh à la Guitta, en prenant par

Bir-el-Bar	13 heures
De la Guitta, aux fontaines d'El-Hawéh .	15
Des fontaines, à l'Ambagéh.	11
De l'Ambagéh, à Cosseir	2
Total	41 heures

qui, à mille huit cent cinquante toises par heure, font environ soixante-quinze mille huit cents toises ou trente-trois lieues de vingt-cinq au degré. Les Arabes Ababdéh errent dans tout ce désert. Ils se vantent de pouvoir mettre deux mille hommes sous les armes. Ils ont peu de chevaux, mais beaucoup de chameaux, pour faire la traversée du Nil à la mer Rouge, et jusqu'au Sennaar.

La ville de Cosseir est située sur le bord de la mer Rouge, à environ cent lieues sud de Suez en ligne directe, à 26° 7′ de latitude nord, 32° 1′ 36″ de longitude de Paris. Elle a quatre ou cinq cents toises de tour; la bonne eau lui arrive de neuf lieues de là. Le château domine toute la ville; il y a une citerne dont l'eau est bonne pour les animaux. Tout est désert autour de cette ville. Elle n'est peuplée qu'au temps de l'arrivée des bâtimens de Djeddah et d'Iambo. On y voit alors beaucoup d'Arabes d'Iambo et de marchands égyptiens. Les habitans accueillirent les troupes françaises avec des transports de joie. Les Arabes Ababdéh avaient fait leur paix et servaient l'armée française avec zèle. Après y avoir séjourné deux jours, le général Belliard retourna à Kénéh, laissant un commandant, une garnison, des vivres et des canons dans le fort de Cosseir. Le port de Cosseir est à l'abri des vents d'est et du nord, mais tourmenté par les vents d'ouest. Le vieux Cosseir, qui est au nord, est suivant quelques-uns, l'ancienne Bérénice.

Le 14 de juin, l'entrée triomphante de Napoléon au Caire, à la tête de l'armée, revenant de Syrie, consolida la tranquillité de toute l'Égypte.

FIN DU PREMIER VOLUME.

APPENDICE.

PIÈCES OFFICIELLES

DU CHAPITRE I.

Lettres de BONAPARTE, général en chef, au Directoire exécutif.

Malte, le 25 prairial an vi (13 juin 1798).

Nous sommes arrivés le 21, à la pointe du jour, à la vue de l'île de Gozzo. Le convoi de Civita-Vecchia y était arrivé depuis trois jours.

Le 21 au soir, j'ai envoyé un de mes aides-de-camp pour demander au grand-maître la faculté de faire de l'eau dans différens mouillages de l'île. Le consul de la République à Malte vint me porter sa réponse, qui était un refus absolu, ne pouvant, disait-il, laisser entrer plus de deux bâtimens de transport à-la-fois : ce qui, calcul fait, aurait exigé plus de trois cents jours pour faire de l'eau.

Le besoin de l'armée était urgent, et me faisait un devoir d'employer la force pour m'en procurer.

J'ordonnai à l'amiral Brueys de faire des préparatifs pour la descente. Il envoya le contre-amiral Blanquet avec son escadre et le convoi de Civita-Vecchia, pour l'effectuer dans la cale de Marsa-Siroco. Le convoi de Gênes débarqua à la cale Saint-Paul, celui de Marseille à l'île de Gozzo.

Le général de brigade Lannes, le chef de brigade Marmont, descendirent à la portée du canon de la place. Le général Desaix fit débarquer le général Belliard avec la vingt-unième. Il s'empara de toutes les batteries et de tous les forts qui défendaient la rade et le mouillage de Marsa-Siroco.

Le 22, à la pointe du jour, nos troupes étaient à terre sur tous les points, malgré l'obstacle d'une canonnade vive, mais extrêmement mal exécutée.

Le 22 au soir, la place était investie de tous les côtés, et le reste de l'île était soumis.

Le général Reynier venait de s'emparer de l'île de Gozzo ; le général Baraguey-d'Hilliers, de tout le midi de l'île de Malte, après avoir fait plusieurs chevaliers et deux cents hommes prisonniers. Le général Desaix était à une portée de pistolet du glacis de la Cottonara et du fort Riccazoli : il avait fait aussi plusieurs chevaliers prisonniers.

Les malheureux habitans, effrayés au-delà de ce qu'on peut imaginer, s'étaient réfugiés dans la ville de Malte, qui se trouva par ce moyen suffisamment garnie de monde.

Pendant toute la soirée du 22, la ville canonna avec la plus grande activité. Les assiégés voulurent faire une sortie ; mais le chef de brigade Marmont, à la tête de la dix-neuvième, leur enleva le drapeau de l'Ordre.

Le 22, je commençai à faire débarquer l'artillerie. Nous avons peu de places en Europe aussi fortes et aussi soignées que Malte. Je ne m'en tins pas aux seuls moyens militaires, et j'entamai différentes négociations : le résultat en a été heureux.

Le grand-maître m'envoya demander, le 23 au matin, une suspension d'armes.

J'ai envoyé mon aide-de-camp chef de brigade Junot au grand-maître, avec la faculté de signer une suspension d'armes, s'il consentait, pour préliminaire, à négocier de la reddition de la place.

J'envoyai les citoyens Poussielgue et Dolomieu pour sonder les intentions du grand-maître.

Le 23, à minuit, les chargés de pouvoir du grand-maître vinrent à bord de *l'Orient*, où ils conclurent dans la nuit la convention dont vous trouverez ci-joint les articles (1).

A la tête de la députation du grand-maître était le commandeur Bosredon-Ransijeat, chevalier de la ci-devant langue d'Auvergne, qui, du moment où il vit que l'on prenait les armes contre nous, a sur-le-champ écrit au grand-maître que son devoir, comme chevalier de Malte, était de faire la guerre aux Turcs, et non à sa patrie; qu'en conséquence il déclarait ne vouloir prendre aucune part à la mauvaise conduite de l'Ordre dans cette circonstance. Il fut sur-le-champ mis en prison, et il n'en sortit que pour être chargé de venir négocier.

Hier, 24, nous sommes entrés dans la place, et nous avons pris possession de tous les forts. Aujourd'hui, à midi, l'escadre y est venue mouiller.

Je suis extrêmement satisfait de la conduite de l'amiral Brueys, de l'harmonie et de l'ensemble qui règnent dans toute l'escadre. J'ai beaucoup à me louer du zèle et de l'activité du citoyen Ganteaume, chef de division de l'état-major de l'escadre.

Le citoyen Mutard, capitaine de frégate, a commandé les chaloupes de débarquement. C'est un jeune officier d'espérance.

Nous avons trouvé à Malte deux vaisseaux de guerre, une frégate, quatre galères, douze cents pièces de canon, un million de poudre, quarante mille fusils, etc. On vous en enverra incessamment l'état.

(1) Voir au commencement du volume, page 24.

Vous trouverez ci-joint différens ordres que j'ai donnés pour l'établissement du gouvernement dans cette île (1).

Vous trouverez ci-joint la liste des Français résidant à Malte, dont la plupart chevaliers, qui, un mois avant notre arrivée, ont fait des dons pour la descente en Angleterre (2).

Je vous prie d'accorder le grade de général de brigade au citoyen Marmont.

Malte, le 28 prairial (16 juin).

L'escadre commence à sortir du port; et, le 30, nous comptons être tous à la voile pour suivre notre destination.

J'ai laissé, pour commander l'île, le général de division Vaubois; c'est lui qui a commandé le débarquement, et il s'est concilié les habitans de l'île par sa sagesse et sa douceur.

Le grand-maître part demain pour se rendre à Trieste. Sur les six cent mille francs que nous lui avons accordés, il laisse ici trois cent mille francs pour payer ses dettes. Je ferai prévaloir ces trois cent mille francs sur les terres que nous avons appartenant à l'Ordre.

Je lui ai donné cent mille francs comptant, et le payeur lui a remis quatre traites sur celui de Strasbourg, de cinquante mille francs chacune, faisant les deux cent mille francs. Je vous prie d'ordonner qu'elles soient acquittées.

Toute l'argenterie d'ici, y compris le trésor de Saint-Jean, ne nous donnera pas un million. Je laisse cet argent pour subvenir aux dépenses de la garnison et à l'achèvement du vaisseau *le Saint-Jean*.

Vous trouverez ci-joint les noms que j'ai donnés aux deux vaisseaux, à la frégate, et aux galères que nous avons trouvés ici.

---

(1) Voir les ordres, page 326 et suivantes.
(2) Voir la liste, page 333.

Vous trouverez ci-joint la copie de plusieurs ordres que j'ai donnés. Je n'ai rien oublié de ce qui pouvait nous assurer cette île.

Je vous prie d'y envoyer le reste de la septième demi-brigade d'infanterie légère, de la quatre-vingtième et de la vingt-troisième. Cette dernière est en Corse.

Nous avons besoin ici d'un bon corps de troupes. Rien n'égale l'importance de cette place. Elle est soignée et dans le meilleur état; mais les fortifications sont très étendues.

Je vous prie de faire rejoindre tous les hommes de nos demi-brigades qui sont restés en arrière : cela se monte à plusieurs milliers. Malte aurait aussi besoin de quatre compagnies d'artillerie à pied.

J'ai fait embarquer comme matelots tous les esclaves turcs qui étaient ici : ils nous seront utiles.

Le nombre des chevaliers de Malte français se monte à trois cents. Une partie ayant plus de soixante ans pourra rester ici. J'emmène avec moi tout ce qui avait moins de trente ans. Le reste se rend à Antibes, afin que ceux qui n'ont pas porté les armes contre la France puissent rentrer, conformément à l'article 3 de la capitulation.

Malte, le 30 prairial (18 juin).

Le général Baraguey-d'Hilliers vous porte le grand drapeau de Ordre et ceux de plusieurs des régimens de Malte.

La santé de cet officier l'obligeait de retourner à Paris.

Le général Baraguey-d'Hilliers s'est conduit toujours avec distinction à l'armée d'Italie, et s'est fort bien acquitté des différentes missions que je lui ai confiées.

Malte, le 30 prairial (18 juin).

Vous trouverez ci-joint copie de nouveaux ordres pour l'organisation de l'île (1). Vous en trouverez, entre autres, un pour l'instruction publique.

Je vous prie d'envoyer ici trois élèves de l'école Polytechnique, qui pourront vous être désignés par le citoyen Guyton. Le premier montrera l'arithmétique, et la géométrie descriptive; le second, l'algèbre; le troisième, la mécanique et la physique. Ils seront logés et bien payés.

Vous trouverez aussi ci-joint plusieurs des meilleures vues de l'île de Malte.

Malte, le 30 prairial (18 juin).

Je vous envoie une galère en argent. C'est le modèle de la première galère qu'a eue l'Ordre de Rhodes : ainsi cela est curieux par son ancienneté.

Je vous envoie un surtout de table venant de Chine. Il servait au grand-maître dans les grandes cérémonies ; il est assez bien travaillé.

Ordre du 25 prairial an VI (*13 juin* 1798).

Art. 1ᵉʳ. Les îles de Malte et de Gozzo seront administrées par une commission de gouvernement composée de neuf personnes, qui seront à la nomination du général en chef.

Art. 2. Chaque membre de la commission la présidera à son tour pendant six mois. Elle choisira un secrétaire et un trésorier hors de son sein.

Art. 3. Il y aura, près de la commission, un commissaire français.

Art. 4. Cette commission sera spécialement chargée de toute l'administration des îles de Malte et de Gozzo, et de la surveillance de la perception des contributions directes et indirectes. Elle pren-

---

(1) Voir les ordres, page 334 et suivantes.

dra des mesures relatives à l'approvisionnement de l'île. L'administration de santé sera spécialement sous ses ordres.

Art. 5. Le commissaire-ordonnateur en chef fera un abonnement avec la commission pour établir ce qu'elle doit donner par mois à la caisse de l'armée.

Art. 6. La commission de gouvernement s'occupera incessamment de l'organisation des tribunaux pour la justice civile et criminelle, en se rapprochant le plus possible de l'organisation qui existe actuellement en France. La nomination des membres aura besoin de l'approbation du général de division commandant à Malte. En attendant que ces tribunaux soient organisés, la justice continuera d'être administrée comme par le passé.

Art. 7. Les îles de Malte et de Gozzo seront divisées en cantons dont le moindre aura trois mille âmes de population. Il y aura à Malte deux municipalités.

Art. 8. Chaque canton sera administré par un corps municipal de cinq membres.

Art. 9. Il y aura dans chaque canton un juge-de-paix.

Art. 10. Les juges-de-paix, les différentes magistratures, seront nommés par la commission de gouvernement, avec l'approbation du général de division commandant à Malte.

Art. 11. Tous les biens du grand-maître de l'Ordre de Malte et des différens couvens des chevaliers appartiennent à la République française.

Art. 12. Il y aura une commission, composée de trois membres, chargée de faire l'inventaire desdits biens et de les administrer ; elle correspondra avec l'ordonnateur en chef.

Art. 13. La police sera tout entière sous les ordres du général de division commandant et des différens officiers sous ses ordres.

Ordre du 28 prairial (16 juin).

Art. 1er. Il y aura, dans chaque municipalité de la ville de Malte, un bataillon de garde nationale composé de neuf cents hommes, qui portera l'uniforme habit vert, paremens et collet rouges, et passe-poil blanc. Cette garde nationale sera choisie parmi les hommes les plus riches, les marchands, et ceux qui sont intéressés à la tranquillité publique.

Art. 2. Elle fournira tous les jours toutes les gardes et patrouilles nécessaires pour la police. Elle ne sera jamais de garde aux forts.

Art. 3. L'institution du corps des chasseurs sera conservée.

Art. 4. Le général de division fera un réglement tant pour l'organisation et le service de la garde nationale que pour l'organisation et le service des chasseurs. On donnera aux uns et aux autres la quantité d'armes nécessaire pour le service.

Art. 5. On formera quatre compagnies de vétérans de tous les vieux soldats qui auraient été au service de l'Ordre de Malte, et qui sont incapables d'un service actif.

Les deux premières, dès l'instant qu'elles seront organisées, seront envoyées pour tenir garnison dans le fort de Corfou. On exécutera le présent article, quelques difficultés que l'on puisse rencontrer, mon intention n'étant pas que cette grande quantité d'hommes habitués à l'Ordre de Malte continue à y rester.

Art. 6. On formera quatre compagnies de canonniers, à-peu-près sur le même pied que celles qui existaient ci-devant, qui seront employées dans les batteries de la côte. Il y aura, dans chacune de ces compagnies de canonniers, un officier et un sous-officier français.

Art. 7. Tous les individus qui voudront former une compagnie de cent chasseurs seront maîtres de la former. Eux et les officiers de ces compagnies seront conservés, et, dès l'instant qu'elles seront organisées, le général de division les fera partir pour rejoindre l'armée.

Ordre du 28 prairial (16 juin).

Art. 1er. Tous les habitans des îles de Malte et de Gozzo sont tenus de porter la cocarde tricolore. Aucun habitant de Malte ne pourra porter l'habit national français, à moins qu'il n'en ait obtenu la permission spéciale du général en chef. Le général en chef accordera la qualité de citoyen français et la permission de porter l'habit national aux habitans de Malte et de Gozzo qui se distingueront par leur attachement à la République, par quelque action d'éclat, trait de bienfaisance ou de bravoure.

Art. 2. Tous les habitans de Malte sont désormais égaux en droits. Leurs talens, leur mérite, leur patriotisme, et leur attachement à la République française, établissent seuls la différence entre eux.

Art. 3. L'esclavage est aboli : tous les esclaves connus sous le nom de *bonnivagli* seront mis en liberté; et le contrat déshonorant pour l'espèce humaine qu'ils ont fait, est détruit.

Art. 4. En conséquence de l'article précédent, tous les Turcs qui sont esclaves de quelque particulier seront remis entre les mains du général commandant, pour être traités comme prisonniers de guerre, et, vu l'amitié qui existe entre la République française et la Porte Ottomane, ils seront envoyés chez eux lorsque le général en chef l'ordonnera, et lorsqu'il aura connaissance que les beys consentent à renvoyer à Malte tous les esclaves français ou maltais qu'ils auraient.

Art. 5. Dix jours après la publication du présent ordre, il est défendu d'avoir des armoiries soit à l'intérieur, soit à l'extérieur des maisons, de cacheter des lettres avec des armoiries, ni de prendre des titres féodaux.

Art. 6. L'ordre de Malte étant dissous, il est expressément défendu à qui que ce soit de prendre des titres de baillis, commandeurs ou chevaliers.

Art. 7. On mettra dans chaque église, à la place où étaient les armes du grand-maître, celles de la République.

Art. 8. Dix jours après la publication du présent ordre, il est défendu, sous quelque prétexte que ce soit, de porter des uniformes des corps de l'ancien Ordre de Malte.

Art. 9. L'île de Malte appartenant à la République française, la mission des différens ministres plénipotentiaires a cessé.

Art. 10. Tous les consuls étrangers cesseront leurs fonctions, et ôteront les armes qui sont sur leurs portes, jusqu'à ce qu'ils aient reçu des lettres de créance de leur gouvernement pour continuer leurs fonctions dans la ville de Malte, devenue port de la République française.

Art. 11. Tous les étrangers venant et vivant à Malte seront obligés de se conformer au présent ordre, quel que soit leur grade et le rang qu'ils auraient chez eux.

Art. 12. Tous les contrevenans aux articles ci-dessus seront condamnés, pour la première fois, à une amende du tiers de leur revenu ;

La seconde, à trois mois de prison ;

La troisième, à un an de prison ;

La quatrième, à la déportation de l'île de Malte, et à la confiscation de la moitié de leurs biens.

Ordre du 28 prairial (16 juin).

Art. 1er. Il sera fait un désarmement général de tous les habitans des îles de Malte et de Gozzo. Il ne sera accordé des armes que par une permission du général-commandant, et à des hommes dont le patriotisme sera reconnu.

Art. 2. L'organisation des chasseurs-volontaires dans les îles de Malte et de Gozzo sera continuée ; mais ce corps ne sera composé que d'hommes sur les services desquels on peut compter ; on aura soin surtout d'avoir des officiers patriotes.

Art. 3. Les signaux seront rétablis depuis la pointe de Gozzo à Malte.

Art. 4. Les lois de la santé à Malte ne seront ni plus ni moins rigoureuses que les lois de la santé à Marseille.

Art. 5. Il sera formé une compagnie de trente volontaires, composée de jeunes gens de quinze à trente ans, et pris dans les familles les plus riches.

Art. 6. Le général de division désignera, dans l'espace de dix jours, à la commission de gouvernement les hommes qui doivent composer ladite compagnie. La commission de gouvernement le leur fera signifier; et, vingt jours après, ils seront obligés d'être armés d'un sabre. Ils auront le même uniforme que les guides de l'armée, à l'exception qu'ils porteront l'aiguillette et le bouton blanc.

Art. 7. Ceux qui ne se trouveraient pas à la revue que passera le général de division dix jours après, seront condamnés, les jeunes gens à un an de prison, et les parens, jouissant du bien de la famille, à mille écus d'amende.

Art. 8. La commission de gouvernement désignera les jeunes gens de neuf à quatorze ans, appartenant aux plus riches familles, lesquels seront envoyés à Paris pour être élevés dans les écoles de la République: Les parens seront tenus de leur faire huit cents francs de pension, et de leur donner six cents francs pour leur voyage. Le passage leur sera accordé sur les vaisseaux de guerre.

Art. 9. La commission de gouvernement enverra la liste de ces jeunes gens, au plus tard dans vingt jours, au général en chef, et ils partiront au plus tard dans un mois.

Art. 10. Ils devront avoir pantalon et gilet bleus, paremens et revers rouges, liséré blanc. Ils seront débarqués à Marseille, où le ministre de l'intérieur donnera des ordres pour les faire passer dans les écoles nationales.

Art. 11. Le commissaire-ordonnateur de la marine désignera à la commission de gouvernement les jeunes gens maltais appartenant aux familles les plus riches, pour pouvoir être placés comme aspirans, et pouvoir s'instruire et parvenir à tous les grades.

Art. 12. Comme l'éducation intéresse principalement la prospérité et la sûreté publiques, les parens dont les enfans seront désignés, et qui s'y refuseraient, seront condamnés à payer mille écus d'amende.

Art. 13. Les classes pour les matelots seront rétablies comme dans les ports de France. Lorsque l'escadre aura besoin de matelots, et qu'il n'y aura pas assez de gens de bonne volonté, on prendra de préférence les jeunes gens de quinze à vingt-cinq ans: si cela ne suffit pas, on prendra ceux de vingt-cinq à trente-cinq, et enfin ceux de trente-cinq à quarante-cinq.

Ordre du 28 *prairial* (16 *juin*).

Art. 1ᵉʳ. Tous les prêtres, religieux et religieuses, de quelque ordre que ce soit, qui ne sont pas natifs des îles de Malte et de Gozzo, seront tenus d'évacuer l'île au plus tard dix jours après la publication du présent ordre : l'évêque, vu ses qualités pastorales, sera seul excepté du présent ordre.

Art. 2. Toutes les cures, bénéfices, qui, en vertu du présent ordre, seraient vacans, seront donnés à des naturels des îles de Malte et de Gozzo, n'étant point juste que des étrangers jouissent des avantages du pays.

Art. 3. On ne pourra pas désormais faire de vœux religieux avant l'âge de trente ans. Il est défendu de faire de nouveaux prêtres, jusqu'à ce que les prêtres actuellement existans soient tous employés.

Art. 4. Il ne pourra pas y avoir à Malte et à Gozzo plus d'un couvent de chaque ordre.

Art. 5. La commission de gouvernement, de concert avec l'évêque, désignera les maisons où les individus d'un même ordre doivent se réunir. Tous les biens qui deviendraient inutiles à la subsistance desdits couvens seront employés à soulager les pauvres.

Art. 6. Toutes les fondations particulières, tous les couvens d'ordre séculiers et corporations de pénitens, toutes les collégiales, sont supprimés. La cathédrale seule aura quinze chanoines résidant à Malte, et cinq résidant à Citta-Vecchia.

Art. 7. Il est expressément défendu à tout séculier qui n'est pas au moins sous-diacre, de porter le collet ou la soutane.

Art. 8. L'évêque sera tenu de remettre, dix jours après la publication du présent ordre, l'état des prêtres et le certificat qu'ils sont naturels des îles de Malte et de Gozzo, et l'état de ceux qui, en vertu du présent ordre, doivent évacuer le territoire.

Chaque chef d'ordre sera tenu de remettre un pareil état au commissaire du gouvernement.

Tout individu qui n'aurait pas obtempéré au présent ordre sera condamné à six mois de prison.

Art. 9. La commission de gouvernement, le commissaire près elle, le général de division, sont chargés, chacun en ce qui le concerne, de l'exécution du présent ordre.

ÉTAT des individus français attachés à l'ordre de Malte qui ont fait des dons patriotiques pour la descente en Angleterre.

GASPARD-JOSEPH L'ESTANG, natif d'Arles.
Joseph-David . . . . de Beaune.
Jean-Baptiste Bosredon. . . . . . de Combrailles, près Clermont.
Nicolas-François Rouget . . . . . de Neufchâteau.
Charles Degreisches . . . . d'Hagueville.
Fulgence-Richard Belgrand. . . . de Château-Villain.
Jules-Marie Dacla . . . . d'Orgon.
André-Louis Saint-Simon. . . . . de Paris.
Philippe-Jean-Charles Defay . . . de Chacgnolles.
Charles-Anne-Auguste Defay . . . de Quincy.
Timoléon Gueidan . . . . d'Aix.
François Sandilleau. . . . . de Marseille.
Jean-François Breuvart. . . . . . de Sar-Saint-Léger.
Nicolas Médicis . . . . de Florence.

J'affirme le présent état véritable.

A Malte, le 25 prairial an VI (13 juin 1798).

Signé CARUSSON.

Ordre du 29 prairial (17 juin).

Art. 1ᵉʳ. Les prêtres latins ne pourront pas officier dans l'église qui appartient aux Grecs.

Art. 2. Les messes que les prêtres latins ont coutume de dire dans les églises grecques, seront dites dans les autres églises de la place.

Art. 3. Il sera accordé protection aux Juifs qui voudront établir une synagogue.

Art. 4. Le général-commandant remerciera les Grecs établis à Malte de la bonne conduite qu'ils ont tenue pendant le siége.

Art. 5. Tous les Grecs des îles de Malte et de Gozzo, et des départemens d'Itaque, de Corcyre et de la mer Égée, qui conserveront des relations quelconques avec les Russes, seront condamnés à mort.

Art. 6. Tous les bâtimens grecs qui naviguent sous pavillon russe, s'ils sont pris par des bâtimens français, seront coulés bas.

Ordre du 29 prairial (17 juin).

Art. 1ᵉʳ. Les femmes et les enfans des grenadiers de la garde du grand-maître et du régiment de Malte, qui partent avec la flotte française, recevront :

Les femmes, vingt sous par décade; les enfans au-dessous de dix ans, dix sous par décade.

Art. 2. Tous les garçons au-dessus de dix ans seront embarqués sur les bâtimens de la République, comme mousses.

Art. 3. Il sera fait, par le payeur, une retenue d'un centime sur la paie de chaque grenadier ou soldat du régiment de Malte qui a des enfans.

Art. 4. Les femmes des sous-officiers auront trente sous par décade, et les enfans au-dessous de dix ans, quinze sous.

Art. 5. La retenue en sera faite sur les appointemens de leur mois.

Art. 6. La commission de gouvernement de Malte est chargée de l'exécution du présent ordre.

Ordre du 30 prairial (18 juin).

Art. 1er. La commission de gouvernement se divisera en bureau et en conseil.

Art. 2. Le bureau sera composé de trois membres, y compris le président.

Art. 3. Le conseil nommera, tous les six mois, un des deux membres qui doivent composer le bureau.

Art. 4. Le bureau sera en activité constante de service ; chacun des membres aura quatre mille francs d'appointemens.

Art. 5. Le conseil ne se réunira qu'une fois par décade, pour prendre connaissance de ce qu'aura fait le bureau.

Art. 6. Il leur sera accordé à chacun un traitement de mille francs par an.

Art. 7. Les membres du bureau seront, pour cette fois, le citoyen N.... pour six mois, et le citoyen N.... pour un an.

Art. 8. Le commissaire du gouvernement aura six mille francs d'appointemens : outre ses frais de bureau, il lui sera accordé, sur l'extraordinaire, une gratification pour son établissement.

Ordre du 30 prairial (18 juin).

Art. 1er. Le général de division commandant a la police générale de l'île et du port; aucun bâtiment ne peut ni entrer ni sortir qu'en conséquence de son réglement.

Art. 2. La commission de gouvernement est chargée de l'organisation civile, judiciaire et administrative.

Art. 3. Elle ne peut rien faire que sur la demande du commissaire, ou après avoir ouï son rapport; les conclusions du commissaire devront être mises dans toutes les délibérations de la commission.

Art. 4. Tout ce qui est réglement ne peut être publié, ni avoir son effet, que visé par le commandant et le général de division.

Art. 5. La commission des domaines est chargée de faire l'inventaire de tous les meubles et immeubles appartenant à la République, ainsi que de l'administration de tous les biens nationaux.

Art. 6. Elle enverra, tous les mois, les inventaires qu'elle aura faits, et le bordereau de ce qu'elle aura reçu, au commissaire du gouvernement.

Art. 7. Elle ne pourra faire aucune vente qu'en conséquence d'un ordre du général en chef; et, s'il survenait des circonstances extraordinaires qui exigeassent des fonds, le général de division, le commissaire du gouvernement, le commissaire des guerres, et la commission, se réuniraient et prendraient un arrêté en conséquence duquel on serait autorisé à vendre jusqu'à la concurrence de cent cinquante mille francs. Le commissaire du gouvernement serait alors chargé de faire un réglement, et d'en suivre tous les détails.

Art. 8. La commission des domaines n'aura pas d'autre payeur que celui de la division militaire, qui aura un registre et une caisse particulière pour les objets y relatifs.

Art. 9. Le général commandant l'île aura seul le droit de contrôler et de se mêler de l'administration du pays. Les généraux commandant sous lui, les commandans de place et autres agens militaires, ne se mêleront en aucune manière des objets administratifs. Le général-commandant ne pourra jamais être représenté par un de ses subordonnés.

Ordre du 30 prairial (18 juin).

Art. 1er. Les impôts établis seront provisoirement maintenus. Le commissaire du gouvernement et la commission administrative en assureront la perception.

Art. 2. Dans le plus court délai il sera établi un système d'impositions nouvelles, de manière que le produit total, pris sur les douanes, le vin, l'enregistrement, le timbre, le tabac, le sel, les loyers de maison, et les domestiques, s'élève à sept cent vingt mille francs.

Art. 3. De cette somme, il sera versé chaque mois cinquante mille francs dans la caisse du payeur de l'armée. Ce versement n'aura lieu cependant que dans trois mois, et jusque-là la caisse des domaines nationaux y suppléera.

Art. 4. Les cent vingt mille francs restans seront laissés pour fournir aux frais d'administration, justice, etc., selon l'état par aperçu ci-joint.

Art. 5. Cet état sera arrêté définitivement par la commission de gouvernement avec le commissaire de la République française, lors de l'organisation des tribunaux, et des diverses parties du service administratif.

Art. 6. Le pavé des villes, et l'entretien pour la propreté et les lumières, sera payé par les habitans.

Art. 7. L'entretien des fontaines, par un droit qui sera établi sur les bâtimens qui font de l'eau, ainsi que les gages des employés attachés à ce service.

Art. 8. Il sera établi un droit de passe pour l'entretien des routes.

Art. 9. L'instruction publique sera payée avec les biens qui y sont déjà affectés; et, en cas d'insuffisance, avec ceux des fondations et couvens supprimés, suivant l'ordre précédent du général en chef.

Art. 10. Les gages des magistrats de santé et frais y relatifs seront payés par un droit sur les vaisseaux et sur les voyageurs.

Art. 11. Le mont-de-piété sera maintenu, et le commissaire du gouvernement pourvoira à son organisation nouvelle.

Art. 12. L'établissement dit de l'Université, pour l'approvisionnement en grains de l'île, sera maintenu, en séparant l'administration ancienne à compter du premier messidor; et le commissaire du gouvernement sera tenu de l'organiser de manière à ne laisser aucune inquiétude à la République sur l'approvisionnement de l'île.

Art. 13. Les hôpitaux seront organisés sur des bases nouvelles, et il sera pourvu à leurs besoins par des biens des couvens ou fondations supprimés; ceux qui y sont déjà affectés leur seront conservés.

Art. 14. La poste aux lettres sera organisée de manière à couvrir, par la taxe des lettres, la dépense qu'elle occasionnera.

Art. 15. Les dépenses relatives au passage de l'armée, aux fournitures faites pour elle, à l'établissement du nouveau gouvernement, seront prises sur les fonds qui resteront disponibles pendant les trois mois où le gouvernement ne paiera rien à l'armée.

Art. 16. Le commissaire du gouvernement est autorisé à régler provisoirement les cas non prévus, en rendant compte de la détermination au général en chef.

Ordre du 30 *prairial* (18 *juin*).

ÉCOLES PRIMAIRES.

Art. 1er. Il sera établi dans les îles de Malte et de Gozzo quinze écoles primaires.

Art. 2. Les instituteurs des écoles enseigneront aux élèves à lire et à écrire en français, les élémens de calcul et du pilotage, et les principes de morale et de la constitution française.

Art. 3. Les instituteurs seront nommés par le commissaire du gouvernement.

Art. 4. Ils seront logés dans une maison nationale à laquelle sera attaché un jardin.

Art. 5. Leur salaire en argent sera de mille francs dans les villes, et de huit cents francs dans les casals.

Art. 6. Il sera affecté au paiement de chaque instituteur une portion suffisante des biens des couvens supprimés.

Art. 7. La distribution des écoles et les réglemens sur leur administration et régime seront confiés à la commission de gouvernement.

ÉCOLE CENTRALE.

Art. 1ᵉʳ. Il sera établi à Malte une école centrale qui remplacera l'université et les autres chaires.

Art. 2. Elle sera composée :

1° D'un professeur d'arithmétique et de stéréotomie, aux appointemens de dix-huit cents francs ;

2° D'un professeur d'algèbre et de stéréotomie, aux appointemens de deux mille francs ;

3° D'un professeur de géométrie et d'astronomie, aux appointemens de deux mille quatre cents francs ;

4° D'un professeur de mécanique et de physique, aux appointemens de trois mille francs ;

5° D'un professeur de navigation, aux appointemens de deux mille quatre cents francs ;

6° D'un professeur de chimie, aux appointemens de dix-huit cents francs ;

7° D'un professeur de langues orientales, aux appointemens de douze cents francs ;

8° D'un bibliothécaire, chargé des cours de géographie, aux appointemens de mille francs.

Art. 3. A l'école centrale seront attachés :

1° La bibliothèque et le cabinet d'antiquités ;

2° Un muséum d'histoire naturelle ;

3° Un jardin de botanique ;

4° L'observatoire.

Art. 4. Une somme de trois mille francs sera affectée à l'entretien du matériel de l'école centrale.

Art. 5. On vendra pour trois cent mille francs de biens nationaux pour la fondation de l'approvisionnement de siége.

Art. 6. Le commissaire du gouvernement se concertera avec le commissaire des domaines pour la vente desdits biens.

Ordre du 30 *prairial* (18 *juin*).

Le commissaire ordonnateur ouvrira un crédit sur le payeur de la place, de

Trois mille francs par mois pour le commandant de l'artillerie;
Quatre mille francs par mois pour le commandant du génie;
Deux mille cinq cents francs par mois pour la marine;
Trois mille francs par mois pour l'extraordinaire, à la disposition du général commandant.

Ordre du 30 *prairial* (18 *juin*).

Art. 1er. Les commissaires des domaines nationaux auront chacun quatre mille francs d'appointemens par an.

Art. 2. Ceux qui ne sont pas établis dans le pays auront six mois d'appointemens en forme de gratification pour leur établissement.

Art. 3. Sur les fonds provenant des domaines, il sera accordé également une somme de six mille francs au commissaire du gouvernement pour son établissement, dont trois mille francs seront payés sur les premiers fonds, et trois mille francs dans six mois.

Art. 4. Les frais de logement et de bureau de la commission ne pourront pas excéder la somme de douze à quinze mille francs par an.

Art. 5. Les professeurs formeront ensemble un conseil qui s'occupera des moyens de perfectionner l'instruction, et proposera à la commission de gouvernement les mesures d'administration qu'il jugera nécessaires.

Art. 6. Les appointemens des professeurs, le salaire des employés, dont l'état aura été arrêté par la commission de gouvernement, et les dépenses nécessaires pour l'entretien des divers établissemens, seront payés sur les fonds ci-devant affectés à l'entretien de l'université et de la chaire des langues orientales.

Art. 7. Il sera affecté au jardin de botanique un terrain de trente arpens, que la commission de gouvernement désignera sans délai parmi les terrains les plus fertiles et les plus près de la ville.

Art. 8. Il sera fait à l'hôpital de la ville de Malte des leçons d'anatomie, de médecine et d'accouchement, par les officiers qui y sont attachés.

Ordre du 30 prairial (18 juin).

Art. 1er. On affectera pour l'hôpital, des fonds des couvens ou dotations supprimés, jusqu'à la concurrence de quarante mille francs de rente. On prendra de préférence toutes les dotations qui existent déjà affectées aux hospices, quelque dénomination qu'elles aient.

Art. 2. On affectera des biens nationaux pour trois cent mille francs, pour les créanciers du grand-maître.

Art. 3. On vendra pour trois cent mille francs de biens nationaux pour subvenir aux besoins de la garnison et de la marine.

Ordre du 30 prairial (18 juin).

Art. 1er. L'évêque n'exercera d'autre justice qu'une police sur les ecclésiastiques; toutes procédures relatives aux mariages seront du ressort de la justice civile et criminelle.

Art. 2. Il est expressément défendu à l'évêque, aux ecclésiastiques et aux habitans de l'île, de rien recevoir pour l'administration des sacremens, le devoir de leur état étant de les administrer *gratis*. Ainsi les droits d'étole et autres pareils restent abolis.

Art. 3. Aucun prince étranger ne pourra avoir d'influence ni dans l'administration de la religion, ni dans celle de la justice. Ainsi aucun ecclésiastique ni habitant ne pourra avoir recours au pape ni à aucun métropolitain.

PIÈCES OFFICIELLES

DU CHAPITRE III.

Au quartier général du Caire, le 6 thermidor an VI
de la République (24 juillet 1798).

BONAPARTE, *général en chef, au Directoire exécutif.*

Le 19 messidor (7 juillet), l'armée partit d'Alexandrie. Elle arriva à Damanhour le 20, souffrant beaucoup, à travers le désert, de l'excessive chaleur et du manque d'eau.

Combat de Rahmaniéh.

Le 22, nous rencontrâmes le Nil à Rahmaniéh, et nous nous rejoignîmes avec la division du général Dugua, qui était venue par Rosette en faisant plusieurs marches forcées.

La division du général Desaix fut attaquée par un corps de sept à huit cents Mamelouks qui, après une canonnade assez vive et la perte de quelques hommes, se retirèrent.

Bataille de Chobrakhit.

Cependant j'appris que Mourad-Bey, à la tête de son armée composée d'une grande quantité de cavalerie, ayant huit ou dix grosses chaloupes canonnières, et plusieurs batteries sur le Nil, nous attendait au village de Chobrakhit. Le 24 au soir, nous nous mîmes en marche pour nous en approcher. Le 25 à la pointe du jour, nous nous trouvâmes en présence.

Nous n'avions que deux cents hommes de cavalerie éclopés et harassés encore de la traversée, les Mamelouks avaient un magnifique corps de cavalerie couvert d'or et d'argent, armés des meilleures carabines et pistolets de Londres, des meilleurs sabres de l'Orient, et montés peut-être sur les meilleurs chevaux du continent.

L'armée était rangée, chaque division formant un bataillon carré, ayant les bagages au centre et l'artillerie dans les intervalles des bataillons. Les bataillons rangés, les deuxième et quatrième divisions derrière les première et troisième. Les cinq divisions de l'armée étaient placées en échelons, se flanquant entre elles, et flanquées par deux villages que nous occupions.

Le citoyen Perrée, chef de division de la marine, avec trois chaloupes canonnières, un chebec et une demi-galère, se porta pour attaquer la flottille ennemie. Le combat fut extrêmement opiniâtre. Il se tira de part et d'autre plus de cent cinquante coups de canon. Le chef de division Perrée a été blessé au bras d'un coup de canon, et, par ses bonnes dispositions et son intrépidité, est parvenu à reprendre trois chaloupes canonnières et la demi-galère que les Mamelouks avaient prise, et à mettre le feu à leur amiral. Les citoyens Monge et Berthollet, qui étaient sur le chebec, ont montré dans des momens difficiles beaucoup de courage. Le général Andréossy, qui commandait les troupes de débarquement, s'est parfaitement conduit.

La cavalerie des Mamelouks inonda bientôt toute la plaine, déborda toutes nos ailes et chercha de tous côtés sur nos flancs et nos derrières le point faible pour pénétrer ; mais partout elle trouva que la ligne était également formidable et lui opposait un double feu de flanc et de front. Ils essayèrent plusieurs fois de charger, mais sans s'y déterminer. Quelques braves vinrent escarmoucher, ils furent reçus par des feux de pelotons de carabiniers placés en avant des intervalles des bataillons. Enfin, après être restés une partie de la journée à demi-portée de canon, ils opérèrent leur retraite et disparurent. On peut évaluer leur perte à trois cents hommes tués ou blessés.

Nous avons marché pendant huit jours, privés de tout et dans un des climats les plus brûlans du monde.

Le 2 thermidor (20 juillet) au matin, nous aperçûmes les Pyramides.

Le 2 au soir, nous nous trouvions à six lieues du Caire; et j'appris que les vingt-trois beys, avec toutes leurs forces, s'étaient retranchés à Embabéh, qu'ils avaient garni leurs retranchemens de plus de soixante pièces de canon.

Bataille des Pyramides.

Le 3, à la pointe du jour, nous rencontrâmes les avant-gardes que nous repoussâmes de village en village.

A deux heures après midi, nous nous trouvâmes en présence des retranchemens et de l'armée ennemie.

J'ordonnai aux divisions des généraux Desaix et Reynier de prendre position sur la droite entre Gizéh et Embabéh, de manière à couper à l'ennemi la communication de la Haute Égypte, qui était sa retraite naturelle. L'armée était rangée de la même manière qu'à la bataille de Chobrakhit.

Dès l'instant que Mourad-Bey s'aperçut du mouvement du général Desaix, il se résolut à le charger, et il envoya un de ses beys les plus braves avec un corps d'élite qui, avec la rapidité de l'éclair, chargea les deux divisions. On le laissa approcher jusqu'à cinquante pas, et on l'accueillit par une grêle de balles et de mitraille, qui en fit tomber un grand nombre sur le champ de bataille. Ils se jetèrent dans l'intervalle que formaient les deux divisions, où ils furent reçus par un double feu qui acheva leur défaite.

Je saisis l'instant et j'ordonnai à la division du général Bon, qui était sur le Nil, de se porter à l'attaque des retranchemens, et au général Vial, qui commande la division du général Menou, de se porter entre le corps qui venait de le charger et les retranchemens, de manière à remplir le triple but, d'empêcher le corps d'y rentrer; de couper la retraite à celui qui les occupait; et enfin, s'il était nécessaire, d'attaquer ces retranchemens par la gauche.

Dès l'instant que les généraux Vial et Bon furent à portée, ils ordonnèrent aux premières et troisièmes divisions de chaque bataillon de se ranger en colonnes d'attaque, tandis que les deuxièmes et quatrièmes conservaient leur même position, formant toujours le bataillon carré qui ne se trouvait plus que sur trois de hauteur, et s'avançait pour soutenir les colonnes d'attaque.

Les colonnes d'attaque du général Bon, commandées par le brave général Rampon, se jetèrent sur les retranchemens avec leur impétuosité ordinaire, malgré le feu d'une assez grande quantité d'artillerie, lorsque les Mamelouks firent une charge. Ils sortirent des retranchemens au grand galop. Nos colonnes eurent le temps de faire halte, de faire front de tous côtés, et de les recevoir la baïonnette au bout du fusil, et par une grêle de balles. A l'instant même le champ de bataille en fut jonché. Nos troupes eurent bientôt enlevés les retranchemens. Les Mamelouks en fuite se précipitèrent aussitôt en foule sur leur gauche. Mais un bataillon de carabiniers, sous le feu duquel ils furent obligés de passer à cinq pas, en fit une boucherie effroyable. Un très grand nombre se jeta dans le Nil et s'y noya.

Plus de quatre cents chameaux chargés de bagages, cinquante pièces d'artillerie, sont tombés en notre pouvoir. J'évalue la perte des Mamelouks à deux mille hommes de cavalerie d'élite. Une grande partie des beys a été blessée ou tuée. Mourad-Bey a été blessé à la joue. Notre perte se monte à vingt ou trente hommes tués et à cent vingt blessés. Dans la nuit même, la ville du Caire a été évacuée. Toutes leurs chaloupes canonnières, corvettes, bricks, et même une frégate ont été brûlés; et le 4, nos troupes sont entrées au Caire. Pendant la nuit, la populace a brûlé les maisons des beys, et commis plusieurs excès. Le Caire, qui a plus de trois cent mille habitans, a la plus vilaine populace du monde.

Après le grand nombre de combats et de batailles que les troupes que je commande ont livrés contre des forces supérieures, je ne m'aviserais point de louer leur contenance et leur sang-froid dans cette occasion, si véritablement ce genre tout nouveau n'avait exigé de leur part une patience qui contraste avec l'impétuosité française. S'ils se fussent livrés à leur ardeur, ils n'auraient point eu la victoire, qui ne pouvait s'obtenir que par un grand sang-froid et une grande patience.

La cavalerie des Mamelouks a montré une grande bravoure. Ils défendaient leur fortune, et il n'y a pas un d'eux sur lequel nos soldats n'aient trouvé trois, quatre et cinq cents louis d'or.

Tout le luxe de ces gens-ci était dans leurs chevaux et leur armement. Leurs maisons sont pitoyables. Il est difficile de voir une terre plus fertile et un peuple plus misérable, plus ignorant et plus abruti. Ils préfèrent un bouton de nos soldats à un écu de six francs; dans les villages, ils ne connaissent pas même une paire de ciseaux. Leurs maisons sont d'un peu de boue. Ils n'ont pour tout meuble qu'une natte de paille et deux ou trois pots de terre. Ils mangent et consomment en général fort peu de chose. Ils ne connaissent point l'usage des moulins; de sorte que nous avons bivouaqué sur des tas immenses de blé, sans pouvoir avoir de farine. Nous ne nous nourrissions que de légumes et de bestiaux. Le peu de grains qu'ils convertissent en farine, ils le font avec des pierres; et, dans quelques gros villages, il y a des moulins que font tourner des bœufs.

Nous avons été continuellement harcelés par des nuées d'Arabes, qui sont les plus grands voleurs et les plus grands scélérats de la terre, assassinant les Turcs comme les Français, tout ce qui leur tombe dans les mains. Le général de brigade Muireur et plusieurs autres aides-de-camp et officiers de l'état-major ont été assassinés par ces misérables. Embusqués derrière des digues et dans des fossés, sur leurs excellens petits chevaux, malheur à celui qui s'éloigne à cent pas des colonnes. Le général Muireur, malgré les représentations de la grand'garde, seul, par une fatalité que j'ai souvent remarqué accompagner ceux qui sont arrivés à leur dernière heure, a voulu se porter sur un monticule à deux cents pas du camp; derrière étaient trois Bédouins qui l'ont assassiné. La République fait une perte réelle : c'était un des généraux les plus braves que je connusse.

La République ne peut pas avoir une colonie plus à sa portée et d'un sol plus riche que l'Égypte. Le climat est très sain, parce que les nuits sont fraîches. Malgré quinze jours de marche, de fatigues de toute espèce, la privation du vin, et même de tout ce qui peut alléger la fatigue, nous n'avons point de malades. Le soldat a trouvé une grande ressource dans les pastèques, espèce de melons d'eau qui sont en très grande quantité.

L'artillerie s'est spécialement distinguée. Je vous demande le grade de général de division pour le général de brigade Dommartin. J'ai promu au grade de général de brigade le chef de brigade Destaing, commandant la quatrième demi-brigade : le général Zayonchek s'est fort bien conduit dans plusieurs missions importantes que je lui ai confiées.

L'ordonnateur Sucy s'était embarqué sur notre flottille du Nil, pour être plus à portée de nous faire passer des vivres du Delta. Voyant que je redoublais de marche, et désirant être à mes côtés lors de la bataille, il se jeta dans une chaloupe canonnière ; et, malgré les périls qu'il avait à courir, il se sépara de la flottille. Sa chaloupe échoua ; il fut assailli par une grande quantité d'ennemis. Il montra le plus grand courage : blessé très dangereusement au bras, il parvint, par son exemple, à ranimer l'équipage, et à tirer la chaloupe du mauvais pas où elle s'était engagée.

Nous sommes sans aucunes nouvelles de France depuis notre départ.

Je vous enverrai incessamment un officier avec tous les renseignemens sur la situation économique, morale et politique de ce pays-ci.

Je vous ferai connaître également, dans le plus grand détail, tous ceux qui se sont distingués, et les avancemens que j'ai faits.

Je vous prie d'accorder le grade de contre-amiral au citoyen Perrée, chef de division, un des officiers de marine les plus distingués par son intrépidité.

Je vous prie de faire payer une gratification de douze cents livres à la femme du citoyen Larrey, chirurgien en chef de l'armée. Il nous a rendu, au milieu du désert, les plus grands services par son activité et son zèle : c'est l'officier de santé que je connaisse le plus fait pour être à la tête des ambulances de l'armée.

Signé BONAPARTE.

Certifié conforme à l'original.

Le général de division, chef de l'état-major-général de l'armée,

ALEX. BERTHIER.

Au quartier général du Caire, le 1ᵉʳ vendémiaire an VII de la République (22 septembre 1798).

BONAPARTE, général en chef.

Soldats,

Nous célébrons le premier jour de l'an VII de la République.

Il y a cinq ans, l'indépendance du peuple français était menacée : mais vous prîtes Toulon ; ce fut le présage de la ruine de nos ennemis.

Un an après, vous battiez les Autrichiens à Dégo.

L'année suivante, vous étiez sur le sommet des Alpes.

Vous luttiez contre Mantoue il y a deux ans, et vous remportiez la célèbre victoire de Saint-George.

L'an passé, vous étiez aux sources de la Drave et de l'Isonzo, de retour de l'Allemagne.

Qui eût dit alors que vous seriez aujourd'hui sur les bords du Nil, au centre de l'ancien continent?

Depuis l'Anglais célèbre dans les arts et le commerce jusqu'au hideux et féroce Bédouin, vous fixez les regards du monde.

Soldats, votre destinée est belle, parce que vous êtes dignes de ce que vous avez fait et de l'opinion que l'on a de vous. Vous mourrez avec honneur comme les braves dont les noms sont inscrits sur cette pyramide, ou vous retournerez dans votre patrie couverts de lauriers et de l'admiration de tous les peuples.

Depuis cinq mois que nous sommes éloignés de l'Europe, nous avons été l'objet perpétuel des sollicitudes de nos compatriotes. Dans ce jour, quarante millions de citoyens célèbrent l'ère des gouvernemens représentatifs ; quarante millions de citoyens pensent à vous. Tous disent : c'est à leurs travaux, à leur sang que nous devrons la paix générale, le repos, la prospérité du commerce, et les bienfaits de la liberté civile.

Signé BONAPARTE.

Pour copie conforme,
    Le général de division, chef de l'état-major général de l'armée,
        ALEX. BERTHIER.

PIÈCES OFFICIELLES

DU CHAPITRE IV.

Malte, à bord du *Guillaume-Tell*, le 11 fructidor an VI de la République française une et indivisible (28 août 1798).

Le contre-amiral Villeneuve au ministre de la marine et des colonies.

CITOYEN MINISTRE,

Ma malheureuse destinée veut que ce soit moi qui doive vous rendre compte du désastre affreux de l'escadre de la République dans la Méditerranée, et cette tâche n'est pas la moins cruelle de celles que m'a imposées le malheur des événemens depuis un mois.

L'entrée du port d'Alexandrie ne s'étant pas trouvée assez profonde pour y recevoir la totalité de l'escadre, l'amiral Brueys, après avoir effectué le débarquement de l'armée et de la plus grande partie de ses effets, appareilla de devant Alexandrie, le 19 messidor, pour aller prendre une position dans la rade d'El-Bequier (Aboukir), près de Rosette. L'état de vétusté de trois de ses vaisseaux (1), la faiblesse des équipages, qui ne lui permettait pas de manœuvrer et de combattre à-la-fois, enfin la supériorité des forces ennemies qui avaient paru sur ces parages, toutes ces considérations avaient fait penser à l'amiral qu'il lui était préférable d'attendre les ennemis à l'ancre plutôt que de hasarder un combat à la voile.

La pénurie de tous ses vaisseaux en eau et en vivres et ses rapports avec les opérations de l'armée de terre lui faisaient aussi une loi de ne point s'écarter de la côte, ce dont il n'eût pas été le maître par les événemens d'un combat sous voiles. En conséquence, l'escadre eut ordre de mouiller dans l'ordre représenté dans le plan que je joins ici. Les vaisseaux affourchés nord-ouest et sud-est avec une petite ancre devaient être, au moment du combat, liés l'un à l'autre par un grelin, ce qui fut exécuté. Un second grelin servait de croupia et un troisième était frappé sur le câble à quinze pieds sous l'eau, pour suppléer à la coupure du câble. Les vents constans au nord-ouest et nord-nord-ouest. Une batterie de deux mortiers était placée sur l'écueil sur lequel était appuyée la tête de notre ligne, mais dont malheureusement elle était encore éloignée d'un tiers de lieue, n'y ayant que cinq brasses d'eau au point où était mouillé le vaisseau *le Guerrier*, vaisseau de tête.

C'est dans cette position que nous avons découvert l'ennemi, le 14 thermidor (1er août), à deux heures et demie après midi, faisant route sur nous toutes voiles dehors; ils étaient au nombre de quinze vais-

(1) *Le Conquérant,* port de 18 et du 12, *le Guerrier* et *le Peuple-Souverain.* (*Note du Rapport*).

seaux et un brick. Aussitôt le signal fut fait de branle-bas et de se préparer au combat. A cinq heures il n'y eut plus de doute que leur projet fût de nous attaquer ce soir même, et l'amiral fit le signal qu'il était dans l'intention de combattre à l'ancre, conformément à un supplément de signaux qu'il avait fait distribuer, et qui prescrivaient des mesures à prendre dans la circonstance où se trouvait l'escadre.

A six heures et demie, le vaisseau de tête de l'ennemi doublait la tête de notre ligne, et le combat commença dans toute l'avant-garde. Les premiers vaisseaux ennemis mouillèrent en dedans de notre ligne et bord à bord des nôtres; d'autres vinrent mouiller en dehors, laissant tomber une ancre de l'arrière, et demeuraient ainsi la poupe au vent. Par ce moyen, ils mirent une partie de notre avant-garde, mais particulièrement le centre et le vaisseau amiral, entre deux feux. Ils s'étendirent ainsi successivement le long de notre ligne, et la nuit était déjà avancée quand *le Mercure*, mon matelot d'avant, a eu un vaisseau ennemi mouillé sur son bossoir de bâbord.

L'obscurité et la fumée m'empêchaient de voir le résultat du combat. Je fis entraverser *le Guillaume Tell* sur le vaisseau ennemi qui combattait *le Mercure*, et nous tirions sur lui nos canons de l'avant qui étaient les seuls qui pussent le découvrir.

A neuf heures, je me suis aperçu qu'un vaisseau avait le feu à bord, mais je ne pouvais distinguer s'il était français ou ennemi; ceux-ci étaient mouillés si près des nôtres, qu'ils étaient confondus dans notre ligne.

A neuf heures un quart, un vaisseau ennemi en partie démâté prolongea notre ligne sur tribord. J'ai fait aussitôt filer de l'embossure pour lui présenter le travers, et nous lui avons envoyé deux bordées auxquelles il n'a pas riposté. Nous avons achevé de le démâter, et il a été en dérivant sur la côte de Rosette, où il a mouillé après avoir essuyé le feu du *Généreux*, mon matelot d'arrière.

Cependant l'incendie faisait des progrès si violens, qu'il me parut impossible qu'il fût arrêté. A dix heures, le vaisseau incendié a fait explosion, et au même instant le feu a cessé dans la ligne. J'appris par le vaisseau *l'Heureux* que le vaisseau incendié était *l'Orient*.

Les vaisseaux qui étaient entre moi et *l'Orient* avaient coupé leurs câbles pour s'éloigner de l'incendie, qui avait gagné dans les voiles d'un vaisseau ennemi et sur le beaupré du *Tonnant* (je crois). Ces vaisseaux sont tombés sur moi en peloton. J'ai fait filer du câble pour les éviter; mais enfin j'ai été obligé de couper aussi pour ne pas nous aborder. *Le Généreux* en a fait autant, et aussitôt que nous avons été dégagés, j'ai fait remouiller une grosse ancre sur laquelle était frappé un croupia. *Le Tonnant*, *l'Heureux* et *le Neptune* ont passé de l'avant du *Timoléon*. J'étais mouillé par la hanche de tribord de ce dernier, et *le Généreux* en dedans de nous.

Nous avons combattu dans cette position trois vaisseaux ennemis, qui s'étaient laissé dériver ainsi que nous, depuis dix heures jusqu'à trois heures du matin. Le feu avait entièrement cessé à la tête de la ligne, et ce point était le seul où le combat eût encore lieu. J'ai peu souffert de cette canonnade, qui fut très vive. Le feu de l'ennemi, par leur position, était dirigé plus particulièrement sur *le Timoléon* et sur les autres vaisseaux qui avaient passé de l'avant à lui, entre autres *le Tonnant*, qui dans ce moment fut entièrement démâté.

Les ennemis n'en étaient pas moins incommodés; un d'eux fut démâté de son mât de misaine. *Le Généreux* tirait aussi par intervalle, mais je fus obligé de lui hêler plusieurs fois de cesser son feu; ses boulets traversaient nos mâts, nous dégréaient et ne pouvaient arriver que difficilement à l'ennemi.

A trois heures, *le Timoléon*, ayant eu son câble coupé, a été obligé de rentrer en dedans du *Généreux*. Quelques minutes après, le croupia du *Guillaume Tell* a été également coupé, et il a évité le bout au vent.

J'ai voulu faire mouiller l'ancre de tribord après y avoir frappé un nouveau croupia. Cette ancre s'est trouvée cassée par un boulet et hors de service; il ne me restait plus qu'à étalinguer un câble sur la quatrième ancre, mais cette manœuvre longue et difficile, avec un équipage faible et fatigué, ne pouvait se faire sous le feu de trois vaisseaux dont nous étions fort près, auxquels nous ne pouvions riposter. Il a fallu encore abandonner cette ancre et mouiller avec une ancre à jet en attendant que celle de tribord fût étalinguée. Nous avons chassé à une encâblure de l'arrière du *Généreux* jusqu'au moment où la grosse ancre a été étalinguée et mouillée. Cependant le jour a paru et nous avons eu le spectacle horrible des pertes de la nuit. Nous avons acquis la malheureuse certitude que le vaisseau incendié était *l'Orient*. Tous les vaisseaux de l'avant à lui étaient démâtés de tous mâts et au pouvoir de l'ennemi. Deux coulés bas paraissaient entre deux eaux (*le Guerrier* et *le Peuple souverain*). *Le Tonnant*, démâté de tout mât et coulant bas d'eau, était au milieu de nous. *L'Heureux* et *le Mercure* étaient échoués dans le nord-ouest, ainsi que la frégate *l'Artémise*; *la Sérieuse* coulée bas. J'ai envoyé un canot à bord du *Tonnant* pour connaître plus particulièrement son état; il m'a ramené le citoyen Briard, lieutenant de vaisseau commandant par la mort de Dupetit-Thouars, chef de division tué, qui m'a rendu compte qu'il avait trois cents hommes hors de combat, et qu'il était hors d'état de rien entreprendre. *Le Timoléon* m'a dit au porte-voix et ensuite fait rendre compte par un officier qu'il n'avait plus d'ancre; que son gréement et sa mâture étaient hachés et qu'il ne lui restait pas d'autres ressources que de s'échouer en travers pour faire encore la plus longue résistance possible et abandonner son vaisseau après l'avoir mis hors d'état de tomber au pouvoir de l'ennemi. Ne pouvant remédier à l'état de ces vaisseaux, j'ai laissé à ces capitaines le choix des moyens d'empêcher leurs vaisseaux de tomber entre les mains de l'ennemi en sauvant leurs équipages, et j'en ai fait le signal, pour que chaque vaisseau, dans cette circonstance critique, manœuvrât suivant sa position particulière et les moyens qui lui restaient et que je ne pouvais connaître.

Nous étions à la portée du canon de trois vaisseaux ennemis. *Le Généreux*, qui en était le plus incommodé, a coupé son câble et est venu mouiller en dedans de moi. Les ennemis ont ensuite dirigé tout leur feu sur *le Mercure* et *l'Heureux* échoués, et ces vaisseaux n'ont pas riposté. Nous avons eu la douleur de leur voir amener leur pavillon. A neuf heures, l'*Artémise* (1), qui était échouée dans le nord de ces vaisseaux et qui avait le feu à bord, a fait explosion. J'imagine qu'elle était abandonnée par ce qui restait d'équipage, qui y ont mis le feu pour qu'elle ne tombât pas au pouvoir de l'ennemi.

Il m'est arrivé plusieurs djermes chargées de matelots provenant des bâtimens de guerre et du convoi d'Alexandrie. J'ai pris à bord environ cent cinquante hommes, et j'ai envoyé les autres à bord du *Généreux*. Celles qui n'ont pu atteindre ce vaisseau ont été à bord du *Timoléon*.

J'avais hésité long-temps pour mettre à la voile : il m'en coûtait d'abandonner *le Timoléon*, *le Tonnant*, ainsi que *le Mercure* et *l'Heureux*. Il était probable que les ennemis me couperaient la sortie de la baie avec cinq ou six vaisseaux que je voyais encore entièrement gréés, et que je serais obligé de succomber et de faire côte sur une plage où il me serait difficile de sauver mes équipages. La frégate *la Justice*, qui avait mis à la voile, avait été obligée de remouiller par un vaisseau ennemi qui lui coupait sa route. Néanmoins, comme c'était le seul moyen qui offrait un espoir de sauver les débris de l'escadre, voyant *le Mercure* et *l'Heureux* rendus et amarinés, et que les ennemis dirigeaient leurs feux sur moi, me dégréaient, craignant d'être bientôt dans l'impossibilité de rien entreprendre, à onze heures cinquante minutes j'ai fait signal d'appareiller en coupant les câbles et d'abattre sur tribord.

Le contre-amiral Decrès, seul officier général qui restât dans l'escadre, que j'avais appelé à bord pour concerter avec lui sur le parti à prendre dans la circonstance, m'avait paru pencher pour cette détermination.

J'ai été suivi par *le Généreux*, *la Diane* et *la Justice*. Nous avons exécuté cette manœuvre sous le feu de trois vaisseaux ennemis aux-

---

(1) Cette frégate avait reçu l'ordre, lors de l'apparition de l'ennemi, d'envoyer la majeure partie de son équipage à bord de différens vaisseaux pour renforcer les leurs. (*Note du Rapport.*)

quels nous avons riposté en abattant. Au même moment, *le Timoléon* a coupé son câble et a été s'échouer; son mât de misaine est tombé. En même temps les ennemis avaient un vaisseau sous voiles; nous avons passé à portée de fusil de lui et à bord à contre. Il nous a envoyé et a reçu notre bordée. Deux autres vaisseaux ont en même temps mis sous voiles, dirigeant leur route sur nous; mais, au bout de demi-heure, ils ont viré sur leur escadre, et, lorsque je les ai perdus de vue, ils n'avaient plus qu'un vaisseau à la voile.

J'ai été obligé de courir une bordée de trois quarts d'heure pour doubler la pointe de Rosette. A six heures et demie, l'ayant relevée au sud, j'ai couru toute la nuit les amures à bâbord, le vent au nord-nord-ouest, frais, la mer clapoteuse.

Je ne puis rendre compte de l'état des pertes en hommes dans cette affaire désastreuse; elle doit avoir été très considérable. Il a fallu une réunion de feu étonnante pour démâter ainsi des vaisseaux mouillés et sans voiles.

Les vaisseaux *le Guerrier* et *le Peuple souverain* ont éprouvé le sort que leur état de vétusté faisait craindre, et je suis persuadé qu'il ne leur a pas fallu une longue résistance pour y être réduits. *Le Conquérant*, n'ayant qu'une très faible artillerie, n'a pas coulé; il était démâté de tout mât, ainsi que les autres, et il n'a pu être un grand obstacle aux projets de l'ennemi.

La force de l'escadre, si elle eût été complète en équipages, aurait donc pu être évaluée de dix vaisseaux; les ennemis en avaient quinze. Une partie de l'arrière-garde n'a pu prendre pendant longtemps que peu de part à l'action; et le malheur de cette position était vivement senti par les capitaines, les officiers et tous ceux qui tiennent à l'honneur de leur pavillon.

Les ennemis ont acheté cher leur victoire. Vous en jugerez par l'état de situation ci-joint de la rade d'El-Bequier, telle qu'elle était encore le 16 au soir, quand le brick de la République *le Salamine* en est parti.

Il est probable que, sans l'incendie du vaisseau amiral *l'Orient*, la destruction totale des deux escadres eût été le résultat de cette affaire.

Le 20 thermidor, j'ai été rallié par le brick de la République *le Salamine*, parti de la rade d'El-Bequier le 16 au soir. J'ai appris par lui qu'une vingtaine de petits bâtimens qui étaient mouillés sous le fort d'Aboukir, chargés de divers effets pour Rosette, avaient gagné le port d'Alexandrie en sortant par la petite passe, ainsi que trois bricks de la République. J'ai trouvé à bord de ce brick deux officiers de l'état-major général de l'escadre, le citoyen Dornal de Guy, lieutenant de vaisseau, et Serval, enseigne, qui se sont sauvés de l'incendie de *l'Orient*. J'ai appris par eux que l'amiral Brueys avait été tué dès le commencement du combat, et que le contre-amiral Ganteaume, chef de l'état-major général, s'était échappé au travers des flammes et devait s'être rendu à Alexandrie. J'ai expédié aussitôt ce brick pour Alexandrie et j'ai rendu compte au général en chef Bonaparte de ma position, ainsi que de mon projet de me rendre à Malte, où je l'invitais à me faire passer ses ordres.

Dans la nuit du 30 thermidor au 1er fructidor (17-18 août), le vaisseau *le Généreux* s'est séparé de moi. Je ferai de cette séparation l'objet d'une lettre particulière.

Je suis arrivé à Malte, le 11 fructidor (28 août), après une navigation extrêmement pénible par toutes les contrariétés de la saison, les calmes et les brises forcées de vent contraire, les équipages nourris avec du riz et six onces de pain depuis plus d'un mois, l'eau réduite au strict nécessaire.

Je vous écrirai particulièrement sur nos besoins urgens en câbles, ancres, voiles, agrès et vivres.

Voilà assez de détails affligeans, sans encore en accumuler le nombre.

Salut et respect.

VILLENEUVE.

P. S. — J'étais à bord de l'amiral une heure avant le commencement du combat. Il n'avait pas reçu depuis quelque temps des nouvelles du général en chef, mais il savait avec certitude qu'il était entré au Grand-Caire le 4 ou le 5 thermidor, et cette conquête importante flattait de l'espoir que l'Égypte entière serait bientôt soumise aux armes de la République.

Je joins ici la proclamation de l'amiral à cette occasion. L'escadre, par sa position et la nature des lieux, avait très peu de communication avec l'armée de terre.

Les généraux Kléber et Menou, parfaitement rétablis de leurs blessures, commandaient l'un à Alexandrie et l'autre à Rosette; l'armée en masse était au Caire.

Il n'y avait aucun symptôme de contagion ni même de maladie dans le pays. Les communications par terre étaient extrêmement difficiles par les excursions des Arabes vagabonds; mais on se flattait que la prise du Caire et la dispersion des beys pourraient apporter du changement à cet état de choses.

Le port vieux d'Alexandrie renfermait tout le convoi avec les bâtimens de guerre ci-joints:

La Junon, frégate de dix-huit, armée en guerre;

L'Alceste, frégate de douze;

Le Causse,
Le Dubois, } vaisseaux ci-devant vénitiens, armés en flûtes;

La Carrere,
La Montenotte,
Le Léoben, } frégates vénitiennes armées en flûtes;
Le Muiron,
La Mantoue,

La Courageuse, armée en flûte;

Quatre bricks armés en guerre.

Toutes les chaloupes canonnières, quelques avisos et une demi-galère avaient remonté le Nil.

VILLENEUVE.

Le contre-amiral Ganteaume au général Bruix, ministre de la marine et des colonies.

Alexandrie, 5 fructidor (22 août).

CITOYEN MINISTRE,

Obligé de vous rendre compte du plus sinistre des événemens, c'est avec une douleur amère que je m'acquitte de ce triste devoir.

Onze vaisseaux pris, brûlés et perdus pour la France, nos bons officiers tués ou blessés, les côtes de notre nouvelle colonie exposées à l'invasion de l'ennemi, tels sont les affreux résultats d'un combat naval qui a eu lieu dans la nuit du 14 du mois dernier entre l'armée française et celle britannique aux ordres du contre-amiral Nelson.

Par l'habitude que vous avez eue, citoyen ministre, dans nos ports durant le cours de cette guerre, il vous sera sans doute facile de juger si, dans une escadre armée aussi à la hâte que la nôtre, nous pouvions espérer une bonne composition d'équipage, et trouver dans des hommes rassemblés au hasard, presque au moment du départ, des matelots et canonniers habiles et expérimentés. La belle saison, cependant, l'attention et les soins des chefs, quelques hasards peut-être, avaient tellement secondé cette escadre, qu'elle était parvenue avec son convoi sans perte ni accident sur les côtes d'Égypte.

L'amiral vous aura sans doute déjà rendu compte qu'à notre arrivée à Alexandrie nous avions appris qu'une escadre anglaise de quatorze vaisseaux y avait paru trois jours avant nous. Peut-être était-il convenable de quitter une telle côte aussitôt que la descente avait eu lieu; mais, attendant les ordres du général en chef, la présence de notre escadre devant donner une force d'opinions incalculable à l'armée de terre, l'amiral crut devoir ne pas abandonner ces lieux et prendre, au contraire, une position stable au mouillage d'El-Bequier.

Cette rade, par sa proximité avec Rosette, lui offrait les moyens de recevoir les approvisionnemens dont l'escadre avait besoin, et de

PIÈCES OFFICIELLES.

renouveler, quoique avec des peines et risques infinis une partie de l'eau que l'escadre consommait journalièrement. Une ligne d'embossage fut donc malheureusement déterminée dans un lieu ouvert et que la terre ne pouvait protéger.

De funestes avis reçus par des neutres annonçaient le retour de l'escadre ennemie : elle a été vue sur l'île de Candie faisant route dans l'ouest. La manœuvre de cette escadre, qui, supérieure à la nôtre, ne nous avait point attendus devant Alexandrie, qui retournait dans l'ouest quand nous exécutions nos opérations de descente, qu'elle aurait pu facilement contrarier, établit malheureusement l'idée qu'elle n'avait pas l'ordre de nous attaquer et une trop grande et funeste sécurité.

Le 2 thermidor (20 juillet), cependant, deux frégates ennemies étaient venues nous observer, et, le 14, à deux heures du soir, l'escadre ennemie fut à la vue de la nôtre : quatorze vaisseaux et deux bricks la composaient. Le vent était au nord, joli frais. Elle s'avance sous toutes ses voiles vers le mouillage de l'armée, et annonce le dessein de nous attaquer.

Les mesures que prit l'amiral en cette occasion, la résolution de combattre à l'ancre, et enfin les résultats de cette horrible affaire, sont détaillés dans un précis des faits que je vous adresse ci-joint, et je les ai tracés tels que je les ai vus dans cette cruelle et trop horrible nuit.

L'Orient incendié, ce fut par un hasard que je n'ose comprendre que je m'échappai au milieu des flammes et que je fus reçu dans un canot qui se trouvait engagé sous la voûte du vaisseau, et, n'ayant pu parvenir à bord du vaisseau du général Villeneuve, je me rendis, après son départ, en ce lieu, d'où j'ai la douleur de vous transmettre d'aussi tristes détails.

Le Franklin, *le Spartiate*, *le Tonnant*, *le Peuple souverain* et *le Conquérant* ont été pris, amarinés, mâtés avec des mâts de hune, et ont fait route avec l'escadre ennemie, qui, depuis le 30, a quitté cette côte en laissant une division de quatre vaisseaux et deux frégates.

Le Mercure, *l'Heureux* et *le Guerrier*, ont été incendiés par l'ennemi : les deux premiers avaient échoué pendant le combat et étaient crevés quand l'ennemi les a amarinés.

Le Timoléon, hors d'état de mettre à la voile, a été volontairement jeté à la côte par le capitaine Trulet et incendié, après avoir sauvé, dans ses bateaux et ceux qui lui ont été envoyés, tout son équipage.

Les deux frégates *l'Artémise* et *la Sérieuse* ont été perdues, sans que l'ennemi en pût profiter : la première a été brûlée, l'autre coulée.

Les seuls restes de cette déplorable armée se réduisent donc à la division de frégates, corvettes et flûtes, qui était mouillée à Alexandrie, et à celle du général Villeneuve, qui, par une manœuvre hardie, est échappée à l'ennemi. Vous verrez, par mon précis, que cette division est composée de deux vaisseaux et de deux frégates : *le Guillaume*, *le Généreux*, *la Diane* et *la Justice*.

Placé par mon grade à la tête de notre malheureuse armée qui reste en lieu, l'amiral Nelson m'a proposé la remise des blessés et autres prisonniers. De concert avec le général Kléber, commandant de la place, j'ai acquiescé à cette proposition et trois mille cent prisonniers, dont huit cents blessés, nous sont parvenus depuis le 17 thermidor.

Par le moyen de cette communication, nous avons eu quelques aperçus sur toutes nos pertes personnelles : ma plume s'arrête en étant obligée à vous tracer ces malheurs. L'amiral, les chefs de division Casabianca, Thévenard, Dupetit-Thouars, ont péri ; six autres officiers commandans, dont les noms sont ci-joints, ont été dangereusement blessés. Je n'ai pu, jusqu'à ce jour, me procurer un état exact des hommes morts et blessés, par le refus que m'a fait l'amiral anglais d'envoyer à terre les commissaires des vaisseaux pris avec leurs rôles, ainsi que vous le verrez par la copie du cartel arrêté dans la rade d'El-Bequier, pour la remise des prisonniers, que je joins à cette lettre.

Depuis notre affaire, les croiseurs ennemis sont maîtres de toute la côte, et ils interceptent toutes nos communications ; les jours derniers, ils ont arrêté le chebec *la Fortune*, que l'amiral avait envoyé croiser sur Damiette. L'escadre anglaise, ainsi que j'ai eu l'honneur de vous dire, est partie, à ce qu'on dit, pour la Sicile le 30 du mois dernier, et la division qu'elle a laissée en station sur les côtes est composée de quatre vaisseaux de soixante-quatorze et deux frégates.

Par le soin qu'ont toujours les Anglais de cacher leurs pertes intérieures, nous n'avons eu aucune donnée certaine sur celles qu'ils ont éprouvées. On nous assure cependant que l'amiral Nelson a été blessé dangereusement à la tête; que deux capitaines ont été tués; et on cite enfin deux vaisseaux, *le Majestic* et *Bellerophon*, comme ayant eu trois cents hommes hors de combat.

Dans la disposition où nous sommes, bloqués par des forces ennemies trop supérieures, j'ignore encore, citoyen ministre, quel sera le parti que nous pourrons tirer des faibles moyens maritimes qui restent en ce port; mais, si je dois vous dire la vérité telle que je la sens, c'est qu'après un aussi grand désastre je pense qu'il n'y a plus que la paix qui puisse consolider l'établissement de notre nouvelle colonie. Puissent nos gouvernans nous la procurer solide et honorable !

Je suis avec respect,

GANTEAUME.

Relation de la bataille du Nil, extraite et traduite de la vie de l'amiral lord Nelson, K. B., publiée par MM. J.-S. Clarke et John M'Arthur, d'après les manuscrits de sa seigneurie. — 2 vol. in-4°. Londres, 1809.

Rien ne saurait égaler la joie qui se manifesta dans l'escadre anglaise à la vue du pavillon français, si ce n'est la détermination calme et l'imposant silence qui succédèrent à cette joie. Lord Nelson, depuis plusieurs jours, avait à peine mangé et dormi ; mais alors, avec un calme propre à notre caractère de marins, il ordonna de servir le dîner, pendant lequel on fit à bord du *Vanguard* les effrayans préparatifs du combat. Lorsque les officiers se levèrent de table et se rendirent à leurs différens postes, l'amiral s'écria : « Demain, à cette heure-ci, j'aurai gagné une pairie ou l'abbaye « de Westminster. »

Les seuls ordres donnés d'avance aux vaisseaux pour le cas où l'on trouverait l'ennemi à l'ancre, étaient de se placer de la manière la plus avantageuse pour se soutenir mutuellement et de jeter l'ancre par la poupe. Cela était digne des officiers qui commandaient dans l'escadre et montrait la confiance que Nelson avait dans leur capacité. D'après le livre de Loch du *Vanguard*, à deux heures vingt-cinq minutes, P. M., le signal général de se préparer au combat fut donné. A trois heures on fit signal au *Culloden* d'abandonner sa prise et de joindre l'amiral ; à trois heures vingt-cinq minutes à *the Mutine* de venir à portée du porte-voix.

Le capitaine T. Foley, l'un de ces officiers de mérite, se trouva à la tête de la flotte sur *the Goliath*. Il s'était toujours tenu près de l'amiral sous le vent, et se réjouissait d'être le vaisseau d'avant-garde dans un tel jour ; mais ce poste d'honneur lui fut disputé pendant quelques minutes, par *the Zealous*, capitaine S. Hood, dont les talens méritaient également cette noble distinction : le capitaine Foley déploya ses bonnettes de perroquet, et conserva ainsi sa place de vaisseau d'avant-garde. Depuis long-temps cet officier avait l'idée, idée qu'il avait communiquée la veille aux capitaines Troubridge et Hood, qu'il serait très avantageux si on trouvait la flotte ennemie à l'ancre en ligne de bataille le long de la côte, de passer entre elle et la côte (*in with the land*), parce que les Français, ne devant pas s'attendre à une pareille manœuvre, auraient probablement encombré leurs batteries du côté de terre, et que leurs canons ne seraient pas parés pour le combat de ce bord-là.

Aussitôt que quelques-uns de nos vaisseaux d'avant-garde approchèrent de la petite île d'El-Bequier, le brick français *l'Alerte* commença à exécuter les ordres de son amiral, qui étaient de se tenir près des vaisseaux anglais presque à portée de canon, et de manœuvrer de manière à les amener sur les bas-fonds qui sont à la pointe de l'île; l'officier du *Franklin*, qui raconte ce fait, dit : « L'amiral anglais avait certainement à bord des pilotes expéri- « mentés, car il ne fit aucune attention au sillage du brick; mais « le laissant partir, il doubla facilement l'endroit dangereux. » Les Français avaient établi sur l'île El-Bequier deux batteries qui, vu la distance, ne purent faire aucun mal. Aussitôt que notre escadre avança, les vaisseaux français ouvrirent à tribord, sur toute leur ligne, un feu soutenu contre nos vaisseaux d'avant-garde.

Les ennemis furent étonnés de la marche silencieuse de nos vaisseaux : sur chaque bord l'équipage était occupé, en haut à serrer les petites voiles et à bosser les écoutes de huniers, en bas à amarrer les bras, et à ranger sur le pont les câbles pour jeter l'ancre par la poupe. A six heures vingt-huit minutes du soir les Français hissèrent leurs pavillons.

Le capitaine Foley avait voulu se placer par le bossoir de bâbord du *Guerrier*, aussi près du rivage que la profondeur de l'eau l'eût permis; mais en mouillant, son ancre s'engagea, ce qui ne l'empêcha pas d'ouvrir un feu très vif contre *le Guerrier*, mais le fit dériver jusqu'au deuxième vaisseau avant que son ancre fût parée. Alors, diminuant de voiles, il jeta l'ancre à la hauteur de l'arrière du second vaisseau de la ligne ennemie, *le Conquérant*, et en dix minutes il rasa ses mâts. *The Zealous*, capitaine S. Hood, observant ce qui s'était passé, prit le poste que *the Goliath* avait voulu prendre, et jeta l'ancre par la poupe à bâbord du *Guerrier*, qu'il désempara en douze minutes. Le troisième vaisseau qui doubla le vaisseau d'avant-garde de l'ennemi, fut *the Orion*, capitaine sir James Saumarez, qui passa au vent du *Zealous*, et fit feu de bâbord sur *le Guerrier* aussi long-temps qu'il le put; alors passant sous le vent du *Goliath*, et étant inquiété par le feu d'une des frégates échelonnées entre la terre et l'escadre française pour répéter les signaux de l'amiral, *the Orion* laissa arriver sur elle, la coula sous un feu terrible, et serrant le vent pour regagner la ligne de bataille ennemie, il vint jeter l'ancre sous le vent de l'armée française à hauteur des cinquième et sixième vaisseaux à partir du *Guerrier*. Il prit son poste, avec cette bravoure qu'il avait si souvent montrée, exposé qu'il était à l'artillerie des vaisseaux *le Franklin* et *le Peuple-Souverain*, et rendant le feu de tous les deux. Le soleil baissait vers l'horizon, quand *the Audacious*, capitaine Gould, après avoir canonné vigoureusement *le Guerrier* et *le Conquérant* en passant entre eux, mit en panne à bâbord de ce dernier vaisseau, et ensuite attaqua *le Peuple-Souverain*. *The Theseus*, capitaine Miller, suivit, et passant entre *the Zealous* et *le Guerrier* à une distance de ce dernier à peine suffisante pour éviter de s'embarrasser dans ses agrès brisés, il lui lança une bordée telle qu'elle abattit le grand mât et le mât de misaine qui restaient seuls au *Guerrier* : *the Theseus* passa alors en dehors du *Goliath* et jeta l'ancre en avant de ce dernier, à hauteur du troisième vaisseau français *le Spartiate*, au même moment où *the Orion* s'établissait définitivement à son poste. D'après la relation de la bataille écrite par le contre-amiral Blanquet, l'amiral Brueys avait d'abord mis en travers les vergues de perroquet de son escadre, mais peu après il fit le signal qu'il voulait recevoir l'ennemi à l'ancre, étant convaincu, comme il l'a dit ensuite, qu'il n'avait pas assez de matelots pour engager l'action sous voiles. Le feu des Français commença par leur second vaisseau *le Conquérant*, ensuite vinrent *le Guerrier*, *le Spartiate*, *l'Aquilon*, *le Peuple-Souverain* et *le Franklin*. « Toute notre avant-« garde, ajoute l'amiral français, fut attaquée des deux côtés par « l'ennemi, qui se rangea tout près de notre ligne. Ils avaient tous « une ancre à l'arrière, ce qui facilitait leurs mouvemens et leur « permettait de placer leurs vaisseaux dans la position la plus « avantageuse. »

Tandis que les officiers d'avant-garde de l'escadre anglaise se montraient ainsi dignes de l'expérience et de la fermeté qui dirigeaient le tout, l'amiral lui-même était entré en ligne avec le reste de ses forces, et son vaisseau fut le premier qui jeta l'ancre en

dehors de l'ennemi, à une demi-distance de pistolet du *Spartiate*, le troisième vaisseau de la ligne française : « Certain, dit M. Wil-
« liams, de l'impossibilité dans laquelle se trouvait la réserve de
« l'ennemi, puisqu'elle était sous le vent, de venir au secours de
« l'avant-garde, il résolut de redoubler d'efforts pour vaincre une
« partie, avant d'attaquer le reste : *Gagnez d'abord une victoire*,
« s'écria-t-il, *puis ensuite tirez-en le meilleur parti possible*,
voulant mettre toutes ses forces en face d'une partie de l'ennemi,
« qui, placée comme elle l'était, devait bientôt succomber. » Le plan d'attaque qu'il avait eu l'intention d'adopter si le capitaine Foley n'avait pas jugé utile d'entrer en dedans de la ligne française, était de rester tout-à-fait en dehors, et de placer ses vaisseaux, autant que possible, un à l'avant et l'autre à l'arrière de chaque ennemi. Cela aurait certainement produit un feu très meurtrier, et nos boulets auraient passé sans danger pour nos propres vaisseaux. Par suite d'un ordre donné d'avance pour le cas d'une action, l'escadre portait le pavillon blanc ou de Saint-Georges, sur lequel était la croix, et de peur que son pavillon ne fût enlevé par un coup perdu, l'amiral Nelson avait fait placer six enseignes ou drapeaux dans diverses parties de ses agrès. *The Vanguard* ayant ainsi jeté l'ancre par huit brasses d'eau en dehors du troisième vaisseau de la ligne ennemie, à six heures et demie, vira d'une demi-encâblure et à la minute ouvrit un feu des plus meurtriers pour couvrir l'approche des autres vaisseaux, *the Minotaure, the Bellerophon, the Defence*, et *the Majestic* qui passèrent tous en avant de leur amiral. Le capitaine Louis du *Minotaure*, soutint noblement son chef et son ami, et jetant l'ancre juste en avant du *Vanguard*, s'attira le feu de *l'Aquilon*, le quatrième dans la ligne française. *The Bellerophon*, capitaine Darby, passa en avant et jeta son ancre de poupe à tribord de l'énorme *Orient*, le septième vaisseau de la ligne française, et dont la différence de force était de plus de sept à trois, et le poids des boulets de son dernier pont seul, surpassait celui de toute la bordée du *Bellerophon*. *The Defence*, capitaine Peyton, se plaça très judicieusement en avant du *Minotaure*, et attaqua à tribord *le*

Franklin de quatre-vingts canons, le sixième vaisseau ennemi par lequel la ligne n'était pas interrompue : ce sixième vaisseau portait le pavillon de l'amiral Blanquet-du-Chayla, commandant en second. *The Majestic*, capitaine Westcott, après avoir été accroché par les agrès principaux de l'un des vaisseaux ennemis en avant de l'amiral et en avoir beaucoup souffert, se dégagea, et attaquant de près *l'Heureux* à tribord, reçut aussi le feu du *Tonnant*, le huitième vaisseau ennemi, qui fit bientôt un affreux carnage à bord du *Majestic*.

Le reste de l'escadre, *the Culloden, the Alexander, the Swiftsure* et *the Leander* appellent en second lieu notre attention. Le capitaine Troubridge qui avait été retardé par la prise qu'il avait faite à la hauteur de Coron, avait obtenu la permission par signal lorsqu'il était à deux lieues à l'est de l'amiral, d'abandonner le vaisseau capturé. Comme le reste de l'escadre, il avait toujours sondé en avançant, mais il était tellement en arrière, par suite de la cause que nous avons mentionnée, que lorsque nos vaisseaux d'avant-garde approchaient des Français, les sabords du dernier pont du *Culloden* étaient, vu la distance, ce que les marins appellent juste hors de l'eau. Le jour disparaissait, ce qui ajoutait encore beaucoup aux difficultés, quand tout-à-coup, après avoir sondé et avoir trouvé onze brasses d'eau, et avant que le plomb pût être de nouveau retiré, *the Culloden* échoua à la pointe du bas-fond partant de la petite île El-Bequier, sur laquelle étaient deux batteries ennemies; malgré tous ses efforts et ceux du capitaine Thompson du *Leander* et du capitaine Hardy du brick *the Mutine*, qui vinrent de suite à son secours, *the Culloden* ne put être relevé à temps pour prendre part à l'action. L'agitation et les souffrances du capitaine Troubridge, dont la présence dans la bataille eût été vivement sentie par l'ennemie, furent en rapport avec son caractère déterminé et son zèle. *The Culloden* ne put être remis à flot que le lendemain matin. Cependant ce fut une consolation pour son capitaine mortifié, de voir que son vaisseau servait de phare à *the Alexander*, capitaine A. Ball, et au *Swiftsure*, capitaine B. Hallowell, qui ayant été détachés comme nous l'avons déjà dit, ne purent prendre part à l'action que très tard. Les officiers anglais parlent encore avec admiration de la manière dont ces vaisseaux entrèrent dans la baie d'Aboukir et prirent leur poste, malgré l'obscurité et leur ignorance complète de la position des autres vaisseaux de leur escadre : ce fut un brillant épisode de la bataille du Nil. Nelson avait eu la précaution d'ordonner à chacun de ses vaisseaux de hisser, aussitôt la tombée de la nuit, quatre lumières horizontales, au pic d'artimon; mais lorsque *the Swiftsure* s'avançait, il rencontra un vaisseau qui semblait étranger. Le capitaine Hallowell donna aussitôt l'ordre de ne pas tirer, l'état de délabrement de ce vaisseau rendant sa fuite impossible si c'était un ennemi, et la position de sa poupe et ses voiles flottantes pouvant faire supposer qu'il était anglais; on reconnut ensuite que c'était *the Bellerophon* désemparé et dont les lumières étaient tombées à la mer avec son mât d'artimon. Son commandant, le capitaine Darby, avait été lui-même blessé, deux de ses lieutenans tués et près de deux cents hommes furent tués ou blessés. Le dernier mât en tombant peu après tua un autre lieutenant avec plusieurs officiers et matelots, et il lui fut impossible de reprendre son poste, qui fut alors occupé à point nommé par *the Swiftsure* et au moment le plus critique. A huit heures cinq minutes, le capitaine Hallowell commença un feu nourri et bien pointé contre l'arrière du *Franklin* et l'avant de *l'Orient*. Au même moment, *the Alexander* passant à la poupe de l'amiral français, lui envoya une bordée en enfilade, et laboura son pont par un feu de mousqueterie bien nourri. Le dernier vaisseau qui compléta la ruine de l'ennemi fut *the Leander*. Le capitaine Thompson, voyant que l'on ne pouvait rien faire ce soir-là pour relever *the Culloden,* s'avança dans le but de jeter l'ancre par le travers des écubiers de *l'Orient ;* mais *le Franklin* était si près à l'avant, qu'il ne put passer entre deux. Il se posta alors avec beaucoup de jugement par le travers des écubiers du *Franklin,* car ce vaisseau n'étant pas exactement en ligne avec *l'Orient*, mais un peu à tribord, il eut la facilité de les prendre tous deux en enfilade, et il était si près de tous les deux que le feu du *Leander* fut très meurtrier.

Enfin *l'Orient* amena pavillon et parut en feu. L'amiral français avait soutenu l'honneur de son pavillon avec un courage digne d'un plus heureux sort. Il avait reçu trois blessures dangereuses, dont une sur la tête, et cependant on ne put le déterminer à abandonner son poste sur le coffre d'armes. L'amiral Blanquet ajoute dans son récit : « L'amiral Brueys reçut un coup qui le coupa
« presque en deux ; il désira ne pas être descendu, mais de mourir
« sur le pont : il ne survécut qu'un quart d'heure. Les officiers de
« l'état-major et les hommes de l'équipage de *l'Orient* qui avaient
« échappé à la mort, convaincus qu'il était impossible d'éteindre le
« feu qui avait gagné l'entrepont, cherchèrent à sauver leur vie.
« Le commodore Casabianca et son fils âgé de dix ans, qui pendant
« l'action donna des preuves de courage et d'intelligence bien
« au-dessus de son âge, n'eurent pas ce bonheur-là : on les vit
« pendant quelque temps sur un débris d'un mât de *l'Orient* ne
« pouvant nager, se cherchant l'un l'autre jusqu'à dix heures trois
« quarts ; alors le vaisseau sauta et mit fin à leurs espérances et à
« leurs craintes. Le pont du *Franklin* fut couvert de fer rouge, de
« pièces de bois et de cordages enflammés. Le feu se déclara jus-
« qu'à quatre fois, mais on en vint providentiellement à bout.
« Aussitôt après l'explosion de *l'Orient*, la bataille cessa partout,
« et un profond silence lui succéda. Le ciel était obscurci par de
« sombres nuages de fumée qui semblaient menacer de détruire
« les deux flottes : ce ne fut qu'un quart d'heure après que les
« équipages revinrent de l'espèce de stupeur dans laquelle ils
« avaient été jetés. » — Le pavillon si renommé de Nelson ne triompha pas non plus sans sa part de périls : Lord Nelson fut lui-même grièvement blessé à la tête, et pendant quelque temps on crut cette blessure mortelle. Sept des canons de l'avant du *Vanguard* avaient été trois fois, et l'un d'eux plus souvent encore, démontés des hommes qui les servaient et qui furent ou tués ou gravement blessés. Le brave capitaine Faddy du corps des soldats de marine,

tomba avec beaucoup de ses hommes : les ponts du *Vanguard* ruisselaient de sang. Vingt-sept hommes furent tués et soixante-huit blessés.

Lorsque le feu cessa, les Français se doutaient peu du sublime devoir qu'accomplissaient nos concitoyens, en conséquence de l'ordre qui suit, et que l'amiral Nelson avait donné aussitôt qu'il crut la victoire assurée. « Le Dieu tout-puissant ayant donné la vic-
« toire aux armes de Sa Majesté, l'amiral compte en rendre des
« actions de grâces publiquement aujourd'hui à deux heures, et il
« recommande à chaque vaisseau d'en faire autant. »

PIÈCES OFFICIELLES

DU CHAPITRE VI.

Au quartier général du Caire, le 6 brumaire an VII de la République (27 octobre 1798).

BONAPARTE, général en chef, au Directoire exécutif.

Le 30 vendémiaire (21 octobre), à la pointe du jour, il se manifesta quelques rassemblemens dans la ville du Caire.

A sept heures du matin, une populace nombreuse s'assembla à la porte du cadi Ibrahim-Ehctem-Effendy, homme respectable par son caractère et ses mœurs. Une députation de vingt personnes des plus marquantes se rendit chez lui, et l'obligea à monter à cheval, pour, tous ensemble, se rendre chez moi. On partait, lorsqu'un homme de bon sens observa au cadi que le rassemblement était trop nombreux et trop mal composé pour des hommes qui ne voulaient que présenter une pétition. Il fut frappé de l'observation, descendit de cheval et rentra chez lui. La populace mécontente tomba sur lui et sur ses gens à coups de pierres et de bâtons, et ne manqua pas cette occasion pour piller sa maison.

Le général Dupuy, commandant la place, arriva sur ces entrefaites; toutes les rues étaient obstruées.

Un chef de bataillon turc, attaché à la police, qui venait deux cents pas derrière, voyant le tumulte et l'impossibilité de le faire cesser par la douceur, tira un coup de tromblon. La populace devint furieuse; le général Dupuy la chargea avec son escorte, culbuta tout ce qui était devant lui, s'ouvrit un passage. Il reçut sous l'aisselle un coup de lance qui lui coupa l'artère; il ne vécut que huit minutes.

Le général Bon prit le commandement. Les coups de canon d'alarme furent tirés; la fusillade s'engagea dans toutes les rues; la populace se mit à piller les maisons des riches. Sur le soir, toute la ville se trouva à-peu-près tranquille, hormis le quartier de la grande Mosquée, où se tenait le conseil des révoltés, qui en avaient barricadé les avenues.

A minuit, le général Dommartin se rendit avec quatre bouches à feu sur une hauteur, entre la citadelle et la Coubbé, et qui domine à cent cinquante toises la grande mosquée. Les Arabes et les paysans marchaient pour secourir les révoltés. Le général Lannes fit attaquer par le général Vaux quatre à cinq mille paysans, qui se sauvèrent plus vite qu'il n'aurait voulu; beaucoup se noyèrent dans l'inondation.

A huit heures du matin, j'envoyai le général Dumas avec de la cavalerie battre la plaine. Il chassa les Arabes au-delà de la Coubbé.

A deux heures après midi, tout était tranquille hors des murs de la ville. Le divan, les principaux cheykhs, les docteurs de la loi, s'étant présentés aux barricades du quartier de la grande Mosquée, les révoltés leur en refusèrent l'entrée; on les accueillit à coups de fusil. Je leur fis répondre à quatre heures par les batteries de mortiers de la citadelle, et les batteries d'obusiers du général Dommartin. En moins de vingt minutes de bombardement, les barricades furent levées, le quartier évacué, la mosquée entre les mains de nos troupes, et la tranquillité fut parfaitement rétablie.

On évalue la perte des révoltés de deux mille à deux mille cinq cents hommes; la nôtre se monte à seize hommes tués en combattant, un convoi de vingt-et-un malades revenant de l'armée, égorgés dans une rue, et à vingt hommes de différens corps et de différens états.

L'armée sent vivement la perte du général Dupuy, que les hasards de la guerre avaient respecté dans cent occasions.

Mon aide-de-camp Sulkousky allant, à la pointe du jour, le premier brumaire, reconnaître les mouvemens qui se manifestaient hors la ville, a été à son retour attaqué par toute la populace d'un faubourg; son cheval ayant glissé il a été assommé. Les blessures qu'il avait reçues au combat de Salhéyéh n'étaient pas encore cicatrisées; c'était un officier des plus grandes espérances.

Signé BONAPARTE.

Pour copie conforme,

  Le général de division, chef de l'état-major général de l'armée,

    ALEX. BERTHIER.

PIÈCES OFFICIELLES

DU CHAPITRE VII.

ARMÉE D'ÉGYPTE. — DIVISION DESAIX.

Au quartier général à Siout, le 20 thermidor an VII de la République (7 août 1799).

Le général DESAIX, commandant la Haute Égypte, au général en chef BONAPARTE.

Mon général,

Après avoir rassemblé tous les moyens que vous aviez mis à ma disposition pour achever vos conquêtes sur les Mamelouks, les détruire ou les chasser entièrement de l'Égypte, je me mis en marche de Beni-Soueif le 26 frimaire (16 décembre) dernier, pour attaquer Mourad-Bey qui se trouvait campé à deux journées de nous sur la rive gauche du canal de Joseph, et au bord du désert; son avant-garde couvrait le pays et cherchait à y lever des contributions et des vivres; elle venait de prendre poste au village de Fechnéh; nous l'en chassâmes le 27, et nous vînmes coucher à deux lieues plus loin.

Mais Mourad-Bey, qui avait été instruit de notre mouvement, leva son camp précipitamment la nuit, et prit la route de Siout, suivant toujours les déserts; je le sus; je me mis à sa poursuite; mais il avait dix à douze heures d'avance sur nous, et nous ne pûmes jamais l'atteindre. Enfin avec toute la célérité possible, nous passâmes Siout, et arrivâmes à Girgéh le 9 nivôse (29 décembre). Il n'en fut pas de même de notre flottille que des vents contraires avaient sans cesse retardée. Nous avions le plus grand besoin de tous les approvisionnemens dont elle était chargée, et je fus forcé de l'attendre, quoiqu'elle arrivât vingt jours après nous.

Pendant cet intervalle les Mamelouks qui avaient pris possession à Hou, distant de nous de trois journées, cherchaient à nous susciter des ennemis de tous les côtés; déjà Mourad-Bey avait écrit aux chefs du pays d'Iambo et de Djeddah, pour les inviter à passer la mer et venir se joindre à lui, pour défendre la religion de Mahomet qu'un petit nombre d'infidèles voulaient détruire; qu'avec leur secours, nous écraser tous serait l'affaire d'un moment. Des émissaires étaient en Nubie et amenaient des renforts : d'autres, les plus adroits, étaient près du vieil Hassan-Bey Djeddaoui, à Esné, et devaient à tout prix le réconcilier avec Mourad et le décider à faire cause commune; d'autres enfin, mais plus pervers, étaient répandus dans le beau pays entre Girgéh et Siout, et devaient faire insurger les habitans sur nos derrières, attaquer et détruire notre flottille.

Dès le 12 je sus qu'un rassemblement considérable de cavaliers et de paysans à pied se formait près de Saouaki, à quelques lieues de moi. J'avais le désir de voir éclater promptement les projets des insurgés, afin d'avoir le temps d'en faire un vigoureux exemple et d'être le maître dans le pays : je voulais d'ailleurs y lever l'argent dont j'avais besoin; en conséquence je donnai ordre au général Davoust de partir avec toute la cavalerie, et de marcher vivement sur ce rassemblement.

Combat de Saouaki.

Le 14, notre cavalerie rencontra cette multitude d'hommes armés près du village de Saouaki : à l'instant le général Davoust fait former son corps de bataille par échelons, et ordonne à son avant-garde, composée des septième de hussards et vingt-deuxième de chasseurs, de fondre sur les ennemis; ils ne purent soutenir ce choc et prirent la fuite : on les poursuivit long-temps ; ils laissèrent huit cents morts sur le champ de bataille.

J'avais lieu de croire qu'une pareille punition produirait un grand effet dans le pays ; mais non : la cavalerie ne faisait que rentrer à Girgéh que j'ai avis qu'il se formait à quelques lieues de Siout un rassemblement beaucoup plus considérable que le premier, de paysans à pied, à cheval, venus même des provinces de Miniéh, de Beni-Soueif et d'Ouarad (ci-devant les maîtres de l'Égypte supérieure).

Le retard de nos barques m'inquiétait fort ; je n'en pouvais avoir aucune nouvelle sûre, et nos besoins augmentaient tous les jours ; je pris le parti de renvoyer le général Davoust à la tête de la cavalerie, en lui intimant l'ordre de sévir d'une manière terrible contre les rebelles, et de faire l'impossible pour nous amener la flottille.

Combats de Soheïdje (1) *et de Tahtah.*

Le 19, le général Davoust se porta sur Tahtah. Près du village, on lui rend compte qu'un gros corps de cavalerie ennemie charge en queue l'escadron du 20ᵉ régiment de dragons qui fait l'arrière-garde ; aussitôt il forme son corps de troupes, et se précipite sur les ennemis qu'il taille en pièces : mille sont restés morts sur la place. Tout en poursuivant les ennemis, le général Davoust se porte sur le Nil, et aperçoit notre flottille à la hauteur de Siout. Le vent devint un peu favorable : elle fait route, et, le 29 nivôse, elle arrive à Girgéh où notre cavalerie l'avait devancée.

Depuis quelques jours, les rapports des espions annonçaient que mille schérifs habitans du pays d'Iambo et de Djeddah, avaient passé la mer Rouge, et étaient débarqués à Cosseir, sous les ordres d'un chef des Arabes d'Iambo ; qu'ils s'étaient portés à Kénéh, d'où ils étaient venus se réunir à Mourad-Bey ; que déjà Hassan-Bey-Djeddaoui et Osman-Bey-Hassan, à la tête de deux

---

(1) Ne se trouve pas sur les cartes.

cent cinquante Mamelouks, étaient arrivés à Hou; que des Nubiens et des Maugrabins campaient sous les murs de ce village; deux à trois mille Arabes font nombre parmi les combattans, enfin des écrits séditieux ont été répandus avec profusion, et toute l'Égypte supérieure, depuis les Cataractes jusqu'à Girgéh, est en insurrection, et les habitans sont en armes.

Mourad-Bey, plein d'espoir, à la tête d'une armée aussi formidable, se met en marche pour venir nous attaquer: son avant-garde, commandée par Osman-Bey-Bardici, couche le 2 dans le désert, à la hauteur de Samhoud.

Après avoir pris sur nos barques tout ce qui nous était le plus urgent, nous partîmes de Girgéh le 2, pour aller à la rencontre des ennemis; notre flottille nous suivait; nous vînmes coucher à El-Masarah.

Affaire de Samhoud.

Le 3 pluviôse (22 janvier 1799), à la pointe du jour, le 7ᵉ régiment de hussards, commandé par le chef de brigade Duplessis, qui faisait l'avant-garde, rencontre celle des ennemis sous les murs de Samhoud; aussitôt l'on se charge de part et d'autre. Les deux armées continuent leur marche, et dans peu elles sont en présence.

Alors je partageai mon infanterie en deux carrés égaux, et je plaçai ma cavalerie dans l'intervalle, formant elle-même un carré protégé et flanqué par le feu des deux autres. Le général Friant commandait le carré de droite; le général Belliard, celui de gauche, et le général Davoust, la cavalerie.

A peine avions-nous pris cette position, que de toutes parts nous vîmes venir les ennemis: la cavalerie nous cerna à l'instant. Une colonne d'infanterie, composée en partie des Arabes d'Iambo, commandée par des schérifs et les chefs de ce pays, se jeta dans un grand canal sur notre flanc gauche, et commençait à nous inquiéter par son feu; j'ordonnai à mes aides-de-camp, Savary et Rapp, de se mettre à la tête d'un escadron du 7ᵉ de hussards, et de charger l'ennemi en flanc, pendant que le citoyen Clément, mon aide-de-camp, capitaine commandant les carabiniers de la 21ᵉ légère, formée en colonne serrée dans le canal, enfoncerait celle des ennemis. Mes ordres furent parfaitement exécutés ; l'ennemi fut culbuté, et prit la fuite laissant une quinzaine de morts sur la place et emmenant beaucoup de blessés. Mon aide-de-camp Rapp, le citoyen Duvernois, capitaine de hussards, et quelques hussards, furent blessés. Un carabinier fut tué d'un coup de poignard, après avoir enlevé des drapeaux de la Mecque. Cette action nous rendit maîtres du village de Samhoud.

Cependant les innombrables colonnes ennemies s'approchaient, et se disposaient à nous attaquer : des cris horribles se faisaient entendre. Déjà la colonne des Arabes d'Iambo est reformée ; elle attaque, et va pénétrer dans Samhoud ; mais les intrépides carabiniers de la 21ᵉ font un feu si vif, et leur bravoure est si grande, que l'ennemi est forcé de se retirer avec une perte considérable.

Dans ce moment, les Mamelouks veulent fournir une charge sur le carré du général Friant, tandis que plusieurs colonnes d'infanterie se portent sur celui du général Belliard ; alors commença un feu d'artillerie et de mousqueterie si terrible, que les ennemis sont dispersés en un instant, et obligés de rétrograder, laissant le terrain couvert de morts : aussitôt j'ordonnai au général Davoust de charger le corps de Mamelouks, où commandaient les beys Mourad et Hassan, qui faisaient mine de vouloir tenir bon. Je n'ai jamais rien vu de beau et d'imposant comme cette charge impétueuse de notre cavalerie ; malheureusement les ennemis ne l'attendirent pas, et la fuite précipitée de Mourad fut le signal de la retraite générale. Nous poursuivîmes l'ennemi pendant quatre heures, l'épée dans les reins ; enfin nous fûmes obligés de nous arrêter à Farchout, où nous trouvâmes beaucoup de Mamelouks morts et mourans de leurs blessures.

Dans cette journée, les ennemis ont eu plus de deux cent cinquante tués et beaucoup de blessés ; les Arabes d'Iambo ont eu cent morts au moins : nous avons eu quatre hommes tués et quelques blessés.

Je ne puis trop vous faire l'éloge des officiers et soldats à mes ordres, surtout de notre artillerie légère, qui, dans cette journée, comme dans toutes, s'est conduite avec la bravoure et le sang-froid que vous lui connaissez, et qui l'ont tant de fois distinguée. A cette bataille, ainsi qu'à celle de Sédiman, elle était commandée par le chef de brigade La Tournerie, officier du plus grand mérite, et singulièrement recommandable par son activité et ses talens militaires.

Le 4, à une heure du matin, nous continuâmes à poursuivre les ennemis. Nous arrivâmes dans un village, où nous trouvâmes une soixantaine d'Arabes d'Iambo, qui furent taillés en pièces. Une grande partie de cette infanterie étrangère avait repassé le fleuve, et fuyait à toutes jambes; beaucoup se dispersèrent dans le pays.

Le 9, nous arrivâmes à Esné, où je laissai le général Friant et sa brigade, et, le 10, nous partîmes pour Syène, où nous arrivâmes le 13, après avoir essuyé des fatigues excessives, en traversant les déserts, chassant toujours les ennemis devant nous.

Ainsi poursuivis sans relâche et presque sans ressource aucune, les beys Mourad, Hassan, Soliman, et huit autres beys, dont les Mamelouks étaient exténués de fatigues et dans l'impossibilité de se battre, ayant eu beaucoup de déserteurs, perdu beaucoup de chevaux, et une grande partie de leurs équipages, prirent la cruelle résolution de se jeter dans l'affreux pays de Bribe, au-dessus des Cataractes, et à quatre grandes journées de Syène.

Le 14, nous fîmes un détachement vers l'île de Philæ en Éthiopie, où nous prîmes beaucoup d'effets et plus de cinquante barques que les Mamelouks y avaient conduites avec des peines infinies, et que la célérité de notre marche les força d'abandonner. Il ne se trouva pas de barque près de Philæ; nous ne pûmes pas y entrer: je laissai au général Belliard le soin de s'en emparer.

En traversant l'Égypte supérieure, nous avons trouvé une quantité immense de monumens antiques de la plus grande beauté; les restes de Thèbes et du temple de Dendérah, surtout, sont des chefs-d'œuvre des connaissances humaines, et sont dignes de l'admiration du monde entier.

Je laissai à Syène le général Belliard, et la 21ᵉ légère; je partis pour Esné le 16, et j'y arrivai le 21 avec la cavalerie que j'avais divisée en deux corps sur les deux rives du Nil; l'adjudant-général Rabasse commandait celui de la rive droite.

Cependant Osman-Bey-Hassan n'avait pas suivi Mourad à Syène; arrivé près de Raba'ïn (1), il y avait passé le Nil avec deux cent cinquante Mamelouks environ, et vivait sur la rive droite dans des villages de sa domination. Lorsqu'il apprit mon retour de Syène, il s'enfonça dans les déserts; ma cavalerie était harrassée: je me contentai de détruire ses ressources, et je me rendis promptement à Esné.

Pendant mon absence, le général Friant avait eu avis que les débris des Arabes d'Iambo se ralliaient dans les environs de Kénéh, sur la route de Cosseir; et, dès le 18, il avait formé une colonne mobile, composée de la 61ᵉ des grenadiers, de la 88ᵉ, et une pièce de canon, sous les ordres du chef de brigade Conroux, qui dans peu arriva à Kénéh, petite ville fort importante en raison de son grand commerce avec les habitants des rives de la mer Rouge.

J'étais arrivé à Esné: mes rapports m'annonçaient que le chef des Arabes d'Iambo se tenait caché dans les déserts jusqu'à l'arrivée d'un second convoi qu'il attendait; je pris le parti d'envoyer vers Kénéh le général Friant avec le reste de sa brigade, le chargeant de lever les contributions en argent et en chevaux jusqu'à Girgéh, sitôt qu'il serait sûr des habitants de cette partie de la rive droite, fort difficiles à gouverner.

D'autres rapports m'assuraient que Osman-Bey-Hassan était revenu sur les bords du fleuve, et continuait d'y faire vivre sa troupe; je ne voulais pas lui permettre de séjourner si près de moi. En conséquence, je fis marcher contre lui le général Davoust avec le 22ᵉ de chasseurs et le 15ᵉ de dragons; le premier, commandé par le chef de brigade Lasalle, et le second, par le chef d'escadron Fontette (le chef de brigade Pinon était resté malade à Esné).

(1) Ne se trouve pas sur les cartes.

Combat de Thèbes.

Le 24, à la pointe du jour, le général Davoust apprend que Osman-Bey-Hassan est sur le bord du Nil, et que ses chameaux font de l'eau; il ordonne que l'on presse la marche. En effet, dans peu les éclaireurs le préviennent que l'on voit les chameaux qui rentrent dans le désert, que les ennemis sont aux pieds de la montagne et paraissent protéger leur convoi. Le général Davoust forme sa cavalerie sur deux lignes, et marche vivement aux Mamelouks, qui d'abord ont l'air de se retirer, puis font volte-face et fournissent une charge extrêmement vigoureuse sous le feu terrible du 15e de dragons; plusieurs Mamelouks tombent morts; le chef d'escadron Fontette est tué d'un coup de sabre; Osman-Bey a son cheval tué, et est lui-même dangereusement blessé. Alors le 22e de chasseurs se précipite sur les ennemis; nos troupes sont pêle-mêle avec eux : le carnage devient affreux; mais malgré la supériorité des armes et du nombre, les Mamelouks sont forcés d'abandonner le champ de bataille, y laissant beaucoup des leurs, dont plusieurs kachefs. Ils se retirent promptement vers leurs chameaux, qui, pendant le combat, avaient continué leur route dans le désert.

Le général Davoust couvre d'éloges ces deux régimens de cavalerie, qui ont reçu et fourni la charge avec une bravoure et un courage à toute épreuve. Il parle avec le plus grand intérêt du chef de brigade Lasalle, qui, après avoir tué bon nombre d'ennemis, eut son sabre cassé à la monture, et eut le bonheur de se retirer sans être blessé; et du citoyen Montéléger son aide-de-camp, qui, ayant été blessé et ayant eu son cheval tué dans le plus fort du combat, eut la présence d'esprit de se saisir du cheval d'un Mamelouk tué, et de sortir ainsi de la mêlée. Nous avons eu dans cette vive affaire vingt-cinq tués et quarante blessés; la perte des ennemis passe la nôtre de beaucoup.

Osman-Bey se retire dans l'intérieur des déserts, sur le chemin de Cosseir, à une citerne nommée la Guitta; mais on croyait que ne pouvant y vivre que fort difficilement, il reviendrait vers Redeciéh, et passerait peut-être sur la rive gauche dans un village qui lui appartenait près d'Edfou. En conséquence j'envoyai dans ce dernier endroit un détachement de cent soixante hommes de la 21ᵉ légère, commandée par mon aide-de-camp-Clément.

Le 26, le général Davoust revient à Esné, et le 27 je pars de cette ville, y laissant une garnison de deux cents hommes des 61ᵉ et 88ᵉ, sous les ordres du citoyen Binot, aide-de-camp du général Friant, qui, avec ces mêmes troupes, avait conduit un fort convoi de subsistances à Syène.

Je venais de me mettre en route pour Kous, lorsque je reçois des nouvelles du chef de brigade Conroux.

Combat de Kénéh.

Ainsi que je vous l'ai mandé, mon général, après la bataille de Samhoud, une grande partie des Arabes d'Iambo avait repassé le Nil, et était venue se cacher dans les environs de Kénéh; ils manquaient de moyens nécessaires pour retourner à Cosseir : les habitans leur fournissaient peu de vivres; leur chef crut qu'il fallait se faire des ressources pour gagner le temps de l'arrivée de son deuxième convoi; il forma donc le projet d'enlever Kénéh.

Or, le 24, à onze heures du soir, tous les postes avancés de la 61ᵉ sont attaqués en même temps par huit cents Arabes d'Iambo, qui avaient entraîné avec eux beaucoup de paysans; aussitôt les troupes sont sous les armes, marchent à l'ennemi, et le culbutent partout. Le chef de brigade Conroux, jeune officier plein d'intelligence, d'activité, et doué de beaucoup de talens militaires, se portant d'un point à l'autre de la ligne de bataille, reçut sur la tête un coup de pique qui l'étendit par terre; ses grenadiers se précipitent à sa défense, et l'emportent sans connaissance; ils jurent tous de le venger. La vive défense de nos troupes avait forcé les ennemis à se retirer; il était nuit profonde, et l'on voulait attendre le lever de la lune pour les poursuivre. Le chef de bataillon Dorsenne, qui commandait la place, veillait avec grand soin à sa défense, en attendant impatiemment le moment de continuer la destruction des ennemis. A peine les mesures sont-elles prises, que l'ennemi revient en foule, en poussant des cris épouvantables. Cette fois, ils n'en furent pas quittes comme la première : ils furent reçus de même par une fusillade extrêmement vive ; mais on ordonna la charge, et ils furent mis dans une déroute complète ; on les poursuivit pendant des heures entières. En fuyant, deux à trois cents de ces fanatiques se jettent dans un enclos de palmiers ; malgré les feux de demi-bataillon que leur fait faire le citoyen Dorsenne, ils s'acharnent à s'y défendre ; ils y sont tous mis à mort.

Le chef de brigade Conroux pense que les Arabes d'Iambo ont eu plus de trois cents tués dans cette affaire où beaucoup de paysans ont péri. De son côté, il n'a eu que trois blessés, du nombre desquels se trouve le chef de bataillon Dorsenne, dont il rend le compte le plus avantageux. Toute sa troupe, les grenadiers de la 88e surtout, et les siens, ont donné les preuves de la plus grande bravoure.

Quelques heures après ce combat, le général Friant arriva à Kénéh, ainsi que le 7e de hussards.

Le 29, j'arrivai à Kous avec les 14e et 18e régimens de dragons. J'avais détaché à quelques lieues de moi les 15e et 20e sous les ordres du chef de brigade Pinon, à Salamyéh, point extrêmement important, et un débouché de la Guitta. J'ordonnai que l'on s'occupât partout de la levée des chevaux, et de la perception de l'impôt en argent, dont nous avions le plus grand besoin.

Depuis le combat de Kénéh, on savait que les Arabes d'Iambo s'étaient retirés dans les déserts à la hauteur d'Aboumanah ; que leur schérif Hassan, fanatique des plus exaltés, et entreprenant, entretenait les siens de l'espoir de nous détruire sitôt que les renforts seraient arrivés ; qu'en attendant il mettait tout en œuvre pour soulever contre nous les vrais croyans de la rive droite ; qu'à sa voix tous sont en mouvement et courent aux armes. Déjà une grande quantité d'Arabes sont arrivés à Aboumanah ; des Mamelouks épars et sans asile s'y rendent aussi. L'orage grossit. Les belliqueux habitans de la rive droite ne connaissent pas encore la puissance de nos armes : le général Friant est chargé de leur donner une preuve de notre supériorité, même sur les envoyés du grand schérif de la Mecque ; le premier homme après Mahomet.

Combat d'Aboumanah.

Le 29 pluviôse (17 février), le général Friant arrive près d'Aboumanah : il le trouve plein de gens armés ; les Arabes d'Iambo sont en bataille en avant, et plus de trois cents cavaliers de toutes les couleurs flanquent la droite du village. De suite ce général fait former son corps de bataille ; ses grenadiers le sont déjà en colonne d'attaque commandée par le chef de brigade Conroux. Après avoir reçu plusieurs coups de canon, et à l'approche des grenadiers, la cavalerie et les paysans prennent la fuite ; mais les Arabes d'Iambo tiennent bon ; alors le général Friant forme deux colonnes pour tourner le village, et leur enlever leur retraite. Ils ne peuvent résister au choc terrible des grenadiers ; ils se jettent dans le village, où ils sont assaillis et mis en pièces. Cependant une autre colonne, commandée par le citoyen Silly, chef de brigade commandant la 88e, poursuivait les fuyards ; nos soldats y mirent tant d'acharnement, qu'ils s'enfoncèrent à cinq heures dans les déserts, et arrivèrent ainsi sur le camp des Arabes d'Iambo : fort heureusement ils y trouvèrent, avec beaucoup d'effets de toute espèce, *de l'eau et du pain*. Le général Friant ne voyait point revenir cette colonne ; son inquiétude était extrême, et augmentait à chaque instant ; il pensait que, si elle ne se perdait pas dans les immenses plaines de déserts où elle s'était jetée, au moins perdrions-nous beaucoup de soldats, que la faim et surtout la soif auraient accablés. Mais quelle fut sa surprise de voir revenir nos soldats chargés de butin, et frais et dispos ! Un Arabe, que l'on avait fait prisonnier en entrant dans le désert, avait conduit la colonne au camp ennemi.

Les Arabes d'Iambo ont perdu dans cette journée quatre cents morts, et ont eu beaucoup de blessés. Une grande quantité de paysans furent tués dans les déserts. Nous avons eu quelques blessés. Le général Friant est on ne peut plus satisfait de la conduite de ses braves troupes. Il loue beaucoup les chefs de brigade Conroux et Silly, ainsi que le citoyen Petit, capitaine, remplissant près de lui les fonctions d'aide-de-camp. Ce général m'a envoyé une note d'avancement pour plusieurs officiers et sous-officiers qui s'y sont distingués; je vous la ferai passer, en vous priant de vouloir bien y faire droit.

Après le combat d'Aboumanah, le général Friant continue sa route vers Girgéh, où il arrive le 3 ventôse (21 février). Il y laisse un bataillon de la 88ᵉ, sous les ordres du citoyen Morand, chef de brigade à la suite de ce corps, et, deux jours après, il se porte à Farchout, d'où il renvoie les deux bataillons de la 61ᵉ à Kénéh.

Dans cet intervalle, le général Belliard m'écrivit qu'ayant appris que Mourad-Bey avait fait un mouvement pour se rapprocher de Syène, il avait marché à lui, et l'avait forcé de rentrer dans le mauvais pays de Bribe. Quelques jours après, ce général me mandait que plusieurs kachefs et une centaine de Mamelouks s'étaient jetés dans les déserts de la rive droite pour éviter Syène, et allaient rejoindre Osman-Bey-Hassan à la Guitta. Le détachement que j'avais à Edfou les vit : vainement il se mit à leur poursuite; ce détachement rentra à Esné quelques jours après, pour remplacer la garnison qui devait courir le pays.

D'autres avis m'instruisaient que Mohammed-Elfi-Bey, séparé de l'armée ennemie par l'effet de notre charge de cavalerie, le jour de la bataille de Samhoud, après avoir passé quelque temps dans les oasis au-dessus d'Akhmym, avait passé le Nil, et était à Siout, où il levait de l'argent et des chevaux; que les tribus arabes de Koraïm et Bénouafi (1) l'aidaient dans ses projets, et étaient à ses ordres.

(1) Ne se trouvent pas sur les cartes.

Combat d'Esné.

Enfin, je reçus avis que, parvenus à cacher leur marche au général Belliard, et avec une rapidité excessive, les beys **Mourad**, **Hassan**, et plusieurs autres beys, à la tête de sept à huit cents chevaux et beaucoup de Nubiens, avaient paru devant Esné, le 7, à la pointe du jour; que mon aide-de-camp Clément, à la tête de son détachement de cent soixante hommes de la 21ᵉ, était sorti d'Esné, et avait présenté la bataille à cet immense rassemblement, qui avait été intimidé par l'audacieuse valeur de nos troupes; qu'il les avait harcelés pendant une heure; que les ennemis avaient préféré la fuite au combat, et avaient forcé de marche sur Erment.

Tous ces rapports réunis, et le bruit général du pays, me firent penser que le point de ralliement des ennemis était Siout. En conséquence, je rassemble mes troupes, j'ordonne au général Belliard, qui était descendu de Syène à la suite des Mamelouks, de laisser une garnison de quatre cents hommes à Esné, et de continuer à descendre, en observant bien les mouvemens des Arabes d'Iambo, et s'ils ne recevaient pas de renforts; enfin de les combattre partout où ils seraient.

Le 12, je passai le Nil et me portai sur Farchout, où j'arrivai le 13, laissant un peu derrière moi la djerme armée *l'Italie*, et plusieurs barques chargées de munitions et de beaucoup d'objets d'artillerie; *l'Italie* portait des blessés, quelques malades, les munitions de la 61ᵉ demi-brigade, et quelques hommes armés : et je marchai rapidement sur Siout, pour ne pas donner le temps à Mourad-Bey de se réunir à Elfi-Bey, et les combattre si déjà ils l'étaient. Chemin faisant, j'appris, près de Girgéh, qu'à leur passage les troupes de Mourad-Bey étaient parvenues à faire soulever un nombre infini de paysans, toujours prêts à nous combattre lorsque nous faisons un mouvement pour descendre; qu'ils sont commandés par des principaux cheykhs du pays, entre autres par un Mamelouk brave et vigoureux, et qu'ils sont à quelques lieues de nous.

Combat de Saouâmah.

Aussitôt que nous aperçûmes les ennemis, le général Friant forma trois gros corps de troupes pour les envelopper et les empêcher de gagner le désert. Cette manœuvre réussit fort bien; dans un instant mille de ces rebelles sont tués et noyés : le reste eut toutes les peines du monde à s'échapper, et ne fit sa retraite qu'à travers des milliers de coups de fusil.

Nous ne perdîmes personne : on prit cinquante chevaux que leurs maîtres avaient abandonnés pour se jeter à la nage.

En forçant de marche le lendemain de cette affaire, nous approchâmes si près les Mamelouks que Mourad-Bey se décida à faire route vers El-Ouahh (oasis) Hou, n'emmenant que cent cinquante hommes avec lui; les autres s'enfoncèrent un peu plus dans le désert et firent route vers Siout, où j'arrivai peu de temps après eux.

A mon approche, Elfi-Bey avait repassé le fleuve, et était retourné dans la petite oasis d'Akhmym. Quelques kachefs et Mamelouks de Mourad-Bey l'y suivirent, ainsi que Osman-Bey-Cherkaoui; les autres se jetèrent dans les déserts au-dessus de Beni-Adin, où ils mouraient de faim. Beaucoup désertèrent et vinrent à Siout; d'autres préférèrent se cacher dans les villages, où, pour vivre, ils vendirent leurs armes. Ils nous sont tous venus depuis.

Cependant le schérif Hassan avait reçu un second convoi qui le renforçait de quinze cents hommes; les débris du premier le rejoignent. A peine sont-ils réunis, qu'il apprend que je laissai des barques en arrière; qu'un vent du nord extrêmement fort les empêche de descendre, et qu'avec des peines infinies elles n'ont pu venir qu'à la hauteur du village de Benout, dont il n'est qu'à une lieue et demie. De suite, il en prévient Osman-Bey-Hassan à la Guitta, se met en marche, et arrive sur le Nil. Aussitôt nos barques sont attaquées par une forte fusillade; *l'Italie* répond par une canonnade terrible, et cent Arabes d'Iambo restent morts. Les ennemis viennent à bout de s'emparer de nos petites barques, mettent à terre les munitions de guerre et les objets d'artillerie dont ils jugent avoir besoin, les remplissent de monde, et courent à l'abordage sur *l'Italie*. Alors le commandant de cette djerme, le courageux Morandy, redouble ses décharges à mitraille; mais ayant déjà beaucoup de blessés à son bord, et voyant beaucoup de paysans qui vont l'attaquer de la rive gauche, il croit trouver son salut dans la fuite. Il met à la voile; il avait peu de monde pour servir ses manœuvres; le vent était très fort, sa djerme s'échoue. Alors les ennemis abordent de tous côtés; l'intrépide Morandy a refusé de se rendre : il n'a plus d'espoir, il met le feu aux poudres de son bâtiment et se jette à la nage; dans le moment, il est assailli par une grêle de balles et de pierres, et expire dans les tourmens. Tous les malheureux Français qui échappèrent aux flammes de *l'Italie* furent massacrés par les fanatiques et cruels Arabes d'Iambo. Cet avantage avait doublé l'espoir du schérif; déjà il avait annoncé notre destruction comme certaine, et qu'il y avait un petit corps d'infidèles près de lui; qu'il allait l'écraser.

Le général Belliard était d'un avis contraire : sitôt qu'il sut l'événement de nos barques, et que les Arabes d'Iambo étaient à Benout, il passe le Nil à El-Kamoulê.

Combat de Coptos (Qéfth). Assaut du village et de la maison fortifiée de Benout.

Le 18 matin, le général Belliard arrive près de l'ancienne Coptos : à l'instant il aperçoit déboucher, tambour battant et drapeaux déployés, trois colonnes nombreuses d'infanterie, et plus de trois à quatre cents Mamelouks, dont le nombre venait d'augmenter par l'arrivée de Hassan-Bey Djeddaoui, qui avait passé le Nil à Edfou.

Le général fait former son carré (il n'avait qu'une pièce de canon de trois). Une des colonnes ennemies, la plus considérable, composée d'Arabes d'Iambo, s'approche : l'audace est peinte dans sa marche. A la vue de nos tirailleurs, le fanatique Hassan entre dans une sainte fureur, et ordonne à cent de ses plus braves de se jeter dessus, et de les égorger. Au lieu d'être épouvantés, nos soldats se réunissent et les attendent de pied ferme. Alors s'engage un combat de corps à corps, et dont le succès restait incertain, lorsque une quinzaine de dragons du 20ᵉ chargent à bride abattue, séparent les combattans, sabrent plusieurs Arabes d'Iambo, pendant que nos chasseurs reprennent leurs armes, et taillent en pièces tous les autres. Plus de cinquante Arabes d'Iambo restent sur la place; deux drapeaux de la Mecque sont pris. Le citoyen Laprade, adjudant-major de la 21ᵉ, en tue deux de sa main; le caporal Thoinnard et le dragon Olivier en font autant.

Pendant cette action, des coups de canon bien dirigés empêchaient le schérif de donner des secours à ses éclaireurs, et firent rebrousser chemin aux deux autres colonnes; mais les Mamelouks avaient tourné le carré et faisaient mine de vouloir le charger en queue: on détacha vingt-cinq tirailleurs qui les continrent longtemps.

Le général Belliard fait continuer la marche; et, après avoir passé plusieurs fossés et canaux défendus et pris de suite, il arrive près de Benout. Le canon tirait déjà sur nos tirailleurs; le général Belliard reconnaît la position des ennemis qui avaient placé quatre pièces de canon de l'autre côté d'un canal extrêmement large et profond; il fait former les carabiniers en colonnes d'attaque, et ordonne que l'on enlève ces pièces au moment où le carré passerait le canal et menacerait de tourner l'ennemi.

En effet, on bat la charge, et les carabiniers allaient enlever les pièces lorsque les Mamelouks, qui avaient rapidement fait un mouvement en arrière, se précipitent sur eux à toute bride. Nos carabiniers ne sont point étonnés, font halte et font une décharge de mousqueterie si vive, que les Mamelouks sont obligés de se retirer promptement, laissant plusieurs hommes et chevaux sur la place; les carabiniers se retournent, se jettent à corps perdu sur les pièces, y massacrent une trentaine d'Arabes d'Iambo, les enlèvent et les dirigent sur les ennemis qui se jetaient dans une mosquée, dans une grande barque, dans plusieurs maisons du village, surtout dans une maison de Mamelouk dont ils avaient crénelé les murailles, et où ils avaient tous leurs effets et leurs munitions de guerre et de bouche.

Alors le général Belliard forme deux colonnes; l'une destinée à cerner de très près la grande maison, l'autre à entrer dans le village et enlever de vive force la mosquée et toutes les maisons où il y aurait des ennemis. Jugez quel combat, mon général : des Arabes d'Iambo qui font feu de toutes parts; nos soldats qui entrent dans la barque et qui y mettent à mort tout ce qui s'y trouve. Le chef de brigade Eppler, excellent officier et d'une bravoure distinguée, commandait dans le village; il veut entrer dans la mosquée, il en sort un feu si vif qu'il est obligé de se retirer; alors on l'embrase et les Arabes d'Iambo qui la défendent y périssent dans les flammes; vingt autres maisons subissent le même sort; en un instant le village ne présente que des ruines, et les rues sont comblées de morts : jamais on n'a vu un pareil carnage. La grande maison restait à prendre : Eppler se charge de cette expédition; par toutes les issues on arrive à la grande porte; les sapeurs de la demi-brigade la cassent à coups de hache, pendant que les sapeurs de la ligne faisaient crouler la muraille du flanc gauche, et que des chasseurs mettaient le feu à une petite mosquée attenante à la maison et où les ennemis avaient renfermé leurs munitions de guerre. Les poudres prennent feu, vingt-cinq Arabes d'Iambo sautent en l'air, et le mur s'écoule de toutes parts; aussitôt Eppler reunit ses forces sur ce point; et, malgré nos forcenés ennemis, qui, le fusil dans la main droite, le sabre dans les dents, et nus comme des vers, veulent en défendre l'entrée, il parvient à se rendre maître de la grande cour : alors la plupart vont se cacher dans des réduits où ils sont tués quelques heures après.

Le général Belliard me mande que dans cette journée les Arabes d'Iambo ont eu douze cents morts et beaucoup de blessés. Nous avons repris toutes nos barques, excepté *l'Italie,* neuf pièces de canon, et deux drapeaux que je vous enverrai à la première occasion. J'oubliais de vous dire que le schérif Hassan a été trouvé parmi les morts. De son côté, le général Belliard a eu une trentaine de morts et autant de blessés ; du nombre des premiers se trouve le citoyen Bulliand, capitaine des carabiniers, officier qu'il regrette beaucoup. Ce général m'a envoyé une demande d'avancement pour plusieurs officiers qui se sont signalés à Benout ; je vous l'enverrai pour que vous veuilliez bien y donner votre approbation. Il ne peut peindre la bravoure de ses troupes ; officiers, sous-officiers et soldats, tous ont bravé les plus grands dangers.

Depuis mon départ de Kous, je n'avais point reçu de nouvelles du général Belliard ; les Arabes d'Iambo avaient intercepté toutes les lettres ; le bruit courait à Siout que nos barques avaient été prises, que le général Belliard avait complétement battu les ennemis à Benout. J'étais fort inquiet. Enfin, après les combats de Coptos et de Benout, je reçus de ses lettres. Il me mandait entre autres que les chasseurs n'avaient plus que vingt-cinq cartouches chacun ; qu'ils n'avaient plus un seul boulet à tirer, et seulement une douzaine de coups de canon à mitraille ; qu'il me priait de l'approvisionner le plus promptement possible, vu que les Mamelouks de Hassan et de Osman-Hassan et les Arabes d'Iambo venaient de redescendre à Bir-el-Bar. Je rassemblai tout de suite tout ce que je pus de munitions de guerre ; je les chargeai sur des barques de transport ; je passai le Nil le 28 ventôse (18 mars), et le lendemain je me mis en marche accompagnant ce convoi.

Ici le genre de guerre change. Nous avions battu partout les ennemis, mais ils n'étaient point détruits, et je voulais atteindre à ce but. Pour ce faire, j'adoptai les dispositions de colonnes successives, de manière à forcer les ennemis à rester dans les déserts, ou au moins à faire de très grandes marches pour arriver dans le pays cultivé. Le 10 germinal (30 mars) j'arrivai à Kénéh : je ravitaillai les troupes du général Belliard, et le 11, nous nous mîmes en marche pour aller combattre les ennemis, qui, depuis deux jours, étaient postés à Kous.

A notre approche ils rentrèrent dans les déserts et se séparèrent : Hassan-Bey et Osman-Bey furent à la Guitta, et le schérif descendit vers Aboumanah, où était déjà Osman-Bey Cherkaoui; mais six à sept cents habitans d'Iambo et de Djeddah l'abandonnèrent, et retournèrent à Cosseir. Alors j'envoyai le général Belliard, avec la 24ᵉ et le 20ᵉ de dragons, au village d'Hagazy, principal débouché de la Guitta, et avec les deux bataillons de la 61ᵉ, le 7ᵉ de hussards et le 18ᵉ de dragons, je vins à Bir-el-Bar, autre débouché de la Guitta, et où il y a une bonne citerne. Par ce moyen les ennemis ne pouvaient sortir des déserts sans faire quatre jours de marche extrêmement pénible. J'ordonnai au général Belliard de rassembler des chameaux pour porter de l'eau, et de marcher à la Guitta, laissant un fort détachement à Hagazy. Hassan et Osman eurent avis de ces préparatifs et partirent. Le 12, à onze heures du soir, ils arrivèrent à ma hauteur dans les déserts. Un de leurs domestiques, déserteur, m'en prévint, et ajouta que leur intention était de rejoindre les Arabes d'Iambo. Je donnai de suite avis de ce mouvement au général Belliard, et lui ordonnai d'envoyer un détachement de sa brigade me relever à Bir-el-Bar, pendant qu'à travers les déserts je me rendrais à Kénéh, où cependant j'avais laissé trois cents hommes.

Combat de Bir-el-Bar.

Le 13, avant la pointe du jour, je me mis en marche, ma cavalerie dans le désert, et à vue de mon infanterie qui longeait avec mon artillerie.

Après une heure de marche environ, un des hussards qui étaient en éclaireurs annonça les Mamelouks. L'adjudant-général Rabasse, qui commandait l'avant-garde, prévient le général Davoust, et s'avance pour mieux reconnaître l'ennemi et soutenir ses éclaireurs qui déjà étaient chargés. Bientôt il l'est lui-même; il soutient le choc avec une bravoure et une intelligence admirables, mais le nombre l'accable; et, quoique culbuté avec son cheval, il se retire sans perte sur le corps de bataille où je venais d'arriver. De suite j'envoyai chercher mon infanterie, et j'ordonnai à la cavalerie de prendre position sur un monticule extrêmement escarpé, où je voulais qu'elle attendît et reçût la charge. Malgré les soins du général Davoust et les miens, nous ne pûmes jamais parvenir à l'y placer. Une grande valeur animait le chef de brigade Duplessis. Il désirait depuis long-temps trouver l'occasion de se signaler; il ne peut voir arriver de sang-froid les ennemis, et son courage impatient lui fait oublier l'exécution de mes ordres. Il se porte à quinze pas en avant de son régiment et fait sonner la charge ; il se précipite au milieu des ennemis, et y fait des traits de la plus grande valeur; mais il a son cheval tué et l'est bientôt lui-même d'un coup de tromblon. Sa mort jette un peu de désordre, et le général Davoust est forcé de faire avancer la ligne des dragons. Ces braves soldats, commandés par le chef d'escadron Bouvaquier, chargent si impétueusement les Mamelouks, qu'ils sont obligés de se retirer en désordre, nous abandonnant le champ de bataille.

L'infanterie et l'artillerie marchent difficilement dans le sable, et elles arrivèrent que tout était fini. Cette affaire nous a coûté plusieurs officiers, entre autres le chef d'escadron Bouvaquier, qui, avant de mourir, s'est couvert de gloire. Nous avons eu plusieurs tués et quelques blessés ; les Mamelouks ont eu plus de vingt morts et beaucoup de blessés, dont Osman-Hassan.

Après ce combat, les Mamelouks firent un crochet, et retournèrent promptement à la Guitta, laissant plusieurs blessés et des chevaux dans les déserts. J'écrivis au général Belliard de les y chercher s'ils y restaient, et de les suivre partout s'ils en sortaient. Le même jour, je revins à Kénéh. Je formai une colonne mobile composée d'un bataillon de la 61e, de trois bouches à feu, et du 7e de hussards, que je mis à la disposition du général Davoust, auquel je donnai l'ordre de détruire jusqu'au dernier des Arabes d'Iambo que l'on m'annonçait être toujours dans les environs d'Aboumanah; en même temps, le commandant de Girgéh avait ordre de se porter au rocher de la rive droite qui fait face à cette ville, pour les combattre et les arrêter dans le cas de retraite : ils étaient forcés d'y passer.

Les Arabes d'Iambo sentirent que le moment était difficile ; ils se décidèrent à ne pas attendre le général Davoust, et passèrent le Nil au-dessus de Bardis.

Le commandant de Girgéh en eut avis ; il fut les reconnaître : il revint à Girgéh, prit deux cent cinquante hommes de sa garnison, et fut à leur rencontre.

Combats de Bardis et de Girgéh.

Le 16, après-midi, le chef de brigade Morand arrive à la vue de Bardis ; de suite les Arabes d'Iambo, beaucoup de paysans, des Mamelouks et des Arabes, sortent du village en poussant de grands cris. Le citoyen Morand leur fait faire une vive décharge de mousqueterie : ils répondent et se retirent cependant un peu. Le nombre des ennemis était considérable ; la position de Morand était bonne : il avait peu de troupes ; il crut devoir y rester. Une demi-heure après, il fut attaqué de nouveau, et reçut les ennemis comme la première fois ; ils laissèrent beaucoup des leurs morts sur la place, et s'enfuirent à la faveur de la nuit qui arrivait : Morand en profita aussi pour revenir à Girgéh couvrir ses établissemens.

Le lendemain vit un nouveau combat. Les Arabes d'Iambo marchèrent sur Girgéh, où ils parvinrent à pénétrer. Pendant qu'ils cherchaient à piller le bazar, Morand forme deux colonnes qu'il dirige, une dans la ville et l'autre en dehors ; cette disposition réussit à souhait : tout ce qui était entré dans la ville fut tué, le reste s'enfuit vers les déserts. Dans ces deux jours, les Arabes d'Iambo ont perdu deux cents morts : le citoyen Morand a eu quelques blessés.

Le chef de bataillon Ravier l'a très bien secondé dans cette affaire, où il a donné des preuves de beaucoup de zèle et d'intelligence.

Le général Davoust, qui avait su la défaite des Arabes d'Iambo, passa le Nil; mais il ne put arriver à Girgéh qu'après le combat et lorsque la nouvelle d'une dernière défaite des Arabes d'Iambo y parvenait. Voici ce qui y donna lieu.

Dès le 14 germinal (3 avril), le commandant Pinon, que j'avais laissé à Siout pour gouverner la province, avait écrit à Lasalle de venir à Siout pendant qu'il irait donner la chasse à des Arabes qui inquiétaient les environs de Melaoui. Lasalle, qui était resté à Tahtah avec son régiment, s'y rend. Pinon revient le 19, et le même jour il a avis que les Arabes d'Iambo, après avoir été battus à Girgéh, étaient venus dévaster Tahtah, et que leur chef cherche encore à soulever le pays.

Combat de Théméh (1).

Le 20, Lasalle part pour aller les attaquer, ayant sous ses ordres un bataillon de la 88ᵉ, le 22ᵉ de chasseurs, et une pièce de canon.

Le 21, à une heure après-midi, Lasalle arrive près de Théméh, village extrêmement grand, où étaient les Arabes d'Iambo. Il fait de suite cerner le village par des divisions de son régiment, et marche droit à l'ennemi avec l'infanterie. Les Arabes d'Iambo font une décharge de mousqueterie, et se jettent dans un enclos à doubles murailles qu'ils venaient de créneler. Malgré le feu du canon et notre fusillade, ils résistèrent plusieurs heures; enfin ils furent enfoncés. Ceux qui ne furent pas tués sur-le-champ s'enfuirent; mais une grande partie fut taillée en pièces par le 22ᵉ; une centaine ou deux gagnèrent cependant les déserts à la faveur des arbres et des jardins. Lasalle me mande qu'il a tué trois cents Arabes d'Iambo, dont s'est trouvé le schérif successeur de Hassan.

Ainsi que je vous l'ai mandé, après l'affaire de Bir-el-Bar je vins à Kénéh. Je m'y occupai de notre expédition de Cosseir; je caressai les marchands de ce port et de Djeddah, qui vinrent me demander paix et protection. Je fis la paix avec les cheykhs de Cosseir

---

(1) Ne se trouve pas sur les cartes.

et avec un cheykh du pays de l'Iambo, qui remplit les fonctions de consul pour son pays à Cosseir. Enfin, d'après vos ordres, je donnai les miens au général Belliard, relativement à la construction d'un fort à Kénéh, et à la prompte expédition sur Cosseir.

Je donnai aussi à ce général le commandement de la province de Thèbes, dont je venais d'organiser l'administration, et je me rendis à Girgéh, où je conférai provisoirement le commandement de la place au citoyen Morand. J'arrivai à Siout le 26 floréal (15 mai).

Cependant le général Davoust n'avait pas cessé de suivre les Arabes d'Iambo; mais, après l'affaire de Lasalle, ils parurent détruits, et ce général vint à Siout. Il y était depuis plusieurs jours, et ne pouvait savoir ce qu'était devenu le peu qui avait échappé au 22ᵉ, lorsque tout-à-coup on le prévient qu'il se forme à Beni-Adin, grand et superbe village, et dont les habitans passent pour les plus braves de l'Égypte, un rassemblement de Mamelouks, d'Arabes et de Dârfouriens, caravanistes venus de l'intérieur de l'Afrique, que Mourad-Bey doit venir des Oasis se mettre à la tête de cette troupe.

Le général Davoust n'hésita pas un instant de marcher contre ce village. En conséquence, il renforce sa colonne d'un bataillon de la 88ᵉ et du 15ᵉ de dragons; il remplace provisoirement Pinon dans le commandement de la province de Siout par le chef de brigade Silly, à qui je l'ai conservé depuis.

Combat de Beni-Adin.

Le 29, le général Davoust arrive près de Beni-Adin, qui est plein de troupes; le flanc du village vers le désert est couvert par une grande quantité de cavalerie, Mamelouks, Arabes et paysans. Ce général forme son infanterie en deux colonnes; l'une doit enlever le village, pendant que l'autre le tournera : cette dernière était précédée par sa cavalerie, sous les ordres de Pinon, chef de brigade, distingué par ses talens; mais en passant près d'une maison, ce malheureux officier reçoit un coup de fusil et tombe mort. Cet événement étonne ; le général Davoust y remédie, et donne ce commandement à l'adjudant-général Rabasse. La cavalerie aperçoit les Mamelouks dans les déserts : une des colonnes d'infanterie s'y porte ; mais l'avant-garde de Mourad-Bey, que l'affreuse misère faisait sortir des Oasis, lui porte promptement le conseil de retourner. Les Arabes et les paysans à cheval avaient déjà lâché pied. L'infanterie et la cavalerie reviennent ; le village est aussitôt investi : l'infanterie y entre ; et, malgré le feu qui sort de toutes les maisons, nos troupes s'en rendent entièrement maîtres. Deux mille Arabes d'Iambo, Maugrabins, Dârfouriens, Mamelouks démontés et habitans de Beni-Adin, tombent morts sous les coups de nos soldats, qui ont déployé leur valeur ordinaire. En un instant, ce beau village est réduit en cendres, et n'offre que des ruines. Nos troupes y ont fait un butin immense : elles y ont trouvé des caisses pleines d'or.

Nous n'avons perdu presque personne dans cette affaire.

Pendant que le général Davoust expédiait ainsi Beni-Adin, les Arabes de Djemma et d'El-Baqoudji (1) menaçaient Miniéh ; grand nombre des villages de Miniéh s'insurgeaient, et les débris du rassemblement de Beni-Adin y couraient. Le chef de brigade Destrées, qui avait peu de troupes, désirait qu'un secours vînt changer sa position. Le général Davoust y marcha ; mais il arriva trop tard : Destrées avait fait un vigoureux effort, et les ennemis avaient été forcés de se retirer. On disait les Arabes d'Iambo marchant sur Beni-Soueif, dont les environs se révoltaient aussi ; le général Davoust y courut.

Combat d'Abou-Girgéh.

Dans la province de Beni-Soueif, comme dans toute l'Égypte supérieure, il est reçu chez les habitans que lorsqu'il descend des troupes, c'est que les autres ont été détruites ; en conséquence on

---

(1) Ne se trouvent pas sur les cartes.

court aux armes, et si l'on est en force on vous attaque, sinon on se disperse à vos trousses, et l'on vous vole tout ce que l'on peut trouver, ou encore on vous refuse des vivres, et il faut sévir contre les cheykhs pour obtenir ce dont la troupe a besoin.

Le général Davoust se trouva dans le dernier de ces cas. Arrivé près du village d'Abou-Girgéh, son Copte se porte en avant pour faire préparer des vivres : le cheykh répond qu'il n'y a point de vivres pour les Français; qu'ils sont tous détruits en haut, et que, si lui ne se dépêche de se retirer, il le fera bâtonner d'importance. Le Copte veut lui représenter ses torts; on le renverse de son cheval et le cheykh s'en empare. Le Copte, fort heureux de se sauver, vient rendre compte de sa réception au général Davoust, qui, après avoir fait sommer le village de rentrer dans l'obéissance et avoir porté des paroles de paix, le fait cerner et mettre tout à feu et à sang; mille habitans sont morts dans cette affaire. Le général Davoust continue sa route sur Beni-Soueif; mais les ennemis, dont le nombre ne peut guère inquiéter, avaient passé le fleuve : le général Davoust se disposait à les y poursuivre lorsqu'il reçut du général Dugua l'ordre de se rendre au Caire.

Lorsque les beys Hassan-Djeddaoui et Osman-Hassan partirent de la Guitta pour remonter vers Syène, le général Belliard les suivit extrêmement près et les força de se jeter au-dessus des Cataractes; après quoi il laissa à Esné le brave chef de brigade Eppler avec une garnison de cinq cents hommes qui devait contenir le pays, y lever les contributions, et surtout veiller à ce que les Mamelouks ne redescendissent pas, et il revint à Kénéh s'occuper sans relâche de la construction du fort, mais plus encore de l'expédition de Cosseir.

Vers le 20 floréal, Eppler eut avis que les Mamelouks étaient revenus à Syène, où ils vivaient fort tranquillement, et se refaisaient de leurs fatigues et de leurs pertes. Cet excellent officier jugea qu'il était important de leur enlever cette dernière ressource : en conséquence, il donna ordre au capitaine Renaud, qu'il avait envoyé quelques jours auparavant à Edfou avec deux cents hommes, de marcher sur Syène, et de chasser les Mamelouks au-dessus des Cataractes.

Combat de Syène.

Le 27, à deux heures après midi, arrivé à une demi-lieue de Syène, le capitaine Renaud est prévenu qu'il va être attaqué. A peine a-t-il fait quelques dispositions que les ennemis arrivent sur lui à bride abattue; mais comme rien n'étonne nos soldats, ils furent attendus et reçus avec le plus grand sang-froid. La charge est fournie avec la dernière impétuosité, et quinze Mamelouks tombent morts au milieu des rangs; Hassan-Bey Djeddaoui est blessé d'un coup de baïonnette, et a son cheval tué; Osman-Bey Hassan reçoit deux coups de feu; dix Mamelouks expirent à une portée de canon du champ de bataille; vingt-cinq autres sont trouvés morts de leurs blessures à Syène.

Ce combat, l'exemple du désespoir d'une part et du plus grand courage de l'autre, a coûté cinquante morts et plus de soixante blessés aux ennemis qui, pour la troisième fois, ont été rejetés au-dessus des Cataractes, où la misère et tous les maux vont les accabler.

Nous avons eu quatre hommes tués et quinze blessés.

Je ne fus pas plutôt à Siout, que je fis chercher partout des chameaux, et confectionner des outres, afin d'être à même d'aller trouver Mourad-Bey à El-Ouahh (Oasis). Je voulais faire marcher de front cette expédition avec celle de Cosseir; mais l'apparition des Anglais dans ce port me fit tourner toutes mes vues vers cette dernière. Le général Belliard m'écrivit qu'il avait un fort grand mal d'yeux; je lui envoyai le citoyen Donzelot, mon adjudant-général, pour le seconder ou pour le remplacer dans l'expédition de Cosseir, dans le cas où son ophthalmie augmenterait. Tous deux ont été extrêmement nécessaires pour les préparatifs et l'exécution de la marche sur Cosseir; ils sont partis de Kénéh, le 7 prairial (26 mai) avec cinq cents hommes de la 21ᵉ.

Prise de Cosseir.

Le 10, le général Belliard a pris possession de ce port, où l'on a trouvé un fort qui, moyennant quelques réparations, deviendra très bon. Je vous en enverrai le croquis, ainsi que du port et de la route de Kénéh à Cosseir. L'occupation de ce point important sous tous les rapports a mis le comble à mes vœux; cependant l'expédition des Oasis (El-Ouahh) nous reste à faire. Je rassemble toutes mes ressources; j'en charge le général Friant, officier plein de mérite, de zèle et doué de beaucoup de talens militaires, et j'espère vous annoncer dans peu que Mourad-Bey n'est plus, ou qu'il est en Barbarie.

Vous voyez par nos différens combats ce qu'ont fait les généraux Davoust et Belliard; leurs talens distingués et leur infatigable activité les rendent à jamais recommandables.

Je vous ai parlé des chefs des corps en particulier : tous en général ont rempli leurs fonctions d'une manière distinguée et méritent vos éloges. Les officiers subalternes ont montré un dévoûment, une constance et un courage rares.

Vous connaissez les maux que nous avons endurés pendant cette pénible campagne; je ne vous répéterai pas la bravoure et le courage de nos intrépides soldats : vous les connaissez et savez les apprécier.

Il me reste à vous prier d'être favorable au frère du très courageux et trop malheureux Morandy, qui commandait la djerme *l'Italie*, lors de sa destruction. Ni l'un ni l'autre n'étaient compris dans le cadre de la marine militaire; voudriez-vous bien accorder à celui qui reste les demandes qu'il sera dans le cas de vous présenter?

Le citoyen Rousseau, maréchal-des-logis dans la cinquième compagnie du 3ᵉ régiment d'artillerie à cheval, qui pointait presque toutes les pièces à la bataille de Sédiman et de Samhoud, s'est particulièrement distingué dans le cours de cette campagne : je vous demande pour lui des grenades en or; je vous ferai la même demande pour le citoyen Lainault, caporal des grenadiers du premier bataillon de la 61ᵉ demi-brigade, qui s'est singulièrement signalé dans toutes les affaires, et surtout au combat de Kénéh.

Le général de division DESAIX.

Au quartier général du Caire, le 27 thermidor an VII
de la République (14 août 1799).

BONAPARTE, *général en chef, au général Desaix.*

Je vous envoie, citoyen général, un sabre d'un très beau travail, sur lequel j'ai fait graver : *Conquête de la Haute Égypte*. Il est dû à vos bonnes dispositions et à votre constance dans les fatigues. Recevez-le, je vous prie, comme preuve de mon estime et de la bonne amitié que je vous ai vouée.

Signé BONAPARTE.

FIN DES PIÈCES OFFICIELLES.

TABLE DES MATIÈRES

DU TOME PREMIER.

	Pages.
AVERTISSEMENT.	I
DÉDICACE.	V
AVANT-PROPOS	VII

CHAPITRE PREMIER.

MALTE.

I.	Projet de guerre contre l'Angleterre pour la campagne de 1798.	1
II.	Préparatifs et composition de l'armée d'Orient	3
III.	Départ de la flotte de Toulon (19 mai).	9
IV.	De l'île de Malte et de l'ordre de Saint-Jean de Jérusalem.	12
V.	Moyens de défense de Malte	15
VI.	Perplexité du grand maître et de son conseil	17
VII.	Hostilités, combats; suspension d'armes (11 juin) . . .	21
VIII.	Négociation et capitulation (12 juin)	23
IX.	Entrée de l'armée à Malte; organisation de Malte. . .	28
X.	Départ de l'île (19 juin)	30

CHAPITRE II.

DESCRIPTION DE L'ÉGYPTE.

		Pages.
I.	L'Égypte	32
II.	Vallée du Nil	35
III.	Inondation	42
IV.	Oasis	47
V.	Déserts de l'Égypte : 1° du Baheireh; 2° de la petite Oasis; 3° de la grande Oasis; 4° de la Thébaïde; 5° des Ermites; 6° de l'isthme de Suez, Arabes, Cultivateurs, Marabouts, Bédouins	50
VI.	Côtes de la Méditerranée; Alexandrie; canal d'Alexandrie	63
VII.	Mer Rouge; canal des deux mers	72
VIII.	Capitales, Thèbes, Memphis, Alexandrie, le Caire	78
IX.	Nations voisines au sud, Sennaar, Abyssinie, Dârfour; à l'ouest, Tripoli, Fezzan, Bournou; à l'est, Syrie, Arabie	84
X.	Population ancienne, moderne; races d'hommes, Coptes, Arabes, Mamelouks, Osmanlis, Syriens, Grecs, etc.	93
XI.	Agriculture	98
XII.	Commerce	111
XIII.	Propriétés, finances	115
XIV.	Ce que serait l'Égypte sous la France	120
XV.	Marche d'une armée aux Indes	123

CHAPITRE III.

CONQUÊTE DE LA BASSE ÉGYPTE.

| I. | Navigation de Malte aux côtes d'Égypte; débarquement au Marabout; marche sur Alexandrie (1er juillet) | 124 |

TABLE DES MATIÈRES.

Pages.

II.	Assaut d'Alexandrie (2 juillet); Arabes Bédouins; l'escadre mouille à Aboukir (5 juillet).	129
III.	Marche de l'armée sur le Caire; combat de Rahmaniéh (10 juillet).	136
IV.	Bataille de Chobrakhit (13 juillet).	144
V.	Marche de l'armée jusqu'à Embabéh.	150
VI.	Bataille des Pyramides (21 juillet).	156
VII.	Passage du Nil; entrée au Caire (23 juillet).	162
VIII.	Combat de Salhéyéh; Ibrahim-Bey chassé de l'Égypte (11 août).	166
IX.	Retour de Napoléon au Caire; il apprend le désastre de l'escadre (15 août).	171
X.	Si les Français s'étaient conduits en Égypte, en 1250, comme ils l'ont fait en 1798, ils auraient réussi; si en 1798, ils se fussent conduits comme en 1250, ils auraient été battus et chassés du pays.	175

CHAPITRE IV.

BATAILLE NAVALE DU NIL.

I.	Mouvement des escadres anglaises dans la Méditerranée, en mai, juin, juillet 1798	178
II.	L'escadre française reçoit l'ordre d'entrer dans le port vieux; elle le peut; elle ne le fait pas	180
III.	L'amiral s'embosse dans la rade d'Aboukir; mécontentement du général en chef	185
IV.	Bataille navale (1er août).	190
V.	Effet de la bataille navale sur le peuple d'Égypte	197
VI.	Effet de la perte de l'escadre française sur la politique de l'Europe	202

26.

CHAPITRE V.

AFFAIRES RELIGIEUSES.

		Pages.
I.	De l'islamisme	205
II.	Des ulémas de Gama-el-Azhar	210
III.	Fetfa	219
IV.	Fête du Nil, du prophète	222
V.	L'iman de la Mecque	227
VI.	Des arts, des sciences, des belles-lettres sous les califes.	231
VII.	De la polygamie	233
VIII.	Mœurs	235

CHAPITRE VI.

INSURRECTION DU CAIRE.

I.	Réunion du grand divan d'Égypte	239
II.	La Porte déclare la guerre à la France	243
III.	Fermentation de la ville	245
IV.	Insurrection du peuple	248
V.	Restitution des livres saints	254
VI.	Fortifications	259
VII.	Suez (10 novembre)	261
VIII.	Passage de la mer Rouge	268
IX.	Canal des deux mers	271
X.	Divers objets	275

TABLE DES MATIÈRES.

CHAPITRE VII.

CONQUÊTE DE LA HAUTE ÉGYPTE.

		Pages.
I.	Plan de campagne	279
II.	Soumission des provinces de Beni-Soueif et du Faïoum; bataille de Sédiman (7 octobre); combat de Miniéh-el-Faïoum (8 novembre).	284
III.	Siout et Gizéh, les deux provinces de la Haute Égypte sont soumises; combat de Saouaki (3 janvier); combat de Tahtah (8 janvier)	290
IV.	Desaix s'empare de Syène; les Mamelouks sont chassés de l'Égypte; combat de Samhoud (22 janvier); combat de Thèbes (12 février); combat de Kénéh (12 février); combat de Aboumanah (17 février).	294
V.	Mourad-Bey marche sur le Caire; combat de Saouâmah (5 mars); perte de la flottille française (6 mars); combat de Coptos (8 mars)	304
VI.	Le vieux Hassan est cerné dans le désert de la Thébaïde; combat de Bir-el-Bar (2 avril); combat de Girgéh (6 avril); combat de Gehînéh (10 avril)	309
VII.	Pillage et incendie de Beni-Adin (18 avril); combat de Syène (16 mars); le vieux Hassan est tué.	312
VIII.	Prise de Cosseir (29 mai)	316

PIÈCES OFFICIELLES ([1]).

	Pages.
CHAP. I. 1° Lettres du général Bonaparte au Directoire exécutif	322
2° Pièces regardant l'administration de l'île. . . .	326
CHAP. II. 0.	
CHAP. III. 1° Lettres du général Bonaparte au Directoire depuis le départ d'Alexandrie.	342
2° Proclamation du général (une ligne qui n'a pu être lue).	348
CHAP. IV. 1° Relations de la bataille du Nil.	349
2° Relation anglaise de la bataille navale du Nil. .	361
CHAP. V. 0.	
CHAP. VI. Révolte du Caire (deux mots qui n'ont pu être lus). .	369
CHAP. VII. Relation de Desaix; Haute Égypte.	372

(1) Ce qui suit est écrit de la main de l'empereur Napoléon; on a conservé la forme dans laquelle ces lignes étaient tracées.   (*De Las Cases.*)

IMPRIMÉ CHEZ PAUL RENOUARD, RUE GARANCIÈRE, N. 5.

ERRATA.

Page	5	ligne	4 qui lui servaient	lisez :	qui servaient.
—	17	—	3 le 8 juin	—	le 6 juin.
—	19	—	19 Boisredon de Ransuzet ...	—	Boisredon de Ransijcat.
—	20	—	8 quatre bâtimens.......	—	deux bâtimens.
—	21	—	12 Mutard..........	—	Motard.
—	32	—	11 Cophtes.........	—	Coptes.
—	54	—	29 Tomylat	—	Tomilat.
—	55	—	1 El Arisch.........	—	El Arich.
—	55	—	2 Tomylat	—	Tomilat.
—	55	—	19 Bily...........	—	Billis.
—	59	—	8 El Arisch.........	—	El Arich.
—	64	—	9 El Arisch.........	—	El Arich.
—	71	—	28 de commerce.......	—	du commerce.
—	86	—	2 Senula..........	—	Séméla.
—	89	—	15 les franchiraient	—	la franchiraient
—	92	—	8 El Arisch.........	—	El Arich.
—	92	—	10 Toumylat........	—	Tomilat.
—	97	—	25 les Maugrabin	—	les Maugrabins.
—	101	1re note le rotl		—	le rotle.
—	104	ligne 22 potagers		—	plantes potagères.
—	110	—	6 El Arisch.........	—	El Arich.
—	116	—	3 des Atar	—	Atar.
—	117	—	14 en............	—	entre.
—	119	—	4 des fournitures	—	les fournitures.
—	130	—	16 il l'enleva........	—	elle l'enleva.
—	143	—	23 de la ligue	—	hommes de la ligue.
—	153	—	9 en faisaient........	—	faisaient.
—	167	—	15 cette partie........	—	cette partie du pays
—	214	—	25 Cophtes.........	—	Coptes.
—	233	—	7 kachefs	—	kiachefs.
—	252	—	4 kachefs	—	kiachefs.
—	252	—	5 Térabins	—	Terrabins.
—	263	—	24 Akaba..........	—	El Akaba.
—	283	—	14 Béni Adi	—	Beni Adin.
—	303	—	28 Sully..........	—	Silly.
—	309	—	19 Kené	—	Kénéh.
—	314	—	7 des prisonniers......	—	des prisonnières.
—	313	—	15 kachefs	—	kiachefs.

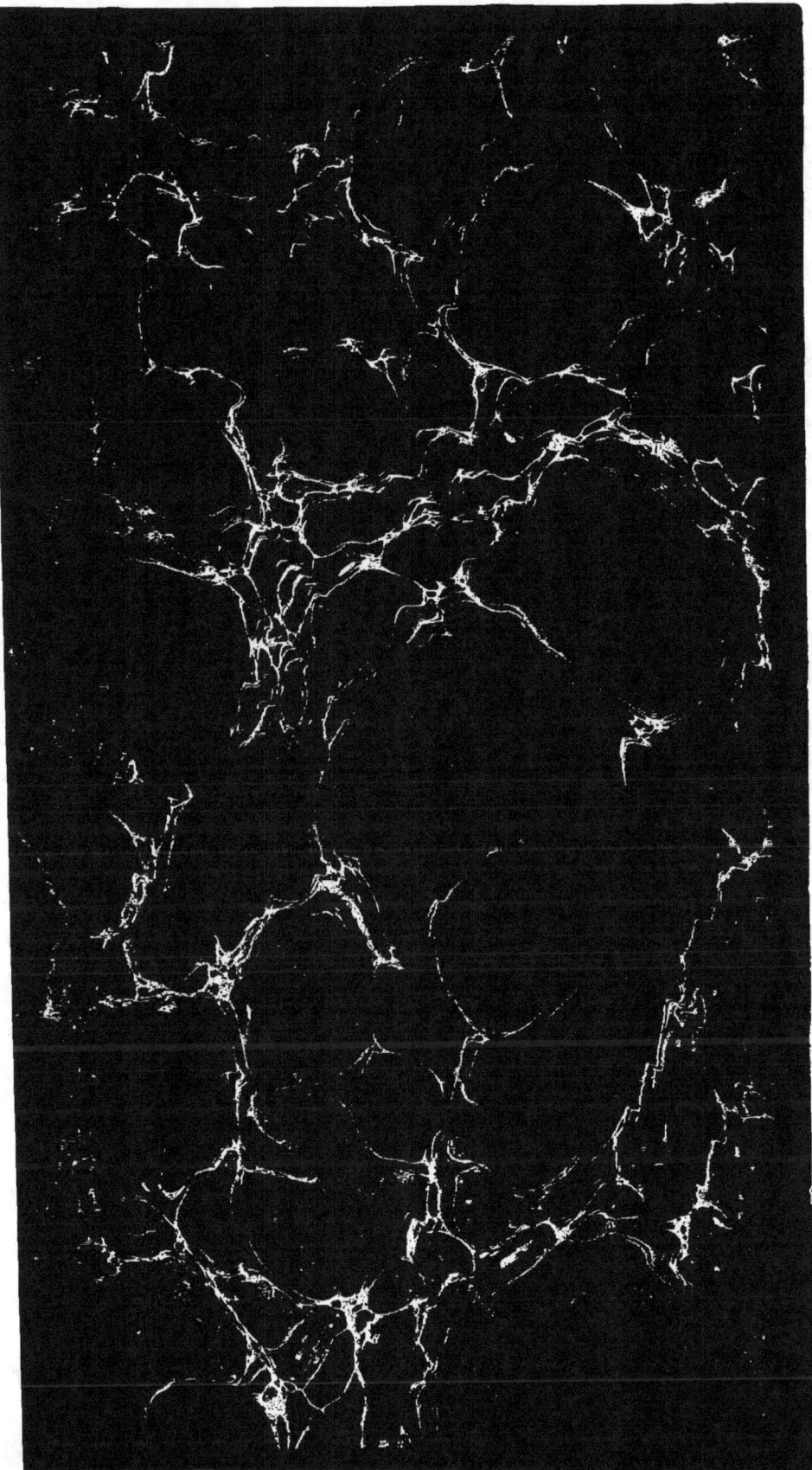

www.ingramcontent.com/pod-product-compliance
Lightning Source LLC
Chambersburg PA
CBHW050254230426
43664CB00012B/1948